做個真正的自由主義者

回望關鍵歷史現場與思想脈絡，重拾自由的真義與初心

HOW TO BE A LIBERAL

THE STORY OF FREEDOM AND THE FIGHT FOR ITS SURVIVAL

伊恩．丹特 Ian Dunt——著
張簡守展——譯

獻給爸、媽

是你們給我這一生最重要的兩個禮物：愛與自由

目錄

現況

民族主義（nationalism）大行其道。

沒有一地例外。所有地方都必須設法接受這股思潮帶來的威脅。

過去幾年間，民族主義成了美國共和黨、英國保守黨、印度人民黨（Bharatiya Janata）、以色列聯合黨（Likud）、巴西的巴西聯盟（Alliance for Brazil）、菲律賓的民主菲人—國民力量黨（PDP-Laban）背後的驅動力。民族主義征服了匈牙利和波蘭，將青民盟（Fidesz）和法律正義黨（Law and Justice）推上執政舞台。民族主義成為宰制各國政治辯論的強大勢力，義大利的聯盟黨（Lega）、奧地利的自由黨（Freedom Party）、保加利亞的攻擊黨（Attack）和愛沙尼亞的保守人民黨（EKRE），都是代表。

有時民族主義以敗仗收場，有時贏得勝利。在某些國家，民族主義彷彿掌控整個政府，在某些國家，則像扮演資淺合夥人的角色。很多時候，民族主義甚至不必掌握大權，只要盤據反對黨的政治敘事即可。

民族主義占有一席之地後，其論述便開始大肆散播，這些論述往往是由六個謊言（或其中幾個）所構成。

第一個謊言：你不是以個體型態立足於社會。民族主義聲稱社會是由人民和菁英這兩種群體組成，兩者之間永遠存在著衝突。

事實上，這兩種群體並不存在。沒有所謂的人民，個體不會構成同質性的群眾。每個人的想法不同，奉行不同的價值觀，擁有不一樣的興趣和癖好。個體不是單數，而是複數。菁英也是虛構的概念。不論是政治、經濟、文化或其他領域，都沒有所謂的權力中心。這個世界是由各種截然不同的權力群集組成，這些群集有時協力合作，有時分道揚鑣。

人民和菁英對立的概念聽起來像是要挑戰權力，但這有誤導之嫌。實際上，權力是集中到少數人手上。民族主義者打著道德的大旗，在美好敘事的框架下，以自稱所代表的人民為底氣，宣稱自己擁有不容挑戰的正當地位。在他們眼中，只有認同他們的人民投下手中的選票可以稱為民主，其餘的人一概忽視。

此過程扭曲並限縮人類的可能樣貌。民族主義假裝我們只擁有一種身分，無法一次扮演多種角色，將我們視為制式的同類，每個人只是群眾的一部分，形同整體中毫無差別的元件。

第二個謊言：世界的運行很簡單。這個謊言的邏輯延續第一個謊言而來。如果世界分為兩種群體，而非由個體和組織利益交織而成無比龐大的網路，我們自然會認為所有錯誤都是菁英所造成，所有正確的事則是人民努力的成果。

這般思維澈底否定世界本就錯綜複雜的事實。舉凡貿易、法律、財經到主權，構成世界的龐雜體系全都遭到抹滅。取而代之的，則是抱持不成熟的認知與心態，武斷地評估問題及提議解決方案。

這些解決方案並未正視真實世界中引發問題的真正原因，因此從未發揮效用。奠基於民族主義的解決方案總是以失敗收場，即便如此，民族主義卻從未受到檢討，反而是菁英的密謀與算計成為眾矢之的。於是，民族主義搖身變成拉攏知識分子的利器、執行計畫的基底。反駁民族主義的主張，成了為民族主義辯護的理由；與民族主義相牴觸的事件，成為證明民族主義有必要存在的證據。

第三個謊言：你不能提出質疑。只要提出意見、主動質問、深入探究，等於否決所有人思想一致的前提，讓你自己凌駕於人民之上。

獨立思考是對權力的威脅。光是擁有獨立思考的能力，即已否定民族主義的世界觀，而仰賴獨立思考得到結論，則會動搖民族主義政策的根基。對人民和菁英所構成的二元社會階級而言，獨立思考是活生生的反證，因此民族主義勢必得詆毀及貶抑獨立思考。懂得獨立思考的人是人民的公敵。

第四個謊言：各大機構無不協助實行有違大眾利益的陰謀。從國家的層級來說，這裡所謂的機構包括法院、議會或國會、媒體、慈善組織和研究單位；以國際的視角來看，則包含聯合國、歐盟、世界衛生組織和世界貿易組織。

本質上，機構能限制政府的權力。機構可監督、制衡、分散政府的權力，督促政府負責、阻止政府違反法律，以及強迫政府遵守民主規範。國際組織能解決各國無法單獨處理的問題，體現人類跨國界合作的能力。

在人民與菁英對立的民族主義論述框架下，權力如此強大的組織根本無法組成。如果人民擁有一致的思維，由民族主義者代表發聲，那麼這些代表人物便能暢所欲言，不會受到任何合法限制。如此一來，各大機構必將時時飽受攻擊，先是名譽掃地，接著失去權責，最後關門大吉。

第五個謊言：差異是壞事。這適用於外國人，或膚色、性向、語言或穿著打扮與我們不同的人。既然民族主義認為人民是品德高尚的單一群體，會有這般論述並不令人意外。就定義而論，凡是外來的實體，都可能對群體的純粹組成構成挑戰。

民族主義主張，你應該要害怕那些與你不一樣的人。與其視為證實人類經驗的豐富與多元，在民族主義者眼中，少數族群反而會對人民此一群體的完整性構成威脅。人民應講一樣的語言——人民是機器一般的存在，而非生命體。

第六個謊言：世上沒真相。極力追尋客觀事實只是菁英的無病呻吟。證據和理性等有助於提升確定性的特質，只是菁英對付人民的陰謀，不應理會。學者、統計機構、經濟分析師、貿易專家、探究事實的記者都是出於政治立場而反對。原因在於，真相可以撼動權力。如果選民將可查證的資料視為論述依據，民族主義的敘事就會受到挑戰。原本活在民族主義陰影下的人會因此受到鼓舞，轉而依據個人的族群集體認同來理解資訊，而非資訊本身是否屬實，對於任何可能質疑其個人信仰的資訊也一概充耳不聞。

民族主義運動的謊言有大有小，有些是系統性的，有些帶有投機性質。這類假資訊並非只是達成目的的手段，其本身就是目的。假資訊的目的在於實現兩個顯著的意圖。第一，企圖以最符合民族主義敘事的方式重新定義日常事件。第二，設法破壞經驗現實（empritical reality）這整個概念的可信度。如果民族主義者可以肆無忌憚地編造謊言，真偽的概念就會變得無關緊要，之後他們的權力就不會受到任何監督。

有種思想體系可以理解正在發生的情況，並提供有助於抵抗的方法。這個體系稱為自由主義，堪稱人類有史以來最「激進」的政治思想型態。

原因並非其提供的結論或手段，當然更不是因為有政黨與其同名。分析單位（unit of analysis）才是原因所在。

賦予個體自由是自由主義的課題。自由主義一旦成為眾所遵從的圭臬，便永遠不會淪為當權者的工具，永遠不會用來壓迫任何人，只會促成解放。

自由主義不認同人民與菁英處於對立狀態。自由主義致力捍衛經驗現實。自由主義支持機構、多元，以及每個人自主追尋自我創造（self-creation）的自由，這是自由主義在所有價值中最主要奉行的原則。讓所有人成為自己希望的樣子，住在想住的地方，愛想愛的人，做喜歡的事，而所有人行為舉止的唯一限制，就是不得侵害他人的自由。

自由主義追求自由，因為在自由的世界中，其他所有價值才有可能實現。

自由主義不服務任何政黨路線，不崇拜領導者。自由主義是有生命的一種思想，由不斷演變的各種問題和答案所組成。自由主義是反抗的思維，其世界觀源自於內在，而非由上而下強制灌輸。

有無數種方法可以抵抗發生在我們身上的一切，但不論採取哪種方法，第一步先要瞭解自由主義的意涵，明白自己奮鬥的目標和原因。

本書講述自由主義發展的故事，最早從科學革命時代應運而生，到如今扮演起對抗民族主義的新角色，詳實梳理其中的來龍去脈。

這個故事涉及戰爭、愛情、經濟、苦難和怪誕事蹟。一切源於腦中的一個想法，該想法在幾世紀間演變成更複雜、更大膽的概念，卻在公開發表後，各種危險和悲劇隨之而來。故事中會提及幾個人，他們非比尋常、意志堅定、思想自由，完全照自己的意思在生活，而他們設計出來的制度，也讓其他人能雨露均霑，擁有一樣的自由。

故事也會講到發展過程中遭遇的挫折，講述如何在經濟、文化和科技的多方影響下，導致自由主義式微，進而演變到如今的處境。唯有瞭解這個歷程，我們才能修正自由主義、重新振作，治癒我們所受的傷害。

這就是我們的反擊方式。不向民族主義妥協，不一味給予尊重，也不再忍受意識型態混沌所產生的迷失感，放任民族主義興盛發展。我們要重新發掘我們的原則，以此吹響反攻的號角。我們要重回科學萌芽的時代，看看名為自由的夢想首度扎根的那段過往。

第1章 誕生

一六一九年十一月十日，勒內．笛卡兒（René Descartes）做了個惡夢。夢中，他頂著猛烈的暴風雨走在路上，後頭有多個人影跟著他。他沒辦法直直地往前走。他的右側肢體使不上力，導致他重心一再偏向左邊。一陣陣強風把他吹得暈頭轉向，腳步踉蹌。

他認出前方是建築物的大門，門後有座教堂可讓他遮風蔽雨。但即使他走進庭院，強風還是吹得他失去平衡。他看見認識的人，並嘗試跟他講話，可惜事與願違，他連挺直身子好好站著都很難做到。接著，其他人影開始慢慢出現，他們全都穩穩地站著，絲毫不受天氣影響。他們低頭盯著他在泥土中費力爬行。

他醒了過來。當時是靜謐的深夜，房間角落的爐火發出細微的爆裂聲。笛卡兒莫名地感到害怕。連續幾小時，他躺在黑暗中的床上，感覺心煩意亂、焦慮不堪，腦海中開始浮現恐怖的想法：會不會是有惡魔正在盯著他，將這些惡夢放進他的腦袋中？

他祈禱，終於再次入睡。

當他意識模糊之後，周遭傳來響亮的爆炸聲。他立刻驚醒，注視著爐火。是爐火燒得劈啪作響？還是只發生在他腦袋裡？他的恐懼加深，更像是夜晚使他焦慮，最後他又再度睡著。

他站在一張桌子旁邊，桌上擺著兩本書。他打開其中一本，看見裡面寫著：「我該選擇哪一條人生道路？」接著出現一位男人，他們聊了一下那些書，然後書和男人就消失了。

不過笛卡兒沒有醒來。他站在桌子旁突然領悟一件事。他在做夢。他開始解析夢境，仔細回想夢裡的一切，這時他還在夢中。分析結束後，他醒了過來。

這些夢後來成了定義笛卡兒一生的重要軼事。夢和現實之間的落差使他憂心忡忡：清醒時處在真正的實體空間，人的思緒井然有序，做夢時進入瘋狂的世界，一切怪誕異常，變化多端，兩者間只有一線之隔。

夢讓笛卡兒感到不安，是因為夢感覺如此逼真。他心裡想著，如果做夢時，人的感覺這麼真實，那麼誰能保證，我們清醒時所思考、所察覺的一切能比夢更真實可信？他只知道，那晚他所臆測的惡魔是真的存在。就像他睡著後，惡魔可以把夢放進他的腦中，當他清醒時，惡魔也能將思緒輕鬆注入他的腦袋。

笛卡兒不相信世上有惡魔。他在意的是自己無法證明——實在一點辦法也沒有——世上沒有惡魔。如果他不能證明這點，就無法證明任何事情。或許綠色其實是紅色，或許二加二是五，或許他睡覺的床並非真實的床。若依照這個推論的方向延伸下去，這個世界終將崩解，數學、幾何學、物理學、政治、宗教、文明，無一例外。萬物的根基簡直搖搖欲墜。

笛卡兒這位二十三歲仍漫無目標的法國人，決定用一生追尋「確定性」（certainty）。他四處請教科學家和神學家，試圖獲取對確定性的種種知識，即便只尋得一絲絲確切的感受，都是無價至寶。他一心實踐存在主義式的事實隔離（existential quarantine），尋找並區隔那些任何人都能毫不懷疑地相信的事實。

「接下來的九年期間，除了周遊列國試圖從旁觀者而非參與者的角度觀看眼前開展的世間萬事之外，我什麼事都沒做。」他寫道，「我翻遍內心，找出可能潛入的所有錯誤。」最後他終於停下尋覓的腳步，開始以文字探討哲學。直到他四十五歲寫下《第一哲學沉思集》（*Meditations on First Philosophy*），才終於妥善消化之前的惡夢和夢的意涵。這大概是所有書中最重要的一本，但原因與笛卡兒所想的不同。他寫這本書的目的是要堅定自己的宗教信仰。他想保護自己對上帝的信仰，使其免受先前經歷過的猜疑所侵擾，並能在懷疑論叨擾不止的問題轟炸下保持完好。然而，他並未從對上帝的信仰中覓得確定性，反而在截然不同的地方——個體——找到。

這個發現後來將會摧毀舊世界，在權利、理性和自由的基礎上開創出新世界。自由主義於焉誕生，而這一切全是偶然。

笛卡兒很難讓人喜歡。他對自己優異的寫作有股傲慢的自負，對批評極度敏感，而且漠視幾乎所有人的作品。

甚至連偉大的思想家他都不屑一顧，對於任何書籍（不管作者是誰、是什麼主題），他都看似毫無興趣。「雖然著作出版時，作者總是倍感焦慮，急著知道讀者的意見。」他有次寫道，「但我向你保證，我幾乎沒有這方面的問題。的確，那些公認學識淵博的人，幾乎每一個人的知識學養，我自認都能瞭若指掌，因此我的觀點是否獲得他們認可，我其實不怎麼在意。」

如同他對別人的著作一樣，他也不太在乎有沒有朋友為伴。從早年的旅途歸來後，他過著猶如獨居的生活，頻繁搬家、在不同的城鎮落腳，只為了能夠過著不與人打交道的生活。

最後，他開始對自己的所在地守口如瓶，連信任的朋友都不透露，寫信時也不留下正確的回信地址。認識他的人已經寥寥無幾，就算是這麼少的人，也都開始稱他為「避不見面先生」（Mr. Evasion）。他屈指可數的友誼幾乎都是在怨恨和互相指責中不歡而散。

如果有人與他保持聯絡，非馬蘭・梅森（Marin Mersenne）莫屬。梅森是法國數學家，身邊聚集了當時歐洲科學界的知識分子。當笛卡兒越來越獨來獨往，從各方面來看，梅森就如同他在世上的特使一樣。他幫忙轉交信件、轉述法國知識分子最新的辯論內容，並協助出版他的著作。

他們活在劇烈變化的時代，當時理性正開始挑戰舊有的權威結構。

大約在十二世紀末，古希臘哲學家亞里斯多德的思想開始與天主教結合，形成陳腐的教條。知識論（研究知識的學問）和形上學（探究現實的學問）等學科逐漸限縮成不容挑戰的「真理」。一旦提出強而有力的質疑，往往換來異教徒的頭銜。教會利用酷刑和處決等手段維持社會秩序。

後來發生了一件事。波蘭博學家尼古拉・哥白尼（Nicolaus Copernicus）在一五四三年發表《天體運行論》（*On the Revolutions of the Celestial Spheres*），對舊時代開了第一槍。他在書中推翻地球是宇宙中心的既定觀念，直指地球只是太陽系的一分子，空中的其他星球並非繞著地球而轉，而是和地球一樣繞行太陽。

哥白尼降低人類的地位。他暗示我們只是隸屬於一個更大的宇宙，或許只是不起眼的角色，不是萬物的中心。這個說法與《聖經》多處牴觸，包括「全地要在他面前戰抖，世界也堅定不得動搖」（歷代志上，16:30；譯文引自《和合本》）。隨著科學思維日漸站穩腳步，宗教對知識的壟斷益發受到挑戰。

一五九三年，義大利修士焦爾達諾・布魯諾（Giordano Bruno）聲稱宇宙浩瀚無垠，根本沒有中心，這番「異端邪說」將他送進宗教裁判所（Inquisition，即天主教會的宗教法庭）接受審判。他在羅馬被判有罪，最後更慘遭火刑。到了一六一五年，宗教裁判所將哥白尼的理論「正式定調為異端」。之後，宗教裁判所還迫害義大利天文學家伽利略・伽利萊（Galileo Galilei）。他們把他拖到羅馬，以酷刑威脅他並將他軟禁。

笛卡兒一輩子為這些爭議煩惱，苦思這些事件對他的寫作可能具有什麼意義。他的做法很睿智。他的文字強烈暗示（但從不明確表態）哥白尼的理論是正確的。不僅如此，他的文字還傳達了更深層的意涵。雖然笛卡兒是虔誠的基督徒，但只要你細細品讀，就會發現其中充滿異教徒思維。在那個以宗教信仰為尊的時代，他的著作已奠基於一個概念，那就是確定性很難建立。

他在一六三七年寫道，「我不應談論任何哲學，儘管多個世紀以來最優秀的思想家都曾談過，但依舊沒有什麼是毫無爭議的定論，因而使人生疑。」

為了寫他的第一本書《世界論》（*The World*），笛卡兒在一六三〇年到一六三三年間獨自隱居於阿姆斯特丹。他在開頭的句子中寫道：「我打算在本書中探討光，我想清楚指出的第一件事，就是我們對光的知覺可能與物體中使我們產生該知覺的本質不同。」

很難想像必須有人特地指出，光和我們對光的感知其實不同。我們知道周圍有光，不過我們必須仰賴人體的視覺和心理器官（即眼睛和大腦）轉化光的現象，我們才能產生感知。但在笛卡兒的年代，對世界的正統觀點完全以人為中心。當時的人認為，物體本身就具有人眼所看見的特質，例如血液本身就具備「紅色」的特性，火具有「熱」的特色。

笛卡兒的論點完全相反，他認為物體獨立存在於我們對物體的感受之外。我們的感知器官並未向我們呈現世界的真正樣貌，只是傳達物體帶給我們的感受。

他在努力挖掘對世界的深層體會。從他提出這個想法之後，科學便隨之興起。如果你不信任感官帶來的感覺，你必須建構假設，對事情的可能樣貌提出一套說法，接著你必須測試假設，過程中你會需要運用工具，補足感官不足之處。當你這麼做的時候，等於在從事科學了。

如同哥白尼將人類從太空的中心移走，笛卡兒則是除去人類在現實世界的中心地位。以前神父和古希臘人透過撫慰人心的話語建構起一個確切篤定的世界，這個世界突然間變得陌生，腳下的土地變得神祕難解。

笛卡兒一向堅稱這個想法與教會的主張不謀而合，但事實上，他提出的思想極具革命意義，其中的意涵可能會澈底推翻傳統權威結構。

一旦讀者認同感官不是他們認識世界的可靠管道，笛卡兒便開始追問萬物究竟是如何運作。他以火為主要例子。中世紀的人普遍認為火具有「火」的外形、「熱」的特性，以及「燃燒」的動作。笛卡兒不採信這個觀點，反而認定「與木頭交纏的火焰本體是由許多微小的部分組成，每個部分個別閃爍，互不牽連，且閃動的動作極為快速、猛烈。」

這些他稱為「小體」（corpuscle）的部分「小到人眼無法辨識」。這就是原子理論最早的雛型。

這是笛卡兒第二個偉大的見解：對物質的解釋仰賴於根本上可以透過數學來表示的微結構特質。他不僅描繪了科學革命的初始輪廓，更朝科學革命的初步成果邁出一大步。他用書中一開頭的十三個段落就達成這個創舉。

就在他即將完稿前夕，笛卡兒耳聞伽利略的遭遇。那簡直是場災難。笛卡兒的物理原則明顯與伽利略的主張相互呼應，與地動說一樣已正式成為異端邪說。就在他準備寄出完成的手稿公開發表之前，他決定先暫緩出版。

「我已決定絕口不提，」他告訴梅森，「四年來的心血幾乎全都付諸流水」。

笛卡兒著實飽受驚嚇。他在千鈞一髮之際決定不出版作品，才躲過淪為階下囚的命運，免於遭受宗教權威質問。荷蘭的風氣已經比義大利或西班牙更包容，但他所做的事還是猶如在玩火，這點他心知肚明。

他一時之間變得極度謹慎，時常煩惱教會用什麼態度看待他的著作。有時他忍氣吞聲，有時則試著先發制人，大肆抨擊默默無聞的評論家，藉此迴避批評。他的寫作時間逐漸被一連串神學爭辯所占據，壓得他喘不過氣。

他捲入與耶穌會學院的長期論戰。荷蘭喀爾文教派神學家吉斯伯圖斯·沃修斯（Gisbertus Voetius）託人寫了長篇大論大力抨擊笛卡兒，直指他「處心積慮地偷偷將無神論的毒液注射到人們體內，人們因為心靈軟弱而從未發現躲在草叢中的毒蛇」。真正危險的時候，世人甚至把他與盧西利歐·瓦尼尼（Lucilio Vanini）相提並論，這位義大利無神論者在土魯斯慘遭割舌、絞殺和火燒等酷刑。

長久以來，笛卡兒始終以他的觀點試著說服世人，但猶如在打一場毫無勝算的仗。真正的情況是，他的整個世界觀、對錯誤感官認知的說法，以及優先從機械論的角度解釋物理現象的做法，在在挑戰教會的權威。

因此他起心動念，決定將所有神學的爭論拋諸腦後，專心探索真正重要的事。他要表達上帝確定是百分之百存在，這麼一來，他就能防止自己被貼上異教徒或無神論者的標籤，從爭議中獲得釋放，進而可以更廣泛地繼續他從質疑的角度探究世間萬物的研究，不必時時戒慎恐懼。

後來事實證明，這是很嚴重的誤判。笛卡兒太擅長解析，暴露事物的內在瑕疵。重點轉移到上帝後，他最終破解了人類知識的整體組成，最糟的是，他是在不經意間做到了這點。

一六三七年，笛卡兒終於出版第一本書。這本書共有三篇分別探討光學、幾何學和氣象學的論文，並附上一篇隨筆《談談方法》（*Discourse on the Method*）作為導讀。現在幾乎沒人記得這三篇論文，但《談談方法》成了西方哲學的準則。這是他首次展現自己有系統地質疑萬事萬物的嚴謹態度，一種面對任何問題都能堅定不移的批判精神。

這套方法分成四個步驟。第一步，將肯定的事實從可能有所質疑的部分中分離出來。第二步，將留下來的問題分解成更小的單位。第三步，從簡單的問題開始逐一解決。最後，檢查整個過程，評估是否有任何遺漏之處。

以現代的角度來看，這似乎是再正常不過的問題解決流程。但在當時，這是極具顛覆性的探究方式，不管笛卡兒如何費盡心思地修飾，還是難掩其本質。這個方法暗示現實可供人類智力任意探索。任何人想要認真思考，都能自行評估其所掌握的證據。除非權威能在追尋真相的過程中給予任何助益（大部分情況下都沒有），否則沒有權威介入的空間。

笛卡兒在書中小心地保護自己。他匿名出版《談談方法》，並在書中安插名為「實踐此方法應依循的道德準則」的篇章，明確將信仰和國家法律從適用範疇中排除。他清楚指出，大部分人應該都無法正當地運用該方法。

還有一個重要的保護措施。他在書中刻意試圖說明，他看待其他萬事萬物的質疑態度，不可能應用於上帝。他確切指出三件事情不在懷疑論的討論範圍：他本人存在與否、理性和上帝。可惜沒用。這段文字的篇幅簡短，語氣勉強，引發了更多疑問。幾乎可以確定，這段文字並未在他對上帝的信仰和以懷疑為基礎的探究精神之間築起一道防火牆。

這讓笛卡兒落入危險處境。儘管書是以匿名的方式出版，但大家都知道他就是作者。任何想追捕他的神學家（當時的確有好幾位）都能聲稱，他認同上帝的論述孱弱無力，其實是在試圖散播無神論。

因此他下了一個攸關命運的決定。他決心正面處理問題。他要寫另一本書，確實證明他的質疑精神並非對上帝的威脅。

他會在書中拆解並駁斥惡魔理論之類的懷疑論述，該理論暗示人類一無所知。他會以絕對肯定的態度確立上帝存在的事實。之後，他就能探討那些他真正感興趣的問題。

其實笛卡兒不樂見自己走到這一步。為了駁倒懷疑論，他必須說明其中的論述，而這麼做相當危險。

「我不敢這麼做，因為我將必須詳盡解釋懷疑論者最強而有力的論述。」他在一六三七年五月給友人的信中寫道。「我擔心這樣的澄清看起來會像是要介紹懷疑論者的觀點，進而擾亂軟弱的心靈。」

因此，笛卡兒捨棄他的母語法文，改以拉丁文寫作。這麼做可以增加他在世界各國學識飽滿的讀者，同時讓缺乏教育的一般人無法閱讀，這樣他就可以說自己已努力保護一般人免受過於狂熱的思想所影響。

但還不夠。笛卡兒的如意算盤並未實現，這本書帶來的影響比他做過最可怕的惡夢還驚人。不僅心靈不夠強大的人認識了懷疑論的概念，書中對懷疑論的描述生動逼真，扣人心弦，後世反而認定他就是這些論點的代言人，殊不知他當時其實是要企圖駁斥這些論點。

這本書叫《沉思錄》（*The Meditations*）。笛卡兒用類似小說的方式寫了這本書。敘事者有點像是他本人的綜合體，坐在房間內的火爐旁，質疑著世上的一切。

他要篩選所有他認定為真的事物，判斷自己能否真正加以證明。如果沒辦法做到，就要捨棄原本的認知。

他不必檢查每一件相信的事情，這會花太多時間。他只需要檢視基礎信念即可。如果基礎信念有誤，建構於其上的概念就會倒塌崩解。

所以他從自己的感官開始檢驗。「我怎麼可能否定我擁有這雙手和軀體？」他問自己。但他可以，因為睡著時，他同樣確定夢是真的，然而事實上是假的。

「沒有什麼毫無疑問的標記可以區分清醒和睡著的狀態。」他說，「我大感驚訝，而在震驚的情緒中，我幾乎就要相信自己正在做夢。」

做夢讓實體世界中所有確定的事物變得不再可信。在夢中，醫學、物理學、天文學全都不可靠。不過，我們透過思考賦予意義、不依存於物理現實的那些概念，像是數學或幾何學，則為例外，畢竟二加二等於四不會因為你清醒或做夢而改變。

但就連這點，笛卡兒也無法確定了。他再度擔心會有萬能的惡魔欺騙他。惡魔也許已在我們心中植入對數學和幾何學的錯誤想法，二加二或許其實等於五。

這麼一想，萬物萬事便無一禁得起質疑，甚至連我們自己的想法也是。「天空、空氣、大地、顏色、外形、聲音和外在的一切，都與夢的假象無異，惡魔已然設下圈套，就等著我輕易受騙。」笛卡兒寫道。

他感到迷惘。「我突然落入深水之中，如此焦慮不安，想要穩穩地站在水底，抑或游在靠近水面的地方，好讓自己活命，都無法辦到。」一切都不牢靠。「還有什麼可以視為真實？」他問起。「沒有什麼可以百分之百篤定，或許只能這麼相信了。」

這是思想史上舊世界滅亡的確切時刻。

在一片廢墟中，笛卡兒開始四處搜索，就算只找到一小塊無懈可擊的真實，可以讓他開始重新拼湊起世界都好。「只要夠幸運發現一樣完全真確、不容置疑的事物，我就有資格懷抱最高的期待。」他說。

然後，他找到了通往真實的途徑：自己。

只因一個念頭：如果我受到蒙蔽，一定有個受到蒙蔽的我。這證明了我存在。

除了你本身以外，一切都能從你身上奪走。你可以質疑一切，但無法懷疑「你在質疑」這件事，因此你必定存在。「每當我開口表達或心中想起，此陳述——我質疑，我存在——必定為真。」

以拉丁文表示則為：Cogito, ergo sum。我思故我在。

這大概是整個西方哲學中最知名的一句話。這也是人類史上最優美的見解，這並非誇飾。唯一你可以毫不質疑、萬分確定為真的見解，非此莫屬。沒有其他見解比得上。這句話還能自我證明，靠著其隱含的意義反覆循環自證。這是無庸置疑的封閉系統。

笛卡兒摧毀了整座偉大的知識宮殿，找到唯一可以確定為真的，正是個體。

但不只這樣。「我思」還包含其他意涵，彷彿有個隱而不見的夥伴。個體並非白板（blank slate），而是具備明確的特徵。個體會思考。唯有透過思考，個體才知道自己存在。

「我是真正的實體，真實存在，但是什麼呢？」笛卡兒自問。「會思考的實體。」具有心智，具有理解力，換言之，具有理性。

這是自由主義誕生的時刻。

這麼說似乎有點奇怪。大多數人不會把笛卡兒歸類為自由主義者，他的著作甚至無關政治。在世人眼中，德國倫理學家伊曼努爾・康德（Immanuel Kant）之類的其他重要思想家才是自由主義的先驅。但在這裡，自由主義的基本元件——完全出乎意外——突然運轉了起來。個體的存在事實取代了教會和國家老舊過時的教條。

然而，誕生的不只有自由主義。沒有思考就無法證實「我在」，沒有「我在」也無法發生思考。

自由主義和理性就像雙胞胎般降生於世間。

從那時開始，笛卡兒便在這真實的基石上，瘋狂地試著建構他一直以來想要印證的事情：上帝的存在。然而，他的技巧和推論能力突然背叛了他。原本是哲學史上最令人驚豔的論述，在翻過頁之後，迅速演變成最枯燥乏味的內容。

他為上帝連續端出多個論述，一個比一個看似更為貧乏，一個比一個更快分崩離析。《沉思錄》一回應原本的宗旨，應有的精采論述便蕩然無存。

所有讚揚上帝的論述變得一文不值，但前置的思考部分（即「我思」）反倒獨自發展出生命。其中蘊藏的真相終究紙包不住火，大肆傳播開來。幾年內，學生紛紛向老師提出問題，對課程中依循亞里斯多德框架而產生不合時宜的種種約束，也不吝表達反對意見。幾百年後的今天，這時常是哲學系大學部教的第一個論述。

其實，笛卡兒在書中提出的綱要並非多新穎的概念。亞里斯多德曾說，「察覺我們能察覺或思考，即已察覺自身的存在」，便已傳達類似的想法。五世紀的哲學家聖奧古斯丁（St. Augustine）在回應懷疑他的論述時答覆：「如果我錯了，表示我存在」，也有異曲同工之妙。笛卡兒的友人尚・德・西洪（Jean de Silhon）也曾把玩類似的構想。

然而，最先提出各種思想的人不一定最重要，很多時候，讓思想廣為流傳的人才能名留青史。「通常都是這樣，率先領悟新思維的人大步走在時代前面，新穎的思維得不到大眾認同。」二十世紀自由主義哲學家伯特蘭・羅素（Bertrand Russell）這麼說。「慢慢地，當世界發展到可以接納新思維，在恰當時機再次提起該思維的人便順勢獲得所有功勞。」笛卡兒正好扮演了這個角色，即便這從來不是他的意圖。

「我思故我在」會傳播地既快且廣，部分原因在於這句話寫得極好。儘管笛卡兒表明擔憂缺乏教育的一般人會受到影響，但他仍持續以「貼近大眾」的風格寫作。他的文筆充滿豐沛感情，極具感染力。文字生動，不拐彎抹角，與當時其他哲學家的著作大相逕庭，也不像柏拉圖之後蔚為流行的對話集式作品。正由於他無意經營出版事業，他才沒有沾染上那個時代矯揉造作的風氣；正因為他對知識分子抱持懷疑心態，他才發展出更引人入勝、更親民的寫作形式。

笛卡兒逝世幾年後，教會終於將《沉思錄》列為禁書。即便該書在神學方面具有各種問題，但其傳達的道理更為深刻，格局更為寬廣，足以窺見笛卡兒的完整個性。儘管他多麼努力隱藏，字裡行間依然散發出違抗的氣息。在他的提點和探究下，龐大的權威體系終究逃不過崩潰的命運。

在權威的統御之下，他發現了個體。他將人類從群體的禁錮中解放出來。我們不是屈服於家族、階級、部落、宗教、種族或國家底下的附屬品。我們是獨立個體。我們可以自主思考，擁有理性思辨的能力。這是從舊有的確定性中萌發崛起的哲學真理，而這股思潮，日後將接管整個世界。

第2章 覺醒

事情發生在一六四七年，那是《沉思錄》出版六年後。一群英國士兵和激進人士群聚於距離倫敦不遠的普特尼（Putney）。他們俘虜了國王，他們與議會僵持不下，他們反抗官員的主張。接著，他們就政治理論展開一場高格局的辯論。

長達幾個世紀，這場會議的紀錄付之闕如，但在一八九〇年，牛津伍斯特學院（Worcester College）的圖書館員有了重大發現：一份以早期速記形式謹慎記載了當時情況的書面紀錄。誠如二十世紀歷史學家奧斯汀．伍爾里奇（Austin Woolrych）所說，這大概是「英國歷史上所有研究領域中最振奮人心的館藏發現」。這份文件鉅細靡遺地記錄了一群人激烈辯論的結果，在內戰的動盪時空中形成日後自由主義的雛形。

這場辯論的水準之高並非偶然，這是數年來激進論述積累的成果。激進分子在牢獄中匆匆寫下這些論述，由同情的獄卒偷偷挾帶出去，而後發表於非法的媒體，繼而在倫敦的大街小巷流傳，成為軍隊各階級間竊竊耳語的內容。是一群頑固倔強、不屈不撓的激進人士持續不懈地宣傳，才有這樣的結果。這群人統稱為平等派（Leveller）。

他們開創先河，率先將笛卡兒對個體存在的解析推進到宗教和政治。他們從沒讀過笛卡兒的著作。幾乎可以確定的是，他們壓根不知道笛卡兒這號人物，但歷史演進到某些時刻，截然不同的時空會開始催生類似的思維，就像演化樹的分支一樣。當時就是這樣的情況。

平等派的苦難始於國王查理一世。這位英國君王在一六二五年娶了信奉天主教的法國公主亨莉雅妲．瑪利亞（Henrietta Maria），長期下來，信奉新教的英國百姓對他的統治只有滿滿的懷疑和憤慨。在位期間，查理一世大力支持崇尚繁複禮儀的聖公會高教會派（High Anglicanism），這在反對者眼中與天主教相去不遠。最嚴重的是，查理一世相信國王握有神聖的權力，亦即君主擁有上帝直接賦予的權威，因此有權行使絕對的權力。

現今回頭看，他就像舊世界遺落在新時代的殘骸，但在那個時代看來並非如此，即便是反對者也未必這麼認為。當時歐洲大部分地區都在朝著絕對主義（absolutism）的方向發展，這個趨勢甚至延續好幾十年。查理一世自認已踏上現代化和改革的道路，試圖解決百年來經濟衰落和停滯的問題。他或許是不太可靠的一個人，容易說謊及誤導群眾，但他並非貪得無厭。儘管他搞砸許多事，但他堅守原則。他真心相信自己是天選之人，違抗他的命令等於是在挑戰造物主。

同樣地，挺身反抗的人並不認為自己是民主新時代的先驅。他們大部分的思路都是奠定在英國古老的自由概念之上，這喚醒了他們記憶中那個深植於英國歷史但已然逝去（而且大多是虛構不實）的自由年代。

歷史從來不是簡單或線性的發展。參與其中的人物擁有混雜的宗教和政治信念，從現代的角度來看幾近難以理解。但在特定的時間點，震驚世人的新思維往往會從經濟和社會事件中意外誕生。當時就是發生了這樣的事。

查理一世對議會感到氣餒。當時，議會依然聽從他的命令，他可以選擇何時開會和解散，但議會擁有一項權力，對他的制約力量遠比上帝還強大。議會可以徵稅。

多年來，議會利用這項權力鞏固對國王的控制。唯有確定可以獲得回報，議會才會授權課徵新稅。也就是說，查理一世處在進退維谷的窘境。國王重新召開議會時，議員會挑戰他的權威，但若不召開，國王就沒錢可用。

超過十年的時間，他不斷延遲召開議會，並試遍其他各種獨創的募資方式，儘管最後都沒成功。這段時期即為後世熟知的「十一年暴政期」（Eleven Years' Tyranny）。這段期間，查理一世透過一種像是小型議會的組織行使他的決策權，該組織稱為星室法庭（Star Chamber）。這組人馬可以通過法律、傳喚證人，也能刑求及處決他們懷疑是異教徒的人。對反對國王的人而言，星室法庭等於是專斷統治的代名詞。

星室法庭由極度保守的大主教威廉．勞德（William Laud）掌管。他是查理一世的執法大臣。勞德瞭解社會正以危險的速度改變。人民從鄉間移居到倫敦，產生新的身分認同。以前人們視自己為村莊和宗教的一分子，基本上是群體的一部分，現在則是以相對龐大的人數集結在一起，來自國內不同地區和不同社會階級的人比鄰而居。舊有的社會連結逐漸淡薄，新的認同取而代之，例如個別的教會、新教徒團體、職業和階級。

此外，城市生活也提供必要的發展條件，催生出我們現今所謂的新聞。資訊在熙來攘往的街道上迅速傳播，速度遠比以前在相隔遙遠的村莊間流傳快上許多。有事情發生時，各種八卦、謠言和影射就像爆衝的小鳥一樣四處紛飛，時常引發大規模的政治活動。

有種技術更進一步加劇了這種不穩定的狀態：印刷。

勞德比任何人都清楚這項發明對政權的威脅。這能增進資訊的流通速度，消息的傳播不必再仰賴口耳相傳。除非納入政府體系加以控管，否則宗教和國王的地位都會受到挑戰。

因此，勞德在一六三七年透過星室法庭通過法令，將倫敦的合法印刷機限制在二十部，獲授權從事鑄字工作者以四人為限。印刷國內新聞是犯罪行為。撰寫及出版未經許可的內容會遭到審問，必須接受酷刑懲罰。

書商公會（The Stationers' Company，工會和職業協會的綜合體，能完全控制書籍和印刷業的商業活動）依規定必須查緝及杜絕任何政府認為有叛國之虞、傳達異教徒思想，或在非法媒體上發表的作品。所有木匠、細木工師傅和鐵匠都不准在未向書商公會報備的情況下參與印刷機的製造工作。該組織儼然是民間的審查機關，負責追查禁書及逮捕禁書的作者和出版者。

一六三七年夏天，三位反天主教作家威廉．普林（William Prynne）、亨利．波頓（Henry Burton）和約翰．巴斯威克（John Bastwick）被押上星室法庭受審，最終法庭認定他們的著作煽動叛亂。他們每個人必須繳交五千英鎊罰金——這在當時可說是天文數字——並遭判處無期徒刑。他們也被銬上頸套和手枷示眾，親眼看著自己的書化為灰燼，而且耳朵還被割掉。普林在四年前就接受過審判，前一次肉刑殘留的耳根這次整個割除了。他的身上還被烙印上字母縮寫「SL」，意指「煽動叛亂的誹謗者」（seditious libeller）。

這三人的處境和慘遭酷刑仍不屈不撓的態度，讓一名二十幾歲的年輕人深受感動。他是約翰．李爾本（John Lilburne），後來他會成為幾乎像是平等派領袖的人物。他持續散布上述三人的著作，直到勞德的特務在一六三七年十二月將他逮捕，送到星室法庭受審。

他此時的作為已能展現他一輩子回應政治的方式：勇於對抗、熟知法律、幾乎毫不停歇地堅持追尋英國古老的自由觀，而且喜好爭辯、頑固倔強。如同他的一位盟友所述：「要是世界上只剩他一人活著，約翰會挺身對抗李爾本，李爾本也不會輕易服從約翰。」

星室法庭根據其所傳證人的證詞，將李爾本定了罪，換句話說，訊問結果直接變成起訴理由。因此，除了聲明他擁有選擇不自證有罪的權利之外，李爾本乾脆拒絕發言。此外，他也堅持自己未出席聽證會，是因為他並未收到傳喚令。最後他告訴檢察官，他無法照法庭規定宣誓，原因是檢察官並未給他時間思考此舉是否合法。他像是來自一切依循正當程序的未來，誤闖了欠缺正當程序的舊時代。星室法庭最終裁決他繳納罰金五百英鎊、入獄服刑，並公開接受酷刑懲處。

一六三八年四月十八日，李爾本被雙手綑綁拉在囚車後方，從弗利特橋（Fleet Bridge）到議會一路遊街示眾，每走四步就要被一條打成結的三股鞭狠狠抽打一次。一路上，圍觀的群眾向他呼喊鼓勵的話。

抵達議會後，他被上了枷鎖。他朝外注視著人群，冷靜發表了富有說服力的演說，控訴勞德濫用權力。最後官員用布塞住他的嘴巴，於是他只能看著周圍的群眾，並不斷跺腳表達反抗之意。從那天開始，他有了「自由人約翰」（Freeborn John）的稱號。

官員把李爾本送回監獄，除了將他獨自監禁於一室，也拒絕給予食物、衣物和醫療照護。要不是隔壁的囚犯從牆壁上的小洞偷塞給他少量的食物，他早就撐不過這些折磨。

李爾本在牢房中持續寫作，將激進的反勞德短文偷渡出去，集結成冊暗中出版。其中題名為《呼喊正義》（*Cry for Justice*）的一本便引發大規模抗議。那時他才真正明白印刷技術的力量，這是動員支持者極為有效的機制。你可以寫好內容，印刷成小冊子廣為宣傳，在一天內號召群眾上街抗議。

勞德錯了。禁止印刷並未使其消失，只是逼迫印刷活動轉往檯面下發展。星室法庭設下合法印刷機的數量，但未限制學徒人數，或許反而為非法媒體創造了有利的發展條件。受過訓練但沒有工作機會的工人成了激進人士的理想夥伴，加上許多原本應該拆解報廢的印刷機最後流入黑市，為倫敦越來越多的反天主教作家提供了發聲管道。這些新客戶需要緊急、快速的發表方式。與其為貴族印製厚厚的書籍，A3大小的紙張摺疊成八頁的小冊子成了市場的新寵兒。

只要一部印刷機，一個晚上就能製作出幾百份這樣的文宣。這門生意蓬勃發展。聖保羅大教堂（St. Paul's Cathedral）一帶成了非法印刷業的大本營。在迷宮似的破舊窄巷和骯髒的建築裡，一小群激進人士和違法的出版商偷偷運來非法印刷機，散播非法的小冊子。這些小冊子素有「紙彈」（paper bullet）之稱。

這些小冊子不用一瓶啤酒的錢就能買到，即使是貧窮的百姓也負擔得起。這個時期的倫敦，識字率出乎意外地高，六成的人知道怎麼寫自己的名字。不識字的人時常能在酒館聽到有人朗讀這些小冊子的內容。這些小冊子拉開了政治民主化的序幕。

一六四〇年前，查理一世與蘇格蘭人之間一直存在麻煩的衝突，急需金錢。他的財務狀況日益窘迫，最終不得不召集新議會。這是有如災難的嚴重錯誤。問題積壓太久，現在一發不可收拾。

議會重新運作後，議員開始有所動作，以確保議會不再遭到解散。他們通過一項法規，律定國王每三年必須至少召集一次議會，如果沒有，議員可以自行開會，藉此確立議會獨立自主的政治地位，可脫離國王運作。接著，他們指控勞德叛國，將他關入倫敦塔，並廢除星室法庭。

勞德掌管的整個審查體制於是崩解。星室法庭裁撤後形成法律真空，書商公會作為政治或經濟機關的效力頓失，促成自由興盛的出版榮景。

出版書目從一六四〇年的九百筆，大幅增加到一六四一年的兩千筆，到了一六四二年更多達三千五百筆。單單是那一年的印刷品數量，就超過了前一個半世紀的總和。有趣的是，實際印刷的總頁數並未增加，那時的印刷品以小冊子為大宗。事到如今，黑市和合法市場基本上已無區別。

威廉．沃文（William Walwyn）是從這波毫無限制的新印刷文化浪潮中崛起的平等派要角。他的年紀比大部分的平等派盟友還大，也較深謀遠慮。本性使然，他時常選擇迴避激烈的言行，走向冷靜理性的論述。他曾說，人生的一大樂事是「讀本好書」或「擁有誠實、可以對話交流的好友」。如同所有平等派以及十七世紀參與政治的任何人一樣，他也是極度虔誠的教徒。

儘管現代的自由主義與宗教沒什麼關係，但諷刺的地方在於，自由主義得以成長茁壯，正是因為基督徒反對天主教義，自由主義的種籽才得以落地。

一五一七年，德國牧師馬丁．路德（Martin Luther）反對天主教會的鋪張奢華而發起宗教改革，挑戰教宗的權威，最終促使基督新教興起。到了平等派的時代，這類衝突已擴大到整個歐陸。這確立了議會和國王間的齟齬，也是歐洲爆發三十年戰爭（30 Year War）的重要因素。

新教內部並非毫無衝突。從天主教分離出來之後，新教持續裂解成無數支派。有些派別的政治結構與天主教相當雷同，例如盛行於不列顛群島的正統長老宗（Orthodox Presbyterianism）就創立全國性的教會體制，以法令規定人民必須上教會，教徒必須以特定方式做禮拜。不過，也有新教運動的其他成員抱持不同觀點。對他們來說，對教宗權威的挑戰可延伸至對任何宗教權威的挑戰。他們認為人與上帝的關係應下放至個人。

後來的平等派成員以清教徒為大宗。平等派的組成極度多元，許多保守派的追隨者支持建立國家教會。不過，激進成員的主張更為顛覆現況。他們認為教會和民政當局必須分離，教區必須擁有自治權，並正視個人皈依（personal conversion）的重要。

在這樣的信仰基礎上，他們提出三個爆炸性的政治思維。第一，人民應有宗教信仰自由。人民應有權以自己喜歡的方式、在自己喜歡的教會做禮拜。有些激進人士甚至鼓勵教徒到不同的教會做禮拜，聆聽不同牧師講道後，再決定要去哪個教會。

第二是強調個人。激進新教徒對宗教的看法強調個人與上帝的關係，瓦解了社會的權威結構。他們並非主張個人有追尋上帝的自由，事實上，他們的思維正好相反——他們試圖清除人為的干擾，讓個人更能體悟上帝的旨意，不過，在現實世界中，這種強調個人和上帝直接連繫的結果，仍然等同於強化了個體的自主性。

第三是懷疑的態度。笛卡兒體會人類感官在理解火時有所缺陷，那時他就認清了這點，在剝去人類對事實的確定性後，他再次獲得同樣的體悟。激進的新教徒秉持相同的謹慎態度看待宗教。

他們接受人類缺少靈性器官，無法真正瞭解崇敬神的方式，因此每個人獲得宗教啟發的過程都應受到包容，這樣才能確定哪種方式才是對的。無論國家或任何人都沒有權利強制規定他人崇敬神的方式。如同沃文所指，耶穌「只靠論述和說服能力改變或收服他人」。

這三項思維——個人自由、個人的概念、事實的不確定性——後來成為自由主義思想的核心。

自由主義尚不存在，追求上述觀點的人也不懂。然而，在各種異議聲浪翻騰的同時，初始的立論基礎此時已開始浮現，不過尚未完全成形。

如今，國王意識到他對議會反對者的誤判有多嚴重。他們消滅了他的盟友、解除了他行使權威的體制，並開始主張自己是獨立的政治勢力。因此在一六四二年一月，他採取一項決定性的行動：指控五名下議院議員叛國。

隔天他走出宮殿，只說了一句：「我最忠誠的臣民和士兵，請跟我來。」他邁步前行，搭上馬車來到議會，後頭跟著數百名帶著武器的士兵。他想藉助軍隊的力量，實現他未能透過政治達成的目的。他要貶抑議會的威信。

士兵在下議院大門前一字排開，從劍鞘裡把劍抽出，手槍上膛。查理緩步走進議會，走向當時主持議事的議長威廉·倫索爾（William Lenthall）。「議長，」國王說，「請容我暫借一下您的座位。」

倫索爾起身離座。查理坐上他的位子，四處尋找那些議員。他在找的那五個人早已逃離現場，但國王並不知曉。他轉頭要議長指出他們的下落。

倫索爾的回答是英國歷史上的重要時刻，即將從根本上改變英國的憲法結構。

「我尊敬的國王陛下，」他說，「在此我無眼可看、無舌可言，僅聽命於下議院，是下議院的奴僕。」

這段話在下議院中迴盪。倫索爾的這番話等於劃定了權力的界線。國王的權威無法延展到議會，無法對國家的民選代表產生威脅。議長是議會的僕從，並非服侍君主。如今，這番認知已成為完整、獨立的政治權力來源。

查理一世走出議會。那是英國君主最後一次進入下議院。他感覺備受侮辱。幾天後，為確保人身安全，他離開倫敦前往英格蘭北部。局勢的變動儘管令人震驚，但趨勢卻日益明朗。接著在一六四二年八月二十二日，查理一世在諾丁漢（Nottingham）升起王旗，準備討伐自己國家的議會，英國即將面臨一場史上最血腥的衝突。

議會的軍事成敗掌握在兩個人手裡。一位是湯瑪斯・費爾法克斯（Thomas Fairfax），這名幹勁十足的陸軍中將在戰場上英勇無畏，讓部屬甘心追隨。另一位是奧立佛・克倫威爾（Oliver

Cromwell），英國歷史上極為機智但令人難以捉摸的一號人物。

無數著作討論過克倫威爾，但似乎沒有一本對他蓋棺論定。他是矛盾和逃避的化身。有人認為他挺身捍衛議會，值得欽佩；有人認為他是英國唯一一位軍事獨裁者；許多人覺得他後來在愛爾蘭犯下滔天罪行，與惡魔無異。

他彷彿影子。在歷史上的某些重要時刻，他簡直從不存在。其他時候，他則是高談闊論，表態支持某套思維，但隔天卻採取背道而馳的行動。他的行為時常讓人摸不著頭緒。

克倫威爾出身中層士紳，祖父家財萬貫，但父親的生活並不富裕。他在二十幾歲時診斷出憂鬱傾向，大概有點精神崩潰的症狀。經歷這一切後，他變得極度虔誠。

克倫威爾和費爾法克斯是英國議會最成功的軍隊領袖，但這還不夠。他們的軍隊接連吞下多場敗仗，被迫撤退到距離倫敦越來越近、由議會兵力駐守的據點。當時他們真心感到擔憂，認定查理一世就要戰勝。

一六四四年十一月，克倫威爾以他的議員身分猛烈砲轟當時的軍事領導階層。他指控領導階層「一切作為畏畏縮縮」，並直指許多議員不願意讓戰爭「朝全面勝利的方向進展」。

他說得沒錯。議會的意見分歧，有些下議院議員和上議院想要儘快結束戰爭、和國王簽定自立宗教政府的協議，接著重振國王的權威地位，使其能執行協議。這是長老會（Presbyterian）教派的立場。

另一邊是獨立派（Independents）。他們希望能更徹底地改革體制，亦即擁有信仰自由及終結國教。他們認為，教會是自願參與的組織，人民可以自由決定是否奉獻心力。他們不希望用另一種強迫參與的制度來取而代之，而是澈底改變宗教和政治的執行方式。

這樣的分歧也蔓延到軍事。獨立派認為議會必須全力打贏戰爭。唯有迅速且紮實地獲得勝利，國王才會甘願聽從他們的建議，澈底改革。

反觀長老會，從戰爭爆發之初到慘澹落幕始終試圖與國王達成協議，期能恢復以往的正常生活，同時落實他們所主張的溫和改革。從頭到尾，國王不斷與他們眉來眼去，永遠看似對協商抱持開放的態度，但從未嚴肅正視。

下議院的內部角力衍生出一個問題。大部分議員同意，議會需要擁有自己的國家軍隊，以有效對抗國王，但上下議院都擔心軍隊遭對方把持，因此他們提出一項看似簡單的解套方案。他們通過立法，禁止任何下議院或上議院的議員握有軍事指揮權，稱為自抑條例（Self-Denying Ordinance）。

在當時，這項立法看似務實，甚至是巧妙的安排，但議員並未完全領會這項決策所將造成的後果。他們為英國建立了一股全新的獨立勢力，如同議會本身或國王一樣，然後賦予他們大量武器。

國內這股全新的武裝力量既具備專業能力，獲得的薪酬也高，稱為新模範軍（New Model Army）。這支軍隊證明了自身的兵力相當強大。在一六四五年六月十四日攸關最終勝敗的戰事中，新模範軍在北安普頓郡（Northamptonshire）的內斯比（Naseby）擊敗了國王，使保皇派的兵力澈底瓦解。萊斯特（Leicester）率先投降，接著布里奇沃特（Bridgwater）、巴斯（Bath）、舍伯恩城堡（Sherborne Castle）、布里斯托（Bristol）、迪韋齊斯（Devizes）和溫徹斯特（Winchester）等地也相繼投降。

時節進入秋天，查理一世撤退到最後的堡壘牛津，終於發現自己吞了敗仗而企圖易裝逃亡。他跑到蘇格蘭，向蘇格蘭軍投降。戰爭正式結束。

至少當時的人這麼認為。但事實上，社會即將面臨遠遠更混亂的時局。捍衛議會的激進派即將跟多年來其他無數改革者一樣，學到殘酷的教訓：發起抗爭的一方很快就變成當初自己所推翻的壓迫者。

印刷管制令（Ordinance for the Regulating of Printing）為這一切拉開序幕。印刷業經過兩年毫無規範的混亂後，書商公會向議會陳情恢復執照制度。他們用政治語彙包裝商業考量，向主政者傳遞以下訊息：如果國家無法管制書籍，就無法掌控思想；要是無法掌控思想，一切都將無法控制。

這項主張獲得長老會成員認同。眼見小冊子在坊間廣泛流傳，作者對立場相左的人極盡嘲諷，加上社會瀰漫著連窮人都應參與政治論辯的風氣，使長老會感到驚愕。

長老會採納了書商公會的提議。黑市的印刷機遭到取締，任何官方認為「錯誤、偽造、使人反感、煽動反抗政府及有誹謗之嫌」的著作一概違法。

這項舉措類似勞德六年前的政令。讓人意想不到的是，普林（那個耳朵被勞德割掉兩次的受害者）成為新審查制度的主要執法者之一。「你的齒縫卡了大便。」李爾本後來見到他先前視為英雄的普林時，這麼對他說。

民間對這項新審查制度的反彈，催生了幾本足以代表自由主義萌發階段的早期作品。詩人約翰・彌爾頓（John Milton）率先發難。他支持議會，不僅與平等派有共同好友，也與他們共用幾部印刷機。他在《論出版自由》（*Areopagitica*）中挺身捍衛出版自由，開全世界先河。「殺人和扼殺好書沒有什麼不同。」他寫道，「殺人是殺害可論證講理的生物，摧毀好書是殺死理性本身。」

講到捍衛自由，彌爾頓絕非最佳代表。他不在乎非清教徒的言論自由，認同應禁止有煽動反抗政府之嫌的作品。然而在他的所作所為之中，有一件事後來證明在自由主義思維的發展過程中至關重要。猶如笛卡兒之於知識，以及激進清教徒對宗教的態度一樣，他認可懷疑的概念，並將此觀念帶進世俗世界。人們不一定永遠知道真相，所以需要透過自由辯論來釐清。

「就讓真相和謊言扭打。」彌爾頓寫道，「誰知道在自由開放的激盪中，真相會不會屈居下風？」迴避自由辯論的人必定變得陳腐過時。「故步自封、與世隔絕，不實際施展才能及接受考驗，從不突破重圍與對手正面交鋒，這樣的德性我無法讚賞。」

他依稀窺見了某些事情。雖然還不完全清楚是什麼，但確實有了很初步的理解。那是在自由主義下，品德層級的模糊輪廓，而在這個階層架構中，自由位於最下層，是實現其他所有好事的前提。「賦予我知曉、表達及秉持良知不受約束地爭論的自由，這是實現一切自由的根基。」他得出這樣的結論。

儘管彌爾頓勇敢發聲，但黑市印刷機仍持續受到打擊。平等派的印刷活動面臨滅絕危機。倫敦的地下出版商與書商公會的關係就像一場貓捉老鼠的遊戲。

身兼出版商和作家兩種身分的理查・奧佛頓（Richard Overton）是知名的代表人物。他先是鼓吹反天主教的立場，與其他反天主教人士無異，但後來行為日漸激進，開始撰寫尖銳的諷刺作品和譏諷文章，打擊政治立場不同的陣營。他有自己的印刷機和印刷工人，也有銷售作品的管道，並具備在短時間內產出作品的實力。他因此成為書商公會的掃蕩目標。

執法者循線來到古德曼廣場（Goodman's Fields）一帶，找到他的印刷機所在之處，試圖破門而入。裡面的人抵住門極力反抗。當他們破門而入，印刷工人已從房間上方的窗戶抓著繩子逃之夭夭，現場的印刷機和好幾本書遭到沒收。

最後，書商公會在某天早晨找到正與妻子在床上睡覺的奧佛頓。他睜開眼睛，發現有個人站在房門口，手槍已上膛，另一個人站在床邊，手上拿著已抽出刀鞘的劍，利刃抵著他的臉。「嘖嘖。」那人命令道，「起來把衣服穿上。」

他們粗暴地搜索屋內，扯著奧佛頓的頭髮將他一路拖進新門監獄（Newgate Prison），幫他戴上手銬腳鐐。他的妻子後來遭到逮捕並送進布萊德威爾監獄（Bridewell Prison）。

平等派發現，新政權與舊政府沒有太大不同。沃文寫道，「主教對良知施加的暴政，彷彿在長老會的手上延續了下去。」傳播激進言論的印刷圈再次重回檯面下運作。平等派現在必須在暗地裡寫作（通常是在牢獄中），託人挾帶出去，送入黑市殘存的印刷機。

這些印刷機每小時能印製約一百本小冊子，且時常一次就運轉一整夜。有些文章會在夜間的街上發送，有些則交由攤販或書店販售，或經由書籍經紀人挑選後，提供給鄉間的讀者。

社會瀰漫著抗爭及反抗當權者的氛圍。在這樣的對抗意識下，平等派的思想開始變得更為激進。簡略而言，大部分的思想都是以實現新教徒信仰自由為訴求，儘管其他教徒不是訴求對象，但有時會冒險涉及更廣泛的範疇，例如將猶太人和突厥人（Turk，即現在的穆斯林）也納入討論。

雖然相當罕見，但最激進的情況是平等派對信仰自由的訴求也包括天主教徒。從沃文的小冊子《教皇派的新陳情書》（*A New Petition of the Papists*）就能看出，他們其實也考慮到了天主教徒。奧佛頓精采的《對迫害大人的控訴》（*The Arraignment of Mr. Persecution*）公開反對任何形式的禮拜或言論受到壓迫。這是極度有遠見的論點，尤其在當時信奉新教的英國，天主教在社會大眾的心中比較不像宗教，更像是敵對的軍事力量。

一六四六年中，李爾本終究還是過於躁進。上議院針對他所寫的反長老會小冊子提出問題，要求他回答。審判過程中，他乾脆摀住耳朵，拒絕聆聽起訴內容。檢察官詢問他是否答辯時，他回答「他沒聽到任何內容，與起訴內容毫無關係，不予以理會」。

他遭罰兩千英鎊並入獄服刑七年，期間禁止寫作，親友也不得探視。上議院在西敏宮的新宮院（New Palace Yard）放火把他的書燒了。

李爾本在監牢中無法見到妻子伊莉莎白的那段時間，她來到距離監獄約三十幾公尺的一棟房屋，從窗戶大聲喊叫，透過這種方式與丈夫交談。最後，看守李爾本的獄卒威脅要用木板封住窗戶，但他說，「我會在他釘上木板後馬上拆掉」，除非他們「把我的嘴巴縫起來或剪斷我的舌頭」，不然他會繼續下去。

同時，奧佛頓在他的牢房中寫小冊子，內容將會介紹自由主義思想的一項基本原則。這本小冊子名為《射向所有暴君的箭》（*An Arrow Against All Tyrants*），第一句便開門見山表達出他的憤怒：「這支箭瞄準所有暴君和暴政，從新門監獄射向握有特權及專斷行事的上議院，射向其他所有篡位者和暴君。」

奧佛頓的寫作和笛卡兒一樣，不受哲學家種種先入為主的立場所囿限，也不僵化死板。他能以極度不同的方式思考，完全不受前人影響，而戰爭和入獄彷彿為他注射了強心劑，使這個過程更為激烈。

但和笛卡兒不同的是，他寫作的目的並非為了其他知識分子，也不是為了讓世人認可他的過人智識。他是政治理念的宣傳者和寫手。《射向所有暴君的箭》是一篇表達個人意見的新聞寫作，為沒受過多少教育、忙碌度日的百姓而寫，可供人在街上或酒館內朗讀，目的是要呼籲大眾採取行動，而非獨自反思。他的文字充滿迫切感，而正是在這本小冊子中，他首度描繪了人權的概念。

他寫道：「這世界賦予世上每一個人一項個人財產，任何人都無法侵犯或奪取。」就是這句。一個幾近完整的概念，從很久以前的英國內戰政治文化中浮現：個人權利。這象徵政治思想的成熟度大幅躍升，令人驚訝。奧佛頓並非爭取貴格會（Quaker）、浸信會（Baptist）或新教等教派教徒的權利，甚至也不是在倡導英國人的權力。他從清教徒追求信仰自由的初衷出發，訴求一項普世價值。

先前遭受脅迫時，長老會要求擁有自由。只不過，當他們的權位提升，原本的主張也就隨之拋諸腦後，染上舊政體的陋習。於是，奧佛頓轉而追求範疇更廣的東西，不受情況、宗教或政治運勢所限，所有人都能享有。

接下來，奧佛頓更進一步闡述。他概略說明這些權利的終點，也就是當其他人的權利受到侵犯時，這些權利就應受到限制。你可以隨心所欲地做任何想做的事，但前提是不損及其他人的自由。

「沒人有權犧牲我的權利和自由，反之亦然。」他說。「所有人生而平等，對於體面、自由和自主擁有同等愛好。我們在上帝和自然的牽引下誕生於世上，每個人先天擁有自主和體面，猶如刻在每個人心中，永不抹滅。」

這些權利不受制於宗教或國家，屬於自然權利，獨立於政治體系之外。

一六四六年夏天，平等派發表一份類似於宣言的文件《千人抗議書》（*A Remonstrance of Many Thousand Citizens*），以清晰務實的說法概括初步的民主概念。幾個世紀以來，人們一向將國王視為最高統治者，所有權力都能追本溯源至國王，但現在國王不見了，必須從其他地方尋找合法權威的來源，而那顯然就是人民。

「我們將所擁有的權力賦予你們。」這本小冊子明白告訴下議院議員。「如果我們覺得比較方便，我們可能就會正當地直接行使權力，而不必透過你們。」依據本文件所述，下議院之所以擁有正當性，是因為下議院代表的是人民的意志。

到了隔年春天，平等派力推一份具有十四點國家計畫的陳情書。他們做了各種嘗試，希望能將陳情書遞交給議會，但慘遭鎮壓。陳情人遭受毆打、拖行於地、身體烙印上「流氓」（rogue）的字樣，並面臨遭逮捕的威脅。議員在下議院門口接過陳情書後，便轉交給劊子手焚毀。

內戰分裂成三股勢力——平等派、國王及長老會控制的議會——之間的戰爭。不過，激進派意識到還有第四股力量：新模範軍。他們比其他三方更有幫助，因為他們有槍。

某種程度上來說，打敗仗是對查理一世最好的結局。在那之前，他一直扮演著「敵軍」的角色，反對者聯手對抗他。而現在，這些贏得勝利的反對方反倒互相為敵了。

正式的和平談判就從籠絡查理一世開始。長老會希望快速達成協議，融合國王舊有的政治和宗教制度，接管國家。議會中的獨立派在試探中謹慎評估局勢。哪一派能獲得君主支持，就能贏過另一方。

國王的策略很簡單：態度曖昧，盡量拖延。現在他遭到逮捕，各方人馬都想利用他的最後價值——如果能讓他同意合作，就能取得政權的正當性。因此，他耐心等待時機，歡迎各路代表上門商議各種可能，但其實無意與任何人達成共識。

趁國王談判期間，長老會有意解編新模範軍，派遣剩餘的兵力前往愛爾蘭作戰，但此舉讓士兵相當不滿。他們幫議會打贏仗，卻要面臨解散的下場。他們想拿到積欠的薪水，並希望議會赦免他們在服役期間所犯的罪行。有人在戰爭期間偷馬而接受審判（這可是會判死刑的重罪），所以需要議會給予法律保護。

慢慢地，平等派和軍隊開始意識到他們擁有共同敵人，並對此深信不疑。

李爾本抨擊那些「將軍隊稱為叛徒和賣國賊」的議員。沃文後來也加入他的行列。在激進印刷商的推波助瀾下，平等派的小冊子在軍隊內流傳，士兵圍在營火邊閱讀。他們更將印刷機搬進營區。不久後，一位觀察家發現，士兵「將李爾本的書視為成文法一般引用」。一六四七年春天，隨著軍隊反抗議會的意圖漸濃，「李爾本的自由即士兵的權利」成了重要的名言。

議會中的長老會成員聽到新模範軍亟欲爭取積欠的款項和罪責赦免，決定在士兵身上烙印

「國家公敵」的字樣。此舉激怒了部隊，使其加倍反抗任何解散軍隊的呼籲。一旦軍人的身分消失，他們可能就得受審。

於是他們做了一件驚人之舉：他們開始推選代表。

最早從東英格蘭的八個騎兵團開始。騎兵團的識字率較高，平等派的小冊子在那裡的宣傳成效頗佳。騎兵團選出兩人代表他們與軍隊其他單位商議，為他們的利益把關。這個做法開始流傳開來。好幾個步兵團也選出自己的代表。這些代表稱為「策動者」（agitator），不過這個稱呼在當時比較像是「代理人」（agent）的意思，當時的情形還稱不上是叛變。許多軍官同情士兵的處境，代理制度多少獲得了軍中高層的支持。

部隊中的知名軍事領袖和最厲害的圍城專家湯瑪士・雷恩斯伯勒（Thomas Rainsborough）上校看著這一切發生，產生濃厚的研究興趣。他注意到每支部隊和平地選出兩名代表，「並未做出任何踰越士兵本分的事」。

議會派人前往部隊命令士兵解散，試圖遏止這股趨勢，但為時已晚。費爾法克斯駐紮於切爾姆斯福德（Chelmsford）的步兵團直接拒絕服從該特派員的命令，開始齊步走向全體部隊的集合地點。

一名長老會的中尉驚恐詢問是誰下的命令。「策動者的命令。」士兵回答。至此，軍隊已完全脫離議會的掌控，獨立運作。

這些軍人畢竟受過訓練，瞭解該怎麼做才對。他們明白，顧好大砲是他們的首要之務。一六四七年六月一日，一位名為喬治・喬伊斯（George Joyce）的策動者帶著小隊騎馬前往牛津，確認火砲仍在新模範軍的手上。

接著，他做了另一件更非比尋常的事：他抓了國王。他在晚上十點半抵達查理一世遭軟禁的北安普頓郡，趁國王睡著後進入他的房間，告知他早上即將前往他處，但他不會受到任何傷害。隔天早上國王下樓後，發現迎接他的是五百名騎兵，準備帶他啟程。他轉頭看向喬伊斯。那是短短一年前無法想像的場景：國王直接面對一名騎兵掌旗官，那是軍隊中最低的位階。不過，接下來的對話甚至更加不可思議。

國王問道，喬伊斯是聽命於誰採取行動。

「軍隊全體士兵。」喬伊斯回答。

這個答案毫無道理。如果是軍隊的決策，喬伊斯理應要出示費爾法克斯的委任令。國王再次提問。

「這就是我的委任令。」喬伊斯答覆。

「哪裡？」國王回問。

「在我背後。」喬伊斯說道，接著指向他的部隊。現在，這支經由民主程序組成的軍隊正在自主決策。

國王大概滿腦子疑惑，這樣的局勢發展或許也顯得混亂，但仍可看出一些端倪。如同議會剛擺脫皇族的控制，現在議會的自家人也準備拋棄議會。查理一世表示，「這張委任令不僅公正」，還與他一生中見過的令狀一樣「寫得很好」。

隨後，喬伊斯將國王護送到紐馬克特（Newmarket），抵達時，全體部隊正在集合。費爾法克斯和克倫威爾也前往現場。到了這個階段，他們已幾乎無法控制局面。他們並未真正核准這一切行動，不過對於士兵提出薪餉和赦免的要求，他們的確感到同情。他們試著順勢而為，萬一不幸破局，他們希望自己不至於慘遭波及。

費爾法克斯和克倫威爾接過兩份文件。一份明列著軍隊與平等派的不滿和抱怨，另一份明文組織了新的決策團體，稱為軍方議會（Council of the Army），由高階長官以及每一軍團選出的兩名軍官和兩名士兵共同組成。

他們同意文件內容。或許他們以為，軍官可以有權控制這個激進的新團體，但簽署同意後，他們等於促成了前所未見的創舉：軍方高層正式與一般士兵共享權力。

軍方發表一份文件，宣布軍隊「不是服務國家任何專斷權力的傭傭兵，而是回應議會的多項宣言而召集組成，旨在維護我們和人民的正當權利和自由。」接著，軍方提出多項要求，包括釋放李爾本、奧佛頓和他的妻子，以及其他平等派成員。

還有另一項要求：控告十一名長老會議員與保皇派談判。

從這裡可以逐漸發現隱晦的道德諷刺，而這樣的諷刺將會延續到接下來發生的事。如同國王最早點燃內戰引信時的所作所為，士兵要求擁有可以隨意汰除所選議員的權利，唯一的差異在於，這次是以人民的名義為之。

下議院拒絕交出軍方指定的議員，但這些議員大概出於對個人安全的擔憂，最後都自行退出了議會。

事實上，新模範軍是否真正代表人民並不清楚。倫敦街上可見保皇派反撲的跡象。一六四七年六月和七月，倫敦爆發多起暴力示威活動，要求讓國王重新掌權並廢除新模範軍。七月二十六日，一群人闖入議會並強行進入上議院，強迫議員廢止嚴厲譴責前一場示威的投票。接著他們闖入下議院，開始使喚議員。

在隨之而來的動盪中，費爾法克斯決定主掌大權，並往首都前進。新模範軍隨即掌控了倫敦。費爾法克斯抵達倫敦塔時收到了《大憲章》（*Magna Carta*），這份幾個世紀前流傳下來的協議開創了限制國王權力的先例。「這是我們奮鬥的目的，」他說，「上帝保佑，這必須維持下去。」至此，新模範軍和平等派陣營已然控制了英格蘭。

剛經歷民主化的軍方隨即發布第一份執行意向宣言：《建議要點》（*Heads of Proposals*）。

之前國王收到的協議都是直接來自議會，這次首度由第三方獨立擬定，其內容不僅攸關約束國王的權力，也對議會的職權設下限制。軍方不僅在執行軍事占領，更是在起草新憲政秩序的條文。

這個歷史上近乎首見的實際案例，後來將會開花結果，成為自由主義的教條，也就是權力分立。軍方在做的，是試圖防範太多控制權落在同一政府機關手上。

議會不再被國王玩弄於股掌之間，不過一屆議會只能運作一百二十至兩百四十天，之後就得重新召集。席次將會重新分配，以確保議員更具代表性。國王失去對軍隊的掌控權十年，但議會的反對者只禁止擔任公職五年，換句話說，議會很快就會有國王在政治上的代表出現。最重要的是，軍方一反之前所有和平條約的主張，並未提議廢除主教。國王甚至擁有立法否決權。雙方都必須接受宗教自由。

《建議要點》的內容奠基於原諒士兵的戰時行為，並試圖為未來規劃公正長久的和解之路。對查理一世而言，沒有比這更好的協議了。

雷恩斯伯勒和亨利・艾爾頓（Henry Ireton，克倫威爾的女婿）將文件呈交給國王。如果國王首肯，軍方就會立刻恢復議會和君主制。衝突將正式劃下句點。

國王沉默地坐著。他讀了提議的內容，轉頭向艾爾頓說道：「你不能沒有我。如果我不支持你，你必定一敗塗地。」

他的回答清楚顯示，他並不瞭解這個時刻的歷史意義。此時此刻，他可是在與經由選舉產生的獨立軍方直接談判，但他的回應背負著自古以來君權神授的沉重包袱，就像刻在石板上流傳下來的戒律一樣。他猶如說著不同的語言，無法溝通。

雷恩斯伯勒對國王的回應瞠目結舌，生氣地離開。艾爾頓繼續協商了三小時，但查理一世堅持採取曖昧拖延戰略。等他正式答覆可能需要耗上幾個月，到時軍方早就對他失去耐心。

從此以後，軍方的提案變得激進許多。十月初，軍方草擬了一份名為《誠摯為軍隊辯護》（*The Case of the Army Truly Stated*）的文件，上呈給費爾法克斯。文件一如既往地述及赦免部隊罪行的實務提議，除此之外也清楚陳述國家新憲政秩序的道德基礎。

「所有權力本就源自這個國家的全體人民。」文件中寫道。「獲得人民自由選擇或人民代表同意，是所有合法政府的唯一起源或基礎。」議會將會解散並重新改選。現行必須擁有四十先令收入和自有土地才能投票的規定將會廢止。除了擁護國王的支持者外，年滿二十一歲的所有英格蘭人都能投票。

文件清楚寫到，辯論會日期定在一六四七年十月二十八日，於普特尼的聖瑪麗教堂（St. Mary's Church）舉行。這會成為思想史上極其重要的事件之一。

代表團出現前，策動者和平等派成員早就將普特尼辯論會帶往不同的方向。他們帶來的並非

《誠摯為軍隊辯護》，而是在短時間內擬定的全新、更激進的文件：《人民協定》（*Agreement of the People*）。基本的民主原則沒變，但《人民協定》更鉅細靡遺，影響更為廣泛。

個人擁有不可剝奪的權利，是這份文件的立論根基。《人民協定》以奧佛頓的文章為基礎，以法規化的形式列示多項法定自由，包括免遭任意囚禁的自由、宗教禮拜的自由、免受軍事徵召的自由、戰時行為豁免、拒絕承認「破壞人民安全與福祉」之法律的權利，而且在法律之前人人平等。「職業、社會階級、特許權、教育程度、家庭背景或居住地」不得構成歧視任何人的原因。

「我們宣布，」文件中寫道，「上述內容即為我們與生俱有的權利。」一百五十年後，這段文字會再次響徹美國的土地。

這是全世界對於自由社會相當早期的願景。在許多方面（例如赦免和徵兵），這份文件所要爭取的實際權利很清楚是當下時空背景的產物。重要的意義在於，平等派等於描繪出民主體制的初步輪廓，由大眾選出代表立法，進而明指法律無法侵犯的個人自由，予以保護。要求實踐民主的同時，也認清民主無權去做某些特定的事。

辯論會由克倫威爾主持。他展現出獨當一面、思慮周到的形象。在辯論會中，他經常點名在場的人發言，但發言者通常只是氣憤地指出他做錯的地方。於是他繼續請其他人發表意見，只是獲得的結果依然相同。

克倫威爾終究偏保守派，許多評論明顯是從利己的角度看待事情。不過，他大體上還是足夠公正客觀，在辯論會中保持不偏不倚的立場，而他對平等派方案所提出的異議，則能明白點出自由主義日後仍要設法解決的問題癥結。

辯論會第一天大致就耗在討論程序議題，但第二天有了改變。出席者開始辯論投票權應擴及多大的範圍。在幾個短暫的片刻（大概不超過一兩小時），現場的情形彷彿完全脫離當時的時空背景。他們不再談到赦免、薪餉或國王的地位，以及任何會立即衝擊到他們當時處境的其他實際面問題。那是超脫當下那個時代的純政治哲學討論。

一個月前，雷恩斯伯勒和艾爾頓才一起將《建議要點》送到國王手上，現在卻站在對立的立場。艾爾頓問道，協定是否將會賦予所有人投票權利，不管個人是否擁有財產。雷恩斯伯勒在答覆中，以驚為天人的優美說法表達了早期自由主義的概念：「我真心認為，英格蘭最貧窮的人與最偉大的人並無差別，因此我打從心底覺得，即將接受政府治理的每個人，顯然都必須先同意接受政府治理；我確實這麼認為，英格蘭最貧窮的人要是未表達自己願意接受政府治理，嚴格來說，即不受政府所約束。」

雷恩斯伯勒的這番話已超出人人平等的範疇。他在釐清政治思想中一個極度重要的新概念：同意。他把笛卡兒認為個人只是「會思考的實體」（thinking thing）此一概念運用到政治中。社會大眾的同意是政府合法治理的基礎。

艾爾頓受到驚嚇。廢除財產限制意味著對國家沒有任何投入的平凡百姓也能行使政治權利，而他們想必會先將財產從原主人手中奪走。社會將陷入無政府狀態。他堅稱：「在王國內沒有長久固定利益者，無權享有利益或共同處理王國事務。」

雷恩斯伯勒回道：「士兵奮鬥至今所為何事？讓自己受到奴役，將權力給予富人、高社會地位的權貴，使自己永遠受人奴役。」在場沒人能質疑士兵自對國家的付出與關心，畢竟他們為國家賭上了自己的性命。

深刻的寓意就此顯現，未來在自由主義的發展歷程中將會餘音繞樑。論及財產時，自由具有什麼意義？自由是否應受到限制，以免干擾經濟安排？還是有遠遠更重大的影響？現有的財富分配會開始受到挑戰？

他們都不會知道，但他們都在這場論戰中起了頭，而這場論戰將會延續幾個世紀，在兩種不同的自由主義路線之間來回拉扯。

接著克倫威爾掌握了優勢。他提出一個簡單但一針見血的問題，直指「人民」概念的弱點：哪些人民？

這份據稱是「屬於」人民的協定，卻未獲得所有人民的支持。事實上，走出辯論會現場，甚至幾乎沒有任何人聽過這份協定。然而，這些人——策動者和平等派信徒——卻自認在為整個國家的人民發聲。如同克倫威爾指出，這份協定可能不會比另一群人達成的協議更有正當性。

沒錯。從議會中相互角力的各路勢力可知，當時國內的意見紛亂不一。許多城市居民同情國王，平等派的支持者則大多來自所謂的「中間階層」（middling sort），包括學徒、技工、低階紳士、商人和工匠。大富豪並不支持他們，底層的窮苦人家則兩方都不支持。

的確，隨著辯論持續開展，現場的人開始剔除「人民」所包含的群體。女性首先遭到犧牲——其實她們從未出現在討論中。當時的人根本無法想像女性能對政治表達意見。外國人也遭除名，接著僕人、乞丐和借貸者也一一從名單中消失。這些人大約占了成年男性人口的三分之一。「人民」的範疇已縮減到生活寬裕的人。

比起其他任何提案，當時討論的投票權所涵蓋的人口範圍依然遠遠更廣。不過有個現象發人深省。參與辯論會的人自詡人民代表，卻將不同群體從「人民」的範疇中刪去，同時依然堅稱是人民給了他們民主的合法地位。

之後，辯論會的重心便轉回較立即的議題，著重於討論對國王的處置。但在他們討論他接下來的命運時，他逃跑了。

查理一世從軟禁的地方逃脫，騎馬南下。他在新森林（New Forest）一度迷失方向，最後總算來到懷特島（Isle of Wight），打算從那裡渡海前往法國。只不過，他終究還是受困於卡里斯布魯克城堡（Carisbrooke Castle），無法脫身。在他的穿針引線下，從北方入侵的蘇格蘭軍與在英格蘭起事的保皇派裡應外合，另一場戰事爆發。

這場軍事行動引發混亂和騷動，費爾法克斯和克倫威爾因而有機會遏止軍中的激進行動。

費爾法克斯召集部隊，所有士兵可以在集會中討論各自的立場。士兵前往會場準備簽署《人民協定》，但當他們抵達現場，高階軍官就將激進的意見領袖一舉逮捕。

費爾法克斯提出一份新文件，名為《費爾法克斯抗議書》（*A Remonstrance from his Excellency Sir Thomas Fairfax*），文中採取典型的妥協立場，顯見這位睿智的領導者深知讓步的道理。

這份文件提到士兵最在意的議題，例如赦免和軍餉，也承諾了幾項籠統的憲法改革，包括舉行自由公正的選舉，選出「可以平等代表所有投票者的人」，不過在實際面上如何執行並不清楚。內容僅止於此。不會有正式的平等。文件裡對投票權隻字未提，對於民主和個人權利也毫無著墨。

接著，費爾法克斯與士兵正面談判。他憑著天生的氣勢、切合實際的承諾和手段，成功獲得支持。軍方揪出九位反叛領袖，對三位判處死刑，不過只有處決一人。

軍方的反叛行動就此告終。平等派的願望破滅，但這期間出現的論述和詞令並未消失，反而為軍隊司令所用，成為其後續作為的依據。

費爾法克斯得以將注意力轉到入侵的蘇格蘭軍和蠢蠢欲動的保皇派反抗行動，將其一一平定。查理一世再次受到挫敗。這次軍方不再對他手下留情，審判國王的呼聲四起。

軍方起草了新的提案《軍隊抗議書》（*The Remonstrance of the Army*），要求審判國王。一六四八年十一月二十日，他們花了四小時向下議院宣讀內容，全場一片死寂，屏息聆聽。議員明白這代表什麼意思。這不僅代表國王的命運已走到盡頭，他們以往的行事方式也將走入歷史。

他們暫緩一個禮拜做出決議，試圖與查理一世達成和平協議。但軍方並未停止行進的腳步——軍隊先是從聖奧爾本斯（St. Albans）移動到溫莎（Windsor），再從溫莎直奔倫敦。

一六四八年十二月六日，在那寒冷乾燥的早晨，英格蘭經歷了首次政變。軍方在議會四周和內部佈署步兵和騎兵排，並派人在周邊區域巡邏。議員嘗試進入議會時，發現門口站著名叫湯瑪士・普萊德上校（Colonel Thomas Pride）的男人。他的手上拿著一份名單。投票贊成延長與國王談判的議員，名字都列在名單中。不在名單中的議員允許進入議院，名單上的議員則立即遭到扣押。

四十一位議員遭到逮捕，總計一百一十位議員正式從議會除名，若再加上自願不涉入的議員，則在整個下議院四百七十位議員中占了約兩百七十位。此事件史稱普萊德清洗（Pride's Purge）。

自此，議會有了殘缺議會（Rump Parliament）的稱呼。下議院由軍方掌控。議會公開宣布，「在上帝之下，人民是所有合法權力的來源」。但一點意義也沒有。

國王在西敏宮大廳（Great Hall）接受審判。控訴內容以「英格蘭良善人民」的名義當庭宣讀，費爾法克斯的妻子當時坐在旁聽席，聽聞這段文字後隨即大喊：「騙人。沒有一半，也不到四分之一的英格蘭人民。」

但抗議無濟於事。法庭花了幾天檢視證據，最後判定查理一世有罪。一月三十日，衛兵將國王從聖詹姆士宮（St. James's Palace）護送到白廳宮（Palace of Whitehall）的處決台。他說了一段禱詞後，便將頭放到斷頭台上。他在下午兩點死亡。

議會並未迎來民主革命，反而落入專制的泥淖。又經過四年的風風雨雨，克倫威爾發動另一場政變，強行解散殘缺議會。他旋即主掌大權，提名自己的大兒子接替他的職位。雖然沒有正式加冕，但他已是實質上的國王。

平等派的勢力逐漸衰弱。沃文退休後專心撰寫醫學書籍，奧佛頓和妻子遠走荷蘭，李爾本依然命運多舛。他接受審判並獲判無罪，而後在生命備受威脅的情況下展開流放的人生，之後重返英國，再次被送上法庭審判，再次獲判無罪。他在交保釋放後於肯特郡（Kent）逝世，享年四十三歲。

「雖然失敗收場，」他寫道，「但我們堅信的真理永流傳。」

以上就是事情的確切經過。平等派的夢想已失去最初的意義，他們當時的語彙反倒遭到利用，成為後來當權者扼殺自由的辯解之詞。不過一百五十年後，當時立下的準則將征服全世界。

第3章 三場革命

光榮革命

平等派的理想貫串了三場革命。每起革命平息後隨即化為養分，孕育下一場革命，在政治哲學、資金和地緣政治等方面產生非比尋常且錯綜複雜的交互作用。這個理想源於英格蘭，隨後轉移到北美，接著去到法國。

英國內戰塵埃落定後，期間所激發對自由的渴望儘管尚未完全成形，已為世界帶來改變。這個過程並不溫和。世人對自由的夢想才剛萌芽，來勢洶洶，所以當現代自由真正降臨，即迫使世人付出血腥代價，這個代價極其嚴重，使自由主義甚至尚未成熟，其名譽便已岌岌可危。

故事要從兩兄弟說起：查理和詹姆士。他們的父親查理一世在內戰結束後，命喪於白廳的斷頭台。他們對這起悲劇的回應，將奠定後續事件的基調。

這位已逝國王的大兒子查理比父親更精明敏銳。他知道該讓步多少、該和誰結盟，才能確保自己的安全。很快地，他就有機會實際運用這些能力。英格蘭的共和體制並未持續太久。父親遭處決後才過十年，流亡於荷蘭的查理應邀回到英格蘭，繼位為查理二世。

他表面上信奉新教，但國內懷疑他同情天主教的情緒日益加劇，而且有事實為證。他的母親、妻子和情婦，乃至胞弟詹姆士都是天主教徒，而且他與法國信奉天主教的國王路易十四關係緊密。詹姆士的信仰是一大問題，因為查理二世的多名子嗣皆為私生子，使詹姆士順理成章成了王位繼承者。這彷彿為十七世紀狂熱的政治圈埋下一枚炸彈，迎接天主教君主的日子指日可待。

引信在一六七八年點燃。那時，天馬行空的泰特斯・奧茲（Titus Oates）編造陰謀論，謠傳法國密謀暗殺查理二世，扶持詹姆士上位。三年來，倫敦瀰漫著濃厚的懷疑氛圍，社會大眾對局勢發展議論紛紛，奧茲趁勢而起，下議院的激進派也開始試圖將詹姆士從繼承順位中剔除。這麼做就能一勞永逸，因為詹姆士的女兒瑪麗信奉新教，與丈夫奧蘭治親王威廉（William of Orange）住在荷蘭。他們只要跨越海峽，即可獲得加冕。

議會和國王間的角力接踵而來，歷史上稱為「排斥危機」（Exclusion Crisis）。

查理二世提議限制未來天主教國王的權力，但不支持改變繼承人選。一六七九年至一六八一年間，議員有三次幾乎就要通過排除法案，但國王要不暫停召開議會，要不就施壓上議院加以否決。

危機延燒期間，議會出現兩派人馬（成為後來現代政黨的原型）：輝格黨（the Whigs）和保守黨（the Tories）。

輝格黨是反國王派的代表。就某方面而言，他們承襲了平等派的願景，不過他們來自較高的社會位階，也比較不那麼激進。他們將君主制視為一種旨在造福人民的人為制度，自認有責任保護自古流傳下來的憲法——模糊不明、沒人能適切描述的盎格魯—撒克遜法。

保守黨認為君主制是由神聖法所統御，亦即不可打破世襲制度。他們堅決服從國王和英格蘭教會的權威。倘若由詹姆士繼位，他們認為就該接受他一國之王的身分。那是英格蘭法規範之下的安排，英格蘭法規會保護他們免受專制政府的壓迫。

雙方都厭惡天主教，但隨著排斥危機緩慢進展，保守黨下了策略判斷。在天主教和激進輝格黨的雙重威脅下，他們判斷後者對英國憲法的威脅最大，最有可能使內戰的混亂局勢重新上演。

後來證明，國王和保守黨是無堅不摧的政治組合。政治局勢翻轉，輝格黨成了遭到排斥的一方。輝格黨員遭地方政府開除，並得接受法庭審判。有些人展開流亡的日子，有些人則慘遭處決。到了一六八五年，輝格黨的政治勢力已是強弩之末。

然後，有件事改變了一切。查理二世死了。

不是天主教會的陰謀結束了他的生命，總之是非人為的原因，但就事情的整體發展而言，沒有什麼差異。輝格黨最可怕的惡夢成真了。現在，英格蘭終究要由篤信天主教的國王統治。

詹姆士二世具有殘酷的獨裁傾向。他在青少年時期經歷父親遭到處決，加上流亡期間展開軍旅生涯，很早就發展出這樣的人格特質。他的個性強硬、意志堅定，而且受到君權神授的思想所啟發，認為所有人無論何時都必須服從於他。一場叛變試圖推翻他的統治，最終失敗收場，於是他將大量反對者的肢體懸掛起來，使英格蘭的西南方有如「巨大的解剖博物館」一般。

不過，詹姆士還有另外一面。他似乎真心認同宗教自由。反對者指控他試圖讓天主教成為英格蘭的國教，但他的目標其實更加溫和。他要的是宗教寬容。

在他登基之時，刑法禁止天主教徒做禮拜、受教育及出版著作，《忠誠宣誓法》（Test Acts）更禁止天主教徒擔任公職及議員。他想廢除這些限制。他認為，只要天主教的神職人員可以與新教徒平起平坐，公平競爭，自然就會吸引更多人信奉天主教。

這是一場追尋自由的詭異奮戰，無法真正用現代詞彙予以定義。詹姆士利用專制的權力追求宗教寬容；他的反對者則對抗專制權力，但反而維持了宗教歧視的現狀。

暫且不論複雜的政治意涵，詹姆士的方法隱含一個嚴重的策略瑕疵。他與太多人決裂，但並未引入足夠的支持者來彌補己方的勢力。輝格黨永遠會把他視為不尊重議會的天主教國王，而他破壞了與英格蘭教會之間的忠誠關係，同時也惹怒了保守黨。

詹姆士擴充軍隊規模，任命信奉天主教的軍官；試圖阻止英國國教的牧師在講道時批評他；設立天主教堂，並嘗試打破英國國教在大學教育的壟斷地位。越來越多人覺得愛爾蘭是詹姆士推行理想政權的試驗區，以利日後引進英格蘭。在那裡，他用天主教徒填補軍隊的各種位階、指派篤信天主教的法官，並規定機構必須聘請天主教徒。

議會提出疑問時，他只是一味地中止開會，進而解散議會。他毫不掩飾地拋棄對英格蘭憲政體制的尊重，一心亟欲達成目標。他動用國王的權力，將約束宗教合規行為的法律暫時取消；豁免個別天主教徒，使其不必遵守《忠誠宣誓法》所設下的限制；並暫時取消刑法的規範，藉以允許天主教徒自由地做禮拜。

但詹姆士還不滿足。下一任君主繼位後，前任王室的規矩很容易就遭到推翻。為確保上述改變可以永久維持下去，他必須在議會中正式廢除刑法和《忠誠宣誓法》。因此，詹姆士開始試圖在下議院安插願意聽命行事的議員。他詢問被他停職的議員是否有意願協助他廢除這些法律。地方投票制度遭到整頓，以確保留下服從的人。

這是一記全面重擊，但即便如此，詹姆士統治期間，新教徒大半時候依然認為，只要靜待時間過去，一切就會好轉，畢竟他信奉新教的女兒瑪麗很快就會繼承王位，到時政局就會恢復正常。然而，這樣的如意算盤在一夕之間風雲變色。

一六八八年六月十日，詹姆士的妻子在結婚十五年後，終於產下一名健康的男孩。王位有了新的天主教繼承者。換句話說，詹姆士的所有政策將會保留在英格蘭的憲法之中。新教徒不再能被動等候，必須主動為存活而戰。

英格蘭政壇的七名領袖人物（一位主教和六位貴族）寫信給荷蘭的奧蘭治親王威廉，許諾要是他能帶兵前來英格蘭與詹姆士對抗，他們就全力支持他。這等同於邀請外人入侵自己的國家。

威廉早就慫恿他們向外求援，因此當英格蘭捎來邀請，他也就熱切地接受了。

他聲稱要捍衛英國的自由，從海外拯救英國脫離天主教的暴政，但事實上，他的動機更以利己為考量。當時，他與法國的衝突遲遲沒有進展，要是能入侵英國，就有機會打破英法的結盟關係，到時必定能將英國牢牢地拉入新教的陣營。

正是這番地緣政治的算計促使威廉採取行動，那些守護英國自由的說詞只是藉口。日後的歷史進程將會證明，這是自由主義嶄露頭角的關鍵時刻。

威廉率領龐大的艦隊啟程出航，總共載著一萬五千名士兵、十八個步兵營、四千零九十二名騎兵，以及大量的政治宣傳品，準備在英格蘭發送。這支艦隊乘著日後所稱的「新教之風」（Protestant wind）順著英吉利海峽南下，詹姆士的船隊則困在泰晤士河口，舉步維艱。威廉的船艦在十一月五日從德文郡（Devon）的托貝（Torbay）登陸，而早在一六〇五年，最後一宗反英格蘭的天主教反叛行動正巧在同一天失敗落幕。對許多新教徒來說，這些事件就像上帝在背後操盤，而局勢的發展大致上與過往無異。

詹姆士幾乎馬上就落入不利的情勢。他離開倫敦準備向威廉開戰，卻發現首都和其他城鎮都已爆發反天主教的示威暴動。北方的輝格黨和保守黨貴族發起叛亂行動。他麾下的指揮官倒戈叛逃，接著士兵開始起而效尤。他的鼻子嚴重出血，使他一度無法正常活動，大概是壓力過大所致。他有可能早已精神崩潰。

雙方甚至還沒交戰，他就放棄打仗並撤退回首都，那時他才知道，最小的女兒安妮

（Anne）也已棄他而去。「上帝幫幫我，」他哭喊道，「連我自己的兒女都遺棄我了」。

所有希望都落空了。十二月十一日，詹姆士試圖逃到國外。他搭上泰晤士河上的一艘小船，將同意立法所需使用的國璽丟進河裡。幾個手水抓住了他，把他帶往一家旅店，交由一群人凌虐。艾爾斯伯里伯爵（Earl of Ailesbury）前來把他帶回倫敦，到了現場，他看見國王坐在椅子上，蓄鬍的模樣與他父親接受審判時的那幅畫作一模一樣。歷史彷彿總是不斷地重演。

不過這次國王並未遭到處決。要是詹姆士成功逃出國，對所有參與這場行動的人來說，事情反而會簡單許多。他們告訴國王，他可以退位前往羅徹斯特（Rochester），他們已清楚指示荷蘭部隊放任他逃亡。他旋即從房屋的花園離開，來到緊鄰著花園的泰晤士河，划船到麥德威河（Medway）出海口，搭上一艘即將載他前往法國的船。

就在詹姆士離開的那一天，威廉來到了倫敦。荷蘭軍隊未開一槍就接掌了英格蘭。

以上就是史稱的光榮革命（Glorious Revolution）。後人提起這個事件時，總是形容這是一場沒人流血的寧靜革命，議會終於確立其超脫於君主政體之外的獨立地位。當時的真實情景，其實是在國外武力進犯的陰影下，人民瘋狂搶奪日常所需物資，社會陷入混亂。

先前在危機期間，輝格黨和保守黨暫且放下分歧，是因為有詹姆士這個共同敵人。國王逃亡後，雙方的對立很快就重新浮上檯面。

輝格黨認為，詹姆士破壞了自古以來統治者和人民之間的憲法規範，但他們說不出憲法從何而來、有誰簽署、有哪些執行機制，或違反後會招致什麼結果。事實上，他們並非真心想知道這些問題的答案，因為一旦瞭解明確的答案，等於確認人民擁有革命的普世權利。與平等派不同的是，輝格黨都是政治菁英。威廉入侵英格蘭給了他們重新輔助治理國家的機會。他們最不樂見的，就是叛亂的合法性得以確立。

但他們倒是很清楚一件事：嚴格的繼承順位不是真的那麼重要。既然詹姆士已經逃之夭夭，議會就有義務挑選新的君主。

保守黨的看法不同。排斥危機期間，他們就將王位繼承順位的概念提升到極致重要的高度，將其視為延續英格蘭命脈的神聖原則。

除此之外，其餘的信念凌亂不堪。他們原本重視王室的權力和英格蘭教會的權威，但在詹姆士的統治下，他們勢必只能從中擇一。現在他們陷入意識型態瓦解的危機，慌亂地尋找可以像浮木般緊抓住不放的理念。

於是議會實施一套慣例，以此形成憲法秩序，下議院由輝格黨占多數，上議院由保守黨掌控。兩邊陣營都必須有所妥協。

最核心的問題是王位該由誰來坐。如果是瑪麗，保守黨就能宣稱英格蘭保全了繼承順位的概念；如果是威廉，輝格黨就能聲稱英格蘭打破了繼承順位，議會有權選任治國君主。

最終，惱怒的威廉幫他們下了決定。他語帶威脅地表明，要是英格蘭的政治人物無法迅速達成決議，他會直接帶著軍隊離開，讓議會獨自對抗法國軍隊及面對國內不定時爆發的反天主教暴動和暴民。

威廉的話有如醍醐灌頂，促使議會採取行動。上下議院達成共識，一致認同詹姆士毀棄「國王和人民間原有的契約」並「放棄統治權力」，使王位「空缺」。威廉和瑪麗成了英國名義上的共治國王，而實際上威廉全權在握。

這樣的聲明存在模稜兩可的解釋空間，上下議院之後都將擅自利用，為己方的瘋狂闡述開脫。不過，光榮革命在思想史上真正重要之處，並非恢復政治秩序，而是不久之後出版的一本書定義了所發生的一切並賦予正面意義。書中採取的議論方式，是從最根本的角度詮釋這些事件，隨後將概念傳播到全世界，具有深遠的影響。這本書是約翰·洛克（John Locke）的《政府論》（*Two Treatises of Goverment*）。

洛克親身經歷過排斥危機最危險的時刻。沙夫茨伯里伯爵（Earl of Shaftesbury）是當時反國王勢力的重要人物之一，而在危機期間，洛克就擔任伯爵的個人助理，後來流亡逃往荷蘭。等到威廉和瑪麗順利登基，他才回到英格蘭，著手整理他在危機期間寫下的筆記，準備出版。

革命結束一年後，洛克在一六九〇年匿名出版《政府論》，直到死後，他才在遺囑的補正書中坦承自己是這本書的作者。他會如此謹慎小心有其道理。洛克在書中勾勒了人民反對非法政府、發起革命的權利。

他的論述很抽象。書中透過邏輯論證的方式定義何謂合法政府，並提供非法政府的判斷條件。只不過，他確切所指的是哪個政府，意圖捍衛哪些政治作為，其實再明顯不過。他描繪一套與英格蘭完全相同的憲政秩序，在此體制下，一國由世襲的君主統治，國會分為上議院和下議院，接著概述哪些類型的行動可以賦予人民反抗政府的權利，而那些行為正巧都曾發生於查理和詹姆士的在位期間。

洛克的主要貢獻，是把輝格黨對於古早憲法制度和抵抗專制政府的權利所提出的模糊說法，提煉成遠遠更為具體的文字，賦予穩固的論辯基礎。以往透過迷霧回望神祕的過去，所得到對法律和歷史的鬆散言論，現在總算明朗化。洛克對過往不感興趣，而是改以自然權利（natural rights）作為論述根據。

洛克比輝格黨睿智許多，主張也激進不少。此外，他也比較沒有保留：當他談到反抗政府，意思就是指不服從的權利，定義明確。從平等派以來就流傳於社會上的各種思維，經由洛克之手變成紮實的思想。

截至目前，人們極力探索自由的概念。經過洛克的努力，這個概念的意涵便清晰明朗許多。詹姆士統治期間，君主制維護宗教自由，反對者捍衛憲法上的自由，這種互相拉扯、分歧不一的矛盾景象將不復見。《政府論》提出現代的自由概念，也就是為所欲為的權利。

這是史上第一個詳盡的自由主義理論體系，大部分的現代自由主義分支都是源自於此。日後將會發生的所有榮耀時刻，以及許多悲劇，都能從中窺見。

洛克首先想像一種人類史初期、在政治社會出現之前即有的自然狀態，那時人與人之間的關係不存在屈服於任何政治權威的現象。接著他在這個基礎上，著手評估他所處時代的現代國家。

這是奇怪的推理形式。我們並不清楚洛克的自然狀態是否應該代表真正的人類起源，還是只是一種想像出來的框架，但當時其實變多這樣的論述，或許是受《聖經》從自然狀態解釋人的方式所啟發。日後許多讀者認為，以自然狀態的概念作為政治理論的基礎並不明智，而且毫無根據。但是，這類論述在思想史上具有至關重要的功能：提供抽象思考。這類論述擺脫以往對歷史和傳統慣例的雜亂修辭，甚至拋棄由神核准（divine approval）的說法，轉而奠定人的基礎特性，使現代理論能夠據以發展。於是，最終獲得的結論就能應用到任何社會。

與洛克同世代的政治哲學家湯瑪斯．霍布斯（Thomas Hobbes）透過類似的流程，建構起《利維坦》（*Leviathan*）影響深遠的思想。他認為人類粗暴又不理性，因而形成「卑劣、野蠻、短命」的自然狀態，因此有必要有個強而有力的中央政府，以避免發生「所有人對所有人的戰爭」（war of all against all）。

洛克的觀點比較正面。他認為，自然狀態能實現完全自由。自由並非現代才發展出來的觀念，也不是叛亂分子催生的產物。自由是物種的起始狀態。人類「與生俱來一概自由、平等、獨立」，可以「依據自己的判斷決定自己的行為，並打理個人物品和外貌」。有法律規範，但不是由上而下執法。所有人憑藉理性，平等地管理法律的執行工作。「所有權力和管轄權都是對等互惠的，」洛克表示，「沒有誰的權力比較大。」

他並未詳述此自然法的內涵，不過我們可以看到概略的輪廓。每個人對別人都有道德義務，不僅應保護自己，也應保護他人。人類應盡所能維護此一物種。

自然法的核心在於個人權利，在個人生活的範圍內，沒人有權擅自干涉。「所有人一概平等及獨立，」洛克指出，「任何人都不應傷害其他人的生命、健康、自由或所有物。」

所有物在這個世界上扮演著核心的角色。財產是個人自由的重要面向，不過這衍生出一個問題：人們究竟如何取得財產？在自然狀態下，某物如何歸屬於某人？

洛克的答案是勞動。人類史的開端，是上帝創造了人的身體和土地，前者由每個人擁有，後者由所有人共有。不過，人可以付出勞力在土地上工作，將土地變成自有的私人財產。「人使物品脫離原本的自然狀態，是藉由付出勞力，加入其擁有的東西，以此將物品變成個人財產。」

創造財產的勞動類型很多元，例如可以是從樹上採蘋果、狩獵或耕地。

不過有條件。你不能浪費財產，例如聲稱擁有許多土地，但閒置不用；也不能取得超過需求的數量，例如採收大量蘋果，但任由蘋果壞掉，使其他人挨餓。

這是洛克認定財產權在史前時代誕生的過程。後來金錢出現了。金錢提供永久的價值載具，人們不再需要囤積蘋果或其他物品，反倒可以透過販賣取得金錢，去購買他們想要的東西。這開啟了交換、商業和城市的時代。

金錢不像蘋果會腐爛。而且，金錢的數目並無限制，亦即一個人可以擁有不限數量的金錢，不必從其他人身上取得。也就是說，金錢不受限於洛克針對浪費和過量所設下的財產限制。

這是對人類自由的遠見，而財產是其中的重點。基本上，自由和財產的關係密不可分，原因並非財產屬於個人權利的範圍，而是因為財產可以提升人類的整體狀況。

在財產的概念下，種著幾棵蘋果樹的土地可以變成種滿作物的農地，透過耕種產出比原本更多的糧食。人類得以從努力存活進入工業生產，從物資短缺的窘境發展成富庶豐饒的生活。洛克這麼寫道：「土地有助於人類維繫生命的產物中，十分之九都是勞動的成果，而這只是非常保守的估計。」

以金錢交換的經濟模式能裨益全體社會，因為財富可以慢慢傳到底層的人民手上，換句話說，比起所有人都沒有財富的情況，在有可能取得金錢的條件下，即便是沒有財產或財產極少的人也能過上較好的生活。

不過有個缺點。人們爭吵的原因很多時候都是為了財產。一開始生活還很單純，沒有太多事情可以爭吵。「簡單的均貧生活不至於產生太多爭議，」洛克表示，「因此沒必要制定太多法律來判定孰是孰非。」但隨著經濟日漸發達，越來越多複雜爭端難以解決。

有鑑於事情錯綜複雜，人們不再有能力自行化解爭端。每個人的立場往往太過主觀，因此需要有個凌駕於人民之上的公正團體扮演裁決者（adjudicator）的角色，協助平定衝突。這就是政府的起源。

「人們凝聚成全體國民的概念並將自己置於政府底下，」洛克說道，「最主要、最遠大的目的是為了保護個人的財產。」此後，人們就有安穩的立足基礎，可以享受自己的「生活、自由和資產」。

古早的憲法概念就是源自於此。人類發展到這個時刻，已懂得從共識中組織一個公正的團體，協助解決彼此意見分歧的事情。

我們可以再次發現，只要一提到自由，財產的議題便隨即浮上檯面。

乍看之下，洛克似乎建立了穩固的論述。人民的財產權不容侵犯。保護財產權提升了社會的整體物質條件，而要保護這些權力，則必須建立政府。這似乎呼應艾爾頓在普特尼辯論會的立場。自由不應干涉財產。

但當我們深入檢視，即可發現一個更複雜的議題。這個問題是以課稅的概念——政府對個人或組織強制徵收費用——呈現。

洛克不認同政府可「未經當事人同意便取其財產任何部分」的概念。政治權力的全部功用是要保障個人「對財產的擁有與使用」，指的便是個人的自由和財物。

但洛克承認，政府要運作就得有資金。他指出，政府沒辦法「在不花費龐大開銷的情形下維持運作」。課稅勢在必行。在人民同意的前提下做出決策，不管是人民親自表達同意，抑或由票選出來的代表代其為之，課稅就有合法基礎。於是就某種程度上，自由的確可以干預財產，而且這是維護自由的必要之舉。

洛克也暗示，社會除了提供政府運作資金，還有另一個更廣泛的責任。他支持生存權的概念，贊同給予極度貧困的人民基本的物質支援，而這只能透過課稅來達成。自然法規定，所有人都有權獲得維持生命所需的基本物資。對洛克來說，這不只是一個抽象的想法。他支持以政府政策落實這項主張。光榮革命落幕後，洛克銜命擔任貿易委員會（Board of Trade）委員，在制定經濟政策上擁有話語權。國王徵詢《濟貧法》（Poor Laws，以救濟貧困者為宗旨）的修法建議時，洛克便在備忘錄中堅定表示，「所有人必須擁有肉、飲水、衣物和取暖的火」。他指出，如果教區中有人餓死，政府必須依刑法起訴《濟貧法》的執法官員。

於是，在關於自由的辯論中論及財產扮演的角色時，洛克得出兩種截然不同的答案。一方面，財產應該涵蓋在個人自由的範疇中受到保護；另一方面，為了保障全體人民的「生命、安全、自由或財物」，財產勢必得受到侵犯。

洛克並未解決這些觀點間可能互斥的衝突點，甚至連他是否意識到其中的矛盾，我們都不是相當清楚。然而，日後隨著自由主義發展出不同樣貌，其共同根源中的確存在著矛盾，而這兩種對於經濟議題的看法仍會持續發酵。

無論人們傾向支持哪個論點，洛克的財產權理論隱含著一個棘手問題。即便瞭解其中的所有可能瑕疵，財產在他的政治體系中占有核心地位，使人類彷彿成了小型的經濟單位，人與人之間的關係只能透過協商，在達成互不干涉的共識下建立。

他架構的世界是個有點孤獨、疏離的社會，似乎並未呈現真實人際互動中的活力、認同和歸屬感，反而是不斷將人類自由的廣大面向簡化成財物，彷彿財物終究是生命最重要的事。

這些問題最終都將引爆世紀論戰，促使世人探討自由主義的核心精神，但目前暫且告一段落，原因在於，洛克接下來在《政府論》中提出的論點轟動了全世界。

根據洛克對政府起源的描述，他得以檢驗政府的合法性。

檢驗方式相當簡單。只要政府能遵守當初設立的宗旨（保護人民的個人自由），即表示政府具有合法性，反之則缺乏合法性。

如果國王動用權力只為了圖謀一己之私，而不是為了促進政治的公義，政府便不再合法；如果國王做出違法之舉，無論其意圖是否正當，政府都會喪失合法地位。

其中蘊含兩個影響深遠的寓意。

第一，政治權力必須分立。國王不能判定自己是否違法，否則就會如同主觀的個人自行評判爭端，有失公正，違反設立政府的初衷。因此，國家有必要設置其他機關。

洛克將政府權責一分為二。立法權由人民選出的代表集會行使，通過法規以解釋自然法，並在有人違法時指定懲處方式。

另外則是行政權，除了針對特定案例執行法規，也在有必要懲處違法者時負責執法。

重要的是，立法權高於行政權，因為前者可對後者加諸限制。「制定法律供人遵循者，」洛克指出，「必須擁有較高的位階」。

乍看之下，議會似乎是代表立法權，君主職掌行政權，但實際上相當混亂，例如國王可能參與立法。

不過，洛克延續平等派在《建議要點》中立定的核心自由原則。權力可能侵犯個人自由，有其危險之處，因此必須分別歸屬於不同機關，加以限制。洛克指出，合法性包括「將權力分成數個部分，交由不同機關職掌，藉以平衡政府權力」。

第二個寓意最令人震驚。甚至連最激進的輝格黨都曾在與查理和詹姆士的長期抗戰中，突然對同一件事感到不甚確定，那就是革命權。

政府不再履行職責時，便失去合法性。人民服從的義務隨之消失，百姓可以另組一個遵循原契約的新政府，取而代之。

洛克表示，「人民有自由成立新的立法機構，更換人員、形式或兩者皆改，與原機構有所區別，以利能最大程度地保障人民的安全和利益」。

洛克將英國激進派論述中醞釀許久但模糊不明的「古代憲法」，轉變成具有適當理論基礎的可行概念，可在任何時候應用於任何社會，無論其法律或政治上具有何種歷史背景，皆可通用。他要求落實權力分立，把此視為政府擁有合法地位的重要條件。他更確立，人民面對專制統治者時擁有革命權。

不過，他的思想理應蘊藏更深刻的意涵。他所建構的是一個前所未見、截然不同的世界觀，擁有完全不同的立論根基。

人類的自然狀態是自由，而非權威；政府才是人為的結晶，而非權利；政府是否合法應由個人決定，而非國家。從英國爆發內戰到光榮革命結束，這幾十年間的紛紛擾擾，最終總結於以上這套哲學思維。

美國革命

威廉的計畫大獲成功。接下來幾年間，這個他率兵侵略的偏遠王國發展成全球強權。蘇格蘭和英格蘭在一七〇七年簽署《聯合法案》（Act of Union），合併成為大不列顛（Great Britain）。這個國家擁有特別強大的海軍，開始將重心放在海外領土，包括北美十三個殖民地。

中斷英法聯盟是威廉的主要成就。在他當家之後，英格蘭加入反法陣營，並逐漸成為主要勢力。英法兩國進入漫長的對抗期，接下來的一百年間，雙方不時爆發激烈戰爭，其中以一七五六年的七年戰爭（Seven Years' War）最具規模。這是世界上首次發生真正的全球衝突，戰事在好幾洲接連引發，歐洲所有強國無一倖免。這場戰爭結束時，法國備受屈辱，英國則稱霸北美東半部，確立其無庸置疑的統領地位。

勝利伴隨著代價。截至一七六三年，英國的戰爭負債總計一億三千七百萬英鎊。於是，從與殖民地的貿易中課稅成了顯而易見的籌資管道。此時英國做出一項決策，後來演變成北美洲人民的災難，這項決策就是加稅。

一七六四年的《蔗糖法案》（Sugar Act）對美國多項進口貨物課徵關稅。一七六五年的《印花稅法》（Stamp Act）直接對殖民地的活動課稅。一七六七年的湯森稅（Townshend duties）更進一步針對紙、玻璃、油漆和茶葉等貨物徵收稅金。

每多課徵一筆稅，殖民地的民怨就多增加一些。四處都可見到言論激進的小冊子、憤怒的城鎮集會、抗議團體，並爆發多起群眾暴力事件。

麻薩諸塞殖民地的波士頓成了匯聚民怨的反抗中心。一七七三年十二月十六日，約有五十人偷跑上船，將價值一萬英鎊左右的三百四十二箱茶葉倒進波士頓港。

英國和美洲殖民地的關係終於澈底崩解。英國在一七七五年四月通過一系列《強制法》（Coercive Acts），試圖壓制日漸嚴重的造反情形，駐守於麻薩諸塞的英國士兵與殖民地的民兵爆發血腥衝突。

要是衝突只是因為民兵使用暴力而引發混亂，那時在美國的英國官員大可直接鎮壓，加以平定。可惜情況嚴重許多。就在英國的眼皮子底下，殖民地人民開始發展可實行的治理結構。掌管各類活動的委員會應運而生。大陸會議（Continental Congress）在費城召開，承認新的地方政權組織。

麻薩諸塞爆發抗爭的消息傳到費城之際，第二屆大陸會議正在召開。於是，下一步便理所當然地水到渠成：大陸會議成為實際上的政府，以負責處理衝突。原本在維吉尼亞州種植菸草的喬治·華盛頓（George Washington）成了總司令，他曾在七年戰爭中率領過殖民地軍隊。

戰爭已不可避免。八月二十三日，英國宣布殖民地已進入公開叛亂狀態。

眼見英格蘭在憲法紛爭中追求人民自由，殖民地人民認為自己也應享有相同的權利。他們熟讀英國激進思想的相關文獻，尤其是洛克的《政府論》。

一七七六年七月四日，大陸會議的代表將英國的政治遺產寫進《獨立宣言》（*Declaration of Independence*）。「我們認為以下信念是不言而喻的真理：人人生而平等，造物者賦予所有人若干不可剝奪的權利，包括生命權、自由權和追求幸福的權利。為保障這些權利，人類建立起政府，而政府的正當權力，是經被治理者同意而產生。」

這段優美又簡潔的文字概括了早期自由原則的內涵。殖民地的人民不僅僅延續了前人的心血結晶，也做出獨有的貢獻。他們將當時仍不失崇高飄渺的精神實踐於務實的判斷。

同意原則（principle of consent）是透過民主體制來體現。假定的基本法則相當簡單：自由必須受到保護，免受權力侵犯。以革命派的觀念來說，人民代表自由，政府則是權力的化身，因此必須設法壯大人民，削弱政府。剛移民到殖民地的英國激進運動人士湯瑪斯．潘恩（Thomas Paine）表示，「社會源於我們的慾望，政府出自我們的邪惡」。

比起建立中央政府，殖民地人民更偏好州政府。在隨後的幾年間，十三州共同訂定《邦聯條例》（Articles of Confederation），建立了「美利堅合眾國」（United States of America），但最終的立法權力仍留在州政府的層級。

第二項工作是依輕重緩急確立各州的民主架構。平等劃分選區，除了每年舉辦選舉，也逐年擴大選舉權。大部分的州各自選出州長，儘管州事務由其掌管，但州長的權力不大，甚至無權控管集會、否決立法、設立法院、建立選區或任命公職人員。人民把這些權力交給立法機關。

英國的激進主義著重於強化議會在稅務政策上的角色及保障國民權利，但美國革命的主張更極端。立法機關的功用不是要抑制權力，其本身就是權力的代表。以往由國王職掌的職權，現在都交給了立法機關。

立法機關受到的唯一限制來自其內部。除了賓州、喬治亞州和佛蒙特州之外，其餘所有州都效法上議院和下議院的議會編制，成立了參議院和眾議院。這種兩院制（bicameralism）的架構是為了限制眾議院的權力。

但這樣的讓步相當輕微。很少有人認為，抑制民主意志有什麼必要。愛國領袖之一的約翰・亞當斯（John Adams）指出，「民主專制（democratic despotism）字面上就已自相矛盾」。

革命派堅定相信選民的決定。霍布斯認為，人民腐敗墮落，難以管束，因而需要強而有力的領導者來維持社會秩序，這樣的看法與君主制不謀而合。有別於此，殖民地各州採取共和制。他們和洛克一樣，預設人民的本性善良，行事理智。社會秩序會由下而上恢復，從社會大眾開始實現。

這種訴諸人民良善基本素質的信念也適用於國與國的關係。革命派認為，貿易將會取代衝突。與其建立軍事聯盟，美國寧可結交貿易夥伴。「我們打算從商業切入，」潘恩表示，「只要商業運作得當，我們與全歐洲就能常保和平，建立深厚友誼；讓美國成為自由港可符合全歐洲的利益。」

一七七六年，大陸會議的與會者試圖以模範條約（model treaty）實踐這些理想，最早是與法國共同訂定，後來也適用到其他國家，彼此在平等和經商自由的基礎上立約規範。亞當斯指出，「世界將永遠不會爆發任何海戰，所有海軍終將無用武之地。」

然而，除非革命派可以扳倒英國，否則這些以州為基礎的活動都將失去意義。他們對抗的是十八世紀的強國，迎戰全球最強的海軍和訓練有素、編制龐大的專業軍隊。

不過英國這邊也面臨多項考驗。首先是補給。戰場遠在將近五千公里之外，使通訊和後勤困難重重。其次是美洲的幅員遼闊，那片未開墾的廣袤領土，革命陣營的民兵比英軍更為熟悉。第三是華盛頓，實績證明他是精明睿智的軍事對手。最後是法國的態度，這大概是最關鍵的要素。

當時在歐洲的路易十六早已察覺美國革命所帶來的機會。如果反叛方勝出，法國不僅能洗刷在七年戰爭中受到的恥辱，還能削弱英國勢力。

法國保守派對涉入這場戰爭感到擔憂。畢竟，這意謂著支持共和制度的反叛軍，與同為君主制的國家反目成仇。即便如此，戰爭可能帶來的成果還是太過誘人。法國開始偷偷向革命軍輸送補給、提供情報。一七七八年，法國承認美國是獨立國家，最終更與其正式建立軍事聯盟。現在，法國為了支持美國獨立，再度與英國開戰。

法國提供的軍事支援相當重要。對英國來說，法軍在歐洲形成一股威脅，使英國有所顧忌，無法將所有需要的兵力送到大西洋對岸，後來證明，如此龐大的兵力不管是在陸地或海上，都對遠在美洲的戰事至關重要。

到了一七八一年，英國的作戰行動陷入絕境。英軍指揮官查爾斯·康沃利斯（Charles Cornwallis）率兵進攻維吉尼亞州約克鎮（Yorktown），赫然意識到自己孤立無援。陸地上，他面臨一萬七千名士兵的美法聯合軍隊，海路則遭法國艦隊封鎖，毫無退路。康沃利斯在十月向華盛頓投降。

戰事又拖延了幾個月，但所有人都知道明白，英國已經戰敗。美國贏了獨立戰爭。

不過，勝利的歡愉並未持續太久。革命派建立的民主體制有嚴重疏失。在這個體制下，中央的實權太少，無法有效運作，而地方利益團體可能擁兵自重，使州政府陷入混亂。美國逐漸發現自由主義理論的核心主張：光有民主還不夠。沒有保護機制，人民的意志可能和專制政府一樣粗暴。

問題就在人民想要的不同。時常背負債務的農夫需要低稅率，並希望法院停止對他們的貸款執行強制命令。商人和債權人則希望提高土地稅率，私定契約受到保障。

立法工作變成地方利益團體互相角力的戰場，令人倍感無力。佛蒙特州監察委員會在一七八六年指出，立法通常會經過「修改、再度修改、改善、惡化」的過程，導致「法規不斷變動，文官委員會（civil commission）的委員幾乎不清楚法律的確切內容」。

「民主專制」概念於是成了最困擾革命派的一大威脅。州的立法機關才是危害自由的主要威脅，而非州長。他們與債務人站在同一陣線，不斷試探職責的界線，違反了財產權。

各州分別嘗試修正這個問題，重新將權力從立法機關分配出去，但到了一七八〇年代中期，大部分改革人士都已接受必須由國家統一採取作為的事實。

一七八七年，一場會議在費城召開，目的是要修訂《邦聯條例》。來自十二州的五十五名代表出席會議（羅德島州拒絕參與），他們期許能增加國會的權力。後來實際發生的事情，就是美國憲法誕生了。

這是美國革命派對自由主義做出偉大貢獻的時刻。

唯有在那個特定的時間、特定的地點，在特定一群人的推動下，才會發生。當時只是另一場急促而慌亂的局面，情急之下，眾人竭盡全力企圖挽救一場發展不協調的革命，以免所有成果化為烏有。不過由於有距離的優勢，我們可以看到當時獨特的情勢如何將崇高的理想轉化成有效的民主。多個殖民地的文化、英國激進派的文獻，加上對國家體制的需求，這些因素共同催生出一份文件，自由主義理論在應用上的實務問題，終於能開始從這份文件中獲得解答。

主要制憲者詹姆斯・麥迪遜（James Madison）表示，「權力和自由之間如何權衡，由憲法的一字一句所決定」。

憲法是一份平鋪直述的簡短文件，依宗旨以法律語言逐條逐款制定而成，與《獨立宣言》的詩意詞藻有所不同。此外，這也是一個折衷的產物，在更進一步中央集權和維持州的獨立地位之間尋求平衡。儘管最後促成的結果並非當初各方提案所期待的樣貌，但依然是實現民主價值的具體實踐。

美國憲法的主要成就在於權力分立。這個理想早就深植於英國激進運動的傳統之中，從內戰到洛克的作品都可發現其軌跡。不過一直要到法國法官與哲學家孟德斯鳩（Montesquieu）在一七四八年發表《論法的精神》（*The Spirit of the Laws*），才賦予其更精密複雜的形式。

孟德斯鳩強調，無論起源或組織方式為何，好的政府都不會在國家集權的環境中產生。相反地，政府應有三個職責明確劃分的機關——行政、立法、司法——分別主掌相關權力。行政機關在歐洲國家大多由君主代表，負責處理國防和外交等對外事務，以及履行部分國內義務，像是執法。立法機關是制定法律的權責組織。司法機關負責對特定案例依法裁判。這些機關必須彼此獨立，但同時相互依存，使任一權力的影響不至於凌駕其他兩種權力，也防止發生兩權合流的情況，以免第三種權力受到侵犯。

有鑑於各州和中央政府的關係，美國採取權力分立本身就帶有實驗的意味。制憲元老認為，主權掌握於人民手中，可以在地方和國家層次同時實踐，因此將上述理念融入憲法之中，呼應平等派在《誠摯為軍隊辯護》提出的主張。

但憲法的高明之處，在於其一方面設法解決上述問題，同時也在中央層級精心構建制衡機制。

憲法前三條分別律定立法權、行政權和司法權。

主掌立法權的機關稱為國會，採兩院制。

眾議院為下議院，反映人民選舉的結果。眾議員由人民直接選出，人數依各州人口照比例分配。權舉權留給各州自行決定，但各州通常仿照英國，規定擁有財產才能投票。不過，這在美國的限制效果比英國小，因為北美洲的幅員遼闊，持有財產的情形遠遠更為普遍。

參議院為上議院。參議員經由選舉產生，但比起眾議員，參議員與社會大眾的距離較遠。他們並非由人民直接票選而來，而是由人民選出的州議會選舉產生。此外，不管有多少人口，每州都有兩名參議員。相較於眾議員要年滿二十五歲，參議員必須滿三十歲，年齡規定較高，而且參議員的任期為六年，比眾議員的兩年還長，用意是要樹立閱歷豐富的莊重形象，期能對受到煽動而過度激動的群眾情緒產生克制作用。國會擁有多種類型的權力，包括徵稅及管制州與州的商業活動。

總統掌管行政職權，取代國王。總統經由民主的選舉程序產生，但由誰出任並非全民普選直接決定。各州選出與其國會議員同等數目的選舉人，再由選舉人個別投票選出他們認為最合適的人選。這就是選舉人團（Electoral College），不過直到一八四五年才有這個官方名稱。

總統獨立行使權力。總統並非由立法機關選出，有權任命顧問委員會，對武裝軍隊擁有指揮權，對外交關係具有控制權。

在三大權力中，司法權的相關條款最少，但同樣是要獨立運作，地位與其他兩權平等。聯邦法官為終身職，目的是要確保其獨立地位，保護其免受輿論影響。

這些權力維持著彼此制衡的狀態。舉例而言，最高法院的法官雖然是由總統提名，但須經過參議院核准。總統可以對國會法案行使否決權，但國會能以三分之二的多數優勢予以推翻。國會可以透過彈劾程序將總統免職。

憲法可以修訂。第一個修正案在一七九一年正式成為憲法的一部分，涵蓋一系列保護個人權利免受國家權力侵犯的條款，合稱為《權利法案》（Bill of Rights）。《權利法案》保障宗教、言論、出版與和平集會的自由，也保護被告的權利，例如法院採取陪審制。第五條針對財產的修正案體現了典型的洛克思想：「任何人不得在未經適當法律程序的情況下，被剝奪生命、自由或財產；人民私有財產如無合理賠償，不得被徵為公用」。

藉由鞏固寫作和出版的自由，憲法實際上保障了第四權：新聞自由。自從英國內戰出現大量傳單，新聞寫作已證明是嚴格檢視權力的重要手段。這項權力比較沒有組織，未確實聚焦或控管，但也自由許多、範疇遠遠更廣，足以督促其他三權負起應有的責任。

並非所有憲法條文都能發揮良好成效。未照比例分配參議員人數，使居民相對較少的州擁有過大的權力。總統對最高法院人事的提名權，最終造就了令人絕望的政治化團體。

但真正重要的並非呈現形式，而是追求理想本身。如今激進派已能掌握自由主義發展史上的核心任務之一，也就是權力分立，細膩地理解其中的意涵。他們試著將權力分流，加以平衡，讓權力之間維持一種恰到好處的緊張關係，防止權力集中於同一處而容易遭到濫用。

基於其他原因，這也是自由主義在歷史洪流中的重要時刻。人類首次澈底識別並正視兩種型態的暴政。行政權只是可能侵犯自由的其中一種威脅，另一股力量來自人民本身。

單靠直接開放大眾參與政治無法保障自由。保護個人不受多數暴力所壓迫，與確保個人不受國家侵犯一樣重要。這牽涉到《權利法案》所體現的個人權利，以及對民主政府運作的約束，而這已實踐於美國憲法的制衡機制。

有史以來，第一次有國家將自由主義路線寫進基因中。我們已能從中預見日後必將衍生出來的所有複雜問題和可能。

然而在那初始階段，現實還有遠遠更加黑暗的一面。就在看似達成至高成就的當下，自由主義也重重地摔了一跤。奴隸制度（將人類當成財產使用）受到擁護。

革命期間，北美洲約有五十萬名奴隸，約占全體人口的五分之一。獨立並未改善這個情況，許多時候反而使其更加惡化。革命結束後，奴隸人數比革命開始時更多。

南方各州大力捍衛蓄奴制。在制憲的相關商討中，他們成功維護了奴隸制度。一旦有奴隸逃亡，只要有權要求其提供勞役者提出要求，奴隸落腳的州便須將其交出。統計人口以分配議員人數時，奴隸以自由人的五分之三計算，因此可以說，南方各州其實是利用奴隸來支撐奴隸主的政治權力。

這樣的安排與堅持「人人生而平等」的《獨立宣言》相互違逆。儘管該文件傳達了多麼崇高的理想，終究出自蓄奴者之手。早期自由主義思維中隱晦不明的實情，在憲法中昭然若揭——人們談論普世人權時，其實心口不一。事實上，當時人們想像的是一個自由人的社會，有些族群被排除在外。

這些族群包括女性（社會近乎理所當然地忽視她們，甚至連提都沒提到）、原住民（社會把他們當成外國人看待）和非裔美國人（無論他們是自由人或奴隸）。

如此不公不義的過去不僅會成為美國歷史上的污點，同時也顯露出更深刻的意義：這玷污了自由主義的根基。留下的印記無法抹去，因為從這裡足可顯見，自由主義的理想開枝散葉的同時，也展現了徹澈底底的偽善。

普世人權並未普及到每一個人。在後續的自由主義發展歷程中，落實普世人權的奮鬥將會持續下去。

法國大革命

表面上來看，法國插手美國的獨立戰爭是項成功的決定。英國的氣勢受挫，失去北美的領土，但其實法國為這場勝利付出的代價極大。

第一個代價雖然不令人意外，但卻帶來天翻地覆的後果。路易十六為了加入這場戰事，讓法國背負了龐大的債務。經過一連串艱苦的改革計畫，搖搖欲墜的財政終究還是在一七八八年八月崩潰。法國破產。

第二個代價比較沒有立即的影響，但傷害應該更大。美國革命向全世界釋出強而有力的訊息：一切應該重新開始。任何事都有可能發生。舊時代的權威體制有可能分崩離析，這不是什麼烏托邦的幻想，而是推動社會變革的務實計畫。

後來，路易做了一個日後讓他後悔萬分的決定。為了鞏固社會對財政改革的支持，他同意重新召開已有五百年歷史的三級會議（Estates General），期能透過這種方式徵詢人民的意見。

這個決定的後續發展急轉直下。路易與一百年前的查理一世犯了相同的錯。他喚醒了一個自己無力控制的政治群體，觸發一連串事件，最後導致革命。

如此巨大的連鎖反應並非單一事件所致。當時接連發生多起小規模革命，每一次的行動都比前一次更加激進。對於三級會議應由哪些人組成，大家爭論不休，正是這看似難解的問題點燃了引信。

會議出席人員分為神職人員、貴族和平民（表面上是指剩下的其他國民，但實際上大多是律師和公職人員）等三個階級，理應代表法國全體國民。

三級會議的進行方式隨即引發爭議。一六一四年，三級會議原在三個容納相同人數的房間召開，由三個階級依序分開投票。如果依照這樣的程序進行，神職人員和貴族將會推翻第三階級的投票結果，對於希望確保政治能有所變革的人而言，這件事令人無法忍受。於是他們要求第三階級的人數加倍，與另外兩個階級在同一處按人數投票。

國王在第一項提案上妥協讓步，但不同意第二項。一七八八年十二月二十七日，他宣布第三階級的人數增加一倍，並表達希望其他階級可以同意開會，共同投票，不過他不會強迫大家同意，一切由階級代表自行決定。

三級會議在一七八九年五月五日揭開序幕，但在正式開會前，民間已透過多輪投票，選出代表各自階級的辯論人選。隔天，會議勢必無法和諧進行的情勢早已清晰可見。

第一件事是驗證身分。各階級要能組成代表團，就必須完成這個程序。貴族和神職人員開始確認出席者的身分，但第三階級的代表此時意識到，在程序開始之前，他們必須在這個時候就嚴正表達他們希望會議進行方式有所改變的立場。如果各階級各自確認出席者的身分，勢必就會順理成章地分開投票，所以他們斷然拒絕遵照原訂程序，轉而要求與其他兩個階級的代表商議，改為全體代表一起驗證身分。

協商就這樣延宕了好幾個禮拜。到了六月十日，第三階級向其他兩個階級發出最後通牒，要求他們即刻前來現場，完成聯合驗證身分的程序。如果不出現，第三階級的代表就要自行確認身分，無視其他階級，以全國代表大會的名義召開會議。

這是革命的第一個重要時刻。一旦投票通過，平民代表等於已單方面授予自己法律所未給予他們的權力。無論當時的憲法秩序為何，第三階級其實是在將自己組織成合法的權力集團。

另外兩個階級的決心開始動搖。三名教區神父率先過來投靠，最後大部分的神職人員都來了，還有幾位貴族加入。六月十七日，這些代表投票表決，自稱「國民議會」（National Assembly）。

國王開出幾項異想天開的讓步條件，若是早一個月提出，或許還能挽救頹勢，但現在為時已晚。事件的發展已經開始加速，眾人對於變革感到欣喜若狂，情勢已非國王所能阻擋。

路易決定召開皇家會議，宣示自己的立場，但代表並未收到通知。代表在六月二十日抵達國民議會原本的開會場地時，才發現大門深鎖，門口還有士兵駐守。眾人極度憤怒。國王顯然是要終止國民議會。一陣忙亂後，議會代表在附近找到一處室內網球場，占領場地後，他們宣誓要為法國制定一部新的憲法，完成前絕不解散。

國王在幾天後抵達，提出他的建議。縱使試圖籠絡，但他傳遞的訊息終究還是，在沒有他核准的情況下，國民議會所做的任何決策一概無效。會場四周開始集結前所未見的大量部隊。

說完後，路易命令代表當場解散，離開現場。米拉波伯爵（Count of Mirabeau）告訴到場執行國王命令的官員：「告訴派你來的人，我們因為人民的意志聚集於此，即使受到刺刀的威脅，我們依舊不會離開。」

國王最後奮力一搏，試圖重新掌控局面。七月初，他命令更多部隊進駐首都，不到一週，兵力就大幅增加到原本的五倍。接著，他把在國內廣受支持的財政大臣雅克・內克爾（Jacques Necker）開除，這個決定成了最後一根稻草。他一這麼做，任何更進一步的計畫馬上破局。革命往外擴散，從會議現場延燒到大街上，巴黎的人民開始武裝。

人群攻擊城市周圍的收費站，闖入他們覺得可能會有武器的地方。他們在收容退伍軍人的榮軍院（Invalides）發現大炮和輕武器，利用這些武器攻占巴黎的一座堡壘：巴士底監獄（Bastille）。

迅速成功占領巴士底監獄成了這場革命的關鍵發展。直至今日，法國甚至還會在七月十四日慶祝此一事件。不過，決定性時刻的第一現場不在那裡，而是國王和布羅伊元帥（Marshal de Broglie）的對話，他是陸軍大臣和巴黎軍隊的最高指揮官。

幾週前，兩個法國衛兵連拒絕履行維護公眾秩序的義務。事情進展至此，其他軍團看來有可能跟進。布羅伊建議國王不應再仰賴軍隊。

這是第二波革命。此時的國王不再能遂行個人意志，從此以後，事件便不再是他所能控制。國民議會掌控局勢，而且將會執行預定的任務，亦即幫法國制定憲法。

接下來的幾個禮拜撼動了整個人類歷史，這麼說並非誇飾，也不是危言聳聽。這幾個禮拜的發展揭開了新的時代。

首先，舊世界崩塌，截至當時，法國始終實行封建制度，農民向地主繳稅，向教會繳什一稅（tithe）。但在群情激昂的深夜會議中，這些規矩一夕之間一掃而空。

八月四日晚上，一切就從廢除封建制度的改革開始。議定後，很快就進入另一項改革，彷彿上演一場加碼競賽。狩獵權、私人法庭、通行費，逐一端上檯面討論。隔天凌晨日出前，財政控制的整個基礎結構已完全消失。皇室津貼、城市豁免權、租稅優惠和免稅制度終結。租稅公平成為新的準則。所有人都可從事公職。原本在法國的國家組織原則中占據核心地位的特權，遭到澈底打破，而當時的省級、地方和市級政府架構全都隨之走入歷史。

一週後，當晚的所有決策都寫成正式法令之後，一切的發展就相當清楚了。法令清楚寫著，「國民議會澈底消滅封建制度。」

不過，儘管所有人欣喜若狂，希冀追求最理想的改革結果，還是得顧及法律秩序。基本上，國民議會終究是律師主導下的成果，他們除了遵守財產權，也力求維持所有人渴望的穩定局勢。在這之前的封建義務必須買斷及完成付款——即便大部分農民早就沒什麼意願這麼做。

打破舊秩序後，必須有新的秩序來填補，而新秩序的基石，是一份人類史上前所未見的文件，稱為《人權宣言》（*Declaration of the Rights of Man*）。

有別於英國和美國為自由所採取的作為，這份文件並未演變成一連串試圖捍衛自由的歷史事件，而是從所在的時代和地點解放出來，為所有努力奠定基礎。

這份宣言雋永不朽，全世界通用。起草者的雄心壯志超越了他們所處的實際情況。這個奧佛頓在獄中短暫看見的未來，總算開花結果：自由的原則與其行為準則完整法典化。長達一個半世紀的磨難終於蛻變成勝利的果實。

宣言寫道，「法國人民的代表組成國民議會，他們深信，造成公共災難與政府腐敗的唯一原因，在於對人權的無知、忽視與輕蔑，進而決心以嚴肅的宣言闡明人類與生俱來、不可剝奪且不容侵犯的權利。」

宣言明文保護「自由、財產、安全與反抗壓迫」的權利。這些權利看似同等價值，但文件特地在最後一條論及財產權，稱其為「不可侵犯且神聖的權利」，這是其他權利所沒有的地位。

宣言指出：「自由是指有權從事任何不傷害他人的行為，因此每個人行使自然權利的限度，須以保證社會上其他人也能享有相同權利為限制。此等限制只能以法律決定之。」

此觀念與權力分立的概念結合，即形成合法政府的基石。第十六條載明，「如果社會無法保障此等權利，或未能確立權力分立的狀態，則形同沒有憲法。」

不僅是在法國或甚至自由主義的歷史中，即便放大到人類的發展來看，這都是影響深遠的重要時刻。

然而在榮耀的光芒底下，潛藏著某種病菌般的危機。第六條指出，「法律是普遍意志的表達。」

正是這一句話（影響超越其他條文），總結了前幾個月的進展，但也讓法國付出極為血腥的代價。

「普遍意志」（*general will*）一詞可追溯至十七世紀，不過在法國大革命的前幾年，一位移居到法國的日內瓦人賦予其全新意義。他的名字是尚－雅克・盧梭（Jean-Jacques Rousseau）。盧梭異於常人。他對人生的看法苦澀悲觀，只有不斷湧出的絕望。他渴求回到一個他不確定存不存在的神祕過去，幻想未來能像烏托邦一樣美好，但他不覺得這個夢想可以實現。到了人生晚年，他簡直完全瘋了。

對盧梭而言，人類擁有善良的天性，但因步入文明而墮落。人性腐敗很難挽救。假設真有可能挽回，成功的機會很有限，而且容易故態復萌，因此沒有嘗試的理由。這大致就是他對政治的看法，不用說，他因此感到相當孤獨。

啟蒙時代的哲學家看不起他。「收到你反人類的新書了，真是謝了。」理論家伏爾泰（Voltaire）在他出版第二本書後寫信給他，「內容睿智靈巧，讓所有人相形之下愚蠢至極，如此絕妙的著作前所未見。」

政府當局也討厭盧梭，因為他太擅長獨立思考，思維過於古怪，經常突破政治和宗教辯論的既有框架。他最重要的兩本著作：《社會契約論》（*The Social Contract*）講述他的政治理論；《愛彌兒》（*Emile*）則是談論教育的專書。兩本都在一七六二年出版，但出版後，巴黎和日內瓦都將其列為禁書，沒收後焚毀。這兩個地方都容不下他，他只好逃亡。

外界的迫害使他心碎。他崩潰後開始出現一連串偏執的幻想，覺得有一群惡毒的哲學家正在追捕他。蘇格蘭思想家大衛・休謨（*David Hume*）同情他的處境，將他帶到英格蘭，但他的精神狀態每況愈下，為時已晚。「他彷彿不僅被剝掉了外衣，連肌膚都不復存在。」休謨這麼形容。

盧梭在一七七八年回到法國，不久後便離世。一七九四年，正值法國大革命如火如荼地展開，後人從巴黎北邊阿蒙農維拉（*Ermenonville*）的一處貴族莊園挖出他的遺體，運送到巴黎萬神殿（*Paris Pantheon*）安葬。生前遭社會遺棄的他，如今成了國家英雄。世人對他的評價有所改變，正是因為他提出普遍意志的概念。

盧梭在《社會契約論》一書的開頭寫道：「人生而自由，但處處皆枷鎖。自以為操控他人，其實並未掙脫遭受奴役的命運。怎麼會發生這般變化？我不清楚。如何使其合法？我想我可以回答這個問題。」

盧梭和洛克一樣在意國家合法狀態的成立條件。不過對他而言，合法與否的關鍵不在人民是否同意，而是國家是否依人民的普遍意志去運行。

聽起來相當契合民主精神，但事實上，盧梭對普遍意志的評估標準絕不簡單，甚至連能否讓人理解都有商榷的餘地。他所謂的普遍意志不僅是指絕大多數人的想法，還有我們不甚熟悉的意涵。

事實上，意志共有三種。著眼於個人時，人民各有以利己為考量的私人意志；進入團體（例如教會或政黨）時，則有共同意志；另外還有普遍意志。這是人民認同整體公民身分的一種集體意識，亦即暫且放下個人在乎的事情，專注於扮演更大群體的一分子。普遍意志是種近乎神祕的東西，相當於展現人民抽象的共同利益、超越個體的一種表現。

在特定的情況下，只要群眾發展出夠強大的共同意識，輔以獨特的投票條件，普遍意志就會浮現。此時就像原子聚攏在一塊，分歧的想法會消失，一致的看法會獲得鞏固，益加強大。「從相同的意志中剔除越多異音，越能減少彼此矛盾的衝突。」盧梭指出，「留下來的就是差異的總和，形成普遍意志。」

定義上，普遍意志真實存在，而且永遠正確，代表共同利益的正確答案。如果社會具有良好的組織架構，大多數人的看法就會匯聚成普遍意志，反之則無法。

在這樣的框架下，盧梭的理論等於反駁自由主義強調懷疑的傳統。他認為世上有明確的對錯。人民在正確的條件下投票，能憑藉著集體意識明辨是非。

盧梭把這稱為自由，但他所指的並非個人的人身自由，而是政治自由，亦即對政治事務表達意見的自由。他對個人自由提出這般概念，其隱含的意涵在真實世界中釀成災難性的後果。

有別於奧佛頓和洛克，盧梭並未在民主決策之外，另外特別強調個人權利。反之，他堅信人民必將透過集體意識尋找共同利益。當人民共同表達普遍意志，便成為所謂的「主權者」（the sovereign）。個別人民的權利歸於全體，換言之，「每一個體間澈底疏離，各自犧牲其所有權利，成就整體社群」。

沒有任何人能倖免。「無論誰拒絕服從普遍意志，都會受迫於整個社群的壓力而不得不遵從。」盧梭寫道，「唯有每個人屈服於壓力實現共同利益，最終才能獲得自由。」

接著，他在憲法秩序中創造了一種不尋常的角色，稱為立法家（legislator）。立法家的工作是透過培養「德行」（virtue），確立國家合法治理的條件。在這裡，「德行」是指集體意識追求共同利益的啟蒙現象。立法家不是透過論述或推理來達成此目標，反而大多選擇非言詞的象徵（像是節慶和典禮），培養「深入靈魂的內在力量」。他們的性格具有吸引力，強大的迷人特質足以影響各種型態的群眾，形塑其個性。他們形同「神人」（man-god），等同於「人間的上帝」。

嚴格來說，後來發生的事情不能怪到盧梭頭上。他從未鼓吹革命，而且反對暴力。他曾說，

「全體人類的自由不是讓任何一個人流血的正當理由。」他想像出來的立法家並非主人，只是嚮導。他甚至沒有真正提出對政治體制的建議，而是透過令人洩氣的奇怪實驗，展現文明的缺陷。以他的名義發言的人之中，大部分幾乎沒有讀過他的著作，似乎並不懂他的想法。

不過，書是危險的東西。想法改變世界。現在回頭看後來發生的事件，各方面都能從文字中覓得蛛絲馬跡。文字的力量不僅成就了法國大革命，也間接引發日後的驚悚發展。

假借群體之名忽視個人自由、拒絕承認各種權利、堅信對錯有絕對的真相、斷言人民能展現一致的集體意志，以及最重要的，有一個角色可以運用其擁有的魅力，經由謎樣的認同程序，由其代表人民的意志，在在都埋下了禍根。

在接下來的幾個世紀中，這些想法將會使數百萬人失去性命。血腥暴力從法國大革命開始，《人權宣言》的勝利後來演變為自相殘殺的野蠻暴行。

國民議會幾乎在開始遂行原本的目的時，就馬上背棄了《人權宣言》立下的承諾。

在經歷過這麼多事件後，我們幾乎就要忘了，召開三級會議的初衷是要解決法國宛如災難的財政狀態。這個問題依然未解。

人民代表提出解決辦法。他們要將教會的土地收歸國有。神職人員大力反對，指出這種做法公然牴觸財產權，但他們無力阻止這項決議。只不過，沒收教會土地本身無法解決問題。轉賣眾多土地需要時間，更何況短期債務的壓力迫在眉睫。國民議會決定依據土地價值開立借據，這些借據稱為「指券」（assignat）。一七九〇年四月十七日，指券成為法國經濟體內的法定貨幣。

一七九〇年夏天，國民議會中的宗教委員會制定《教士法》（Civil Constitution of the Clergy），在未與教宗商議的情況下，單方面對長達幾個世紀的實際做法提出改革方針。十一月二十七日，人民代表投票通過，將所有不同意新規定的神職人員逐出國民議會。考驗方式是在下一個星期日的彌撒結束後公開宣誓。只有一半的神職人員願意遵從。那些不願宣誓的人成為眾人口中的反叛者，因而慘遭恫嚇和辱罵。巴黎群眾帶著敵意阻擋他們的去路，並阻止他們教區的信徒行使做禮拜的自由。

接下來幾年期間，世人普遍將此視為決定性的時刻。兩件事似乎同時發生：財產權遭到侵犯後，個人權利馬上遭殃。由此來看，兩者之間似乎真的存在某種重要的關係。

財產權一受到侵犯，對經濟的影響似乎也急遽失控。大部分人不信任指券。人們時常拒收指券，更糟糕的是開始囤積傳統錢幣，使其不再流通於市面上。劣幣逐良幣，虛構貨幣開始扼殺真正的貨幣。指券的交易價值很快就低於面額，物價開始上漲。

對於神職人員宣誓的相關辯論，使保守的天主教徒和革命的激進支持者之間出現激烈對立，巴黎一帶新創立的政治俱樂部於是成了後者的聚集地。最具影響力的是憲政之友社（Society of the Friends of the Constitution），俗稱雅各賓俱樂部（Jacobin club），以聚會所在的修道院命名，綜合政治宣傳運動、政黨和辯論社等功能。不久之後，這裡成為革命知識分子的集會中心，除了吸引兩百位人民代表加入，另外還有一千名會員。

俱樂部開始印製報紙，以及籌辦慶祝活動和遊行。在晚間的集會上，許多在革命中極具影響力的人物在大批群眾前體驗了首次的政治活動，發展出權力基礎。

鮮為人知的人民代表馬克西米連．羅伯斯比爾（Maximilien Robespierre）也是俱樂部會員。「他是嚴以律己的那種人。」有位英國觀察家在一七九一年三月表示，「行事堅守原則、為人簡樸直率、舉止真摯不做作、穿著樸素，絕對不貪汙，對富貴無所求。我每晚近距離觀察他。他日後絕對深受眾人擁護，影響力與日俱增。」他的話彷彿預言一般。不久之後，羅伯斯比爾將會是法國政治上的重要人物。

他能夠發揮如此龐大的影響力，是因為法國的憲法仍未底定，但已遭受扭曲，殘敗不堪。大部分國民議會代表都認同洛克和孟德斯鳩，堅信權力分立相當重要，並試圖將此融入新的政府架構。不過當時的風氣普遍對兩院制的立法機關反感。經過好幾個月的奮鬥，國民議會好不容易能一起開會及投票，人民代表不希望再將議院一分為二。

依舊握有行政權的國王是另一個問題。儘管他公開宣布支持某些事件，但沒人認真相信他的立場。大家都很清楚，要是有機會，他會逆轉革命並懲戒革命人士。

很快地，他可能採取的手段開始明朗化。無數貴族逃離法國，遷往實行君主制的鄰近國家，而對革命所樹立的政權而言，那些國家形同可能引發戰爭的威脅。如果他們成功入侵，國王就能恢復王位，拿回他在巴士底監獄遭占領前握有的專制權力。

一七九一年六月二十日，路易企圖潛逃出巴黎。他留下一份聲明，長篇大論地譴責革命行動。

他並未逃得太遠，很快就被送回首都，但這件事使國民議會面臨艱難的處境。他們擬定的憲法將行政權交給國王，但這種安排看來不再可行，因為國王顯然無法信任，若不重新制憲，這個問題不可能解決。

於是國民議會乾脆說謊。對外的說法是國王遭到綁架，實則暗地裡褫奪國王的權力。如今，權力分立實際上已經破局。主張職權分野、相互制衡的自由主義原則徹底崩潰。國民議會掌握了全部權力。

國王企圖出逃的事件才剛落幕不久，與奧地利的戰爭接踵而至。法國社會樂見其成。革命人士大多認為，這場軍事衝突能恢復軍隊紀律，為國內政局帶來一些穩定的力量。其他國家的人民看見自由的法國人將會備受啟發，以法國為榜樣，朝自由的未來努力。

事實上，戰爭才剛開打就是一場災難。法國軍隊一遇到敵軍馬上潰不成軍。突然之間，原本歡欣鼓舞的高昂氣勢煙消雲散，社會大眾紛紛尋找代罪羔羊。「走到哪裡，都能聽見有人呼喊國王背叛了我們。」一名雅各賓黨人士說道，「上將背叛我們，所有人都不能信任。」

其中一位大臣尚—馬利・羅蘭（Jean-Marie Roland）在公開信中批評國王，直言法國人民已開始將國王視為「陰謀策劃者的同夥和共犯」。這樣的質疑讓人無法忍受，於是國王將他和其他三位激進人士直接免職。

這個決定改變了事件的發展方向。至此，大眾對國王的不滿已無法平息。民怨爆發，而且一發不可收拾。革命不再由國民議會中富有的律師主導，街上的群眾取而代之，成為延續革命的主力。

這些人稱為「無套褲漢」（sans-culotte），亦即「沒穿過膝馬褲」的意思。以前這是透過服裝穿著貶抑底層人民的詞彙，用現代的說法，大概會是「敗類」之類的貶義詞。不過當時，這個詞彙備受激進主義分子青睞，用以展現真實性和對革命的熱血投入。他們以「區」（Section）為單位組織人力，這是隸屬於巴黎公社（Paris Commune，統治巴黎的機構）底下的小型地方集會。

八月十日，掌管所有區的中央委員會宣稱自己是「起義公社」（Insurrectionary Commune）。約兩萬名群眾朝國王的所在地前進。國王的瑞士衛隊開火反擊，但反遭手持刀和長矛的人民殺害。

路易被護送到一處中世紀堡壘，就算他還握有任何殘存的權力，現在也已絲毫不剩。不過，先前起草的憲法縱使具有決定性的地位，但真正的重點不在國王，而是國民議會。當時對於人民動亂並未訂立任何懲處條例。如同國王一樣，國民議會不再有辦法控制局勢。國民議會的權力早已移轉給無套褲漢，而且由於所有權力都集中在他們手上，沒有任何勢力可以與他們抗衡。

絕大多數的國民議會代表紛紛走避躲藏。國民議會任命從區出身的激進好戰分子喬治・丹頓（George Danton）出任司法部長，力圖安撫群眾。但是，這樣只是將更多權力交出去而已。

國民議會解散，並經由選舉選出代表組成新的立法機構，國民公會（National Convention）就此成立。但現實情況並未改變。公會代表對局勢無能為力。「永遠別忘了，」某位代表警告其他人，「是無套褲漢把你們送進來這裡。」武裝群眾緊盯著這場革命的發展。

九月二十一日，國民公會廢止君主制。國王接受審判，但判決結果可想而知。要是宣判國王無罪，等於判定革命是違法行為。一七九三年一月二十一日星期一，路易走上斷頭台，他在最後一刻試圖捍衛自己的清白，但鼓聲淹沒了他的聲音。

國王的死並未終結混亂局面。法國政壇分裂成不同派系，離普遍意志相去甚遠。國民公會中，擁有羅伯斯比爾、丹頓和激進派記者尚─保羅・馬拉（Jean-Paul Marat）的「極左」山嶽派（Montagnard）與較溫和的吉倫特派（Girondin）針鋒相對。

街頭上，雅克・赫貝爾（Jacques Hébert）拿著他充滿憤怒言論和髒話的《杜謝內老爹報》（*Le Pere Duchesne*），帶領赫貝爾派（Hébertist）。激進的天主教神父雅克・魯（Jacques Roux）率領左翼的支持者憤怒派（Enragés，或稱為 Enraged Ones）。

巴黎以外的區域同樣陷入動盪，不過這次反抗的對象是無套褲漢。旺代（Vendee）出現激烈的反抗人潮，群眾呼喊著「國王和良善的神父萬歲」。馬賽（Marseilles）民眾成立委員會，要求終結「少數殘暴的人造成的無政府狀態」。里昂（Lyon）當地的雅各賓公社遭到推翻。這些區域性的叛亂有些是由保皇派發起，有些則支持革命，但反對近期事件失控的發展。

許多議論的主軸都是法國的經濟問題。即便國家沒收教會土地，而且發行指券，國民公會的代表大多仍堅持捍衛財產權。

到了一七九三年，這個立場已經很難堅持下去。歷經前一年的混亂，指券的價值持續下跌，實際價值幾乎只剩面額一半。民眾依舊囤積錢幣。戰爭使糧食供應亂了套。基本物資的價格起伏不定，時常突然上漲。

二月十二日，各區組成的小組提出「最高限價」（maximum）的新構想。他們希望能控制日常商品的價格。

國民公會代表強烈否決了這個提議。「人民不應費心擔憂這種微不足道的日常瑣事。」羅伯斯比爾這麼說。甚至連認為囤積物資應該處死的馬拉，也反對這個想法。

但他們逐漸無法守住底線。那個月稍晚，無套褲漢失去耐性，開始攻擊雜貨商店。到了四月，羅伯斯比爾注意到群眾的意圖，看法才開始改變。他對雅各賓俱樂部的會員和國民公會發表演說，對神聖的財產權提出質疑，直言財產權應隸屬於公共利益之下。

五月一日，八千名群眾突然對國民公會發起示威，要求對麵包設下最高限價。這次山嶽派讓步了。隔天法律通過，為麵包和穀物設下最高價格，並賦予地方政府更多搜索及徵用財產的權力。到了秋天，這條法令的適用範圍已經擴大到所有商品，菸草、衣物、食物和飲品等都有了公定價。

這是革命的轉折點。新秩序斷然與財產權分道揚鑣。麵包的價格受到控制後，法國的經濟在一年內就逐漸受到全面管制。再一次，財產權崩解之際，意義更廣泛的個人自由似乎也一併賠上了。

眼見越來越多區域爆發叛亂，加上長期擔心他國以武力入侵，雅各賓俱樂部和各區開始出現反制聲浪，要求政府更嚴厲地掃蕩及懲處叛國者。法國各地紛紛成立監視委員會（Committee of Surveillance），暗中跟蹤可疑分子和外國人。

五月二十六日，羅伯斯比爾在雅各賓俱樂部發表演說，「邀請人民」起身對抗國民公會「腐敗的公會代表」，這個舉動使吉倫特派一時之間成為眾所矚目的焦點。

幾天後，上千名武裝群眾包圍國民公會，持劍強力阻擋所有試圖離開的人。他們遞交請願書，要求逮捕二十九名吉倫特派代表。大部分的公會代表放棄投票，不過山嶽派亟欲消滅敵對陣營的勢力，因此趁機表達支持群眾要求，民氣私用。吉倫特派在公會內的處境宛如棄子。

吉倫特派消滅後，國民公會同意實行各區討論許久的一項計畫：召集打仗經驗豐富的無套褲漢組成革命軍，讓他們到鄉下地區懲處叛國者。

七月二十六日，羅伯斯比爾加入才剛成立的公共安全委員會（Committee of Public Safety）。該組織的目的是要與早就創立的保安委員會（Committee of General Security）聯手，以丹頓的話來說，「充當革命法庭（Revolutionary Tribunal）執法的左右手」。

新憲法問世，但內容並不重要。這部憲法一通過就被「束之高閣」，置入盒中放於國民公會大廳高處，從未生效。

激進的公會代表聖茹斯特（Saint-Just）指出：「共和國從自身處境中發現，國內不宜頒布及實施憲法；憲法將會自取毀滅，由於缺乏必要的反制力量，勢必會使自由受到侵害。」

換句話說，自由本身就是自由的威脅。或如同羅伯斯比爾稍後所說：「我們必須組織自由專制，澈底擊垮君主專制。」

嚴格來說，國民公會理應在那個時候就自行解散，就像國民議會在一七九一年通過憲法後就隨即終止，不過公會本身也判斷當時不是合適時機。

自由對法國大革命的所有重要意義，都在此刻死去。囚犯、不願聽命行事的神父、囤積物資的人家、主張溫和路線的政治人物，乃至不支持新秩序的所有人，無一不慘遭攻訐，個人權利已然遭受剝奪。當時，政治參與自由形同喪失了表達意見的機制。

普遍意志是碩果僅存真正的政治價值，而無套褲漢不定時訴諸暴動以提出各種訴求正是要實踐這點。示威者始終堅稱，這是人民的自主意志。事實上，國內許多民眾已開始反對他們的主張，但他們並未將此視為威脅。他們認為只要讓民眾噤聲即可。

九月五日，數千名無套褲漢在赫貝爾的率領下衝進國民公會。他們脅迫公會通過多項法規，包括擴張革命法庭的職權，並即刻建立革命軍。

《嫌疑犯法案》（Law of Suspects）應運而生。該法規定，只要「行為、接觸對象、言詞或文字顯露出對專制統治或聯邦制的支持，或與自由為敵的意圖」，任何人都能遭到逮捕。

這道法令的適用範圍如此廣泛，使其失去應有的意義。事實上，這就像是通用的逮捕證。羅伯斯比爾清楚表述，所有正規的法院程序都已過時。證明是否有罪顯得多餘，並無必要。良善人民的集體意識自然會形成正義機制。

羅伯斯比爾指出，「儘管控訴某人犯罪沒有書面證據，但在當事人惡名昭彰的情況下，證據就在所有憤怒人民的心中。」

普遍意志取代了民主、法治、權力分立和個人權利。沒有任何約束。唯一剩下的，是不同人物試圖假借普遍意志之名，以此對付他們的政敵。

史稱恐怖時期（The Terror）。

威脅雅各賓黨地位的激進人士成了首要目標。羅伯斯比爾指稱魯神父是國外間諜。神父遭到逮捕，後來釋放，接著又再度遭到逮捕。最後當他發現自己即將接受革命法庭審判，他隨即拿刀朝自己身上捅了好幾下，但未能一次斃命。不到一個月，他再次自殘，這次成功了。

皇后瑪麗·安東尼（Marie Antoinette）遭指控操控國王、安排縱酒狂歡派對、亂倫、資助奧地利國王及指使大屠殺。法庭在一個小時內將其定罪。隔天，她的頭髮被剪，雙手綁到背後。她被送上毫無遮蔽的運囚車，緩緩行經嘲笑的民眾眼前，抵達革命廣場（Place de la Revolution），在斷頭台上結束生命。

接下來是吉倫特派人士。法庭沒留下任何文件紀錄，不允許律師為其辯護，而且除了檢察官的提問之外，他們沒有發言的權利。判決隔天馬上行刑。短短三十六分鐘內，二十二顆人頭落地。

恐怖時期前九個月期間，共有一萬六千人命喪斷頭台。

第一階段的恐怖時期主要是無政府狀態的零散暴動。全國各地紛紛組成革命軍，高峰期總計約有四萬人。他們由各地區自行招募，憑著對所在地區的瞭解四處尋找可疑分子。地方的監視委員會與其協力圍捕嫌疑犯，將他們送交革命法庭審判。

因此各地各自為政，不幸遭鎖定的嫌疑人涵蓋多種樣貌，包括「密謀」、「態度」和「寫作」等，都是恐怖統治下記載的罪行。

原本只有外國人需要持有的身分證，如今所有法國人都強制攜帶。只要被發現沒有身分證件，就會遭到逮捕，鋃鐺入獄。恐怖統治期間，一度有多達五十萬人因此受到逮捕。

大部分受害者的生活都不甚寬裕。慘遭判處死刑的人之中，貴族只占九％，神職人員甚至不到七％，多達三分之二都是一般百姓。

許多人平時不在意政治，或只因為地區不同革命軍所頒布的愛國條件不一，他們未能及時符合不斷改變的忠誠標準，就慘遭逮捕。

外國人時常發現自己成為當地人懷疑的對象，特立獨行和獨來獨往的人也常常淪為目標。許多人只是剛到人生地不熟的地方，周圍就謠言四起，進而惹上麻煩。這股疑神疑鬼的風氣甚囂塵上，而那些與其他人稍有不同的人，正是社會中長久以來的犧牲者，此時當然也不例外。

出了巴黎，恐怖統治的主要任務是要澈底根除反抗運動。凶殘鎮壓後無情遺棄，是當時採取的手段。

「以後就沒有里昂這個地名了。」國民公會下令，「直接把那裡摧毀。」起初，他們利用射擊小隊處決人民。發現這種方式太過耗時之後，他們改用斷頭台。但就算這樣還是太慢，所以他們直接朝群眾發射裝著彈丸的砲彈，最後造成將近兩千人死亡。

來到南特（Nantes）這座河畔城市的國民公會大使尚－巴帝斯特・卡里耶（Jean-Baptiste Carrier）同樣發現斷頭台的處決效率太低，無法達成他的要求，因此他嘗試另一種方法，將九十名神父的手腳綁起來，讓他們坐上破了洞的小船，沉入羅亞爾河（Loire）。這有個文雅的稱呼「垂直驅逐」（vertical deportation），後來成為他主要使用的方法，而這個方法奪走了大約一千八百條性命。

對教會的龐大憤怒和暴力行為也出現新的型態，原本只是對不服從的神父發起零星攻擊，如今演變成正式去基督教化（dechristianisation）政策。一開始只在涅夫勒（Nièvre）實施，後來擴散到全國，各地的教會遭到摧毀，神父被迫結婚。

不久後，巴黎公社將此制定成正式政策，聖母院大教堂改名為理性聖殿（Temple of Reason）。好幾個地區舉辦慶典，強迫神父背棄信仰，宣示自己已準備好步入婚姻，最好是能娶修女。約有兩萬名神父慘遭欺壓，被迫放棄信仰。

就在如此混亂的局勢下，公共安全委員會取得了完全的掌控權。所有權力先是集中到國民議會手中，接著無套褲漢接掌權力，挾著人數優勢在全國各地引發動亂。完全沒有制度或正式的約束能夠予以制衡。一七九三年十二月，國民公會將代表召回巴黎，廢除各地的革命軍。

公共安全委員會承接了人民意志，很多時候，就是遂行影響力最大的成員，也就是羅伯斯比爾的意志。

「我們努力的目標是什麼？」他問公會。「享有自由與平等的平靜日子。民主或民選政府的基礎原則是什麼？換句話說，想要鞏固民主或民選政府、使其能順利運作，要有什麼不可或缺的基本條件？美德，那是我們對出生的這片土地以及其律法的愛。唯有將公共利益擺在特殊利益之上，如此高尚的情操才得以實現。」

他逐漸成為「神人」，所謂的立法家。這號充滿迷人魅力的人物可以經由神祕的方式，與人民的真實靈魂連結，不必透過麻煩的民主機制，就能建立眾所渴望的國家。

一七九四年春天到初夏的這段期間，羅伯斯比爾整頓了法蘭西共和國，將缺乏美德的人澈底清除。

赫貝爾派是下一個整肅目標。二十名成員遭到逮捕，送上革命法庭接受審判，他們被控煽動叛亂。

他們在三月二十四日遭到處決。群眾對他們的態度並沒有比較仁慈。赫貝爾曾嘲笑政敵面對「國家剃刀」（national razor）時的恐懼模樣，如今輪到他被送往斷頭台，途中他就昏厥了好幾次，被架上斷頭台時，他甚至驚慌大叫。行刑官故意在刀片落下、就要碰到脖子時緊急煞車，這套把戲玩了三次，只為了娛樂在場的群眾，最後才終於砍下赫貝爾的頭顱。

幾天後，丹頓面臨同樣的命運。「丹頓聽到『美德』一詞發笑。」羅伯斯比爾說道，「這樣一個對道德感到陌生的人如何捍衛自由？」四月五日，丹頓和志同道合的盟友遭到處決。被抬上斷頭台的路途中，他朝向羅伯斯比爾家裝著百頁遮板的窗戶大聲呼喊：「三個月內就會輪到你。」

無套褲漢在共和國內主掌權力的日子就此結束。他們許多人接受籠絡，進入正式的政治體制，任職於監視委員會，受管於公共安全委員會。此時已沒有多少人有能力帶領及保護巴黎公社，其內部人事經過清洗後，轉型成聽命於中央權力結構的附屬組織。首都的辯論俱樂部相繼歇業，或是由雅各賓俱樂部的分支接掌。中央革命軍解編。

恐怖時期於各地區設立的特殊法庭關閉，所有案件全由巴黎的革命法庭審理。在集中控制的新體制下，殺戮並未停歇。

一七九四年的六月到七月期間，一千五百一十五人在巴黎遭到處決。受害者的社會階級組成有所變化。這段期間死亡的受害者中，約有三八％是貴族，二六％是神職人員，形同社會清洗。

羅伯斯比爾反轉去基督教化的流程，五月七日在國民公會以美德與盧梭的政治理論為題發表演說，至上崇拜教派（Cult of the Supreme Being）自此成立。

他提出在六月八日舉辦慶祝活動，歡慶這種全新而陌生的世俗化宗教崇拜。這個慶典相當適合彰顯立法家的神祕機制，戰神廣場（Champ de Mars）不僅蓋了人造山，還有象徵自由的樹，遊行由公會成員領軍，羅伯斯比爾走在最前方。後來他又發表兩場演說，宣揚他對美德和共和國宗教的理念。

「當主宰對他來說還不夠。」丹頓以前的盟友一邊看著台上的羅伯斯比爾，一邊低聲嘀咕。「他非要成為上帝才會罷休。」

由於策略錯誤，羅伯斯比爾終究還是跌落神壇。在他推波助瀾下產生的各種陰謀論，使社會瀰漫著互相猜疑的氛圍，而且越演越烈，最後大家終於明白，每一個人都有可能成為祭品。

七月二十六日，他向公會的其他成員這麼說：「據我推測，有人密謀顛覆公共自由，反叛的力量形成犯罪聯盟，這些共謀者就藏身於國民公會內部。」

公會代表無不注視著他。這番話的意思，是指他們當中有些人準備大難臨頭。他對著政府底下兩大委員會的其中一個委員會繼續往下說：「保安委員會以及委員會掌控的辦公處室中，都有這個聯盟的共犯。」

接著他更進一步指出，「共和國的敵對陣營與這個委員會裡應外合，聯手對抗公共安全委員會，形同建立兩個政府。這場密謀行動中，公共安全委員會也有成員參與其中。」

就是這些話葬送了他的性命。

他犯了雙重大忌：指控範圍太廣，內容不夠確切。

恐怖時期人心惶惶，即便是公會代表也要擔心自己的職位朝不保夕。但從羅伯斯比爾的言論聽來，任何人都有可能被無故扣上人民公敵的高帽。如今，公會所有成員和兩大委員會深陷危險之中，加上羅伯斯比爾並未指名道姓，導致人人自危。

起初，國民公會雖然感覺受到恐嚇而無比鬱悶，但仍展現服從的態度，開始討論是否公開他的言詞。過程中，一名代表起身發言：「我認為應向法國人民說明，才不會有辱我們的職位。」他表現出來的韌性鼓舞了其他人。另一名代表要求羅伯斯比爾公布他所指控的名單。他一口回絕。現場一陣騷動。

隔天，羅伯斯比爾企圖在公會發表意見，但現場抗議及呼喊「暴君下台」的聲音淹沒了他。他親眼目睹自己的權威蕩然無存。混亂中，一名支持丹頓但沒什麼名氣的代表高聲呼喊：「該下結論了。即刻投票，決定是否逮捕羅伯斯比爾。」

國民公會立即舉辦投票。全體一致同意逮捕羅伯斯比爾。

一七九四年七月二十八日，他和其他支持者遭到處決。接下來的日子裡，法國上演最後一場屠殺，雅各賓黨人和起義公社的成員是這一波暴行的犧牲者。恐怖時期終於落幕。羅伯斯比爾死後不到一個月，恐怖統治的中央集權體系終告解體。

不過，這些事件餘波盪漾，影響深遠。隨後幾年，這些事件仍形塑著人們對個人自由的看法。

在保守人士眼中，個人自由證明了自由的危險之處。一場以自由為核心訴求的革命，最終結束於駭人的腥風血雨。

「個人主義」（individualism）一詞首度出現，但並非什麼歌功頌德的詞彙。在當時，這個詞帶有憎惡的情緒，對開啟恐怖時期的肇因表達反感。

「個人就像影子般一閃即過，大英國協穩定不變。」富有影響力的愛爾蘭保守派人物艾德蒙．柏克（Edmund Burke）如此總結。側重於個人價值，使「基本原則陷入反社會、不文明、無交流的混亂狀態」。

立場強硬、致力宣揚天主教信仰的路易．維洛（Louis Veuillot）同意他的看法。「法國飽受一種禍害所侵擾，這點並非無人知曉。」他說道，「所有人一致贊同，禍害的名字就叫個人主義。」

有一陣子，個體概念的光芒褪盡。自由主義還沒來得及發展茁壯，火苗就已熄滅。不過最重要的是，有一個人明瞭一切事件的深意，能帶領自由主義走出陰霾，重新站穩腳步。他認為，恐怖時期不是因為個人主義太強盛才發生，而是太薄弱。

他的名字是班傑明・康斯坦（Benjamin Constant）。

第4章 康斯坦

班傑明．康斯坦是個狂放不羈的人。他無視自己的結婚狀態，看到女人就想跟人上床。他賭到不省人事，一次又一次地揮霍繼承而來的萬貫財富。認識他的朋友無不對他失望。他在幾乎所有歐洲大城市都要躲躲藏藏，以免與債主、憤怒的人夫、心碎的情人狹路相逢。他用最強烈的言詞譴責政敵，但當他認為對他有利，就會加入對方的陣營，站在同一陣線。他做事容易失控，極度以自我為中心，說謊成性，甚至不惜欺騙。

同時，他也是全世界第一個真正崇尚現代自由主義的人，成就非凡。他在恐怖時期肆虐後的斷垣殘壁中，勾勒出現代自由主義的藍圖。他真正實踐雲遊四海的生活方式，發展出身分認同，可說是全球前幾位的世界主義者。他概述以個人自由為核心的政治理論，並明確表達社會和國家對個人的威脅不相上下。最重要的是，他提出個人即完整政治單位的概念。

他說：「四十年來，我始終在為同一個原則奮鬥：追求萬事萬物的自由，宗教、哲學、文學、工業、政治，無一例外。所謂的自由是指個人的勝利，無論是面對政府嘗試以專制手段統治個人，抑或群體試圖讓少數成為多數的奴隸，個人都必須從中掙脫，獲得勝利。」

康斯坦的出現有點像是現代社會的預演。他彷彿我們的化身，第一次以現代人的完整面貌突然闖進過去的時空，不受地理位置的束縛，獲得真正的解放，但同時也承受著莫大的孤獨，心中渴望著什麼，但無法清楚說出那股慾望。

然而，除了少數學者把康斯坦視為拿破崙時代的一個亮點之外，現在幾乎沒有人會提起他的影響。在他那個時代，他飽受所有人的恥笑，後人在他身上貼上道德淪喪的標籤，直到我們這個世代，他幾乎已被這個世界遺忘。

不過，如果你可以忽略他混亂的生活——災難般的行事誤判、失敗的感情、破碎的人際關係，以及形同自殘、希望渺茫的風流韻事——可以得到一個驚為天人的結論：康斯坦其實是現代數一數二的偉大思想家。

從出生開始，康斯坦就是彷彿實驗一般的存在，全為了證明一套理論。他的父親裘斯特・康斯坦（Juste Constant）是富有但思想奇特的瑞士上校，深信只要完全控制對小孩的教養，就能把小孩塑造成理想的模樣，在他們身上完全體現父母的個人價值觀。

所以，康斯坦的父親一心想把他培養成天才。他從小就學習各種高深的學科，接受歐洲最好的私人教師指導，以成為名符其實的現代文藝復興人（Renaissance man）。

然而，裘斯特的實驗對象並非都這麼好運。一七六一年，他在某個村莊巧遇聰穎的小女孩瑪麗安．馬格寧（Marianne Magnin），繼而綁架了她，付錢給她的父母之後，便請私人教師個別教導她，使她成為完美的情婦。

一七七二年（那年康斯坦四歲，瑪麗安二十歲，裘斯特四十六歲），裘斯特要瑪麗安負責照顧康斯坦。康斯坦的母親去世後，瑪麗安便嫁給裘斯特。一直到三十幾歲，康斯坦才知道瑪麗安的真實身世。在那之前，她曾是他的大姊、私人教師、保母，最後成了繼母。

裘斯特讓康斯坦離開瑞士，出國接受多位私人教師教導，不過就在這個時期，養成實驗戛然而止。這個小男孩的「老師」只是一堆投機者和酒鬼。如果康斯坦是科學實驗，那麼主持實驗的就是能力低落的研究人員。

儘管如此，康斯坦的成長速度驚人。他五歲就學希臘文、拉丁文和數學。七歲時，他就可以讀小說和哲學論文，一讀就是八到十個小時。進入青春期前，他已經頗有小說家的風範。「敬愛的父親大人。」他在十二歲時寫了一封信給裘斯特。「人們都說，父親總是把小孩的作品視為超群卓越的傑作，儘管這些作品只是一堆陳年往事的堆砌，毫無文學造詣可言。為了證明這項傳聞的謬誤，我很榮幸能為您呈獻我的心血，而我確信，雖然我寫了這封信給您，您一定不會覺得內容出色；事實上，您不會有耐心細細閱讀。」

康斯坦長大成人後，個性的基本調性已體現於這封信的字裡行間：思緒精準到位，頭腦清晰，諷刺不留情面，情緒表達流露疏離感，永遠都在試圖取悅情緒管理不佳的父親。

青少年時期的康斯坦很明顯只對兩種社交活動真正感興趣：賭博和女人。他一次又一次被送到陌生的城市讀書，之後很快就發生不光彩的醜聞，於是他開始逃跑，最後總是由父親出手挽救，把他送往其他地方。但到了新的地方，以上這個過程只會從頭再上演一次。

他十三歲就被送往德國的愛爾朗根（Erlangen），在那裡，他打了兩場一對一決鬥、學會賭博、談戀愛，後來袁斯特把他叫回國，接著又將他送往愛丁堡。根據紀錄，他在那裡只讀了笛卡兒的《沉思錄》一本書，並將書捐給思辯社（Speculative Society）圖書館。十八個月後，他在賭桌上積欠太多債務，不得不逃到倫敦。之後他去了布魯塞爾，在那裡認識法國政治人物的妻子瑪麗—夏洛特·約翰諾（Marie-Charlotte Johannot），並與她有染，後來再次逃回瑞士，遇到了英國駐薩丁尼亞王國皇室（Court of Sardinia）大使的夫人。他深深為其著迷，無法自拔，但告白遭拒，後來雖然試圖透過決鬥博取芳心，但對方下令請他離開。

他在巴黎認識繼承了龐大家產的十七歲女子，並向她求婚，期望能藉此還清債務。女子斷然拒絕，所以他將目標轉移到她的母親，同樣也遭到回絕。後來他喝下一小瓶鴉片試圖結束生命，但並未成功。他對此感到無比難堪，因此轉往英國，騎著白馬雲遊四方。

之後，他被送往布倫斯維克公爵宮殿（Court of the Duke of Brunswick）工作，那裡相當於現今的德國北部。抵達後不久，他看見一名女性坐在沙發上哭泣。他走向前詢問她怎麼了，她說沒人愛她，所以他當場向她求婚。他們在隔年完婚，過了一年苦悶不快樂的婚後生活。

很快地，他就開始與其他女人約會。她以婚外情回敬，並開始養動物，最後動物的數量越來越多，共有一百二十隻鳥、三十六隻貓、八隻狗和兩隻松鼠。「我的生活充斥著一群群貓、狗、小鳥和認識不深的朋友。」他在給朋友的信中寫道，「還有她的情人。這些就是陪我過日子的同伴。」

一七九四年九月，在糟蹋了才華及累積了不少失敗的戀情和賭債後，他一頭栽進與潔爾梅娜・德・斯塔爾（Germaine de Staël）的感情。這是他第一次遇到脾氣、才智和性慾都讓他自嘆弗如的對象。

接下來的十八年，這對夫婦的權勢足以力抗拿破崙一世（Napoleon Bonaparte）統治下警察國家的權威，但他們在一起生活並不快樂。儘管這段感情令他心煩意亂，但在一片混亂之中，康斯坦建構起對自我的心理認知，之後他會將此轉化為分析政治的嶄新視角。

斯塔爾是法國財政大臣雅克・內克爾的女兒，路易十六解僱了他，才促使人民占領巴士底監獄。她所受的教育多半來自巴黎熱絡的文學沙龍。小時候，她母親會把她放在腳邊，鼓勵她與人一起討論莎士比亞和盧梭。

她嫁給一名男爵，但他對她的興趣僅止於她的嫁妝，因此她開始追求一場又一場轟轟烈烈的婚外情。她對閱讀、社交和政治的精力永遠耗不盡。旁人對她的觀察是：「她一出現，其他人就只有當觀眾的份。」

那個年代的每一個重大歷史時刻，從三級會議召開到路易十六慘遭處決，斯塔爾都一一見證了。起初，她是支持革命的一方，但看到父親的遭遇——反對發行指券而在巴黎慘遭無套褲漢無情嘲諷——讓她心中的警鈴大響，開始意識到事情不太對勁。隨著革命進入最殘暴的時期，她知道自己必須逃離法國，否則小命不保。她逃往瑞士。

到了瑞士，她建立起歐洲的地下運輸網，協助貴族離開法國，遠走海外。她幫助的對象裡，許多人在前幾年都曾在政治上與她的家族為敵，但現在她付給特務鉅額費用，帶他們潛逃到安全的地方。她發自心底認為，只要有人遭受威脅，不管當事人的社會地位或政治背景，她都應該伸出援手。許多人慕名而來，直到她開始供養一群情人、前任情夫、準愛人、激進分子、貴族、流亡人士和個人特色強烈的文化人，他們在歐洲各地集體移動，在較能接受非傳統生活型態的地區尋找大房子，以防招致別人異樣的眼光。

斯塔爾覺得應該再次移居他處時，向身邊的友人問道：「你有辦法在你家附近找間房子，讓我和納邦（M. de Narbonne）與另一個我曾跟你提過、年紀較小的男人一起搬進去嗎？如果我們有三到四人，有辦法全住在一起嗎？這會在道德和政治上引發世人怎樣的回應？」

他們的生活極致奢侈。斯塔爾在瑞士柯佩（Coppet）居住的別墅中，光是廚房就有十五名僕人，每週的晚宴都有幾十個賓客參加，書房內還經常有戲劇表演可以觀賞。斯塔爾討厭按表操課、井然有序的生活，因此她鼓勵不按牌理出牌。早上十點吃早餐，下午五點吃晚餐，深夜十一點再來頓宵夜，但所有人都不必把這視為固定的作息時間，要是有人過著規律的生活，還會遭到取笑。不論早上或晚上的什麼時刻，斯塔爾會在她想睡的時候，隨意走進任何一間她喜歡的房間。

「完全沒有指示可以遵循。」一名賓客這麼說，「沒人知道要往哪走、在哪裡碰面、在哪裡等候。每個人房間的門都是敞開的。一旦開啟某個話題，就會有人當場坐定，一聊就是好幾個小時。」

她在宴會上認識了康斯坦。他馬上就愛上了她，但她還不確定。「今晚我遇到一個幽默風趣的男人。」她告訴其中一個情人，「長得不是很帥，但講話非常有趣。」

一開始，斯塔爾很抗拒康斯坦對她的愛戀，甚至拒收他每日送來的多封情書，但幾個月後，康斯坦終於逮到一個千載難逢的機會。斯塔爾的情人之一，瑞士伯爵阿道夫．瑞彬（Adolph Ribbing）正好出遠門，加上她對另一個情人馬修．德．蒙莫朗西（Mathieu de Montmorency）的熱情漸退，康斯坦遂使出他唯一懂的招式——假裝心碎欲尋短見——向她展開追求。

換成其他人，看見這種奇特的表現，大概會認定康斯坦充其量是那種不懂得察言觀色的「情緒文盲」，但斯塔爾卻偏偏容易被這種戲劇化的行為打動。她回應男人求愛的方式，是讓自己越陷越深，至今已不只發生過一次。因此，當康斯坦明確表達情愫後，即便她已隱約預見未來的種種隱憂，兩人仍一步步走向彼此。兩個狂熱且自負的靈魂，現在改以對方為中心打轉，準備投入彼此的懷抱。

十八個月來，看著康斯坦每天獻殷勤，以及那刻意表現出來的心碎模樣，斯塔爾的態度終於軟化，他們的情誼也開花結果，發展成戀情。此時，康斯坦已經離婚，但斯塔爾還處於有婚姻的狀態，因此他們寫下愛的宣言，以此滿足彼此對這段關係的渴望。

「我們承諾為彼此獻出一生。」宣言中寫道，「我們將永不分離，未來休戚與共，一起走過往後的日子。」到了十月，她懷上身孕，雖然不可能百分之百確定，但大概是康斯坦的孩子。

恐怖時期結束後過了幾年，法國稍微恢復穩定，康斯坦夫婦才搬回巴黎，在貝克街（Rue du Bac）的瑞典大使館舉辦沙龍。當時的他們並不知道，那段時間只是暴政之間的短暫喘息，那是法國揮別羅伯斯比爾、迎接新統治者拿破崙一世前，一段難得的穩定時光。這位薩丁尼亞王國的將領很快就會抵達法國首都，帶領法國進入新的統治時期。

斯塔爾早就關注拿破崙在遠方的英勇事蹟。拿破崙在埃及歷經了艱困的戰役後來到巴黎，他才剛抵達，斯塔爾就試圖將他拉進自己的交友圈。

不過，他們的首次見面是場災難。在她與父親連袂出席的宴會上，拿破崙只是出於義務提起她的父親，隨後在發表對女性不甚友善的言論之後，就轉向與其他賓客交談，完全無視她的存在。這讓她憤恨不平。

斯塔爾決心要在他的心中留下更深刻的印象，因此去了他也在場的另一場宴會，主動上前攀談，並在他回到屋內後，一路尾隨他來到臥室門口。拿破崙把門關上並上鎖，但她開始敲門，要求進入房間。他說他身上沒穿衣服。「那有什麼關係？」她回道，「天才沒穿衣服還是天才。」

後續發展並不順利。拿破崙覺得受不了斯塔爾，但如果能與內克爾的女兒成為政治盟友，還是有所好處，這是不爭的事實。於是他派弟弟詢問斯塔爾是否願意合作。「重點不在於我要什麼。」她回覆道，「我怎麼想才是關鍵。」這完全就是斯塔爾會說的話——有原則、有膽量、極度自我。聽在拿破崙的耳裡，對方就像是在宣戰。從此以後，這個即將統治法國的男人就相當討厭斯塔爾。

一七九九年，法國發生政變。康斯坦從社會大眾的角度觀察。「我預見接下來的十四年，法國的代議制度將會崩潰。」他在日後寫道，「拿破崙所做的一切，全都只為了提升自己的威望。」

身為第一執政官，拿破崙設立四個治國機關：參議院、立法團、行政法院（Council of State）和法案評議委員會（Tribunate）。表面上，這看起來是自由開明的政府編制，實則不然。這每一個治國支柱都經過精心策劃，對拿破崙的個人意志產生不了多大的抗衡力量。

拿破崙以法國持續不斷爆發戰爭，戰事看似永無止境為理由，在民間設立警察國家的監控機構。報社關閉，剩下的無不極盡阿諛奉承之能事。戰爭成了備受讚頌的好事。反對團體受到監視，執政當局擅自拆閱民眾的私人信件，也安排線人回報大街小巷的談話內容。互相猜疑的氛圍籠罩著巴黎。

對於拿破崙所要建立的政體類型，康斯坦和斯塔爾不抱任何幻想和期望，但與其從體制外抵抗，他們試著從體制內發揮影響力。十二月二十四日，康斯坦在一位友好參議員的提名下，獲任命為評議委員。

不到兩個星期，他就有了「麻煩製造者」的稱號。一八〇〇年一月四日，拿破崙在報導中使用強烈的字眼，告誡新上任的評議委員別在他統治下的穩定環境中衍生事端，徒增波瀾。

他的意圖很清楚。隔天，評議委員會收到提案，政府打算對辯論設下武斷的時間限制。放大格局來看，這麼做是要約束委員會，使其無法仔細檢視政府的施政，予以制衡。

斯塔爾和康斯坦寫了一份講稿痛斥這項措施。當晚，他們在家中舉辦盛大的招待會。賓客有了醉意、開始閒聊之際，康斯坦夫婦討論起他們的計畫。康斯坦提醒她：「今晚，每個房間滿滿的都是妳喜歡、為妳帶來歡笑的人。要是我明天發表那篇稿子，這些人都會離妳而去。」

斯塔爾聳聳肩。「人必須要堅持自己的信念。」她回答。

隔天早上，康斯坦在評議委員會大力抨擊提案內容，拒絕對法案的評估工作設下時限，警告這有可能帶來專制統治的危險，並堅持即使是諮詢單位也應擁有要求政府負責的權利。這場演說馬上獲得回應。他和斯塔爾隨即名列黑名單。「原本很多、很多人預計來我家吃晚餐，最後只來了兩個。」他寫道。

親政府的報社撰文猛烈回擊，大加撻伐康斯坦夫婦，尤其是斯塔爾。「這個女人談論形上學，但她根本不懂。」某份報紙寫道，「談論道德，但她並未以身作則；談論女性的美德，但她本身就已缺乏。」

拿破崙的回應比較簡單。「這些知識分子就像我衣物裡的害蟲。」他接著說，「我會抖掉這些害蟲。」警察局長把斯塔爾叫來，語氣堅定地要她到鄉下生活一陣子。一段時間後，她安全回到巴黎，但再次被迫流亡。

康斯坦持續任職於評議委員會，每天與逐漸走向專制的各種法案對抗。他高談闊論，修辭令人慷慨激昂，但大部分時候，他的工作就像打壕溝戰，必須逐行反駁法案內容，嚴格審視那些規定籠統而能賦予政府龐大權力的法令。

他在給伯父的信中寫道：「無論人生怎麼發展，我們必須堅決捍衛自由到最後一刻。為人處事對得起良知，唯有如此，才能在遭致無法預料的世事時，不至於遭到吞噬。」

無比勇敢的奮戰精神，只可惜注定要失敗。一八〇二年一月，拿破崙把他和其他麻煩的委員從法案評議委員會中除名。

康斯坦看著拿破崙政權日漸走向獨裁，時時記下個人看法。幾年後，他終於在安全無虞的情況下，以小冊子的形式發表了這些隨筆紀錄，題名為《論征服的精神和僭主政治及其與歐洲文明的關係》（*The Spirit of Conquest and Usurpation and Their Relation to European Civilisation*）。

這本書直接明指軍事領導的本質，正確點出這樣的政體將無可避免地淪落為日後所謂的極權主義（totalitarianism），可說是準到恐怖的預言之作。甚至在還沒出現之前，康斯坦就已發現、分類及解釋自由主義日後的敵人。

問題的核心在於戰爭本身。當目的是要保護國家免受侵害時，訴諸軍事無可厚非；但只要是以征服國外領土為出發點，如同拿破崙統治下的法國，軍事就是有毒的工具。理應保護的制度和自由，都會受到腐蝕。

拿破崙這類領導者無可迴避的問題，是社會大眾並不想追求戰場上的榮耀，尤其當他們的財富和子女的性命可能成為代價時，更是如此。因此，領導者必須羅織一連串的謊言，以鞏固社會的支持，而骨子裡深藏敵意的軍事計畫，也得偽裝成出於自我防衛的必要行動。於是，侵略他國的戰爭變成「國家安全」議題。

想要控制輿論對軍事擴張的看法，勢必得先澈底倒轉真相。「官方必須掌控社會大眾對這項行動的理解。」康斯坦下了這個結論。「所有邏輯都必須拋棄。」

語言起先會遭到曲解，以達到政治宣傳的目的，但最後會澈底翻轉，原本的詞彙換上完全相反的語意。「所有字詞都會失去原意。」他說道，「『溫和』預告著行使暴力，『正義』等於宣告必將不公不義。」

將近一百五十年後，隨著更多專制的警察國家崛起，英國記者喬治．歐威爾（George Orwell）不約而同點出上述變化。不過，康斯坦才是發現軍事體制刻意扭曲語言的第一人。不願相信將領的謊言，或至少假裝買單但實則嗤之以鼻，這樣的人都會招來棍棒伺候，進而屈服。極權政府的手會伸進普羅大眾的日常生活。「詭辯無法收服的對象，就必須動用脅迫的強制手段來達成目的。」康斯坦指出，「於是我們可以看到，間諜和告密者形成一股持續存在的勢力，除了受到鼓勵，更獲得獎賞；父親因子女犯錯而遭受懲罰，子女的利益與父親脫勾。」而這一切最嚴重的，是人類的多元特性遭受可怕的威脅，在壓力下趨於一致。所有人民被迫對政治、宗教、愛國精神和生活方式抱持一致的看法。大獨裁者單一、片面的形象，使人民忘卻人類生活其實可以有無窮多種可能。

「最重要的是，統一性是現今的顯學。」康斯坦提出警告，「實在很可惜，沒有人可以拆掉城鎮的房子，依照同一份藍圖重新建造，並且把山剷平，讓所到之處的景象可以一模一樣；讓我感到意外的是，居民尚未接獲命令，被迫穿上相同的服裝，讓主人不再看見沒有規律的混合穿搭或任何嚇人的變化。」

康斯坦的這番話使我們聯想到超過一百年之後，時序邁入二十世紀後的恐怖景象，到時，個人將會完全沒入群體內。「多樣性是有機體，統一性是物理機制。多樣性有生命，統一性則通往死亡。」他寫道。

不過戰爭有個替代方案，就是貿易。

康斯坦轉而將心力投入啟發美國革命派的國際貿易。他深信，這必定能取代一個崇尚征戰的時代。這是確保達成同一目標——取得資源——的和平途徑。他的結論是：「在合意的前提下試圖取得不再能動用暴力取得的事物，就是商業。」

儘管康斯坦和斯塔爾還能團結抵抗拿破崙，但他們的感情逐漸疏離淡薄。從一開始，不管是在社交或兩人關係中，康斯坦始終是較弱勢的一方。如今，既然當初迷戀斯塔爾的歡快感受已逐漸消退，這段關係也就開始使人煩躁。

斯塔爾又開始熱衷於婚外情。她時常帶男人回來，入住她打造的非典型家園，在這個社交園地中過著形同包養的生活。

康斯坦對此感到疲累。他就快要四十歲，激情的火花已開始閃爍，忽隱忽現。他渴望舒服自在的生活和安全感，揮別特立獨行的藝文界，以及他們戲劇化的生活型態。

「我感覺孤立無援，但那不是獨立。」他寫道，「我完全附屬於她，沒有與她平起平坐的感覺。我看著最後幾年的年少歲月悄悄流逝，心中不僅沒有一絲獨處的平靜，也未從法律認可的結合關係中嚐到情感的甜蜜。」

巴黎的政治圈中，感情生活是娛樂和優越感的來源。報社嘲笑康斯坦是斯塔爾的傀儡，上流社會認為他們的生活方式有違道德，他的家族更是以此為恥，尤其是他的生活支出似乎都是由她資助，最讓他的家人感到羞愧。

他們的關係惡化到無以復加。「糟糕的情況，可怕，荒唐。」一八〇七年某天，他在歷經一場爭吵後，於日記中寫下心情，對於吵架的來龍去脈並未多加著墨。「講了很惡劣的話。她很生氣，我也很生氣。會怎麼結束呢？」

不久之後，他寫下：「持續到凌晨三點的恐怖情景。我不喜歡在別人的要求下做愛，儘管這段感情過了十年，我們都即將四十歲。」

他最後決定必須逃離這段關係。他要離開斯塔爾，找個合適的對象結婚。「我要在今年冬天完婚。」他下定決心。「要是我想在合理的時間上床睡覺，很顯然地，結婚就是必要選擇。」

但他的策略有個問題。康斯坦永遠無法維持對某人的感覺。他的戀愛過程總是循著相同的模式發展，週而復始，令人絕望。他一開始會瘋狂愛上對方，不顧一切地追求，等到雙方感情穩定下來，他便失去所有興致。他對斯塔爾的愛尤其強烈，但這個現象同樣發生了，只是延遲了幾年。

友人依莎貝爾・德・夏利耶（Isabelle de Charriere）曾告訴他：「我發現，一旦你向對方坦白你對她的感覺，自此以後，那份感覺就會慢慢流逝。」

經過幾場戀愛，康斯坦終於與他覺得適合當妻子的對象穩定了下來。夏洛特・馮・哈登堡（Charlotte von Hardenberg）與他早已認識，即便結婚也從未停止愛他。一八〇六年十月造訪巴黎期間，她寫信給他最後一次機會：「不敢相信你這麼冷淡，不過我有信心能向你證明。我一個人來到這裡，杜．鐵特先生（Monsieur Du Tertre）以為我還在德國。他月底才回來。」康斯坦馬上赴約。

康斯坦與夏洛特的婚外情持續了兩年，最後他們在一八〇八年六月，於巴塞爾（Basel）採取新教的儀式祕密完婚。康斯坦告訴新任妻子，他會立刻告知斯塔爾這個消息，最終結束與她的關係。

他的確告知了，但並未離婚。事實上，他就這樣消失了一段時間。夏洛特下次再見到他是六個月後。他的人生持續與斯塔爾糾纏不清。

這段令人同情的關係持續了三年。「綜觀歷史上人性的各種弱點，大概沒有人譜寫出像他們這樣的故事。」後來康斯坦的傳記作者威廉．霍爾漢（William Holdheim）寫道。康斯坦和斯塔爾同住，有機會逃出家門時，他就去見夏洛特。他把妻子變成情婦，情婦變成妻子。

康斯坦與斯塔爾的婚姻總算在一八一一年春天落幕，原因並非康斯坦做了什麼（他到最後一刻依然膽怯懦弱、優柔寡斷），而是斯塔爾終於遇到一個不願與其他情敵共享她的情人。他的名字是約翰．羅卡（John Rocca），這名二十三歲來自日內瓦的英俊士兵在西班牙的戰場上受傷，在療養期間認識了斯塔爾。他對斯塔爾與其他人高談闊論的學問完全不感興趣。「他不善言辭。」斯塔爾這麼說。他對康斯坦開始心生反感，決意與他來場決鬥。康斯坦鎮定地接受挑戰，並上樓開始寫遺書。他對決鬥相當擅長，但面對年紀只有他一半的軍人，他毫無勝算。直到斯塔爾介入並要求羅卡承諾不殺死康斯坦，他才逃過一劫。

既然顏面無光，「男主人」也不歡迎他，康斯坦終於和斯塔爾分道揚鑣，與夏洛特去了德國。他們毫不在意他人眼光的羅曼史就此落幕。不到一年，他就對新的妻子感到厭煩。儘管他之後依然不斷搞婚外情，也嫖妓過無數次，但不管如何，他們在剩餘的日子裡從未分開。

感情關係在政治思想史中占了一席之地，著實是奇怪的現象，尤其是康斯坦和斯塔爾這般不健康、不成熟的羅曼史。但在他試圖處理兩性關係的時候，有件事發生了。如同奇怪的魔法一般，他概括承受流亡的辛勞、社會大眾對他的輕蔑嘲笑，以及他情緒中相互矛盾的各種衝動，加以消化後，將這一切轉化為新的產物：一種新的政治單位，稱為「個體」（individual）。

康斯坦首度嘗試描述這種政治單位，是在一本名為《阿道夫》（*Adolphe*）的小說中。這是他唯一完成的虛構作品。其實，這麼形容並不貼切，因為書中的內容並非虛構。他的真實人生占了很大的篇幅。

主人翁阿道夫就是康斯坦本人。他並未真的想要隱藏這個事實。「我看過的自白作品中，」他的一名友人寫道，「沒有比這更準確描繪自己的了。」

小說情節很簡單。在墨守成規的沉悶社會中，年輕的阿道夫發現自己無法符合世人的期望，感覺格格不入。整個社會死氣沉沉，隨時試圖透過社交的獎勵和懲罰，把每一個人塑造成同一個模樣。走到哪裡，都有人妄自評判其他人與眾不同的生活方式。

阿道夫抵抗社會的期許，但同時他也知道，未能獲得社會的認同，會使他的家人受到傷害、扼殺他自己的人際關係，並且限制他的人生發展。最後，他遇見了艾樂諾（Ellenore），她是某位有婦之夫的情婦。

艾樂諾接受阿道夫的追求後，這段關係便開始變調。「我們盡情愛撫，訴說對彼此的愛意。」阿道夫說道，「但我們談情說愛，是因為我們害怕聊起其他事。」她的迷戀讓他感到窒息。小說進入結尾，她終於認清他不再愛她，於是意志消沉，而後死去。

她一過世，阿道夫便明瞭自己失去了什麼。「我發自內心渴求留住那份依靠，那是我以前時常厭惡的狀態。」他呼喊道，「我已失去我在這世界的唯一歸屬。」

小說反映了康斯坦的人生。主人翁和他一樣，不受國家認同所束縛。他到歐洲各國接受教育，成年後則因為政治流亡或追逐愛情，而持續往來不同國家，如同他周旋於斯塔爾和夏洛特之間，來去不定。對他而言，出國彷彿是從一座城市去到另一座城市。他是居無定所的世界主義者，而且名符其實。

「厭惡自己的國家，一向是我引以為傲的事情。」康斯坦寫道。他身邊許多親近的友人都抱持同樣的觀點。某個好朋友曾對他說：「我們在一起的時候，你我都不屬於任何一國。」

《阿道夫》中的角色過著相同的生活。他們在不同國家頻繁來去，但書中幾乎不描述他們所到之處的鄉村風情或文化。他們不擁護任何特定的地點或文化，或甚至說沒有投射太多的感情。

康斯坦與斯塔爾的奇特關係、他們異乎尋常的生活模式，以及社會對包養的污名化，使他承受無數親朋好友的批判。他漸漸習慣將社會視為威脅，一股無所不在的力量時時要將所有人形塑成統一的樣貌，擁有相同的習慣和慾望。

最後一點，他自己的內心充滿不確定感。閱讀《阿道夫》就像沉入水底。這是幽閉恐懼般的體驗，讀者可以感受得到康斯坦無止境的懷疑自我，體會他不確定自己想要什麼、為何而活的困境。

康斯坦在渴望和反感、愛與怨之間搖擺不定，一方面渴求歸屬感，但同時也希望獨立自主。簡單來說，他不清楚自己要什麼。於是他檢視自己過度專注於自我的探尋行為，轉化成富有政治意涵的體悟，得出一個重要的想法。如果連他都不確定什麼對他有益，社會也不會知道。要是這樣，社會沒有權利告訴他應該怎麼去過一生。

這些想法並非史上首見。認為人難以捉摸、思想善變，是常見於法國文學的傳統題材。英國和德國的浪漫主義運動探討個人主義，開始化為政治論述的養分。但康斯坦的做法有點不同。他高舉懷疑的火炬（由笛卡兒點燃，再由清教徒和彌爾頓分別帶入宗教和世俗領域），將懷疑的心態推進到新的階段，而且大概比其他人還要極端，那就是個體的私人生活。

一八一二年，拿破崙在俄羅斯踢到鐵板。他成功拿下莫斯科，雖然敵人潰不成軍，但自己的軍隊也飢寒交迫，不得不向更嚴峻的逆境低頭。法軍向西邊撤退，在看不見盡頭的冰雪和淤泥中長途跋涉，最後走向分崩離析的命運。

康斯坦預期法國即將重回君主制，但他覺得，如果他能發揮影響力，法國可以效法英國走上君主立憲制，保障個人自由。他開始物色可能成功的人選，但他挑選政治人物的眼光，並沒有比他賭博的功力好太多。

最後，他把希望寄託在瑞典王儲尚・貝爾納多（Jean Bernadotte）身上。然而，在他著手布局之後，局勢很明顯地顯示他押錯了寶。路易十八（路易十六的弟弟）在一八一四年四月宣布即位，康斯坦則被澈底冷落。

一年後，拿破崙逃離形同海上監獄的艾爾巴島（Elba），躲過英國的巡邏兵力，於法國東南部的弗雷瑞斯（Fréjus）落腳。這次，康斯坦的態度出現一百八十度的轉變，改為支持法國國王。這是另一個不智的決定。

這位前皇帝的勝利完全可以預期，但康斯坦仍毫不留情地譴責他。康斯坦寫的攻訐文章在一八一五年三月十一日發表，當時拿破崙已蓄勢待發，準備奪回政權。隨後，拿破崙成功重返法國，康斯坦則不得不選擇低調藏匿。

他想過要逃亡，但最後決定放膽一搏回到首都，並安排與拿破崙的哥哥約瑟夫（Joseph）見面，試圖說服他，縱使他們多年來立場不同，但成為盟友或許可以為雙方帶來好處。令人難以置信的是，儘管康斯坦先前大肆批評過拿破崙，但拿破崙不只原諒了他，更邀請他撰寫法國的新憲法。

幾乎無法想像他們見面時談了什麼，康斯坦的錯誤判斷才能快速又有效率地蛻變成優勢。「如果我們把康斯坦視為一般的機會主義者，就會錯失他人生故事中最值得關注的精華。康斯坦是史上超群絕倫的機會主義者之一，他的獨特地位源自於此。」傳記作者哈羅德·尼科爾森（Harold Nicolson）對康斯坦下了這樣的總結。

當時新聞界的反應較不友善。業界覺得康斯坦是可憐又可笑的偽君子，他公開發表的言論不代表什麼，因為他隔天可能就會改口。這樣的看法完全合情合理，畢竟康斯坦的政治立場變得跟風一樣快，不過對於他的行為，這樣的評價終究還是稍嫌膚淺。

他當然不在意政治組織、政治領導者或政府體制。從君主制、拿破崙統治到共和制，他都曾在不同時期分別支持過。這些只是他進一步體現政治哲學的載體而已，他從成年之後，崇尚的哲學便從未改變。他身體力行自由主義原則，從來沒在任何情況下捨棄自己的理想。不管身處哪種體制，他都挺身呼籲要對權力有所制衡，同時強化個人自由，而這時常為他帶來人身危險。

值得注目的是，淡出政壇幾年後，他似乎突然在以前政治立場不同的群眾中找到願意支持他的人。拿破崙想把自己重新塑造成開明統治者的形象。「人到了四十五歲肯定與三十歲時有所不同。」這位前皇帝說道，「和平的君主立憲或許會很適合我。」

康斯坦起草的憲法，俗稱「班傑明版」（le benjamin），在實務中導入自由主義理論，保障出版和宗教自由、個人權利、民選議會、獨立司法，並對徵兵制度設下限制。拿破崙對此版本厭惡至極。

康斯坦恍然大悟，「那不是他要的自由。」事實上也是如此。兩人持續為了這份文件爭論不休，直到康斯坦再度發現自己又一次選錯了邊。重新掌權幾個月後，拿破崙在滑鐵盧（Waterloo）吞了敗仗，政權遭推翻。

「無恥之徒。」康斯坦這麼稱呼那些圍繞在拿破崙身邊的政敵。「他踐踏自由的時候，他們狂獻殷勤；等到他要保障自由了，他們卻棄他而去。」當權短短一百天，拿破崙就正式退位。現在康斯坦惹上麻煩了。他在拿破崙的盟友名單上，眼看著路易十八即將復位，他很有可能必須流亡。然而，他再一次驚險地反敗為勝。

康斯坦沒有選擇逃亡，而是靜下心來撰寫回憶錄，為自己辯護，聲稱他的所作所為只是出於現實考量，試圖保護法國免於不可避免的專制統治。國王讀了之後露出笑容，親自把康斯坦的名字從流放名單中刪除。

「你似乎成功說服國王了。」一位友人通知他。

「不意外。」康斯坦回答，「連我自己幾乎都要相信了。」

「班傑明版」憲法沒有受到採納，但那段時間並未白白浪費。康斯坦試著為國家擬定治理架構，從中獲得重要經驗。現在，他有能力將過去談論個體不確定性的精采作品，與政治憲法的實際履行過程相互統合。

最後他完成《普世政府之政治學原則》（*Principles of Politics Applicable to All Governments*）一書，首先將現代的自由主義思想正式整理成有條理的政治綱領。

康斯坦將「個體」的概念深植於政治哲學的核心。這裡所謂的個體，與《阿道夫》一書中內心備受折磨的主角有著難以言喻的相似輪廓，換句話說，基本上就是他的寫照。他們在社會中飄泊，沒有歸屬感，眾多慾望和需求都只滿足了一半。他們不受絕大多數人的影響，社會上對於家庭生活和道德的想法普遍具有主觀的批判色彩，使他們的自由受到威脅。他們不應該被迫去做其他人認為最有益的選擇。畢竟，沒人真正知道怎麼做最好。

對康斯坦而言，個體就像一道光，他可以將這道光投射到任何地方，從而揭示出事物真正的道德形態。他照亮的第一件事，正是自由主義萌發初期所發生的事件。

他可以清清楚楚地寫下英國內戰的來龍去脈。「我們可以看見英國人用自己的雙手打破頑固的王權，歷經二十年的流血抗爭，建立起共和體制，接著馬上在克倫威爾的帶領下，齊心對抗剛成立的共和政體，但隨後反而將國家帶向更恥辱的專制統治，壓迫的程度甚至不亞於他們先前憑藉勇氣才掙脫的禁錮。」他說。

他明瞭恐怖時期發生大屠殺的原因，也清楚這些事件何以發生。

破壞舊權威結構使社會陷入無政府狀態，並非問題所在。責任歸屬於完全不同的方向。盧梭和他的普遍意志理論才是罪魁禍首。

康斯坦領悟到，「盧梭和最擁護自由的作家所犯的錯，起因於他們政治思想的形成方式。他們見識過歷史上少數人掌握龐大的權力，甚至一人獨攬大權，造成無以計數的傷害。但是，他們的憤怒是針對掌權者，而非權力本身。」

他繼續寫道：「與其直接摧毀，他們只幻想著重新分配權力。那是一場永不止歇的瘟疫，但他們誤以為是值得征服的挑戰，並且把整個社會都賠了進去。不可避免地，權力自此下放給普羅大眾，再從普羅大眾回到少數人手中。」

接著，整個「人民」的概念受到質疑。沒有所謂人民的意志，在這之前也從來沒有。只有個體多元不一的意志，且即便是個人也難以清楚而一致地表述其內涵。任何宣稱代表人民意志的政治運動，最終總是落入單一領導者主宰及濫用權力的結局，不管是克倫威爾、羅伯斯比爾或後來的政治人物，皆是實證。他們會聲稱自己代表這個虛構的集體意志，召喚龐大的權力，然後將其用來滿足自身的利益。

如同平等派和美國革命人士所聲稱，人民的確是國家的主人。不過，一旦掌權者的權力獲得認同，同時也必須受到限制。每個人不可剝奪的權利必須獲得保障——奧佛頓首先提出這個概念，而後正式寫入《人權宣言》——以防國家、教會和社會的干預。

「人類的存在，有一部分勢必得維持獨立的個體狀態，其權利不受所有政治權力所侵擾。」

康斯坦寫道。

於是，保障個人保有隱私的權利（自由生活不受他人干涉）成了推動政治工程的核心。康斯坦不僅設法保護個人的權利，更要讓個人權利成為所有政治討論的起點。不管有什麼因素企圖干涉個人權利，都得仔細確認理由是否正當。

「統治權有其極限，只能以相對的方式存在。」他寫道，「這種統治權的管轄範圍，僅止於個人的獨立地位奠定之前。如果社會踰越這條界線，就如同暴君只能揮舞凶殘的利刃，鞏固殘暴統治的政權。」

他繼續闡述：「任何一種政府一旦跨過正當統治的界線，對個人生活形成威脅，這樣的權威究竟是以什麼為基礎，已經不重要。即便整個國家的人都支持，唯獨受壓迫的個人反對，其統治的正當性仍不復存在。」

不只是國家的權力必須受到限制，任何一個可能窺探別人家窗戶、偷窺別人在做什麼的人，都應該受到約束。祕密警察、愛管閒事者，以及愛打聽消息的鄰居，都是同一問題的不同變體。

這是多數暴政（tyranny of the majority）。除非有所限制，否則生活方式不一樣的人就會受害。有時，這些人可能是少數宗教的信徒，可能是政治派系。大多數時候，他們擁有自由思想，敢於作夢，特立獨行——這些人無法、也不會符合普世的社會標準。

「捍衛少數人的權利，等於是在捍衛所有人的權利。」康斯坦說道，「每個人難免會有淪為少數的時候。整個社會可以劃分為許多少數族群，隨時都有族群受到壓迫。每個族群都有可能落入孤立的窘境，遭受傷害，之後經過奇特的轉變，再次成為重要整體的一部分，而交換的代價，就是另一個少數族群慘遭犧牲。賦予多數無限的權力，等同是放任全體人民恣意宰殺少數族群。」

藉由將政治思想奠基於個人之上，康斯坦找到一個可以保護所有人的普世政治綱領。保障個人的權利就能保障所有人的權利。這就是個人主義的美好所在：這是通往普遍主義（universalism）唯一的真實途徑。

康斯坦得出以下結論：「如果有人認為這些準則充滿危險，就任由他去追尋完全相反的制度，享受羅伯斯比爾帶來的恐怖氛圍和卡里古拉（Caligula）的欺壓吧。」

這是一部精采卓越的作品，將自由主義思想的力度和成熟度一下子大幅提升。接著，康斯坦引入新的元素，事後證明，這會是日後自由主義內部拉扯的決定性要素。他重新把財產的議題拿出來探討。

受惠於經濟學研究的長足進展，他的做法遠比之前的思想家更為細膩，而促成經濟學領域大躍進的重要人物，就是來自蘇格蘭的亞當·史密斯（Adam Smith）。有了他的貢獻，康斯坦得以發展新的論述，說明自由在物質世界的面貌。

史密斯在一七二三年出生於柯科迪（Kirkcaldy）。他在愛丁堡和格拉斯哥（Glasgow）的大學任教，一生相當順遂平淡。不過，他對知識領域的貢獻良多，無疑是思想史上的先驅。他在一七七六年發表《國富論》（*An Inquiry into the Nature and Causes of the Wealth of Nations*），為現代經濟學奠定基礎。

世人對這本書關於人性的描述，得出比史密斯的本意遠遠更為粗糙、更為悲觀的解讀。他的另一本重要著作《道德情操論》（*The Theory of Moral Sentiments*）提供更寬廣的視野，在他筆下，人類有能力實踐所有無私的善心之舉。但人類的經濟行為（《國富論》的基礎）就不一樣了。市場上人與人的關係並非奠基於同情共感（fellow-feeling）或利他主義，而是自身利益。

「人幾乎隨時隨地都需要靠他人幫忙。」史密斯寫道，「但期望別人每次都能施予恩惠，友善協助，肯定行不通。如果能激發別人的利己之心，讓別人的利己之舉能為自己帶來好處，同時證明這麼做對該『善心人士』也有利，就會比較容易達成目的。不管是誰要與他人做買賣，務必要這樣表明來意。把我需要的東西給我，你就能獲得你要的，這就是交易共通的意涵。」

他繼續寫道：「我們能如期取得晚餐的食材，不是仰賴屠夫、烘焙師或釀酒師傅施捨，而是出於他們對利益的追求。我們能滿足生活所需，不是訴諸別人的人道情懷，而是這對他們有利。」

這種利己精神造就了獨特的動態力量，稱為供給和需求。

這不是新想法。比他更早一千多年的坦米爾文（Tamil）聖典《蒂魯古拉爾》（*Tirukkural*）

就已提到類似的概念。洛克也曾描述相似的機制，幾個世紀以來的無數商賈大概早已發現這件事，只是沒有特地寫成經濟理論。但史密斯以更進階、更容易理解的方式清楚陳述了這個現象。

他指出價格有兩種：自然價格和市場價格。自然價格是產品所有成本的總和，例如地租和工資；市場價格則是產品最終的售價，可能少於、等於或高於自然價格，取決於有多少人想買產品，以及有多少產品可賣，前者稱為需求，後者稱為供給。

要是很多人想買某種少量生產的商品，他們會願意多付點錢，導致產品價格升高。其他生產者看見產品有利可圖，就會跟進製造。最後供給量增加，價格就會下降。相反地，如果只有少數顧客想買某種商品，生產者會因為獲利不多而停止製造，終至供給減少致使價格上升。

透過這種價格機制，人們可以得知與稀少性和人性慾望相關的所有重要資料。換句話說，生產過程突然變得更有效率。追求獲利的動機促使商人追求更便宜的生產方式、壓低成本，並盡可能擴大全國產能。

重要的是，這一切並非出於刻意規劃，而是出自人們追求一己利益而自然發生的結果。如同史密斯在經濟學上最知名的比喻所指，每個人都「受一隻看不見的手所牽引，盡力去達成一個並非其本意想追求的目的」。

如果人們出於本能的經濟行為自然而然地形成這個機制，該機制的運作效率會達到高峰。只要公權力一介入，整個機制就會出現不必要的阻礙，使運作受到影響。任由這個機制自然運作，是對所有人最好的做法，也就是說，政府不能出手干涉。

史密斯表示，國家應該只具備三種義務。第一是國防。國家必須保護人民不受「其他獨立社會的暴力對待和侵略」。第二是正義。國家必須「盡可能保護社會每一分子，使其不受他人欺侮或壓迫」。

第三種義務最有意思。這項義務涉及興建及維護「任何人或少數人永遠不會有意願建造或維護的公共工程和特定公共機關」。換句話說，納稅人應出手資助市場機制無法做到的事，例如建造馬路和學校。

他指出：「國家可在每個教區或行政區興建小型學校，孩子上學只需支付些許費用，甚至連一般勞工都負擔得起；教師只有部分（並非全部）報酬是由國家負擔。」

史密斯和洛克一樣，都是為現代社會奠定基礎架構的偉大思想家。日後幾乎所有經濟學派都信奉他的理論，但主張與他最相近的人，通常都會忽略他思想中這個有關公共建設的最後一塊拼圖，反而是最低限度國家（minimal state）的理念——國家只關注國防和仲裁——在最景仰他的那一群人之中廣獲支持。

然而，史密斯極度擔憂政府浪費公帑。即使相較於現今，當時的國債有如小巫見大巫，但他認為，政府債務會「成為歐洲所有大國的沉重負擔，長期下來甚至可能壓垮國家」。

債務會累積越來越多，勢必要有更多稅收才能抵消。「一旦國債累積到某個程度，我相信幾乎沒有任何國家會去處理大部分的債務或完全還清。」

因此，國家必須設法平衡預算。個人在財務上的基本要求和國家財政無異。「在私人家庭中顯得慎重的做法，即便放大到國家的規模，也鮮少顯得愚昧。」史密斯表示。

這個概念演變成經濟領域中有如神聖戒律的崇高原則，深植於後人心中，不管哪個時代，無論哪種政治立場，總是備受遵從。

《國富論》解釋了資本主義，賦予這個基於獲利而生的生產體制正當的存在理由，而資本主義就像手套一般，與自由主義緊密契合。

似乎所有特點都符合了。資本主義始於個人，整體運作奠基於一個假設，亦即沒人有權指使個人，沒有國王、沒有貴族、沒有規劃委員會有權利干涉。每個人都是為了更好的生活條件而工作，在自由無礙的前提下，透過市場買賣喜歡的商品。這種活動促進競爭，從而提升效率，進一步在社會中創造更多物質財富。

在自由主義中，一個全新的強大概念應運而生：市場均衡（market equilibrium）。這個概念指出，國家不介入干涉，經濟才能以最好的狀態運作。洛克崇尚勞動的價值，認為勞動可以創造更富足的社會，其實已顯現上述概念的影子。但在史密斯的闡述中，這個概念遠遠更切合實際，更符合直覺。

直到當時，自由主義捍衛個人財產的立場，大多奠基於人民的財產權屬於個人基本權利的一部分。法國大革命後，這個概念似乎獲得前所未見的迴響。畢竟，政府開始沒收教會土地，就不願配合的神職人員而言，其個人權利已然開始受到打壓。瘋狂的恐怖時期恰好就是最高限價開始實施的時候。不過，史密斯「看不見的手」的概念導入了第二個論述。國家只要干預財產權，等於在削減市場的效率，減少社會每位成員的財富。

《國富論》問世幾十年後，康斯坦已接受國家可以有權干預個人財產的概念。他指出，「社會有權介入個人財產，但這種權利絕對不適用於任何人的自由、生命和意見。」儘管如此，他還是認為，社會最好完全不干涉個人財產。

他深信，政府試圖干涉個人財產絕對弊大於利。有些政府轉而採取「累進稅制、強迫借貸和富人稅」，但他認為「從經驗來看，這些措施一向遭受嚴重非議，產生的實際效果和風險幾乎不證自明」。

只要任其自然發展，財產能解決人們希望透過人為干涉來紓緩的所有不公不義。財產會流動。財產的主人會不斷改變，完全不必有人刻意介入安排。

康斯坦指出，「如果財產永遠留在同一群人手中，永不流動，會是極度不恰當的制度。如此會將人類分為兩個群體，這並非財產的本質。儘管財產所有者希望永遠持有財產，但財產往往會不斷易主。」

因此，政府的職責便是不介入干涉。「想要讓越多人擁有財產，廢除所有阻礙個人取得財產的法律，就是最簡單、最理所當然的手段。」康斯坦斷言。

稅收要保持在絕對低點，維持在足以確保國家內部和外部安全的水準即可。「將稅收盡量減少到最低，自然能符合任何國家的利益。」他表示。基本上，他也認同史密斯對於國債的看法，認為國債「在道德和政治層面都是不幸的事」。

這番論述一出，康斯坦成了史上率先從「自由放任」（laissez-faire）角度闡釋自由主義的代表。所謂自由放任，大致可理解為「讓一切自然發展」（let things be）。

乍看之下，這種說法似乎相當有說服力。康斯坦寫作的當下，工業革命正在將英國往前推進，使其大幅脫離康斯坦和其他人不樂見的政府管制。如同史密斯所堅稱，生產活動正在蓬勃發展。

但若更深入一點去看，會發現人類為此付出沉痛的代價。工作條件惡劣不堪。有些機器為了讓小孩可以操作，而刻意設計得異常矮小。紡織工人吸入太多灰塵而死於肺病。貧窮人家必須十五到二十人擠在同一個房間睡覺，共用一間廁所。曼徹斯特（Manchester）貧窮地區的人民平均壽命只有十七歲。

如果生產活動增加真能促進財產流動，這個過程也是相當緩慢。事實上，英國和法國社會依然嚴重貧富不均。儘管康斯坦警告有些問題可能會「將人類分為兩個群體」，但其實他早就依據有無財產，將社會一分為二。

有財產的人擁有閒暇時間，因此時常俗稱為「有閒階級」（leisured class）。財產讓他們有時間思考政治、欣賞藝術、嘗試不同生活方式。沒有財產的人辛勤工作，無暇關心這些事情。

在康斯坦和斯塔爾的廚房中工作的十五名僕人就體現了這樣的區別。當有閒階級的賓客在樓上談論政治，他們在樓下忙碌。這些僕人多想擺脫社會成規，縱橫整個歐洲尋找真愛，順從他們真正的渴望。問題是，他們負擔不了這樣的生活。他們也想保有個人隱私，但當全家人同睡在一張床上，早就顧不了什麼隱私。當一週必須工作八十到一百小時，實在很難察覺及保護個體性。

「只有財產可以保障有閒階級的這種生活型態。」康斯坦總結道，「只有財產可以讓人有餘力行使政治權利，只有擁有財產的人才是公民。若要以人生而平等的主張予以反駁，等於是站在一個與社會現況不符的假設之上，蒼白無力地談論道理。」他相信，這種情況會無止境地持續下去，而且他直指「絕大多數人將永遠無法躋身有閒階級。」因此，康斯坦「讓一切自然發展」的想望進一步延伸到經濟以外的領域。他改從更廣泛的視野去理解這個世界，不質疑或太仔細檢視這世界的社會結構。

雖然看似沒有關聯，但本質上，這進一步詮釋了自由階級。在當時的美國，種族和性別是決定一個人是否屬於此階級的條件。依照康斯坦的構想，沒有財產的人也被排除在外。這些問題暫且可以輕易忽視。有財產的人握有權力和投票權，沒有的人則是相反。也就是說，主張自由放任路線的自由主義尚未遭逢太多反對聲浪。

但這情況不會持續太久。隨著選舉權擴張，這些問題自然無法繼續迴避。答案將會出現在一個奇特的地方，那裡是數一數二推崇亞當・史密斯經濟學理論的知名城市。

第5章 哈莉雅特・泰勒與約翰・彌爾

一八三〇年某天，他們在倫敦的晚宴上認識，當時的他們人生並不順遂。她有兩個小孩，肚子裡還懷著一個，受困在單調乏味的婚姻中。他有一個冷漠但執著的父親，背負著父親對小孩的偏執期許，最終長成有缺陷的邏輯機器，形同實驗下的瑕疵產物。他們共同譜寫出思想史上最偉大的愛情故事。

她的名字是哈莉雅特・泰勒（Harriet Taylor），而他叫約翰・史都華・彌爾（John Stuart Mill）。隨著他們進入認真的兩人關係，自由主義已在他們手上臻至完整，成為我們現今所知的政治思想體系。

泰勒認識彌爾之前的經歷，我們幾乎一無所知。除了與這位她所愛男人的關係之外，文獻中幾乎沒有關於她的記載。即便到了現在，還是沒有她的傳記，只有一筆紀錄顯示有人曾試圖彙整她的著作。

她出生於一八〇七年，順應維多利亞時期的社會風氣，在十八歲就走入婚姻。她有兩個哥哥年紀輕輕就死於結核病，另外兩個遠走澳洲。她的父親有點吝嗇，母親則相當自戀。她的妹妹卡洛琳（Caroline）嫁給一個會打老婆的男人。

我們無法透過泰勒的人生經歷瞭解她。除了她與彌爾合寫的書籍，以及兩人互通的書信之外，她幾乎沒有其他任何作品流傳下來。不過，透過殘缺不全的筆談內容，我們能一窺她實際的生活樣貌。有些隨手撕下的紙張保留至今，上面寫著單方的對話，交談對象通常是她的女兒，推測大概是她們在演奏會或表演現場，或者可能是在社交場合，不希望其他人聽見對談內容時所寫下的紙條。我們就是這樣發現了泰勒。從這些文字片段中，我們可以看到一位性情溫煦、風趣詼諧但態度悲觀、洞悉世事的女性，她擁有豐富的情感，不吝表達心中的想法。

「以前看妳把頭髮紮得很美，妳有多久沒那樣綁頭髮了？好令人懷念。」她在紙張上寫著。接著，她的女兒會在另一張紙上回答她，可惜這部分的對話已經散失。泰勒回覆：「不是，妳跟以前一樣，只是現在妳不注重打扮了而已。我一個人的時候也是如此。」

接著她又回答：「在穿著上炫耀財富是多可怕的事。」最後還寫道：「我從來沒有因為穿著搭配和諧而獲得成就感。除了要有想法，還要不嫌麻煩，這兩件事我都做不到。」

時逢維多利亞時期，她是社會上那種非典型的女性：自信、風趣、有智慧，言談尖銳，拒絕照社會的期待行事。

至於彌爾，我們就熟悉多了。想要瞭解他的一生不必透過零散的小紙條，學術期刊和頗具份量的傳記即已詳細記載。他出生於一八〇六年。他的父親詹姆士·彌爾（James Mill）認為孩子是塊白板，與裘斯特．康斯坦的想法一模一樣。只要讓孩子接受正確的教育，就能把他們培養成超人般的菁英，那是知識分子最完美的形象。不過他們有個地方不同，詹姆士．彌爾學識淵博，全心投入學術工作。他的兒子沒有私人教師，每種能力的發展，全由他一手操控；學習和人格陶冶的方方面面，每分每秒都在他的監督下進行。

小彌爾出生沒多久，他的父親就認識了哲學家傑瑞米．邊沁（Jeremy Bentham）。他們成為探索知識的好夥伴，共同追尋一種稱為功利主義（Utilitarianism）的哲學理論。他們認為，生命的目的是要為最多人創造最大的福祉。

邊沁的功利主義是道德思想的封閉體系，所有可能的問題都能從中獲得解答，其道理似乎相當簡單，近乎單純。但只要你開始秉持其原則看待世事，人反而容易變成邪惡的野獸。

假設你與母親一起搭船，同行的還有一位不認識的科學家，他可能有能力研發出根除癌症的療法。船開始下沉，而你只能救一個人。嚴格來說，邊沁學說的道德觀會要求你拋棄母親，拯救科學家，因為這個結果可能為最多人帶來最大的福祉。儘管在道德上完全說得通，但這同時也缺乏人類情緒。應該沒人可以活成這種模樣。如同哲學家伯納德．威廉斯（Bernard Williams）多年後所說，假若你考慮拯救科學家而非自己的母親，你實在是「想太多了」。

邊沁和詹姆士．彌爾開始試圖將他的小孩教養成功利主義的楷模：完全理性行事，能從最極致的理性思考高度處理一切事務，亦即會選擇拯救科學家的那種人。借用二十世紀自由主義哲學家以撒．柏林（Isaiah Berlin）的話來形容，那簡直是「驚世駭俗的成功」。

小彌爾開始了一連串的學習之旅，其傳記作者艾莉絲・羅西（Alice Rossi）形容為「或許是所有小孩所受過最密集的讀書計畫」。他三歲學希臘文，六歲就能寫出羅馬歷史，七歲讀柏拉圖的思想，八歲學習拉丁文。九歲，他已把《伊里亞德》（*Iliad*）讀了不下十遍。十一歲時，他在研讀亞里斯多德。十二歲時，他已讀完圖書館的所有古希臘和古羅馬作品、鑽研邏輯和雄辯術，對於雅典人的制度、立法和治理體系已有全面的瞭解。到了十三歲，他已上完政治經濟的全部課程。

十五歲，他的人生終於要放上最後一塊拼圖：邊沁的哲學思想。他的誕生全是為了這個時刻。他的一生猶如經歷一場反向工程，等到接觸這門學問時，他的心靈已做好最萬全的準備，馬上就能吸收。

這對小彌爾而言是精神超脫的一刻。「我感覺提升到新的境界，從那裡，我可以環視廣袤的知識領域，視野一路延伸到遠處，智識的體驗超乎筆墨所能形容。」他寫道，「現在我擁有見解、信條、學說、哲學，用最貼切的字詞來說，我有了信仰。」

詹姆士・彌爾成功了。他創造出最極致的功利主義支持者，將兒子變成「呆板枯燥、冷酷無情的邏輯機器」。

他向這世界展現的形象就是如此。約翰・彌爾的自傳在他離世後出版，該著作似乎就是他本人的映照，彷彿過了幾十年，他還是原本那個備受壓抑的小男孩。他的自傳艱澀難讀，除了某個尋常的句子長達十二行，有些段落還橫跨好幾頁。書中幾乎沒有談到他自己的感受。

多年來，只要談到有人未能感覺任何情緒，彷彿一台呆板的計算機器一般，這一直是公認再貼切不過的證據。誠如右翼自由主義先驅弗里德里希・海耶克（Friedrich Hayek）指出：「即便想從平凡的角度認識他，但他的生活、情感和人際關係等方面，基本上我們一無所知。」

不過後來發生了有趣的轉折。自傳較初期的手稿出現了。一九二二年，巴爾的摩（Baltimore）約翰霍普金斯大學（Johns Hopkins University）的政治經濟學教授雅各・哈利・赫蘭德（Jacob Harry Hollander）在倫敦買下手稿，帶到美國。赫蘭德在一九四〇年逝世時，手稿連同他的其他藏書存放於一處倉庫，後來由伊利諾大學（University of Illinois）整批便宜買下。直到一九六一年，手稿才終於出版。

這份較早期的手稿澈底反轉了自傳原本代表的意義。手稿中，在冷峻生硬的句子背後，隱藏著彌爾的渴求和悲傷，他曾思考是否要把內心的感受公諸於世，最後決定打消這個念頭。文字底下壓抑著沉痛的絕望。

他的童年突然展露出截然不同的一面。早期的手稿顯示，由於小時候孜孜不倦地念書，加上父親不讓他與其他小孩玩耍，導致小彌爾的肢體動作發展嚴重受到影響，即便只是打領帶，對他來說就已困難重重，甚至長大後還是一樣。他企圖在好幾個段落中詳盡地描述這類生理障礙，但最後決定放棄，只簡單寫下：「我因此有很長一段時間不擅長做太精細的動作，即使後來有所改善，我的雙手仍始終不夠靈巧。」

彌爾描述他整個童年中沒有任何一個朋友。父親是他長時間相處的唯一對象，但他冷漠、有距離感，要求嚴厲。「就這樣，我在缺乏愛的環境下長大，活在恐懼之中。」他寫道。

當年紀大到可以獨自行動時，他在倫敦的辯論社團認識了朋友。他明顯是天才般的人物，但他給人的印象就像一個未發展完全的人類。「他對世界一無所知，尤其是面對女性時，他簡直是個小孩。」友人約翰・羅巴克（John Roebuck）這麼說，「他從來沒和年紀相仿的男孩一起玩過，在他的人生中，他不認識任何這樣的人，我們現在和他在一起的這群人，其實是他這輩子首次結交的朋友。」

到了二十歲那年，他精神崩潰了。

一切源於一個可怕的想法。他幾乎像是在培養皿中長大，目的是要實現理性的功利主義世界，能否創造最大的福祉是所有政治考量的基礎。但要是全部理想都實現了呢？如果他希望社會改變的地方，全都如他所願發生了呢？他會開心嗎？他意識到一個恐怖的事實，答案是「不會」。

「一想到這裡，我的心頓時一沉。」他寫道，「我這一生發展至今所憑靠的基礎瞬間崩塌，人生似乎已沒剩下什麼目標。」

彌爾深陷憂鬱之中。他的崩潰隱含著政治象徵和個人意義。他的人生宗旨在於推行功利主義的社會體制，一切立基於人民福祉之上，但這體制的成功卻無法讓他自己感到快樂。對他來說，這種政治體制已不再有效，而他的人生也頓失意義。最後他還慎重考慮過自殺。他問自己，「當人生一定要用這種方式去過」，為什麼還要「逼自己活下去？」他仿照有條理的常見做法，幫自己設下期限。「我猜大概撐不過一年。」

六個月後，有件事停止了倒數。那陣子，彌爾在讀法國歷史學家強－弗朗索瓦．馬蒙泰爾（Jean-François Marmontel）的回憶錄，讀到一段很明顯在寫父親去世。內心的火花突然點燃，他感覺到情緒。

他寫道：「那個場景很鮮明地浮現在我腦海裡，全部的感覺隨之湧現，我感動到哭了。從這一刻起，我的壓力漸釋。以為自己的內心槁木死灰而產生的那股壓迫感，就此消散。」那或許是他一生中第一次知道自己可以感受得到情緒。

他開始振作起來，依心中的主見重新整理自己，而不是照他父親的意思。詩是他的救命繩。邊沁曾堅稱詩全是「扭曲的陳述」，一口徹底否決這種文學形式，但彌爾發現，詩給了他活下去的意志。

他覺得浪漫主義詩人威廉．華茲華斯（William Wordsworth）的詩蘊含「以情感增添光采的思緒，在美的刺激下迸發」。對此，他新結交的朋友大吃一驚。在功利主義支持者中，華茲華斯是公認多愁善感的反動分子。不過彌爾毫不在乎。不受邊沁學說的信徒歡迎，總是好過想要了結生命。從華茲華斯、珀西．雪萊（Percy Shelley）、阿爾弗雷德．丁尼生（Alfred Tennyson）到山繆・柯勒律治（Samuel Coleridge），他一一品讀。

詩不只賦予他藝術品味，也讓他嚐到叛逆的滋味。如果詩歌給了他活下去的理由，或許那些別人叫他忽視的其他事物能為他帶來實用價值。他開始去瞭解保守主義的思想家，他在政治上志同道合的盟友通常對這些人嗤之以鼻。

這些人之中，蘇格蘭哲學家湯瑪斯・卡萊爾（Thomas Carlyle）對他的影響最大。卡萊爾的言談極其風趣，一針見血，他寫的法國大革命是公認的歷史名作。他也是種族主義者——這在當時很普遍，但即便在維多利亞時期的社會，他還是屬於激進派——大概算得上是法西斯思想的先驅。在他的理想中，不管哪個年代，都要有一個由強勢個體組成的階級負責形塑社會的走向。

對於種族主義和領導階級的說法，彌爾並不苟同，但從整體思維中，他發現一個可取之處：個體概念可輕易地從中抽取出來，依循平等原則套用到全體人類。

「即便有錯誤，底層還是可能埋藏著事實。」彌爾斷言。他開始著迷於「片面事實」（half-truth）的概念，認為每個人信奉的哲學中都有零散的事實，而他可以秉持同理的態度，發揮考古的精神，將寶貴的知識一點一滴拼湊完整。

他所接受的教育，是要完全信仰某種思想體系，但現在他不太相信任何一種意識型態能提供所有答案。「普世綜合思想」（universal synthesis）的整個概念有其缺陷。

「如果有人問我，我要選擇哪種政治哲學，取代我所拋棄的思想體系，我會回答：哪個都不選。」他寫道，「切合真實情況的體系遠比我之前認識的思想更加錯綜複雜，並且具有眾多面向，這是我唯一認定的事實。」

彌爾從未放棄功利主義，不過他後來對功利主義的努力，打破了他父親和邊沁所奠定的既有基礎。他真正放棄的是以前對功利主義的認知，不再認為功利主義可以從全然科學的角度去理解這個世界。相反地，他將功利主義視為探討事實的框架，在此框架的輔助下才能準確地提出質疑。

無論在情感或智識上，他彷彿受到重擊而破成碎片，如今他利用父親和邊沁極力迴避的部分——情感、詩歌、接納新想法的胸襟——讓自己重新站起來。之後他認識了泰勒。

目前沒有太多書面資料可以佐證，泰勒和彌爾只認識不到一年，就發展出親密的關係。我們必須從歷史紀錄中辛苦拼湊真相，猶如偵探調查維多利亞時期的情史一樣。大部分的證據都已佚失，可能是他們親手湮滅，或友人依照他們的指示為之。

指控某人通姦可能使當事人身敗名裂，永遠不得翻身，尤其是女性。當事人還可能因此沒辦法宣揚自身的政治理念。總之，用卡萊爾的話來說，泰勒的丈夫是「單純但無趣的好人」。她對丈夫已沒有感情，但不想傷害他。

泰勒的好朋友伊莉莎·弗勞兒（Eliza Flower）提供了唯一的線索，其內容相當簡短，但極度明顯。她剛讀完一篇報導，相當喜歡。那時的雜誌還未開始印上記者的名字，但她熟識泰勒和彌爾，認為顯然就是他們其中一人所寫。她寫信給泰勒：「是妳還是彌爾寫的？」從這裡可以得知，他們認識不到一年，最親近的友人就已無從分辨他們契合的思維。

大約同一時間還發生了爭吵。幾乎可以肯定的是，泰勒的丈夫命令她別再與彌爾見面。她接受了這個要求，寫信要與他斷絕聯繫。他很不情願地同意，但最後仍苦苦懇求。「無論何時何地，她會發現我始終如一，自始至終都沒改變。」

他成功了。幾個月內，他們恢復了聯繫，不過後來的聯絡方式轉為低調，不再直接明說。「好的，親愛的。」泰勒寫道。「我會過去，窩在椅子裡，就在這裡和邵森德（Southend）之間的某一處，時間以你明天的回覆為準。」稍後她又寫道：「沒人像你一樣這麼愛我，世上的愛情鮮少如此快樂。」

謠言開始在倫敦傳得沸沸揚揚。卡萊爾的妻子描述說，泰勒「成功勾引了彌爾，讓他不顧一切地愛上了她」。他把這個八卦告訴另一個朋友。「就是那個最美麗的泰勒女士，就你聽說的那位，在她丈夫的眼皮子底下，讓對方深陷於（柏拉圖式的）愛情之中。」

彌爾聽見周遭傳來的耳語，無比震驚。根據卡萊爾的形容，他開始「飽受各種閒言閒語」。一八三二年夏天，他對泰勒表明心意。那封信已經遺失，但從泰勒的回覆來看，他極有可能表達了對她的愛意，同時也提到外界的流言讓他深感痛苦，她與其他男人仍有婚姻關係也讓他感到沮喪。

「很高興你說出來了。」泰勒回覆，「很開心你這麼說。我們之間還沒有發展到完全信賴的地步。」

一年後，泰勒離開了丈夫。她決定試著與這兩個男人保持距離，先到巴黎待六個月，再決定要怎麼做。啟程前一晚，她和彌爾待在一起。隔天，她寫道「今早我不但沒有感到悲傷，甚至沒有絲毫低落，反而覺得昨晚的你，愛我勝過以往任何時刻。」

不久，彌爾也出國與她見面。他們遠離倫敦社交圈的窺探，度過無憂無慮的六個星期。「全心全意和他在一起是我最崇高無上的理想命運，融合所有心靈狀態以及高尚、開闊、美好的心情。」泰勒在給朋友的信中寫道。

可惜事與願違，離婚的後果太嚴重。首先，取得法律認定就極度困難，需要由議會通過法案。再者，泰勒將會無法再見到三個孩子，維多利亞時期的法律規定，小孩是丈夫的財產。最後，約翰．泰勒（John Taylor）將會因此心碎，並成為眾人的笑柄。

於是她回到倫敦，做出即使在現代也不常見的決定。她將維持與丈夫的婚姻，對外界保持夫妻的形象，以維護他的名譽，並同時繼續與彌爾發展關係，但只有在最親密的友人陪伴下才會公開同行。

流言蜚語再次甚囂塵上。某個夜晚，泰勒與彌爾一同出席晚宴，他的朋友羅巴克注意到，當兩人走進會場時，房內傳來一陣壓抑的竊笑。隔天，羅巴克到彌爾家拜訪，提醒他可能會因為這段關係淪為眾人茶餘飯後的笑話，但他低估了彌爾對泰勒的情感，只要有人說泰勒的壞話，或傳遞任何人對他們這段關係的惡毒評論，即便是他的家人，他仍會立即斷絕關係。隔日，羅巴克再次去找彌爾，結果發現兩人的友情已經結束。

這只是開端。彌爾開始切斷與社會的聯繫，儘管他才剛建立起社交關係。最後，流言蜚語和社交孤立擊垮了他。在突如其來的一陣挫敗感中，他對泰勒大發牢騷，除了怪罪她未能離開丈夫，也堅信自己可能就要過著「默默無聞、無足輕重、一無是處的人生」。

泰勒立即回信。「天啊，你已走到擔心自己『默默無聞且無足輕重』的地步了嗎？」她寫道，「我除了『竭盡所有辦法追求具影響力的璀璨未來』，還能說什麼呢？」

即便彌爾已準備向甚囂塵上的八卦和流言低頭，泰勒仍抵死不屈。「這世界本就如此。」她寫道，「對抗或討好，我都沒有多大的意願，無論如何，這兩者都不該是我的選擇。」

她解釋為何不能離婚，其中隱含的功利主義思維，可能會獲得邊沁認同。她寫道：「我會毀了四個人的人生，並使其他人受到傷害。」這四個人是指她的丈夫和三個小孩。「這是唯一讓我猶豫的因素。」不過，她也拒絕接受與彌爾分開的想法。

就這樣，彌爾不再試圖把她從婚姻中拉出來。雖然聽起來很可憐，但他們似乎已相當知足。即使在一起好幾年了，他們的書信仍然充滿對彼此的愛意和欣賞。年歲漸增，但這一切從未改變。他們在中年和老年時期寫給對方的信，讀起來就像是熱戀中的青少年。泰勒的雙重婚姻狀態，使她和彌爾得以發展這段感情，並建立起工作上的夥伴關係。

泰勒和彌爾的貢獻廣泛，難以一言蔽之。他們將自由主義整理成有條理的政治思想體系、為左派找到自由主義財產問題的解答、對自由階級的概念提出質疑、描繪體現自由主義的生活型態，並奠定自主權（autonomy）在自由主義思想中的核心地位，這或許是最重要的一點。

如今，這些成就都掛上彌爾的名字。他是自由主義之父。歸功於他的文獻簡直可以塞滿整座圖書館，但沒有任何一本書討論她的重要性。她的身影消逝在歷史洪流之中。

一般只要提到她，通常把她描述為賣弄風騷的女人，只是碰巧吸引到偉大的哲學家，或是自由不羈、迷倒眾生的美女，費盡心機勾引男人。這些描繪自相矛盾——要不是腦袋空空的花瓶，就是擅長操縱人心的女強人，這兩種形象無法同時展現於同一人身上。然而我們時常可以看到，同一作者在同一著作中賦予泰勒這兩種樣態。

「我認為他才是唯一不被她的才能所驚豔的人。」英國經濟學家與工黨主席哈羅德・拉斯基（Harold Laski）寫道，「她懂得如何漂亮地重述彌爾所說的話。」另一位作家斷言：「哈莉雅特超群的知識分子形象，大多是他想像出來的產物，是他依據自身的獨有需求——一位聰穎且控制慾強，某些方面任性自私、不受認同的女性——加以理想化的結果。」

十九世紀末一位研究彌爾的學者尖銳指出：「男人易被感情蒙蔽，受女人蠱惑，但約翰・史都華・彌爾遠勝群雄。」

研究彌爾的學者時常將泰勒塑造成「知識污染源」的形象。他們只要發現他有任何會引起反感的思維，或想法不符合他們對他的評價，便一味歸咎是她帶來不良影響。反之，如果他提出的思想獲得他們認同，則一切與她無關。海耶克是研究其兩人關係的重要先驅，沒有他，泰勒的書信紀錄可能就要完全佚失，甚至連他在試著解釋彌爾的左傾立場時，也不得不屈服於如此偏頗的風氣。

然而，真相其實相當簡單。證據眾多，不管是文件本身的記載，或從文件中梳理而得的解釋，都能支持此一論點：在某些重要著作上，他們兩人是共同作者的合作關係。

彌爾本人極度清楚這段共事關係的本質。「如果兩人擁有完全相同的想法和思路，每天討論各種他們感興趣的知識或道德主題，當他們從同一套原則出發，依循彼此認同的程序得到結論，那麼究竟實際上是誰主筆，這樣的問題也就不重要了。」他寫道。

關於宣稱著作中哪些部分是由泰勒獨立完成，哪些部分是他們從平常對話中得到的結論，哪些部分是他們並肩合作才取得的正式成果，兩人應並列作者，彌爾可是相當講究。

如同彌爾指出，「這些合寫的著作中最寶貴的想法和亮點——推衍出最多重要成果，對著作本身的成功和聲譽貢獻最多——都是與她共同努力的結晶。」

一路以來，他們的合作關係似乎幾近無縫接軌的程度。早期的手稿顯示，泰勒先以鉛筆書寫，彌爾再以墨水覆寫其上。在她寫的文件中，研究人員發現有些小紙條上書寫的句子，前後是不同人的筆跡。

其實，彌爾最重要的哲學著作都是他與泰勒共同撰寫而成。自由主義其實有個母親，只是歷史抹滅了這位女性角色的地位。

學界對泰勒的態度不過反映了時代一貫的風氣。直到當時，在自由主義的演進史中，女性的角色甚至有如隱形一般，無足輕重。笛卡兒似乎從未意識到女性的存在；平等派在演說或小冊子中從未提及女性；《人權宣言》只關照男性的權利；對於女性的自由受到限制，康斯坦幾乎毫不在意。

泰勒和彌爾重新整頓了整個體制，這個問題到此為止。

他們和洛克一樣，先從定義人與社會的關係開始著手，但他們並非以自然狀態為基礎，嘗試從契約理論的角度解釋社會。「社會的構成並非立基於契約之上。」他們表示，「創造契約的框架再從中推導出社會義務，沒有太大的用處。」他們想呈現長久以來社會的真實樣貌。

國家誕生之前，力量決定勝負。有人的力量大，不管是自身力大無窮（無論想要什麼，強壯的人都能成功奪得），還是與他人聯手；有人則力量較小，或許是生理條件較不吃香，抑或人數較少。

接著權威出現，法律隨之產生。不過，原先由力量建立起來的權力關係並未因此受到挑戰，反而合法化了。混亂、無法預測的狀態於是受到規定所約束。「客觀事實轉變成法定權利。」泰勒與彌爾指出。原本以暴力逼迫某人為奴，現在成為合法蓄奴；靠武力占領的土地，現在有法令保障所有權。

綜觀人類史，蠻力的影響力開始衰弱，尤其從英國、美國和法國爆發革命以後，更是如此。絕對君主制演變成君主立憲制，封建領主走入歷史。不過，社會中有個現象幾乎從未改變。從文明社會誕生到維多利亞時期，女性奴役制度幾乎毫無動搖。儘管自由主義引發多劇烈的革新，但人們甚至沒有注意到，有一半的人口完全受到忽視。

「從人類社會露出第一道曙光，每位女性便依附於男性而活（一來女性的價值是由男性賦予，二來肌力不如男性）。」泰勒和彌爾寫道，「原本，女人是男人靠力量奪取的財物，甚或時常有父親將女兒賣給其日後的丈夫。成婚後，男方握有定奪女方生死的權力，自古以來都是如此。沒有任何法律可協助女性抵抗男性霸權。在女性的一生中，男性就是唯一的審判長。」

維多利亞時期的婚姻關係並未「擺脫原始的野蠻本質」。妻子是丈夫的「奴僕」，做什麼事都必須先取得丈夫的許可。「女性沒有任何辦法可以擺脫這種狀態。女性離開丈夫便一無所有，孩子和理當她所擁有的一切，都不再屬於她。如果丈夫願意，可依法強迫她回到身邊，或以暴力要脅。」

女性與財產無異。「就法律面而言，婚姻是唯一真實存在的奴役制度。」他們篤定指出，「除了每個家的女主人之外，目前已沒有法定奴隸。」在社會的大環境中，即使農奴制已然廢除，但男女的關係就像封建制度下的農奴和地主，只是場景換成了起居室和臥房的床。面對不公義的政經關係，無數激進的男性挺身對抗，但換成女性的地位，就沒人在乎，畢竟男性是既得利益者。泰勒和彌爾提出疑問：「當我們問到，為何有一半的人類只應附屬於另一半人口，我們能得到的唯一理由，就是男性喜歡這種狀態。男性應為自己而活，而女性為了男性而活，相信沒有任何一位男性不同意。」

有些男人關心、寬容、體貼，不啻是好丈夫，但法律上男尊女卑的事實並未因此有所改善。許多男人完全稱不上是好丈夫。只要他們想，大多都能為所欲為。泰勒和彌爾指出，「基本上，各種殘暴的對待方式都有，從長期遭受凌虐導致喪命到情緒受到壓抑，不一而足。」

維多利亞時期，家庭中有無數女性和小孩飽受粗暴丈夫／父親毫無節制的無情對待。有些人遭受毆打，有些人默默承受言語和情緒虐待，有些人慘遭強暴，有些人遭到殺害。

在英國認定婚內性侵（marital rape）為非法行為前整整一百二十二年，泰勒和彌爾就已大力抨擊婚姻中的男性有權「從事玷污人類最低劣的行為，不顧女性意願，使其淪為宣洩動物本能的器具。」

泰勒和彌爾呼籲社會正視妻子、小孩或僕人遭「家庭暴君」毆打或殺害的問題。他們聯手寫了無數篇報導，關注法庭正在審理的案件。萬一他們認為證據足以定罪，但被告還是獲釋，他們就會不顧一切地持續追蹤，鼓勵讀者將這些人視為「獲判無罪的殺人兇手」。

「我應該每年向下議院呈遞正式報告，列出每年慘遭家中男性打死、踹死、踩死的女性人數。」他們的文字流露出冷酷的憤怒。「另一欄則呈報宣判的判決數，揭露有多少卑劣的罪犯並未全身而退。這樣我們就能好好估算一下，由男性組成的立法機關和法庭到底有多重視女性慘遭殺害的問題，不少女性長年遭受凌虐，如果我們還有一絲羞恥心，看到這些案例，應該深感沉痛才對。」

即使女性幸運逃過毆打、強暴或殺害的命運，男性主宰的體制還是有如精神禁錮。這種體制下的社會致力消除女性的性格，將女性變成另一半人口的玩物。自由的概念已然失去其應有的意義。女性成了服從的附屬物，整個人生因為滿足男性需求才有價值。

而這一切，從女孩子開始受教育起就有跡可尋。「教育體制告訴女性，她們的人生只有一個目標，就是結婚。」他們寫道，「結婚是女性存在的目的，一旦達成這個目標，她們的存在就不再稱得上是人生，也沒有任何實用價值。」

至於結婚對象，女性毫無置喙的權利，只有非常開明的家庭會給她們選擇權。即使如此，由於社會極度重視女性的貞操，因此女性一樣無法好好做決定。「女性在毫不知情任何條件的情況下，成了所謂契約關係的其中一方。」泰勒和彌爾寫道，「而且社會普遍認為女性本該不懂這方面的事情，純真無知的狀態是她們適合結婚的必要前提。」

女孩結婚後，她的人生就只剩下一個目的：生小孩，而且最好是男生。女性只有「當名母親或一無是處」這兩種選擇，而一旦成為母親，人生「也就沒有其他目的了」。

於是，女性的整個人生基本上是由性來定義。婚前，沒有性經驗的女性才有價值；婚後，女性的價值由性的產物決定。女性存在的意義只剩下生殖能力。與其去認識世界，女性所受的教導是她們必須屈從於男性的慾望。換句話說，不管是什麼意圖和目的，她們勢必要當聽話的奴隸。「性情溫順服從，將所有個人意志交到男性手中，是構成性吸引力的必要條件。」

女性被塑造成「不自由人」（un-liberal），亦即沒辦法自由選擇生活方式的人類。「沒有自我意志，無法自主掌控生活，只能屈服於他人，任由他人控制。」

泰勒與彌爾承認，比起封建時代的農奴在田裡辛勤勞動，維多利亞時期嫁為人婦的中產階級女性顯然過著更舒適的生活。然而真要說的話，女性的個人發展反而受到更嚴重的限制。「如今所謂女人的天性，很明顯是經過人工斧鑿的結果——某些方面備受壓抑，某些方面則受到不合理的激勵。」他們寫道，「或許可以毫無顧忌地說，其他需仰賴一家之主供養的人都沒像女性這樣，因為與一家之主的關係，致使其性格完全扭曲而背離自然本性。」

泰勒和彌爾所指的是多達一半的人口，她們的思維已在壓迫者的教育下脫離應有的認知，而這些壓迫者恰巧就是她們的丈夫和父親。不過事實上，他們想表達的想法遠遠更為激進，自由主義的意義不是只能體現於對待女性的方式。

康斯坦在既存的社會中盡可能追求更大的自由，這對他們來說並不足夠。我們必須要問，如果能重新建構一個社會，人能擁有多少自由。

這種想法與「自由放任」的主張澈底相反。與其「讓一切自然發展」，更要朝相反的理想努力：顛覆現況。設法讓世界改頭換面，別只是接受一切原本的樣子。

他們的結論是，只要持續履行自由原則，這個世界可以變得更平等。這結論部分借鏡於功利主義。儘管功利主義不是毫無缺點，但無可避免地，「創造最多人的最大利益」必然隱含人人平等的概念。彌爾在功利主義的理論薰陶下長大，這樣的成長背景仍深深影響著他，因此他出於本能，發現自由主義中蘊藏著恰到好處的激進思想。

更早期一點的自由主義者著眼於個人自由。但從普特尼辯論會到康斯坦，既得利益者的範疇很快就受到限制，包括女性、沒有財產的平民、其他種族和奴隸都遭排除在外。如今泰勒和彌爾終於發現前人主張的缺失。自由是所有人的權利。

「想要人民培養真誠的道德情操，建立人人平等的社會是唯一途徑。」他們表示，「我們反對任何群體或個人擁有權利決定另一群體或其他人的『適當範圍』（proper sphere）」。

彌爾在晚年當選西敏（Westminster）一地的議員。他是本書中唯一由人民選為政治人物的哲學家，而可預見的是，他相當不擅此道。他根本沒辦法迎合社會對他的期望，自降格調打口水戰。如同維多利亞時期的記者華特．巴治荷（Walter Bagehot）所述：「西敏的選民對彌爾先生有多少瞭解？他的智識有多少是他們有辦法想像得到？」

不過，彌爾的確做了一件很了不起的事。一八六七年，投票制度改革案正在議會審查，這段期間，他提出一項修正案，促成微小但頗具重大意義的改革：以「person」（泛指一般人）取代「man」（狹義上是指成年男人）一詞。這是英國歷史上，女性選舉權（女性投票的權利）首次交付議會表決。

雖然獲得七十三張同意票的結果值得嘉許，但法案終究沒能通過。沒人覺得法案會通過，但這不是主要目的。該法案的目的在於點燃討論的火苗，呼籲英國給予女性投票權，而在彌爾的領銜之下，還有較年輕的米利琴特・費塞特（Millicent Fawcett）共同推動。

下議院終於在一九二八年通過法案，賦予女性與男性相同的投票權，那時彌爾已逝世五十五年。年邁的費塞特在旁聽席見證這一刻。散會後，她率領女性代表團前往堤岸（Embankment）的彌爾雕像獻上花圈，紀念他的貢獻。

經濟領域也有性別爭議亟需解決。泰勒和彌爾發現自由主義試圖處理財產問題，但力有未逮。

令人驚訝的是，這件事其實起因於他們。彌爾的父親支持亞當・史密斯的理論。早期古典經濟學家大衛・李嘉圖（David Ricardo）時常到他家拜訪。

一生中，彌爾大部分時間都信奉以下基本教條：私有財產不容侵犯、自利是人類進步的驅動力，以及競爭是增加國家財富最有效率的方法。

他在一八四八年的《政治經濟學原理》（*Principles of Political Economy*）提出自己的經濟思

想，該書大獲好評，使他成為英國維多利亞時期的知識分子代表之一。書中，他從不干預市場、自由放任的典型立場切入分析。價格是供給和需求互動之下的結果，再加上利潤和工資等因素，價格總能在市場力量的調配下達到適當的水準。

此外，該書也承續美國革命派和康斯坦的論述，從自由主義的角度探討國際貿易的角色，指出國際貿易有利於擴散思想及提高世界的產出，最重要的是，還有止戰作用。

「就目前人類偏低的發展程度而言，接觸自己不熟悉的人，以及自己感到陌生的思考和行為模式，是再珍貴不過的經驗。」彌爾指出。「現在的商業就像以前的戰爭，都是促進各方接觸的主要原因。商業強化及創造數以倍計的個人利益，讓人民基於利益而普遍反對戰爭，戰爭因此快速成為過時的手段。」

儘管成長過程中對自由放任的觀念耳濡目染，但彌爾還有另外一面。年紀輕輕，他就對周圍發生的不平等待遇感到憤怒。二十歲時，他已勇於發聲，要求資源以「最接近平等」的方式分配。

對許多自由主義思想家來說，財產權本身就具有正面價值。財產權屬於個人生活的保護範疇，誰都不該介入干涉。國家對人民課稅或限制經濟活動的權力有限。

康斯坦進一步延伸這個概念，將財產權視為一種有效的手段，主張應加以捍衛。換言之，財產權之所以寶貴，是因為其能促成非凡的成果。從個人追逐一己之利到自由市場競爭，都由「看不見的手」所主導，這項機制不僅提高生產力，比起由國家介入分配，人民可享有更多好處。

彌爾接納這種看待財產的觀點，並開始提出研究問題。是未受控管的競爭行為創造了正面價值？為所有人帶來更多物質財富？自由的意涵因此擴大？

很多時候，答案是肯定的。絕大部分情況下，競爭能改善貧窮勞工的生活條件。「除了勞工之間的競爭之外，其他所有競爭可以降低勞工日常用品的價格，使勞工受益。」他發現，「即使是勞動市場的競爭，也能形成推升工資的助力，而非降低。」

他認為，無外力干預應要是市場的預設狀態。國家的所作所為時常對個別自由人產生限制，即便沒有，也會傾向強化政府權力，使國家負擔過重，剝奪人民自發的行動能力。「總之，自由放任應是實務總則。」他說，「除非是為了廣大人民的利益著想，否則違背該準則肯定有害無利。」

但他接著跳脫標準的論述軌跡，語出驚人。「有人認為，人類的常態是在磨難中前進，彼此踐踏、壓制、推擠，踩著別人往上爬，縱使這已形成目前的社交生活型態，彷彿人類最亟欲追求的人生，但我承認自己並不著迷這些人所信仰的這種理想。」

只一味指出產能和國家財富逐漸增加還不夠。如同性別問題一樣，關鍵的試金石在於人人是否平等，獲益的是否為「大多數人」才是重點。

就這點而言，自由市場無法達成這個理想。工業時代的科技進步大多尚未證明其自身對絕大多數人的價值。他發現，「所有機械發明是否已有效減輕人類的體力勞動，仍值得存疑。」

這是彌爾和康斯坦的主要差別。康斯坦已準備好接受社會中永遠存在有閒的上層階級，彌爾則希望加以消滅。「我不認同社會中有任何不必勞動的『階級』是公正或有益的事。」他說。

有地階級利用租金致富，但不必親自在土地上勞動。彌爾形容，金錢「在他們睡覺時自動流進他們的口袋」。對此，國家有必要採取某些即便到現在都顯得激進的作為。他表示，繼承應以「足夠形成適度獨立狀態的金額」為限。土地所有權的概念應澈底重新思考。擁有一棟房和一小塊庭院還行，但多片廣大土地集中於某人手上，在道德上就不甚合理了。土地是「大自然給所有人類的禮物」。

彌爾在腦海中建構出一個從根本上遠遠更加平等的社會，那個理想社會中「存在待遇好、富足的勞工階層；除了一輩子賺得及累積的財富，沒有龐大家產；相較於現況，社會上有更多人從較辛苦的粗活中解放，而且無論生理或心理都擁有充分的閒暇興致，能夠自由陶冶生命的涵養」。

他反對自由放任的經濟思想輕易否認經濟論述的重要，並輕率地無視人類真實的生活經驗，而宣稱不管何時何地，只要國家強行干預，社會就會受到破壞。

相反地，他的分析主要是根據史密斯在《國富論》中提到國家的第三種角色：維護「公共工程和特定公共機關」，這些是市場無力關照的領域，需要由國家介入。

崇敬史密斯的自由放任派自由主義者時常忽略這項義務，只在意國家的權力是否限縮到國防和國內正義。但彌爾很明顯地聚焦於這個問題，加以闡明。

他和史密斯一樣，認同國家需滿足所有人民的教育需求，也認為公路和運河等公共設施可能需由政府協助，不過他順應工業時代，稍微調整了一下這項原則。眾多公共工程最好由地方政府來完成，或在政府的監督下興建，其中包括石油和水等自然獨占事業，相關企業「雖然有絕對的自由可以相互競爭，但從未真正發生」。

國家也必須保障集體決策，例如勞工齊聚一堂，要求將工作時數限制在九小時，國家就應立法使該決策生效。科學研究也時常需要由政府資助。

還有最後一個面向，在日後變得比其他各項還要重要：社會福利。相較於堅守利己原則的古典經濟學家，在處理這項議題上，彌爾展現了他的不同之處。

「人類應互相幫忙，需求越緊急越應如此。」他說道，「沒有比有人挨餓更亟需幫助的事。」

這世界必須推動某種福利國家來實踐以上理念，由政府為真正有需要的人民提供協助。國家給予的幫助不必太多，否則人民會失去工作的動力。得到的幫助不應像工作報酬那麼多，但必須足夠應付必要開銷。

儘管彌爾從古典經濟學的基礎理念出發，但他的結論涵蓋相當廣泛的範疇，實際上可說是包羅萬象。「在特定時代或國家的具體情況下，幾乎沒有什麼攸關普遍利益，但人民可能不希望，或甚至認為沒有必要由政府出面處理的事。」他說道。這包括「道路、碼頭、港口、運河、醫院、學校、大學、印刷機、灌溉系統」。

彌爾對自由經濟思想的革新循序漸進，不易察覺，不像他對性別關係的批評那般，猛烈抨擊舊秩序。他從前一本著作發展出新思維，隨著《政治經濟學原理》的各個新版本不斷演化，一邊從古典經濟學汲取養分，一邊質疑各個論點或原則。不過這代表著，與自由放任完全相反的自由主義學派已悄然萌芽，形成平等自由主義（egalitarian liberalism）。他主張不能放任一切自然發展，而是要深入探究、提出疑問、要求變革，並從最後實現的平等程度，檢測是否成功實踐自由。

主張的核心有個深刻的想法。二元的「國家與市場之爭」顯得不夠成熟。某些社會主義者開始提議，國家應提供一切所需，這種想法很危險。相對地，妄稱市場無所不能，一樣荒唐可笑。彌爾在評論中指出，政府究竟應涉入市場多深，這個問題「並未催生任何通用的解決方案」，這點與日後的自由主義不謀而合。

無論國家或市場，我們都必須謹慎看待。對於兩者能處理的事，我們應妥善運用，而無法勝任之處，則應盡力避免由其介入。兩者適合介入的事務不同，派上用場的時機也不盡相同。如要確立兩者的優勝劣敗，就不能採取統一的規則，而是要依案例分別評估問題所在，以期產生正面效益。

儘管泰勒和彌爾的戀情讓人有種說不上來的怪異感，但他們已經進入幸福的長期穩定關係。

交往幾年後，泰勒寫道：「當我想到禮拜二才能牽到你的手，時間就感覺特別漫長，我的手則是毫無用處。」

這段關係持續了十年以上。一八三〇年代就此過去。到了一八四〇年代，他們大部分的時間都在歐洲長途旅行，漸漸淡出社交圈。一部分是因為流言蜚語，不過他們只需要有對方陪在身邊就已滿足，也是原因之一。

約翰・泰勒在一八四九年死於消化道癌，經過一段符合社會期待的空窗期之後，這對戀人終於結婚，距離他們首次遇見彼此已過了二十年。在舉行婚禮前，彌爾寫了一段聲明，拒絕行使婚約賦予他的權力：「本人未尋求任何法律途徑取得這些令人憎惡的權力，自認有義務記錄下對既有婚姻法授予此等權力的正式抗議，並且嚴正承諾，無論任何案例或情況，本人概不動用此等權力。」

他們在等待多年後，終於共結連理，不再有任何流言蜚語或衍生狀況阻礙他們。彌爾大幅減少撰寫報導的工作量，與妻子從倫敦市中心搬到布萊克希斯（Blackheath），從此幾乎不與任何人來往，也鮮少寫信給朋友。彌爾為妻子泡茶及彈奏鋼琴，在這段日子裡一邊譜寫樂曲。

他們在這段期間的相處並未留下太多文獻紀錄。他們所有時間都陪在彼此身邊，所以不再寫信。幾年後，他們又開始通信。健康問題使他們更多時候必須分居兩地，通常是彌爾必須到南方或靠海的城市放鬆身心。「親愛的妻子，這是我們婚後首次分開，我不是很喜歡這樣。」彌爾在離開時寫道。「好想再看一眼妳漂亮的字跡。」

他在羅馬時起心動念，認為他們應該寫本論述自由的書。「我越思考這項關於自由的寫作計畫，越覺得這本書會引起廣大迴響。」他寫道，「我們一定要把想表述的看法全部寫進去。」

這對夫婦開始動手書寫，但這會是他們一起完成的最後一本作品。一八五八年十一月，書剛完成不久，泰勒就離世了。在這之前，他們已啟程前往法國，想在法國找個退休的住所，無奈還沒安頓下來，她就開始嚴重咳嗽。手足無措之餘，彌爾緊急寫信找醫生，但為時已晚。她在亞維儂（Avignon）的旅社嚥下最後一口氣。

彌爾伴著遺體呆坐一整天。他失去的一切無法估量。她不僅是他的妻子和知識夥伴，更是他的救贖。邏輯機器找到一個可以釋放他情感的人。外界只看到他像機關槍般，持續不歇地推究論證，但和她在一起時，他變得慈愛溫柔。只是現在，這個部分的他已隨風而逝。

「那份幸福，我擁有了七年半。」他提及這段婚姻，「只短短七年半。」

幾乎在她一辭世，不管是男性或女性作家，便開始攻擊她的人格，一直持續到現在。她「很有可能是個性冷感的女人」，學者麥斯．勒納（Max Lerner）指出。彌爾傳記的作者露絲．波查德（Ruth Borchard）指稱，她對家暴的關注出於「病態的傾向」，「根深柢固的自虐癖使她無法適應正常肢體接觸的親密關係」。

劍橋大學教授斯特凡．科里尼（Stefan Collini）稱她是「跋扈、偏執、不好相處的女人」。美國文學評論家黛安娜．特里琳（Diana Trilling）形容她是「文學史上數一數二刻薄、無趣的女性，一切以自己為考量的作為使人反感，既沒魅力，也沒恢宏的氣度」，絲毫「沒有任何女性氣質，一般正常女人擔憂的事情，她從不在意」。

她過世的那個月，彌爾把他們最後一本書的手稿寄給出版社。有別於他的其他著作，這本書沒有新版或修正版，算是對他們的感情和思想原則的紀念。在彌爾心中，這是神聖的文本。「我們兩人心靈的結合，使這形同一本探究唯一事實的哲學教材。」他寫道。

彌爾在第一頁細數泰勒的高尚品德，這些文字足以抵擋日後數十年的詆毀。他寫道：「沉痛哀悼及緬懷我靈感的源頭，她也是我最重要的著作不可或缺的共同作者——亦妻亦友的她對真相和正義懷抱崇高情操，給予我最強烈的鼓舞，獲得她的認同是我最大的犒賞——這本著作謹獻給她。如同多年來我所完成的著作，她在本書投入的心力不亞於我；就目前而論，從相當保守的程度來說，她對內容的修訂為本書賦予無可斗量的文采。假如我有能力向全世界闡釋與她長眠的一半偉大思想與高貴情操，對這世界的助益必將遠勝過我寫的任何作品。」

這本書後來將會成為自由主義史最重要的著作，書名叫《論自由》（*On Liberty*）。

《論自由》有三點貢獻。第一，將個人自由概念轉變成原則，套用到幾乎任何政治議題都能貫通並得到結論。第二，對於懷疑態度在自由主義發展史中扮演的角色，建構出遠遠更為複雜的內涵，以此形成對言論自由最強健的論述。第三，利用這些理念描繪自由主義者的性格和生活型態。自由主義蛻變成更進步、更縝密的思想體系。從許多面向來看，這已經是我們現今所認知的自由主義。

彌爾和泰勒在開頭寫道：「本論著主要探討社會能對個人合法動用權力之本質與限制。」彌爾極度推崇康斯坦。他認為，康斯坦是所有「密謀者」中真正的自由主義者，並形容他的逝世是「這世界的不幸」。現在，他與泰勒將要吸取康斯坦對個人自由的核心哲學思想，進一步發展出更複雜的內涵。

法國大革命將人民從國家暴政中解放出來，但也因為盧梭所謂的人民意志，而引發新的威脅。「人民意志一般是指絕大多數人或最積極行動者的意志。」他們主張，「因此，廣大人民可能會希望壓迫少部分的人，如同提防其他任何類型的權力濫用一樣，這點必須謹慎防範。」他們將此稱為「多數暴政」。

換句話說，個人其實同時受到來自國家和社會的威脅。社會對個人的威脅在於，要是發生任何比國家濫權更令人擔憂的事，其衝擊會更深入人民的生活。

彌爾和泰勒寫道：「當社會本身成為暴君，專制的手段並不限於政治人物可能做出的行為。社會可以、也的確會發布自己的命令，要是頒布的命令方向錯誤，或對不應插手的事務祭出任何命令，所形成的社會暴政會比多種政治壓迫更難以對付。」

他們提出的解決之道稱為「傷害原則」（harm principle）。這原則很簡單。「唯有為了防範他人受到傷害，始能對文明社群任何成員正當行使有違其意志之權力。」書中寫道。「不管是生理上或道德層面上，任何人的自身利益均不足以構成傷害他人的理由。若只攸關本人，其獨立自主狀態無庸置疑。個人即為其自身、身體和心靈的統治者。」

傷害原則有如歷史上的分水嶺。他們一提出這個觀念，自由主義便從過往大步邁入我們的時代，構築成實務上可行的思想體系。即便是各方面思想都走在時代前端的康斯坦，他的著作讀來依舊時常像是遙遠世代的產物。但將傷害原則應用於各種例子後，觀點突然變得極度現代，令人驚奇。

泰勒和彌爾的自由主義適用於我們周遭的一切：禁菸、穆斯林頭巾、在學校教授創造論、同性婚姻、移民、大麻合法化、糖稅、安樂死，不一而足。傷害原則就像開關，按下後，馬上就來到現代世界。

這是有史以來最優雅的政治哲學理念。那麼簡單明瞭，獨樹一格，但也無比複雜。基本前提連小孩子都能理解：當事情只與個人有關，他人即無權干涉；但要是可能傷害到別人，其他人就有權介入。

然而從這樣的區別中，衍生出殘忍又複雜的無數道德難題。政治和經濟方面的辯論接踵而至，並且持續翻轉、變化，朝著難以預測、數之不盡的各種方向大肆發展。

第一個難題顯而易見：究竟什麼是「傷害」？

許多行為會對他人造成影響，但不應遭到統一控管。「某人或許會傷害他人，或未審慎顧及他人的福祉」，但實際上並未違反其在憲法上的權利，這對泰勒與彌爾來說尚可接受。諸如對人行道吐痰，或在年長者面前罵髒話等行為，可能「受輿論抨擊，但不會依法受罰」。

這對夫婦極力點出，這世界並非完全喪失道德判斷的能力。「假如從這點便認定這是自私冷漠的世界，以為人與人之間對彼此的行為毫不干涉，便是莫大的誤解。」

你可以盡情表達不苟同某人某事的立場。如果有人做了某件事讓你覺得難以接受，可能是說謊成性、對另一半不忠，或是在賭桌上散盡家財，你大可迴避或嚴正斥責。如果他身邊的友人因此鄙視他，那他罪有應得，而且這可能促成正面效益。換言之，人際壓力可能使人更謹言慎行。道德評判或許能帶動人類進步。

但這不足以構成強迫他人停止的正當理由。假如有人想要犯錯，變成「大家唾棄的對象」，終究還是他們的自由。

但「傷害」和「未審慎顧及他人的福祉」之間的界線到底在哪？畢竟，世上幾乎沒有任何行為只影響個人而不波及他人。甚至連最注重大眾健康的人，都不會提議把吃太多甜點的人關進牢裡，但要是他們家人出現心臟方面的問題，該提議就會影響他們；如果必須由政府補助的醫療服務來照顧心臟病患，連社會都會遭受牽連。

泰勒與彌爾知道，這條界線相當模糊。「沒有人完全與世隔絕。」他們承認，「假設某人做一件對自己傷害極大或造成永久傷害的事，但要完全不影響別人，根本不可能，至少會為身邊的親友帶來損害，且往往會影響到更多人」。

但若明確界定兩者的差異，或竭盡心力將各種行為分門別類，反而違背了這一原則的精神。每個人必須依據獨特的情況自行決定。傷害原則的宗旨是輔助論述，並非蓋棺論定。

不過，有些基本個人自由絕不能受到干預：思想自由（或稱為良心自由，即「表達意見及出版」的自由）、決定生活方式的自由（所謂「為所欲為」），以及結社自由。

乍聽之下，即便是在維多利亞時代，這一切完全無傷大雅，毫無爭議。若只停留於抽象概念，的確是這樣沒錯。這些價值觀真正應用於現實中後，幾乎都會引發大眾憤怒反抗。從維多利亞時期到我們這個時代，幾乎沒什麼變。「其他學說都沒如此直接違逆目前普遍的意見和做法。」他們提出告誡。

為了示範此原則，該書舉了多個例子，但舉例的目的並非設下方便依循的強硬規則，而是展示「應用方式的樣本」。

話雖如此，這些例子做到了三件事。第一，指出看似毫無爭議的原則也會催生極為激進的主張。第二，凸顯自由主義思維如何快速演化成細膩的政策制定方針。第三，揭示自由主義在行為層面可能達到的最大成就：面對不符個人喜好的事物，即便不願意，也得接受。

縱使不是一開始就引人側目，但第一點似乎可從無傷大雅的案例中發現。泰勒和彌爾引述英國內戰後，克倫威爾對音樂和宴會的指謫。他們指出，清教徒禁止「所有公開和幾乎所有私下舉辦的餘興活動，尤其音樂、舞蹈、公開競賽或其他以消遣為目的的群聚」。

這種禁令顯然不當，沒有任何一個維多利亞時代的人會認為這是合理政策。只要不傷害任何人，以某一宗教或道德理念要求他人停止從事喜歡的事情，相當不公平。不過一旦接受這項前提，面對更挑戰常理的案例，就沒辦法反對了。

例如，我們該怎麼看待娛樂性藥物？在我們的時代，全球幾乎所有國家都禁止使用這類藥物。我們大可強調藥物造成的負面影響，但這跟談論酒精的影響並無不同，從妨害健康、暴力、成癮到家庭破裂，都時有所聞。根據傷害原則，很難從自由的角度為娛樂用藥禁令護航，況且絕大多數國家都未將這類藥物除罪化。

《論自由》探討的另一個例子是販售有毒物品，這些物品一般用於合法用途，但也能用來殺人。這裡牽涉的議題是：「在預防犯罪的目的下，我們可接受自由受到多大程度的侵犯。」此時就能體現上述第二點：傷害原則快速轉化成鉅細靡遺的政策。如果禁止有毒物品（假設是清潔劑），無數人將會無法自由購買這項對其他正當用途相當實用的商品。但要是不限制販售，一旦有人不幸慘遭下毒而死亡，受害者會失去所有的自由。畢竟殺人是最違逆自由主義的行為，因為這能一舉剝奪個人自由，使被害人無法再做出任何選擇。

解決辦法是悄悄提高購買成本，阻礙消費者將有毒物品用於不當行為。商家必須依國家規定，登記販售時間、消費者姓名和地址、售出的準確數量和品名，以及購買目的。一般消費者要遵守這樣的措施，難免感到麻煩。所有消費者需要花費更多時間和心力，犧牲些許自由。不過他們購買該商品的自由受到保障，同時防範犯罪的政策也進一步保障人身自由。

自由主義很快就落實到日常生活中縝密的政策制定過程。一切事務都在傷害原則的主導下運作，除了必須仔細研擬規範、填寫表格，也要依個別情況謹慎判斷合適做法。各方的利益得到平衡。

以上兩個案例顯現自由主義反直覺的奇異特性。一方面大膽激進（大多數人可能無法接受的各種行為，所有人都能自由為之），但同時也兼顧務實與公平。

然而，之後的例子卻讓泰勒和彌爾陷入尷尬的處境。這些案例有關女性的境遇，從中即可發現他們有多願意擺脫直覺，保全原則。

第一個例子與摩門教有關，更具體來說，是該宗教擁護一夫多妻制的爭議。這對夫婦厭惡這個觀念。「不管怎麼說，自由原則從不贊同這種制度，一夫多妻澈底違背了這個原則。」他們如此認定，「該制度箝制了一半的人口，而另一半人口卻不必肩負起對等的義務。」

然而，儘管維多利亞時期有許多人要求以「文明」的方式解散摩門教建立的殖民地，但當時的社會不得不容忍一夫多妻制的現象。這制度下的女性雖然活在不平等的文化中，但那是她們自己的選擇。「縱使外界可能認為她們飽受折磨，但其實與其他形式的婚姻制度一樣，女性都是自願進入這種關係。」他們總結。

不過有個但書。任何人都必須要能「完全自由地離開」，這點很重要。人們可以自願訂定不平等契約，但也必須要能自由解除。

基礎原則就此成形，這會演變成二十世紀自由主義的爭議來源。所有人都能自行決定是否犧牲些許自由，但必須擁有進入或結束此狀態的權利。換言之，任何人都必須是出於自由意志犧牲自由，想要終結此狀態時，也要有辦法離開。

賣淫也是類似的問題。泰勒和彌爾厭惡該行業，彌爾更直指賣淫「可恥且不道德」。但這不重要。只要任何人自由選擇從事此行為，就必須獲得允許。

這類爭議沒有簡單的答案。泰勒和彌爾的回答不僅無法令人滿意，還可能引發不滿情緒。他們並未假裝可以認同一夫多妻制，堅守自由主義也不代表漠不關心。但自由主義的支持者的確必須要能看淡自己對事情的感受，客觀思考當事人的決定是否出於自由選擇，或是否傷害到他人。這種政治思想具有兩個階段：先是釐清對事物的具體感受，接著自問，個人感受是否應成為限制該事物的理由。

從反對到允許的立場丕變，並非此思想體系的缺陷。這是體現自由主義的顛峰，代表自由主義者堅決守護其信念。

泰勒和彌爾接著為自由主義最早期的要素——懷疑的概念——增添更多內涵，使其益發複雜。

這是彌爾很私人的體悟。當他處於人生低潮，飽受憂鬱之苦時，是詩歌拯救了他的人生。他的父親和邊沁藐視詩歌，身邊同樣支持功利主義的夥伴冷嘲熱諷。但當他在獨處的時刻，認真考慮是否自我了結，敞開心胸接受其他想法讓他的生命出現轉圜餘地。

從此，他開始設法瞭解別人與他截然不同的看法。他抱持正面的態度與卡萊爾等反動分子展開對談，使身邊的友人感到失望。他從未採納他們的世界觀，卻在他們的著作中發現自己可以認同的觀點，包括以感性的論調看待自然、從不同角度思考個人在歷史中扮演的角色，以及管理社會變遷須仰賴強大制度，而後更將這些觀念融入他自己的書寫。

彌爾開始迷戀上調整思考模式，接受新想法之餘，也反對部族意識（tribalism）。國際主義（Internationalism）在此起了作用。他年輕時去過一次法國，從此對這個國家有所嚮往，因而認為，深入認識其他國家有助於避免人們產生以母國為中心的本位主義。

學習外語更能體現這點。透過學習不同語言，人們能意識到自己的母語可能無法表達某些概念，進而打開心胸，接受自己的思想有所侷限的事實。學習另一種語言有助於掃除無知，削減認知上的自負。

「不學其他民族的語言，永遠無法真正瞭解他們的思維。」彌爾表示，「除非我們真正瞭解除了自己以外的其他民族，否則直到生命終結，我們對這世界仍然一知半解。」

彌爾畢生樂於擁抱異議，坦然看待不同想法的碰撞。如今大眾面對不同意見，往往淪為同溫層的同仇敵愾，令人生厭。這般景象讓人聯想到二十一世紀前十年間政治陣營之間的攻防，所有人七嘴八舌地針對時事嘈雜爭辯，各方堅守自己的立場，態度毫無鬆動的傾向，對已方陣營的認同感決定了實際展現的行為，而非真正瞭解論述的價值所在。

然而，彌爾認為重點不只是衝突。他鄙視不同哲學思想流派唇槍舌戰的「盲目憤怒」（blind rage）。

對立只是理念之爭的開端，統合的過程也很重要。知識體系的進步，始於從對手論述中找到真確或有意義的觀點，與自己的論點相互融合。

此想法的核心在於謙卑地體認以下令人吃驚的真相：在你不贊成的論述中可能蘊藏著事實，有時只有一些，有時數量豐富。

事實確確實實存在，但大部分思想學派只揭示一小部分。「互相衝突的不同理念之間，與其說某一理念完全真確、其他理念完全錯誤，不如說各個理念都混雜著幾分真假。」

在《論自由》中，泰勒和彌爾將對於事實的多層次、多面向觀點，整合成擁護言論自由的新論述，論據強而有力。這是繼兩百多年前彌爾頓的《論出版自由》之後，對該議題最出色的闡述。

前提是要從根本認知上接受「懷疑」這個概念。沒人永遠正確；國家、任何宗教、任何一個人，都不會毫不犯錯，輿論的紕漏甚至更多。「如果除了你之外的所有人抱持同一種意見，只有一個人持相反意見，」他們幾乎一字不漏地沿用康斯坦的說法，「獨尊任一方的意見，都無法站得住腳。」

他們接著重申彌爾頓的觀點，強調真實和虛假有必要歷經碰撞的過程，才能產生令人信服的想法。如果意見正確，一味禁止只會剝奪我們領悟事實的機會；要是錯誤，我們則無從得知與其對立的論點其實才正確。

接下來，他們跨出重要的一步。讓真假論述碰撞的概念太簡化。現實中，不同論述中隱含著或多或少的事實。錯誤想法可能有正確的地方，正確的想法可能有錯誤之處。許多看法只大致說出事實，但「很少或從未展現完整的事實」。追尋事實就像偵探故事，這裡找到一絲線索，那裡發現一些片段，必須拼湊在一起才能一窺全貌。

「這些片面線索都是事實的一部分。」他們指出，「有些占據的比例較高，有些較低，但通常都有其誇大、扭曲和背離的地方，理應和其他事實一同檢視，找到平衡。」

因此，言論自由理應幾乎不受任何限制，即便引發反對的強烈情緒，也不足以構成抑制言論自由的理由。大部分政治理念，尤其是顛覆現況的激進想法（例如伽利略的天文學觀點，或是泰勒和彌爾對女性權利的主張）都使人反感，有時還引發巨大憤怒。無論什麼時代、在怎樣的社會中，人類總是深受常規和慣例所制約。所有挑戰當時預設立場的想法，都容易犯眾怒，而要平息大眾的不滿，就必須停下進步的腳步。

不過有個例外。一旦煽動暴力，就表示言論自由過度侵犯人民的其他自由（即不受攻擊或殺害的自由）。他們指出，「如果有人只是在出版的刊物中主張，玉米商是害窮人挨餓的元兇，這樣的言論不應受到管制，但若對聚集於玉米商家門前情緒激動的群眾發表這番言論，可能就必須受到懲處。」

這裡可以看到，言論自由的底線實在很高。和平時期，在報紙上公開表達如此煽動情緒的看法，尚不觸犯底線，必須在會立即且直接造成傷害的時機和場合為之，才算踩到紅線。此外，案例具體明確也很重要。判斷是否有煽動人心之嫌，並非只取決於字詞本身，還要評估說出當下的情況，以定奪言論化為實際行為的可能。

一如既往，比起擔憂國家言論審查，泰勒和彌爾更關注社會加諸於個人身上，那股令人窒息的約束力。事實上，像李爾本那樣在市中心被銬上械具示眾的日子早已遠去。如今個人可能面臨的風險不像以前那麼戲劇化，但說不定更加危險：社會污名。

「欠缺包容力的社會不會奪走任何人命，也不會汰除任何意見，但會使人們傾向偽裝自己，或不願主動發表自己的想法。」他們提出警告，「這種風氣形同強迫知識分子消極噤聲，代價就是犧牲人類的所有道德勇氣。」

受害的不只當事人，最終所有人類都將蒙受其害。「假如大量知識分子富有潛力，但生性膽小，不敢追尋獨立思考的腳步，大膽無畏地探索各種思緒，惟恐世人認為他們反對宗教、違背道德，誰能估算這世界的損失？」

他們寫書的當下並不知道，但就在《論自由》出版的那一年，查爾斯・達爾文（Charles Darwin）因為感到侷促不安而延遲了二十年才終於發表闡述演化論的著作《物種起源》（*On the Origin of Species*）。該書是繼伽利略後，最強力挑戰宗教世界起源觀的作品，而且完美映證了他們的論點。要是達爾文或同時提出演化論的阿爾弗雷德・羅素・華萊士（Alfred Russel Wallace）再更擔心受世人嘲笑一些，他們或許就不會向世界揭示所發現的事實。

抱持和輿論不同的主張可能既孤單又危險。只是，真正獨立思考的人，都有失去朋友、不受社會尊重，甚至賠上升遷機會的風險，而這是身為真正自由的個人所應背負的義務。沒有這股信心，不管想法可能多貼近事實，都不算在真正地思考。

「比起只單純擁有符合事實的看法，自主思考的人即便犯錯，反而能覓得更多真理，因為前者並未親身經歷思考的艱苦過程。」泰勒與彌爾表示。

不過光有發言的勇氣還不夠，真正的自由主義者還必須滿足其他可能更艱鉅的條件：聆聽與其看法不同的意見。他們必須澈底敞開心房，接受敵對立場最強而有力、立論周全的攻訐，領略最有說服力的雄辯言辭。「必須體會最大程度的困難才行。」他們強調。

除了自信和獨立思考，還必須具有同理心，以想像能力從他人的角度體會各種不同的想法。具備這項特質的人很少。泰勒和彌爾估計，在一百位「受過教育的人」之中，甚至找不到一個人這樣待人處事。「他們的結論或許正確，但對其他事情的認知可能有誤：他們從未換位思考，從思維與其不同的人的心理狀態去理解事情。」

要在情感和認知上換位思考，必須自信與謙遜兼備。我們對《論自由》的認識頓時豁然開朗。這不是傳遞思想的宣言，甚至不是政治哲學論著。這是一本自助學習手冊，教導如何活出真實不虛的一生。

社會普遍對奉行這套人生哲學的人不感興趣。「絕大多數人滿足於現行做法，正是這套常規使他們能夠處於當下的狀態，因此他們無法理解為何有人不適合。」泰勒和彌爾說道。

跟康斯坦一樣，泰勒與彌爾也發現，人們一方面渴求自由，一方面也希望大家都一樣。此外，他們也和康斯坦一樣，將統一性比喻為機器，多樣性就像生命體。「人性不是用模型鑄造而成的機器，只為了確切執行所設定的工作，而是要像樹一樣，由內部的力量賦予生命，隨著自然的傾向成長，在各方面自我發展。」他們表示。

只不過機器仍占上風，不斷壓縮個體的存活空間。這不僅表現於政治上，更遠遠超過意見表述的範疇。這種現象觸及一般人的生活方式，深植於社會之中。

「所有人彷彿活在充滿敵意、使人畏懼的集體審查下。」他們如此警告，「每個人不再深究自己想要什麼，而是詢問其他人或同類的普遍做法，更糟的是，追求上流階級的行事作風。」

泰勒和彌爾接著犀利地指出，問題不在於人們「選擇習慣的做法，而非順從自己的傾向」。而是「除了慣常的做法之外，他們根本沒想過自己可以有其他想法，因而甘願把自己的心靈套上枷鎖。」

在這彷彿引擎運轉的社會中，人人服從一致的規範、懷疑自己的所作所為、效法別人的行為、以合群為主要的行事原則，並且擠進越來越小的人生框架，以獲取家人、朋友和同事的認同，個人的本性慘遭無情扼殺，「直到最後，由於從未順從本性，而永久失去值得依憑的本性，生而為人的能力終於乾枯凋萎」。

這種文化是另一種形式的暴政，有如查理一世的統治那樣真實，而且甚至可能更加危險。「無論如何稱呼，凡是扼殺個體即可視為獨裁專制。」

但為何會發生？對比孕育自由主義的人類歷史，這似乎違反了整體趨勢。工業革命加速鄉下地區的勞工湧入城市。人們從關係緊密的群體和舊時代的宗教認同中釋放，在不受拘束的狀態下，進入大城市形成新的群體和認同。

諷刺的是，泰勒和彌爾認為，正是孕育自由主義的力量促進社會統一性。具體而言有兩股力量：資訊交流和民主。

曾促成平等派運動的小冊子後來演變成報紙。保障言論自由的規定（例如美國憲法條文）將此列為權力分立下非正規的第四權。不過，出版自由有個違背自由主義精神的黑暗面。此權力密切影響著讀者對政治和社會的預設想法，使社會污名更難以洗刷，呼應人們對行為對錯的直覺認知。

「如今社會大眾不再以教會或國家達官顯要的意見為己見，也不再從公開的領導者或書籍汲取想法，奉為圭臬。」泰勒和彌爾解釋，「群眾把思考的差事交給與其極為相似的人代勞，由他們在第一時間透過報紙抒發想法，或以其之名發表言論。」

由於擁有選舉權的人民增加，這些觀點在政治階級獲得更熱烈的迴響。「現今個人已然迷失於群眾之中。」他們指出，「輿論主宰政治圈，幾乎已成顯而易見的事實。」

經過兩個世紀後再回顧，泰勒和彌爾的遠見令人驚嘆。他們早已預見大眾媒體——從報紙、廣播、電視乃至社群媒體——的回饋循環（feedback loop）：接收輿論，而後證實、放大、再播送給社會大眾，如此週而復始，持續不止。

隨著世界上首次出現完全的代議民主，這套制度至上的正統地位逐漸鞏固，輿論變成一股外加的道德力量，敦促立法者回應社會大眾的訴求。

有時輿論相當寬容，符合我們的期待；有時則惡意滿滿，充滿偏見。輿論幾乎都是突然湧現，轉瞬即逝，對立法留下持續多年的影響。舉凡維多利亞時代的同志性行為、一九五〇年代美國的共產勢力滲透、六〇年代的嬉皮文化，還是九〇年代的英國舞曲，社會大眾面對這些事物的驚恐情緒都會經由媒體如火如荼地報導，轉變成社會歧視和壓迫特定族群的法條。

對此，泰勒和彌爾提出的解決辦法很簡單：掌握人生的主導權。這是自由主義發展歷程中的關鍵時刻。每個人必須確保，所有決定和一切行為都是以個人真正想達成的目標為出發點，不是因為想尋求別人的認可。

「只懂得照慣例習俗作事的人，其實並未做出選擇。」他們指出，「讓世界代為選擇人生計畫的人，除了大猩猩的模仿技能外，不需要其他任何能力。」

從當時到現代，時常有人批評《論自由》推崇的是冷漠的世界，鼓吹由遺世獨立的個人構成一個原子化（atomised）社會，人與人之間互不承擔任何責任，個人與全體人類的唯一聯繫必須靠傷害原則居中協調。

傷害原則的唯一功用是保護每一個人，以免遭到他人不當干預。該書的核心論述並非倡導任何特定形式的社會，而是單純強調個人應自主選擇自己的生活方式，而非由他人代為決定。

只是這次，泰勒和彌爾猶豫了，他們的反應很不尋常。他們專注思考以往大加宣揚的自由放任，似乎在倒抽一口氣後，態度反而有所保留。無論他們的道德觀有多現代，想法多麼有遠見，他們畢竟還是維多利亞時代的人。他們始終無法拋棄一個概念：快樂的等級。這是彷彿刻在他們骨子裡的觀念，是彌爾過往奉行功利主義的殘影。

「低級的快樂」（lower pleasure）包括性、美食、喝酒，彌爾認為這些是由「純粹的感覺」組成的「動物慾望」（animal appetite）。「高級的快樂」（higher pleasure）包含更深層的活動，牽涉到「智識、感受和想像以及道德情操」。

社會並未禁止體驗這些事情，但泰勒和彌爾深信，能自由從事性行為及研讀哲學的人，最終都會認為哲學帶來較多樂趣。

這個見解具有爭議，但也相當發人深省。在所有看似寬容的表象下，隱藏著一個不言自明的假設。米爾和泰勒所倡導的生活方式自由，如同清教徒所追求的信仰自由，並非因為沒有所謂的正確道路，而是因為他們相信正確的道路確實存在，只是尚未被世人所發現。

彌爾和泰勒重視多元，但他們認為，人們試過所有事情後，都會希望成為理性、愛讀哲學的自由主義者。換言之，所有人都會想要變得跟他們一樣。儘管隱約不明，但字裡行間透露出社會大眾終將走向一樣的人生。

自由主義總是這麼發展。倡導者用充分的理由為其辯護，提出論述，但在真正探究每一種情況時，只要邏輯推導上暗示著什麼激進的結局，他們便保守迴避，幾乎每次都是如此。

不過就算是這樣，他們的確把自由主義推上了新的高度。

彌爾和泰勒憑藉著美好但驚天動地的論點達到了這項成就，他們提出的想法從笛卡兒的年代便開始發酵，但從未有人以如此篤定的態度表述，也沒人提出如此精緻深刻的理論。人必須擁有自主權，獨立思考。

他們指出，「在這個時代，僅僅是不盲目從眾、拒絕屈服於慣例，便已是一種貢獻。正是因為輿論的壓迫使不循規蹈矩的人變成眾矢之的，為了打破這種壓迫，人們應勇於擺脫常規。」

這段話為他們的感情留下最後的見證。

第6章 死亡

二十世紀有兩種新政府體制崛起：共產主義和法西斯主義。表面上，這兩種體制互為對立面，各自的擁護者也的確把對方視為死敵。但在對立的背後，兩者擁有共通的思路，也就是致力摧毀個體。

長久以來，這類事件感覺不太可能發生。彌爾在一八七三年逝世，此後的五十年間彷彿迎來自由主義的勝利。

我們目前熟悉的世界就是在這段時間形成。越來越多國家賦與男性普選權；科技發展拉近人與人之間的距離；鐵路、汽車和腳踏車減少跨越物理距離的阻礙，電話、相機和無線電則縮短心理距離。工業化加速都市化，超過十萬人的大城市早就不足為奇，好幾個大規模的都會區，像是柏林、倫敦、巴黎和維也納，則擁有百萬以上人口。

貧窮勞動人口的生活有所改善，雖然緩慢，但改變顯著。平均工資已足夠購買基本必需品以外的商品。國家戒慎恐懼地介入市場，頒布諸如禁止僱用童工的規定，甚至還有剛剛興起的福利國家正開始發展，特別像是德國在一八七一年實行工傷事故保險計畫。之後，其他國家紛紛跟進，制定健康保險、失業補助和老年年金等制度。

歐洲處於和平狀態。從一八七一年到一九一四年，歐洲國家並未兵戎相向，爆發戰爭。對那時的大多數自由主義者而言，歷史彷彿是站在他們那方。人們越來越有錢，也不再那麼迷信，日後應該也會更加理智，更沒有包袱。

英國國教主教曼德爾・克雷頓（Mandell Creighton）的形容最貼切，「我們理所當然認為，人類持續不斷在進步，這是歷史敘事總是引以為本的科學假設」，而這正是自由主義的核心假設之一。和平、民主和自由逐漸成為主流。

真是令人欣慰，對吧？不過，只要你開始深入探究，就會發現事實並非如此。和平的局勢千真萬確，但僅限特定區域。歐洲強權沒有對彼此發動戰爭，而是往外殖民全世界。

帝國主義是指控制其他國家的領土，剝削其經濟，那時的帝國主義已進入最瘋狂的時期。一八八〇年到一九一四年，歐洲和美洲以外的大部分地區遭到掠奪，由幾個西方國家以正式或不正式的手段控制，包括英國、法國、德國、義大利、荷蘭、比利時、美國等強權瓜分全球約四分之一的土地。

過程中沒有太多打鬥。對殖民地來說，西方大國的經濟和軍事實力實在太強，難以抵抗。不過戰爭還是免不了，當戰爭爆發，凶殘的行徑與過去完全一樣。一八九九年到一九〇二年的波耳戰爭（Boer War）期間，英國率先試驗集中營的效果，數以千計的女性和小孩死於營養不良和飢餓。

被殖民國和殖民國間的貿易並非毫無代價。被殖民國被迫簽署不平等的貿易協議，使其無法自主訂定貿易規則。

暫且不論殖民主義，歐洲的和平並不穩定。當時的和平並非奠基於良好的國際關係，而是恐懼。

兩大軍事強權陣營鼎足而立的局勢成形。德國與奧匈帝國的同盟關係堅若磐石。奧地利控制波士尼亞與赫塞哥維納（Bosnia-Herzegovina），與法國的盟友俄羅斯發生衝突。英國加入法俄陣營，制衡德國的軍力。歐洲大國分屬對立的聯盟，彼此牽制。

有段時間，這種局面發揮了威懾效果。任何國家之間發生爭端，都可能引發總體戰，將所有國家逼上戰場，因此各國相當節制。然而，每當出現紛爭，局勢就變得更加緊繃。一場風暴正在醞釀，最終將澈底推翻自由主義對人類世界必然不斷進步的假設。

十九世紀末，情勢有了轉變，使全世界感到戰慄，彷彿遠古的某種可怕勢力沉睡已久，此時突然從睡夢中甦醒過來。

那是一八九四年，一切要從德國駐法國大使館的廢紙簍說起。德國駐外武官馬克西米利安・馮・斯瓦茲柯本（Maximilian von Schwartzkoppen）每天都會閱讀收到的信件或報告，看完後便隨手丟入廢紙簍。

他不曉得的是，大使館內的清潔工是間諜。她每週都會到他的辦公室清理垃圾，把垃圾交給法軍參謀部（General Staff）統計組（Statistical Section）的上司。斯瓦茲柯本與外界的通訊內容進入垃圾桶後，直接落入法國情報單位手中。

九月二十六日，法國陸軍的亨利少校（Major Henry）在最近一批「廢紙」中發現不尋常的文件。一張很薄的紙上寫著法國炮兵編制的詳細資料，以及部隊動員計畫的修改內容。德國駐外武官沒道理會拿到這些資料。顯然，軍中有間諜。

幾天之內，軍方便鎖定一名可疑對象：阿爾弗雷德・德雷福斯（Alfred Dreyfus）。雖然沒有確切證據顯示是他，但德雷福斯有個很大的劣勢，參謀部裡只有他是猶太人。

軍方在原本寄給斯瓦茲柯本的信件檔案中加油添醋，並檢附其他造假文件，以捏造的資料對他提告。十月三十一日，《自由言論報》（*La Libre Parole*）率先披露這件事，煽動輿論。這家由愛德華・德魯蒙（Édouard Drumont）創辦的報社擁有強烈的反猶色彩。

反猶太主義（anti-semitism，對猶太人懷有偏見）在歐洲存在多時，屠殺、驅逐、強制改變信仰等事件偶有聽聞，在歷史上留下血腥的紀錄。不過在報導中，德魯蒙從現代的角度開始概述這由來已久的仇恨，整理出反猶太主義的多種類型。第一種是天主教自古以來對猶太人的不信任，一口咬定猶太人是「殺害基督的兇手」，如今仍有反動分子對法國大革命懷恨在心，更進一步證實了這種情緒❶。第二種是以個人生理特徵為根據的偽科學種族歧視。第三種是左派分子對資本主義的敵意，尤其是銀行業，猶太人似乎特別擅長此道。第四種是外來猶太人試圖破壞國家完整性的陰謀論。

法院宣判德雷福斯有罪。他被押送到法國軍官學校（Ecole Militaire）的中庭，大批群眾聚集在校區外頭。軍方一樣一樣收回他身上的配備：徽章、金色穗帶、臂章、每一顆鈕扣、階級章，最後是他的佩劍（取回後打斷）。接著，他被押解著走過廣場的每一側，遊行示眾，期間他奮不顧身地反覆澄清：「我是無辜的，我是無辜的。法國萬歲。」幾乎沒人聽見他的聲音。外頭的人群高喊著：「處死猶太人，處死猶大。」

德雷福斯被驅逐到法屬圭亞那外海的流放地惡魔島（Devil's Island），環境極其惡劣，在最嚴峻的時期，存活率僅僅只有百分之二十五。除了衛兵之外，他是島上唯一的人，而衛兵禁止與他交談。他住在四公尺見方的小屋內，手銬在床上。這是他往後四年半的家。

照理說，他的生命很有可能在此終結，但一位出乎意料的救星出現了。他的名字叫喬治・皮夸爾（Georges Picquart）。表面上，他與周遭的人差不多——這位反猶太人的參謀部陸軍軍官與

---

❶編註：法國大革命的核心價值觀是自由、平等、博愛，這也影響了對待猶太人的態度。在大革命期間，猶太人逐漸獲得了公民權，擺脫了過去的種種歧視和限制。

全國百姓一樣，相信德雷福斯有罪。不過，皮夸爾其實是個有原則的人。

一八九五年六月，在德雷福斯案判決過了六個月後，他接任軍事情報首長。他很快就清楚意識到，法國軍事機密依然不斷流向德國大使館，因此斷定參謀部裡還有其他間諜。他仔細檢視更多從德國大使館蒐集而來的垃圾，發現一封撕成碎片的信，收信人是名為查爾斯・艾斯特哈齊（Charles Esterhazy）的法國陸軍軍官。皮夸爾開始監視艾斯特哈齊的行為舉止，並請他的部屬蒐集有他筆跡的紙張。他的發現讓間諜案水落石出：艾斯特哈齊的筆跡與那封信完全相符。德雷福斯是無辜的，艾斯特哈齊才是間諜。

皮夸爾向上呈報調查結果，原以為高層長官會有所作為，但這麼做反而讓他們驚恐萬分。他的調查有可能使軍方刻意誣賴德雷福斯的陰謀曝光。

高層命令皮夸爾前往北非的突尼斯（Tunis）作戰，他們以為他會在殘酷的戰役中喪命，不料他在戰事中生還，於是他們下令逮捕他，協調法院宣判他洩漏機密，以此為藉口將他免職。軍方捏造新的罪證，企圖強化德雷福斯的犯罪事實，使外界不再有質疑的餘地。

進展到此，德雷福斯案已與間諜沒什麼關係，反而演變成不同國家認同的文化之戰。軍方和教會代表舊權威與法國的純正地位。他們備受知識分子和自由主義者抵制，這兩個族群支持猶太人，而且沒有那麼強烈的愛國情懷。反對德雷福斯等於支持法國，支持德雷福斯等於反對法國。

具有影響力的艾米爾・左拉（Émile Zola）身兼小說家和記者等身分，是極少數支持猶太人的代表之一。他知道自己要是表明立場，人民會願意聆聽。但他也明瞭，這麼做必將承擔一些後果。如果他表明相信德雷福斯的清白，這場論戰中壓抑多時的仇恨情緒將會全數朝他而來。

一八九八年一月十三日，左拉在《震旦報》（*L'Aurore*）頭版發表〈我控訴〉（J'Accuse）一文，這是歷史上影響力數一數二的新聞報導。他在文中逐一細數德雷福斯無罪的證據，並舉證揭發軍方掩蓋真相的醜聞。報導一出便觸發翻天覆地的劇變。

〈我控訴〉一文刊出後，法國馬上陷入混亂。隔天警方收到通知。「巴黎即將發生遠遠更加危險的暴動。」通報者寫道，「暴動的目的相當明確，亦即洗劫猶太人經營的商店。」索邦廣場（Place de la Sorbonne）和拉丁區（Latin Quarter）的街上湧現上百名學生，他們大聲喊著：「打倒猶太人！」

第二天，抗議越演越烈。「人數不斷增加。」警察回報。抗議群眾走到共和廣場（Place de la République）時，周邊咖啡館的許多顧客一聽見抗議口號，便起身加入抗議。香榭麗舍大道上，人群開始從經過的路人中挑選特定目標，對他們喊叫：「骯髒的猶太人！」《自由言論報》興高采烈地寫著：「猶太人就像被潑灑熱水的老鼠一樣，連要竄逃都找不到方向。」

抗議者召開政治集會，反猶太人團體齊聚一堂。德魯蒙找來反猶太人聯盟（Anti-Semitic League）領袖儒勒．蓋林（Jules Guérin）助陣。他是極富魅力的惡徒，身邊總圍繞著來自當地屠宰場的壯漢，作為他的衝鋒打手。「他身材高大，體格強壯。」一份警方報告指出，「出門總是帶著巨大的棍棒。」

聯盟本身擁有嚴格規範，成員必須服從指揮。「聯盟成員對蓋林的態度就像士兵聽從上校的命令。」一名臥底警察告訴上司，「紀律嚴明，不容挑戰。」蓋林用橡木製作拐杖，手把是厚重的鋼鐵或鉛，他把這種「反猶棍」（Anti-Jew）發送給追隨者，讓他們在街上攻擊疑似猶太人的民眾。

德魯蒙和蓋林掀起的崇拜情懷並不尋常，不只是因為他們設下嚴厲規矩，更大的問題在於英雄崇拜。他們兩人幾乎沉浸在暴力的氛圍之中，放縱狂歡，甚至是奉為信仰。那是力量和國力的展現，政治已然化為行動，而非只是思想。

隨處都可見到仇恨語言。口號、報紙頭條和大量印製的海報充斥著攻擊言論，諸如「卑鄙的希伯來人」、「危險的寄生蟲」和「四海為家的猶太人」。還有報紙提供辨識猶太人的方法：「鷹鉤鼻、多毛的大耳朵，以及一聽就知道的口音。」

最知名的「反德雷福斯派」言論直指跨國的猶太人勢力密謀推翻法國。社會大眾對猶太人的印象，通常是極度富有，甚至有辦法賄賂財力最雄厚的政府官員，但他們同時也生性怪異、骯髒頹廢，幾乎像是次等人類，可能傳播疾病。這兩種形象彼此互斥。要是猶太人如此未開化，他們要如何在全球策劃複雜的陰謀？即便如此，陰謀論依然大肆流傳，事實上，陰謀論的影響力日益強大。從小奸小惡到國際政治，沒有什麼無法成為反猶太人的理由。

陰謀論的政治敘事可讓所有人輕易理解：一群叛國者暗中密謀推翻國家政權。法國所歷經的各種不幸，從經濟到軍事層面，現在都能透過一個簡單的故事來解釋，尤其最有效的是，陰謀論塑造出明確的反派。只要驅逐或解決掉反派，各種問題都能迎刃而解。

陰謀論能如此輕易地收買人心，正是因為其內容無比謬誤。國家衰弱真正的原因錯綜複雜，但沒人在乎。發生的任何壞事都能怪罪於密謀者，好事則歸功於民族主義者。永遠不會有什麼證據證實民族主義者犯了什麼過錯，或他們必須為行為承擔任何責任，因為這種形式的政治修辭已完全脫離客觀現實，只存在於民族主義者幻想出來的平行宇宙。

於是猶太人成了理想的代罪羔羊。在民族國家當道的世代，猶太人是「流浪的種族」（wandering race）。每個國家都有他們的身影，但他們沒有自己的國家。他們永遠都是外來移民。

巴黎開始到處出現大海報，呼籲全國人民上街抗議。部隊全面禁假，軍人禁止與群眾走得太近。

左拉不管到哪裡都有暴民圍著他。他們對他百般嘲笑，或朝他破口大罵。他成了眾人口中的賣國賊。〈我控訴〉發表不到一個月，他遭控誹謗而必須受法庭審判。

二月底，法院宣判左拉有罪。「人們興奮地跺腳慶祝長達五分鐘。」《晨報》（*Le Matin*）的報導寫道，「所有人把帽子掛在拐杖上，高舉在空中搖擺，律師把帽子拋向空中。許多人喜極而泣，還有人互相擁抱，彷彿剛逃過一場浩劫。現場開始順著節奏喊起口號，起初低沉不清，但聲音逐漸變得強烈，益發明顯，響徹大皇宮的拱頂。『處死猶太人，處死猶太人。』」

反猶太主義的思想往外擴散，從巴黎傳向波爾多、昂傑（Angers）、馬賽、坎城、南錫（Nancy）、第戎（Dijon）、南特（Nantes）、巴勒迪克（Bar-le-Duc）、亞維儂、諾曼第、洛林（Lorraine）、普羅旺斯、里昂、雷恩（Rennes）、圖爾（Tours）、克萊蒙費宏（Clermont-Ferrand），也從大城市散播到小城鎮，猶如政治病毒一般。

大部分猶太人試圖躲藏，希望這波仇猶情緒趕快結束，但情勢並未好轉。許多人發現，原本視為朋友的人加入了暴民的行列，聚集在他們家門外，晚上朝他們家的窗戶丟擲石頭，威脅要放火燒死他們。

有些猶太人挺身反抗，卻換來譴責暴力的苛責聲。在巴勒迪克東北方的一座城鎮，當地一名拉比（rabbi，對宗教導師的尊稱）上前制止兩個販售歌曲《我們會殺了德雷福斯》（*We'll Kill Dreyfus*）的男人。在場的群眾馬上同仇敵愾地批評他。在這座只有一萬八千名居民的城鎮，上千人為此遊行示威，高喊著他的名字並疾呼：「打倒猶太人！」

左拉遭定罪後不久，司法調查有了重大轉折。亨利少校粗糙的造假文件再也掩蓋不住真相。他坦承罪行並遭到逮捕，隨後便自刎結束生命。艾斯特哈齊逃到英國。法院廢除對德雷福斯的判決，他終於可以回家，只是經過兩年的社交隔離，他已相當虛弱、身心俱疲，不太能開口講話。這起法律和政治的衝突持續六年之久，德雷福斯和皮夸爾終於洗刷冤屈，重獲清白。

但德雷福斯案所挑起的反猶太主義無法輕易落幕。歐洲的反猶情結由來已久，如今經由海報和報紙等大眾媒體渲染、民族主義組織對武裝化英雄崇拜的盲從，加上效果極佳的陰謀論成功博取了左派和右派的青睞，為反猶太主義注入一股龐大的新力量。

一種新政治思想即將崛起，這種思想推崇群體力量，一旦認定某人為外來者便群起攻擊。自由主義在現代的敵人即將現身。

一九一四年，強權間彼此威嚇制衡的機制終於瓦解，而壓垮駱駝的最後一根稻草可說輕如鴻毛。波士尼亞塞爾維亞的民族主義者暗殺了奧地利的斐迪南大公（Archduke Franz Ferdinand）和他的妻子蘇菲（Sophie）。這原本只是國家等級的小事件，但過度強調對國家忠誠的體制思維，此時彷彿偵測系統般警鈴大作，使這起事件最終演變成波及整個歐陸的嚴重衝突。

奧匈帝國對塞爾維亞宣戰。俄羅斯動員軍隊，向奧地利和德國開戰。德國對俄羅斯和法國宣戰，英國對德國宣戰，奧匈帝國對俄羅斯宣戰。

從六月二十八日到八月六日短短幾週，歐洲維持了半世紀的和平應聲崩解。

接下來爆發的世界大戰是歐洲有史以來破壞力最強的衝突。幾週內，歐洲土地上挖好了數千英哩的戰壕，敵軍間的勢力範圍相隔只有幾公尺。整個世代科技進步的成果，如今成了人類互相屠殺的武器，機關槍、化學戰、坦克、空襲，罄竹難書。

四年後，當槍炮停止射擊，已有數千萬人喪命、受傷或失蹤。整個世代的人口直接消失。後續幾年間，人們渴望回到戰前的日子，但舊時光不再復返。因應戰爭需求的經濟模式摧毀了國家的正常功能。打仗產生的負債和幣值波動使國際貿易失去應有的秩序。解編軍隊後，許多國家因為龐大的失業人口而不堪負荷。失落感和悲傷使社會氛圍逐漸走向極端。就在一片混亂中，新的國家型態出現了：全世界第一個共產國家。

在弗拉迪米爾．列寧（Vladimir Lenin）的領導下，俄羅斯在一九一七年十月發生共產革命，隨後並以卡爾．馬克思（Karl Marx）的著作為依據，產生了新的政府編制。

馬克思是十九世紀為文論述的德國思想家，一頭蓬鬆凌亂的頭髮是他給人的印象。早年，他在德國、法國和比利時全心從事哲學寫作，最後往往遭所在地的警察驅逐而遠走他鄉。晚年時期，他落腳於倫敦，大半時間投入經濟論著，試圖以科學分析資本主義的發展。

馬克思的哲學和經濟論述主要關照勞動行為，亦即人類透過工作改變所處環境的方式。他指出，綜觀歷史變遷，人類勞動力曾在不同政治力的控制下運作。首先是原始共產主義（primitive communism），一切皆為所有人共有。接著是奴隸社會，勞工隸屬於主人。然後是封建制度，儘管勞工擁有人身自由，但基本上是在地主的土地上勞動。最後是資本主義，勞工利用僱主的機械工作，賺取工資。

馬克思在《共產黨宣言》（*Communist Manifesto*）一開始的前幾頁中寫道，「迄今所有社會的變遷史，就是階級鬥爭的歷史。」所謂階級，取決於群體與生產方式的關係，也就是製造產品所用的工具和原物料。資產階級（例如工廠負責人）控制生產工具，無產階級則將自己的勞動力賣給他們。

在馬克思的年代，生產工具透過工廠、鐵路、煤礦場和公營事業等形式，正以飛快的速度發展。但馬克思認為，資本主義創造運作這些生產工具所需的大量勞動力，同時也在自掘墳墓。工業革命產生龐大的工人階級，他們既沒有選舉權也沒有財產，勢必會壓垮整個體制。

工業革命後的第一個階段是社會主義（socialism），在這個階段，工人階級奪取生產工具，建立無產階級專政（dictatorship of the proletariat）。第二階段是共產主義，私有財產將會遭到廢止，一切收歸共有。隨著社會的物質條件改變，人的社會性格會逐步演變，剝削和不公不義的時代將會過去。

馬克思以科學語彙建構他的理論，與當時大部分社會主義者通常過於理想化的想法不同。他的論述並不真正訴諸道德，尤其是他晚期一點的作品。儘管他覺得資本主義錯誤或殘酷，他並未希望資本主義就此消失。資本主義會隨著歷史發展退出世界舞台，如同牛頓物理學所指大型物體的運動過程，或達爾文演化論中有機體發生突變一樣，都是自然發生。

馬克思的理論是知識史上令人驚豔的一大成就。其影響力無比廣泛，不僅共產思想，連社會民主主義（social democracy）和無政府主義都備受影響，範圍之大，甚至難以透過三言兩語來形容。二十世紀下半葉，聲稱依照他的理論所成立的政府，統治著全世界三分之一的人口。

馬克思竭盡所能，發自內心地在乎個體的處境，尤其是勞動行為——這類活動占據一個人絕大部分的時間，但許多自由主義者選擇忽視。

他理想中的共產主義沒有令人窒息的統一性，而是由無比自由的個體組成，豐富多采。「在共產社會中，沒人需要綁在單一的生產活動中，每個人都能依喜好在任何領域獲得成就，整體的生產狀況由社會管制，因此我可以今天從事一種工作，明天改做另一種，可以早上狩獵、下午捕魚、傍晚畜牧、晚餐後評論時事，只因我有思考能力能決定自己的行為，不必成為全職獵人、漁夫、牧羊人或評論家。」他寫道。

儘管這個願景令人嚮往，不過馬克思的理論架構在西方哲學史上並非創舉，而是複製了盧梭的理論。

與其說是個體至上，馬克思主義其實認為真實的自我存在於社會層面，以階級的形式呈現。人類真正的解放並非擁有個人自由，而是群體自由。理解這點和其科學根據，才能擁有真實意識（*authentic consciousness*），反之則只有虛假意識（*false consciousness*）。

馬克思和盧梭一樣，都因此認為個人權利並非必要。不必保護個人免受國家干涉。《哥達綱領批判》（*Critique of the Gotha Programme*）是馬克思最接近說明共產革命實務運作的著作，但在文中，他形容個人權利是「教條」（*dogmas*）和「過時的口頭垃圾」（*obsolete verbal rubbish*）。他大力反對「有關權利和其他垃圾的意識型態謬論」。

在資本主義的世界中，這樣的思想已證實是災難一場，但在共產主義下更是充滿危機。馬克思提出的想法，與自由主義的「自由放任」正好完全相反：國家提供所有物質生活所需，其權力凌駕於個人之上，不受任何限制。

列寧是俄羅斯共產黨布爾什維克（Bolsheviks）的領袖，當時該黨規模不大，影響力小。這促使他從理論上苦思一個問題：為何勞工階級無法獲得真實意識？

他提出的解決之道稱為先鋒主義（vanguardism）。他認為必須先有群人受到政治啟蒙，才能提振階級中其他人的意識。於是布爾什維克黨擔負起這份責任，後來演變成俄羅斯共產黨（Russian Communist Party）。就這樣，馬克思提出的無產階級專政，一躍成為共產黨獨裁統治。

就在取得權力之後，布爾什維克黨幾乎馬上就試圖消滅個體。

從革命政府一成立以來，該黨便相當忌諱私人生活的概念。反對共產黨控制的潛在勢力來源之一，就是來自私領域。私人生活強調個人和家庭，模糊了歷史上正確的無產階級群體劃分，因此必須以社會主義化的意識取而代之，如此才能建立真正的共產主義。

「不能忽略所謂的私領域。」教育人民委員阿納托利・盧納察爾斯基（Anatoly Lunacharsky）在一九二七年表示，「因為這正是革命要觸及的最終目標。」

這包括試圖消滅家庭的角色，以國家取代父母。蘇聯教育思想家茲拉塔・莉琳娜（Zlata Lilina）指出，「家庭關愛小孩會使小孩發展出以自我為中心的心態，鼓勵他把自己視為宇宙的中心。」

嚴格來說，學校體制的主要目的不再是教育。以某位蘇聯教育理論家的話來說，學校的宗旨是要將小孩「國家化」（nationalise），亦即消除小孩心理上的個人主義思維。「我們應教導年輕人從『我們』的角度思考，所有個人利益均應拋諸腦後。」盧納察爾斯基在一九一八年說道。

這些思維大部分是透過社會主義的例行規矩和慣例自然而然地習得。社會風氣鼓勵小孩成立自己的校園警察，告發同學的不當行為，並在教室內審判違規者。遊行、歌曲和宣誓成為學生不可或缺的生活日常。

專為孩童設立的共產主義聯盟稱為「先鋒」（Pioneers），十五歲以上的青年則加入「蘇聯共產主義青年團」（Komsomol）。一旦加入後者，在社會上就形同成年的共產主義運動人士，有責任揭發父母和老師之中的「階級敵人」（class enemy），並在學校參與模擬法庭，審判「反革命分子」。

此外，摧毀家庭觀念的過程也著重居住安排。凝縮（condensation）政策讓城市中的窮人搬進有錢人家中的房間。這不僅僅是帶有經濟意義的搬遷，更是在更廣泛的考量下，試圖以共居（communal habitation）取代以家庭為單位的生活模式。

一九二〇年代中期，新房子都是依循此原則興建。尤有甚者，有些蘇聯建築師設計出「公社宅」，犧牲了幾乎所有隱私。甚至連內衣褲都是共同擁有及使用。所有人輪流煮飯和育兒，一起睡在大宿舍的共用空間，隱密的房間只保留給解決性需求之用。

這些建築極少真正落成，但其代表更廣泛的意義在於強迫人們同住，共用煮飯、吃飯和洗澡的空間，只留私人的小空間睡覺，這種居住型態成了都市人的生活標準。

對於促進真實意識的訴求，黨內人士的回應尤其激烈，主要是因為他們擔心非工人階級的俄羅斯人會為了在新政權上台後飛黃騰達而入黨。

黨員依要求必須撰寫簡短的自傳，提供社會背景、學經歷和政治思想演進歷程等方面的詳細資料。只要懷疑任何人的意識型態不單純，就必須大肆聲討。

無論哪個方面，黨員的個人生活毫無隱私可言。他們的所作所為都是黨的具體反映。當時很常聽見的「黨團結」（party unity）一詞不只強調黨員團結一致，以蘇聯專家奧蘭多・費吉斯（Orlando Figes）的說法，「個人必須與黨的公共生活完全融合」。

一旦黨對黨員提出指控，只要當事人繼續堅持自己沒錯，罪行就更嚴重，因為這代表當事人不服從黨的意志。事實上，任何表露個人信念或個人良知的言語，都形同反叛。

俄語中代表「良知」的詞彙「sovest」帶有與自我對話的意涵，但自一九一七年就不再出現於官方文件，取而代之的是其中隱含著更高層次革命邏輯的「soznatel'nost」一詞❷。

❷編註：意指「意識」、「覺悟」和「責任感」。在蘇聯時期，這個詞彙經常被用來強調公民的社會責任感和對集體利益的貢獻。

這項任務澈底失敗，整個社會並未形成集體性格，反倒發生了另一種現象。私我（private self）退隱到心智背後。每個人都戴上面具與外界互動，喬裝成布爾什維克黨所認可、理想的無產階級形象，與真實的內心完全斷絕關聯。

這稱為內在移民（internal emigration）。隨著時間流逝，整個國家都會遭到吞噬。不過就目前而言，影響範圍只侷限於黨員與其家人、城市中大部分的勞動人口，以及因為成長背景而容易自我壓抑的人。

德國和俄羅斯一樣打了敗仗，殘破不堪。

政府籌措龐大資金支應戰爭所需，戰事一落幕，除了必須償還債務，還要應付戰勝國嚴苛的賠償要求，並負擔國內的經濟支出，帶領國家過渡到承平時期。然而，德國滿足這些需求的能力嚴重受限，尤其是因為簽下和平條約，失去了重要的工業區域。

德國政府嘗試印更多鈔票，但這麼做拖垮了幣值。戰爭之前，一美元原本可兌換四德國馬克，但到了戰後，馬克的價值直接腰斬。接著，情勢更加失控。一九一九年四月，一美元兌換十二馬克；一九二二年十二月，兌換七千馬克，隔年同月，一美元價值四兆兩千億馬克。

貨幣簡直失去了所有價值。印再多錢都跟不上貨幣貶值的速度。工人將薪水堆放在手推車上，趕緊出門購買商品，以免再次漲價。這種現象稱為惡性通貨膨脹。

其他國家同樣受到影響，例如奧地利的物價飛漲到戰前的一萬四千倍，不過德國的狀況可說是史無前例，物價竟飆升到戰前的十億倍。

一九二四年到一九二八年間，德國的經濟狀況一度短暫好轉，出口量、工業產量和薪資紛紛上揚。接著發生了華爾街股災。

一九二九年十月二十四日，紐約證交所突然爆發恐慌性出售潮，十月二十九日股市更進一步崩盤。隨著股價持續下探，絕望的投資人紛紛想在短時間內賣掉股票，使股價雪上加霜。美國大企業的市值總計蒸發了百億美元，這是當時美國貨幣流通總額的兩倍。

如此混亂的慘況持續了好幾年。關稅（對進口商品課徵的稅）提高，雖然目的是要保護國內廠商，但也致使其他國家實施報復性關稅，還以顏色。世界各國積極維持收支平衡，紛紛刪減政府開支。銀行倒閉，促使民間需求崩盤。當社會大眾對金融機構失去信心，便傾向持有現金。未倒閉的銀行則偏向保留資金而非放款外借，使民間消費進一步減少。

德國能挺過通膨，有一部分是受助於美國投資。當美國開始收回貸款，德國的工業生產隨即崩潰。一九二九年到一九三〇年，小銀行紛紛倒閉，到了一九三一年，大銀行也感受到壓力。德國陷入經濟蕭條。一九三二年，多達三分之一的德國勞工失業。

這樣的局勢正好有利共產主義發展。德國共產黨的全國黨員在一九二九年只有十一萬七千人，一九三二年已成長到三十六萬人。許多德國人認為國家可能就要跟俄羅斯一樣發生革命。

但共產主義面臨另一個強敵：法西斯主義。

這兩套思想體系看似分處兩個極端。支持者走在街上水火不容，自認與對方抱持截然不同的主張。但事實上，兩者的基礎具有類似之處。法西斯主義對種族的看法，如同共產主義看待階級的方式。個體受到忽視。真實的社會自我（social self）必須從自然形成的種族群體中尋找。

在法西斯獨裁者貝尼托・墨索里尼（Benito Mussolini）統治下的義大利，這個概念稱為「la raza」，在德文中則為「volk」，即帶有種族意涵的人民之意。此一種族群體的意志來自其領導者。

德國人認為自己的種族獨特、純粹、優秀，但國際間流傳的猶太人陰謀論破壞了這一切。儘管有些許不同，但這波陰謀論猶如德雷福斯醜聞當時的反猶太人情結一樣，充斥著偽科學種族歧視、左派對資本主義的敵意，以及右派對國家完整性和國安的焦慮。

就像在一八九〇年代的法國，陰謀論可隨任何歷史情況隨意調整。一九一八年德國戰敗，是因為猶太人從中破壞其軍事行動；惡性通貨膨脹和大蕭條等經濟混亂局勢，猶太商人必須負起全責；猶太人一手促成俄羅斯共產黨崛起。這些解釋彼此相互矛盾，但正因為這樣才更有影響力，能適用於任何情況。

阿道夫・希特勒（Adolf Hitler）在一九一九年首度出現在德國的極右翼政治圈，當時這位三十歲的普通大兵毫不起眼。那時的德國工人黨（German Workers' Party）規模不大，但那些在集會上聽過希特勒演講的聽眾發現了一件事：他的公開演講極度有渲染力。

他一開始通常會相當小聲，觀眾必須拉長耳朵專心聆聽，才能聽見他的演講內容。接著他會逐漸堆疊情緒，引導群眾進入情緒高昂的狂熱狀態。「經過今天之後，我要做的只有一件事。」一名年輕的民族主義者在一九二〇年代聽完希特勒的演講後表示，「要不跟隨阿道夫·希特勒的腳步贏得勝利，就是為他奮戰至死。」

希特勒藉著改名後的國家社會主義德意志勞工黨（National Socialist German Workers' Party，簡稱納粹黨）崛起，將該政黨變成他的私人領地。他先是在小啤酒館的集會向一小群人演講，到了一九二七年，他已能面對多達四萬名狂熱支持者，展現煽動大規模群眾的驚人魅力。

有別於共產主義、保守主義和自由主義深厚的政治哲學底蘊，法西斯主義沒有任何知識依據。沒有卡爾·馬克思、艾德蒙·柏克或約翰·史都華·彌爾之類的思想家為其背書，也沒有維多利亞時代的知名辯論可以溯源。法西斯主義並非透過思考與世人溝通，而是憑藉著拳頭，為群眾的內心帶來猛烈衝擊，以蠻力吸引大眾追隨。

法西斯主義的溝通聚焦於情感面，透過刻薄修辭、集體儀式和組織暴力達成目的。他們發展出強大的視覺架構，包括死板的納粹禮（伸直手臂行禮，領袖以手臂垂直豎起、手腕後彎的姿勢回禮）、講究的舉旗標準、納粹黨徽、法西斯儀式、對行軍和遊行的重視，並在政治宣傳海報中將德國描繪成體格完美的雅利安人，擊垮弱小的政敵。

崇尚武力是溝通和政治發展的主要方式之一，反映底層的意識型態。思考、閱讀、辯論被視為孱弱無力，缺乏男子氣概；力量才能展示黨的活力，從而代表強大的國力。

一九二〇年，納粹黨首次出現準軍事化的側翼組織，起初稱為「大廳守衛」（hall protection），接著依序改名為體操與體育部（Gymnastics and Sports Section）和衝鋒隊（Storm Division，或簡稱為SA）。一般人習慣叫他們「褐衫軍」。他們是狂暴的執法單位，帶著手指虎和橡膠警棍昂首闊步地走在大街上。

還有另一支獨立運作的親衛隊（Protection Formation，簡稱為SS）。一開始，其職責就像領袖的貼身保鑣，但很快就演變成黨內警察，成為維護新激進秩序的核心菁英。親衛隊體現了納粹黨人頌揚的人類價值，包括種族純化、紀律、毫不質疑的服從，以及不受法律制約的暴力。

希特勒的聲勢得力於經濟大蕭條而大幅提升。一九二八年，納粹黨的規模在德國只排名第九，但到一九三二年已躍升為最大黨。一九三三年初，希特勒當上國務總理。

一月三十日，褐衫軍和親衛隊舉辦火炬遊行，歡慶希特勒就任。年紀還小的梅莉塔・馬施曼（Melita Maschmann）隨同父母到場觀看，她看見一個男人遭到攻擊，倒在地上無人理睬，臉上血流如注。

「那幕使我震驚不已。」馬施曼日後回想，「但幾乎就在不知不覺中，一股令人陶醉的喜悅油然而生。『我們願追隨黨旗出生入死。』舉著火炬的遊行隊伍唱著。想加入這群人的炙熱慾望將我淹沒，即便那可能賠上生命也在所不惜。我想逃離幼稚狹隘的生活，參與真正重要的大事。」

俄羅斯出現新的群體，也就是富有的農民（kulak），與無產階級形成對立。這個詞一度是指經濟狀況不錯、可以僱用勞工的農民，不過革命落幕之後，這有了更危險的意義。

農民本身很難融入馬克思的理論。馬克思覺得農民不算是一種階級，欠缺階級意識。列寧認為，農民有參與革命運動的潛力，但那些擁有小塊耕地的農民形同持有財產，通常會站在資本主義者的立場思考。繼任的約瑟夫・史達林（Joseph Stalin）讓區別身分的工作沾染上了鮮血。

整個一九二〇年代，「富農」一詞改為指稱有錢農民，最後只要是反對或與國家對抗的農民，都能以該詞稱之。「所有表達不滿的人都能稱為富農。」撰寫回憶錄記載當時景況的葉卡特琳娜・歐莉茲卡伊亞（Ekaterina Olitskaia）指出，「從未僱用工人的農家被視為富農，遭到欺壓。只要擁有兩頭乳牛、一頭乳牛和一頭小牛，或是兩匹馬，就能算是富農。」

該詞的指涉對象改變，部分原因出在糧食供應。一九二八年，史達林提出五年計畫（Five Year Plan），期許全國工業產值大幅提升二〇%。想要達成此目標，需要由鄉間地區的農民為城市中的無產階級穩定供應大量穀物，此外還要兼顧出口。出口所賺的外匯就能用來購買工業化所需的機器和工具。

為確保穀物供應量充足，史達林興建了大型集體農場。農民需聽命放棄自己的土地和幾乎所有財物——當然牲畜和設備也不例外——並加入集體農場。有些農民可以繼續住在自己的房子，有些則必須搬到公社宅和營房，在共同使用的餐廳吃飯。他們不再能自由賺錢，而是領取日薪，而且薪資並非現金，是以實際物資支付。換句話說，他們以勞力換取日常所需的食物。

起初這一切還未強制執行，但當黨幹部下鄉招募人力，才發現響應政策的人少之又少。布爾什維克對富農的憎恨與日俱增。過去十年來，布爾什維主義向人民承諾將會過上物質充裕的日子，但只換來一貧如洗的生活。富農的背叛正好為現實的慘況提供解釋。

「是富農害我們無法過好日子。」忠心的黨支持者帕莎・安吉麗娜（Pasha Angelina）寫道，「再怎麼極力說服、實施管制措施或課徵一般所得稅，都不足以消弭他們造成的阻礙。」

於是史達林命令清算富農階級。針對要調動、流放、遷移到其他村莊，以及送入「古拉格」（gulag）這種新集中營制度的富農，黨分別設下明確的人數，要求達標。此時誰符合富農的條件已不重要。如果最後富農的人數太少而無法達成莫斯科設定的人數門檻，就必須有人「變成」富農。

烏克蘭當局收到指示，必須逮捕一萬五千名富農、流放三萬到三萬五千個富農家庭，並將五萬名富農遷移到白海（White Sea）的小島上。相較之下，白俄羅斯必須逮捕四千到五千人，中央黑土區（Central Black Earth）則須逮捕三千到五千人。

富農被扣上「人民公敵」的高帽，暗示他們同時也是國家和階級的敵人。「我們受的訓練告訴我們，不該把富農視為人，而是必須消滅的害蟲和蝨子。」一名積極的支持者表示。人民（或無產階級）單純而良善，因此必須有個原因來解釋蘇維埃體制造成的困境。富農被迫扮演罪魁禍首。

一九三〇年到一九三三年間，超過兩百萬名農民流放到西伯利亞、北俄羅斯、中亞或其他大半時候無人居住的地區。他們被迫搬入村莊中生活，禁止擅自離開。當他們舉家遷入，往往才發現當地一無所有：沒有糧食、沒有住所、沒有任何預備措施及建設。許多人在途中或抵達後死亡。

約有十萬人被送進集中營，成為奴隸勞工。

一九二〇年代末到一九三〇年代初，古拉格制度的主要設計者納夫塔利・阿羅諾維奇・法蘭克爾（Naftaly Aronovich Frenkel）在白海的索洛維茨基群島（Solovetsky）建立蘇維埃示範集中營。糧食變成一種控制工具。囚犯依體能狀況分成三組：耐得住重度勞動、只能做輕度工作，以及無法勞動。每一組會接到不同的工作，有額度標準需要達成，稱為常態門檻（norm）。達到標準才能依規定獲得糧食。強壯者活，孱弱者亡。

蘇聯官員開始強迫農民加入集體農場。一九三〇年七月定下的目標，是主要糧食生產地區的七成家庭必須在一九三一年九月加入。該目標很快就上調到八成。

「你必須勇於為黨承擔最嚴苛的責任，肩負起義務，別軟弱哭泣，也別受任何腐蝕人心的自由主義所左右。」一名共產黨領袖在窩瓦河（Volga）一帶對當地的統籌人員說，「丟掉中產階級的那些人道主義思維，當個向史達林同志看齊的布爾什維克黨人。只要看到富農站起來，一律打倒。」

許多農民用僅有的方法反抗：動手屠殺自己養的牛、豬、羊和馬，將肉吃完、醃製保存或賣掉，盡力確保這些肉品不會落入政府手中。一九二八年到一九三三年期間，蘇聯境內的牛隻和馬匹數量幾乎砍半。有人則選擇把牲畜關進穀倉放火燒掉，以免成為蘇維埃政府的資產。

在高壓強迫下，數十萬名農民加入集體農場，處境比在封建制度下更慘。他們失去賺錢的自由，也無法自由行動。他們失去選擇工作方式的自由，必須統一聽從指揮。勞動的報酬並非現金，只能領取五穀雜糧和馬鈴薯。

產量下降，人民試著盡可能減少勞動。生產力最高的工人不是慘遭流放、驅逐，就是遭到殺害。幾個世代發展而來的技術不再受到重視，取而代之的是中央集權命令。偷竊頻傳。集體農場的財物不屬於任何人，因此偷竊原有的社會污名快速消失，促使國家祭出嚴厲的反制措施。「富農、前富農和反蘇維埃分子全都在偷竊。」史達林指出，「罪犯必須判處十年刑罰或死刑。」

一九三二年八月七日，蘇聯通過一項法令，其內容似乎明確顛覆了《人權宣言》的財產條款。「公共財產是蘇維埃體制的基礎，神聖不可侵犯。」法令條文寫道，「試圖竊取公共財產者，必為全民公敵。」這項規定一公布，集中營的囚犯人數便又急遽增加。

氣候惡劣加上集體化帶來的混亂，使春秋兩季的播種情況不甚理想。很快就能看出，一九三一年集體農場的總產量將遠低於既定目標。

數百座（或許有上千座）農場的穀物繳納量未達標，因而進了黑名單。這些農場無法採購任何加工物資，也無法取得煤油或火柴，所以即便裡面的農民能找到食物，也無法烹煮。一旦上了黑名單，所有五穀雜糧、種籽、麵粉或麵包的買賣都會受到限制，也不得使用借貸或賒帳的方式交易。總之，無論是想種植、製作或採買任何東西，都沒辦法。

人們試圖逃跑，到其他地方尋找糧食，但史達林在一九三三年一月關閉與烏克蘭接壤的邊界。城市開始推行內部護照制度（internal passport system），但農民禁止申請。只要政府官員在城市內發現農民，就得將他們送回其原本的居住地。

蘇聯幹部集結成隊，在烏克蘭到處巡邏。他們進入平民百姓家中，用金屬長棒穿刺所有平面，尋找雜糧。他們搜索閣樓、煙囪、屋頂、天花板、烤爐、床鋪、垃圾堆、水井，所有可能藏糧食的地方都不放過。他們把找到的食物全部帶走，殺掉居民家裡養的狗，連桌上的麵包都不錯過。

凡是沒在挨餓的人都被懷疑。不久後，凡是還活著的人，在他們眼中都可能是富農。如果他們有食物，那就表示他們沒上繳；如果他們沒有食物，那就證明他們是富農。

視野所及盡是饑荒景象。「人不成人樣。」一名基輔地區的農民說道，「比較像是餓鬼。」老人、成人、小孩，健康狀況全都每況愈下，無一倖免。「所有人都一樣。」一名蘇聯情報人員表示，「他們的頭都像沉重的果核，脖子像鶴一樣細，手臂和雙腳一移動，皮膚下的骨頭清楚可見，皮膚就像繃在骨架上的黃紗布。小孩的臉看起來跟老人一樣，神情疲憊不堪，彷彿已活了七十年。」

一九三一年到一九三四年間，整個蘇聯至少有五百萬人餓死，包括三百九十萬個烏克蘭人。烏克蘭把這稱為大饑荒（Holodomor），其中「holod」表示飢餓，「mor」意指滅絕。

掌權六個月後，希特勒就清除了德國境內殘餘的反對勢力。

一九三三年二月，憲法中保障人民言論自由、出版自由、集會自由和結社自由的條文暫停適用。人民可能在法庭未發出命令的情況下遭到無限期拘留。國家有權監看信件及監聽電話、搜索民宅，以及沒收人民財產。隔月，希特勒通過授權法，取消國會的投票權，允許希特勒的內閣單方面立法。

共產黨員首先遭殃。共產黨自三月六日起禁止活動。那年年底，共產黨預估有十三萬名黨員入獄，兩千五百人遭到殺害。

接著輪到支持馬克思主義的社會民主黨。工會運動的支持者大本營最先遭到清洗。五月二日，褐衫軍和親衛隊突襲國內每一處支持社會民主黨的工會辦公室，接管所有工會報社並占據工會銀行的所有分行。工會官員遭到拘捕，期間受到毒打、羞辱，有些人甚至喪命。

失去工會後，社會民主黨不再構成威脅。五月十日當天，該黨的所有資產和財產全數充公，連正常運作都成了問題，最後在六月二十一日遭當局全面封殺。

對於天主教會與其創立的中央黨（Centre Party），納粹黨的手段就顯得較為謹慎，但最終還是使其噤聲。教會的報社被迫關閉，多位重要的天主教政治人物、作家、律師和記者遭到逮捕。德國在七月五日與羅馬締結宗教協定後，中央黨旋即遭到解散，諷刺的是，該協定內容還承諾不關閉天主教的教友組織。

到了一九三三年夏天，德國只剩一個政黨。

這波掃蕩大規模逮捕人民，促使納粹黨發展出集中營系統。親衛隊領袖海因里希・希姆萊（Heinrich Himmler）接任巴伐利亞（Bavaria）臨時警察總長，並在那裡宣布於距離慕尼黑不遠的達浩（Dachau）建立「政治犯集中營」。

三月二十二日，四輛監獄囚車將兩百名囚犯移送到集中營。四月十一日，四名猶太人囚犯被押出牢房槍決。截至五月底，已有十二名犯人慘遭殺害或凌虐至死。

親衛隊上校提奧多・艾克（Theodor Eicke）奉命擔任指揮官。集中營的規矩由他制定，裡頭一概採取殘暴的治理方式。違規者必須依犯行接受特定的懲罰，像是絞刑、槍決、勞役和單獨監禁。達浩集中營成了封閉體系，擁有自己的標幟、準則和結構，自成一格。以倖存者歐根・科岡（Eugen Kogon）的話來形容，那裡「名義上和實際上都是地獄」。

從此之後，全國各地開始出現集中營。光是一九三三年的前幾個月，德國就興建了至少七十座集中營，期間各種酷刑地窖和臨時監獄仍維持運作。

同時，納粹黨也扼殺社會上任何潛在的反抗力量。原本確保權力分立的正式制度，例如公務員體系和地方政府，皆遭到接管。廣播電台、報社、雜誌社和電影院則被「統一管理」。不過，中央企圖控制的範圍遠遠超過傳統上孕育反抗勢力的中心。納粹黨控制大學、就業中心、健保辦公室、醫院、職業協會、退輔組織、戲院、歌劇院、童子軍團體、地方合唱團和體育協會。除了住家和酒館之外，所有社交互動場所都在納粹黨的掌控之中。

職場和公民社會中的猶太人歷經一波清洗。一九三三年四月頒布的《公務機構改組法》（Law for the Restoration of the Professional Civil Service）禁止猶太人任職於政府機關，此外還有類似的條文禁止猶太人律師、教師和學者進入公務體系。

一九三五年，納粹黨開始在社會中驅逐猶太人。許多城鎮和村莊立起禁止猶太人進入的路標，並掛上「猶太人進入，後果自負」之類的標語。許多地區禁止猶太人上電影院、圖書館或餐廳。

《保護德國血統與捍衛德國榮譽法》（Law for the Protection of German Blood and German Honour）嚴禁猶太人與非猶太人結婚，並禁止婚姻關係以外的性行為。這稱為「種族污染」（race defilement）。性行為的定義很快就無限上綱，連任何肢體接觸（包括擁抱和親吻臉頰）都遭到禁止。不久後，只要對猶太人友善、與他們維持未涉及性行為的友好關係，或允許他們進入商店，都會被點名抨擊。

一九三〇年代，比起鄉下的農民，俄羅斯城市中勞工階級的生活相對較好，但也沒好太多。大多數人只有一套衣服，糧食也幾乎不夠讓人溫飽。

所有資產中，生活空間是最寶貴、也是最多人想要爭奪的資源。人們最重視、真正想要的是些許的隱私。「後代將永遠無法理解『生活空間』對我們的意義」。俄羅斯作家娜傑日達・曼德爾施塔姆（Nadezhda Mandelshtam）寫道，「這是許多犯罪案件的起因。十二・五平方公尺的生活空間如此珍貴美好，誰會想放棄？沒人這麼傻。」

共居公寓是主要的居住形式。這類建築物的興建目的，在於建構一個人人互相監視的制度。每棟都住著一位長者，像獨裁統治者般掌管大小事（包含命令住戶清掃），還有巡守員負責巡邏周邊區域。

每個人對彼此都瞭若指掌：每天的起居作息、吃了什麼、喝了什麼、跟誰見面、和誰講電話、聊了什麼。牆壁薄如紙，毫無隱私可言，即使是在隱密的睡覺區也一樣。

「那是有別於遭到逮捕、監禁和流放的壓抑感，我本身也經歷過，而就某些方面來說，那感覺更糟糕。」一位居民說道，「流放還能保有自我，但我在共居公寓中感受到的，是內在自由和個體性受到壓抑。」

走出家門，外頭廣大的間諜網使整個社會籠罩在互相監視的風氣中。任何人都可能是間諜或警察特務。即便是小孩，也可能在青年聯盟受過舉報班上死對頭的訓練，不一定能完全信賴。一位資深員警指出，每五個上班族中就有一個間諜。所有學校、工廠和公寓裡都藏有間諜。

包括神父、商人、罪犯、性工作者、吉普賽人和其他民族，後來都成了新的全民公敵，落入與富農一樣的下場。亞美尼亞人、華人、芬蘭人、德國人、希臘人、韓國人、拉脫維亞人和波蘭人都是當時的少數族群，不是遭到驅逐就是慘遭處決。外國人一向是遭懷疑的對象，尤其是容易引人注目的人。搬到莫斯科的黑人共產黨員羅伯特・羅賓森（Robert Robinson）說：「我在一九三〇年代初期認識的每一個黑人，七年內全從莫斯科消聲匿跡。」

與國外有所關聯者，同樣難逃迫害。在海外有親友的族群，例如波蘭人或德國人，經常遭到逮捕，希臘人、伊朗人、中國人、羅馬尼亞人、韓國人等，也面臨相同的命運。

凡是生活與國外扯上關係，就會受到懷疑，即便只是交了筆友，或會講其他語言。

史達林把人民的敵人稱為「害蟲」、「污染」、「毒草」或「穢物」。民間經歷了好幾波恐怖清洗。截至一九三〇年代中期，古拉格體系已有三十萬名奴隸勞工。

德國社會逐漸變成一致化的群體，社會內部僅存的溝通來自領導者。

一九三三年初的那幾個月，親衛隊和褐衫軍的惡徒以暴力接掌德國社會，攻擊範圍廣泛，任何人只要批評（或可能批評）納粹黨，包括被人發現行為怪異、獨立思考、特立獨行，乃至知識分子、遊民，以及廣泛意義上不願循規蹈矩的人，就會遭殃。媒體大肆報導這整個過程，因為目的之一是要在社會大眾心中植入恐懼，灌輸服從的觀念。

蓋世太保（Gestapo，希特勒的祕密警察組織）成立後形同國家監視人民生活的雙眼，所有人的一言一行全都無所遁形。實際上，該組織的規模並非特別龐大，編制員額相對少，大部分的人員都在室內執行勤務，而非四處巡邏。不過，蓋世太保付錢收買眼線、凌虐政敵取得情報，還有最關鍵的是，仰賴一般大眾主動告發，的確不需要太多職員。

以薩爾布呂肯市（Saarbrucken）為例，八七．五％「惡意誹謗政權」的案子都是由社會大眾舉報，包括旅館清潔工、酒吧客人、工作上的同事、在街上聽別人聊天的路人，甚至家人，都是眼線，而遭檢舉的當事人時常只是說了開玩笑的無心之語，或溫和的抱怨。但這都不重要。即便只是一點點不滿，都會受到嚴厲的對待，因為這等於是在反駁納粹黨的核心主張：整個民族只有一種樣貌，其整體以希特勒為代表。

最底層的社會控制由區長（block warden）執行，每人負責管理上級指派的多棟房子。截至一九三八年，區長人數多達兩百萬。工作職場上也安插了類似的角色，他們可能是德國勞工陣線（Nazi Labour Front）的官員、僱主、領班和保安處（Nazi Security Service）人員。「從此沒人再敢談論什麼。」一名德國人在一九三三年的日記中寫下，「所有人都很害怕。」

德國勞工陣線領導人羅伯特．萊伊（Robert Ley）表示，「德國唯一擁有私生活的人，是正在睡夢中的人。」但其實這並非事實。即便睡著，德國人依然承受著納粹政權的影響。記者夏洛特．貝哈特（Charlotte Beradt）鎖定德國受納粹統治的一九三三年至一九三九年期間，收集德國人的夢境，她發現，監視和服從的觀念早已深植於他們的內心。

納粹將全面實行社會和制度控制的過程稱為「一體化」（gleichschaltung）。對於受其統治的社會，納粹黨認為必須統一一致、循規蹈矩、無所差異、毫無掩飾，所有特點和言行都必須遵從中央意志。

希特勒的權力不僅止於納粹黨，更延伸到德國人生活的方方面面。他是「神人」，也是立法家的實際體現——他的角色不是要指導社會如何實踐普遍意志，而是透過領導魅力居中渲染，基於種族概念領導人民，成為全體人民的化身。

「領導者的權威相當全面，影響的範疇包羅萬象。」憲法律師恩斯特・魯道夫・胡伯（Ernst Rudolf Huber）指出，「國家的所有資源都能為他所用；人民生活的所有面向皆受他影響；承諾效忠及服從領導者才會受到接納。領導者的權力不受任何制衡或限制；不受任何個人權利私有領域的牽制；他的權力自由、獨立，凌駕一切，不受任何束縛。」

依憲法建立的政府機關之間發展出一種默契，認為儘管立法依然需要通過，但最終將沒必要多此一舉。希特勒口頭表述的內容就已具備法律效力。

當希特勒的統治地位得到其他政治勢力認同，他便開始清除優等種族（master race）受到的社會污染。從一九三五年開始，集中營重新調整運作方針，從鎖定社會主義和共產主義的支持者轉向慣犯、長期失業者、「行為不正常者」、「種族玷污者」和「反社會人格者」，涵蓋的對象廣泛，最後連妓女、吉普賽人、流浪漢和乞丐都包括在內。

截至一九三八年，集中營內的囚犯人數大約兩萬一千人。因服左胸前縫有倒三角形標幟，黑色代表反社會人格者，紅色代表政治犯，紫色代表耶和華見證人（Jehovah's Witnesses）信徒，粉紅色代表男同性戀。猶太人被歸類為這幾個分類的其中一種，通常是政治犯，但原有的標幟底下還會多縫一個擺正的黃色三角形，構成大衛之星（Star of David）。

相較於其他受害族群，猶太人的等級不一樣。他們不只是納粹統治的阻礙，也不單單是玷污種族的元兇，其背後隱藏著滅絕民族的跨國陰謀，有如全民公敵。截至目前，猶太人不僅無法立足於公民社會，全國的社交生活也將其硬生生排除在外。

一九三八年十一月九日晚上，希特勒下令大規模報復德國境內的猶太人，為納粹駐巴黎大使館低階官員遭到射殺一事報仇。當晚，德國幾乎每座猶太會堂都陷入火海，至少五百二十座燒毀，還有七千五百家商店付之一炬。猶太人在睡夢中被敲門聲驚醒。蓋世太保和褐衫軍洗劫了他們的家園，砸爛家具和窗戶，扔掉書籍和貴重物品，並毆打住戶。

十一月九日到十六日這段期間，納粹逮捕了三萬名猶太人，將他們送進達浩、布亨瓦德（Buchenwald）和薩克森豪森（Sachsenhause）等地的集中營。共有一千到兩千人慘遭殺害。

一九三七年到一九三八年，偏執的史達林將整肅的矛頭轉向黨內。那段時間史稱大恐怖時期

（Great Terror）。行動落幕後，超過一百三十萬人以顛覆國家的罪名遭到逮捕，至少半數慘遭處決。

早期，囚犯時常因為疏於照顧而命喪集中營，但到後來，集中營反而刻意讓囚犯勞動至死，有時甚至下令殺害。從一九三七年開始，史達林簽署命令送達各地方的NKVD（內政人民委員會）領導人，下令指定區域的逮捕人數必須達到一定數量。有些人會被判處第一級刑罰，慘遭處決，有些人則判處第二級刑罰，監禁於集中營八到十年。舉例而言，亞塞拜然必須提供一千五百名第一級刑罰的囚犯，以及三千七百五十名第二級囚犯；喬治亞必須貢獻兩千名第一級囚犯，以及三千名第二級囚犯。

依監獄守則第五十八條逮捕的囚犯（包括「反革命」罪犯）一概冠上「人民公敵」的稱號。這項罪名適用於任何批評政權，或甚至只是浮現類似想法的人。祕密警察首腦拉夫連季·貝利亞（Lavrentiy Beria）後來表示：「人民公敵不只包括叛亂分子，還有質疑政黨路線是否正確的人。」

根據一九三七年頒布的法令，警察開始能以「人民公敵之妻」的名義逮捕女性，也能以同樣的理由逮捕兒童。用官方的名稱來說，他們是「與革命為敵者的家人」。

一旦有人遭到逮捕，他們在社會和工作上的所有人脈通常都會連帶受到波及。「幾條街、幾棟公寓住宅瞬間籠罩在入獄的陰霾中，如同傳染病肆虐。」作家亞歷山大·索忍尼辛（Aleksandr Solzhenitsyn）寫道，「經由握手、呼吸、在路上巧遇，難以迴避的坐牢命運如同疾病傳染般擴散。」

擔心警察上門的恐懼滲入社會的每個角落，使基本的對談都受到威脅。「無法聊任何事或和任何人交談。」俄羅斯作家米哈伊爾・普里什文（Mikhail Prishvin）用他認為必須拿放大鏡才能閱讀的極小文字在日記本中潦草寫下，「舉手投足中，必須察覺別人話語中的真正寓意，以及那代表誰的看法，但不透露任何資訊。你必須澈底消除自己一絲絲『表達內心想法』的衝動。」

三十歲以下的年輕人出生於革命世代，尤其容易接受整個體系中只存在一種聲音。他們從出生就已習慣將黨視為信仰，放棄個人判斷力。

較年長的人比較可能保有辨別能力，區分政府的政治宣傳和客觀事實。但對許多人來說，他們戴上的面具早已成為真正的面貌。「我開始感覺自己就是那個虛假的人。」一位人民說道。

這是普遍感受。一位女性在日記中寫道：「內在的自己並未消逝——個性中潛藏的自我永遠不會消失——但藏得很深，我不再能感受到那個真實的我。」

人民遭到逮捕後會直接進入當地的監獄，登錄個人資料、拍照及留指紋存檔。這只是囚犯口中古拉格「絞肉流程」（meat-grinder）的第一步。入獄後，通常還會歷經審問、拷打、移送、強制勞動、挨餓等階段，最後死去。

「你已不是個人。」茵娜・西契娃—蓋斯特（Inna Shikheeva-Gaister）因為是人民公敵的女兒而遭逮捕。「在你身邊的也不是人。他們帶你走過長廊、幫你拍照、脫掉你身上的衣服，接著對你搜身，一切就像機械般運作，毫無半點情緒。我四處搜尋人類的眼神——暫且不說什麼溫暖的慰問，只要還有一絲人性的眼神就好——但遍尋不著。你已變成物體般的存在。」

囚犯受不了酷刑而乾脆認罪。慘遭毆打，臉龐破相，器官破裂。有些人落入單獨監禁的下場，或家人遭到威脅。女性遭受強暴，或收到可能被強暴的脅迫。最常見的虐囚方式是睡眠剝奪，前後可能長達數天或幾個禮拜，直到囚犯失去理智為止。

一九三八年一月，集中營內的囚犯多達一百八十萬人。所有想像得到的工作，包含採礦（金礦、鎳礦和煤礦）、伐木、鋪路、挖運河、蓋機場、建房子、製武器、造軍機、調配化學製品、生產小孩玩具，都有囚犯負責。

那時出現許多形容「活死人」（living dead）的詞彙，專指集中營內最瀕臨死亡的那群人。他們可能死於飢餓、飢餓衍生的病症，或缺乏維生素所產生的疾病，例如壞血病、癩皮病、腹瀉。有人在不安全的工作環境中喪命，有人自殺，有人在大規模濫殺中失去生命。

遺體持續堆放，等到累積一定數量後，工作人員才會扒掉他們身上的衣物，放上雪橇，送出集中營集體掩埋。雪橇離開集中營前，官員會拿十字鎬敲碎頭骨，以確保沒有任何人活著。接著，遺體便會運到目的地，全數倒入大型溝渠。

沒有死亡證明。沒人知道遺體的掩埋地點。家人不會收到任何通知。集中營內的其他人不會得知任何消息。

一九二九年到史達林逝世的一九五三年期間，一千八百萬名蘇聯人歷經了古拉格煉獄。另外有六百萬人流放到國內的邊陲地區。至少兩百七十萬人死於古拉格體系或在流放期間身亡。

一九三九年九月一日，德國入侵波蘭。兩天後，法國和英國宣戰。史達林和希特勒簽訂祕密協議，暫緩處理兩人瓜分東歐的衝突，但協議效力並不持久。一九四一年六月二十二日破曉之時，德國揮軍進犯俄羅斯。接下來的發展會是人類史上規模最大、死傷最慘重的衝突事件，亦即第二次世界大戰。

納粹政權更加激進。「那些在承平時期永遠無解的眾多問題，戰爭能為我們帶來解方。」希特勒這麼說。

納粹黨策劃T－4行動，大肆殺害患有心理疾病或殘疾的人民，這些疾病包括思覺失調、癲癇、高齡衰老、耳聾、失明、亨丁頓氏舞蹈症（Huntington's disease）、「思想虛弱」（feeblemindedness），範疇之廣，社會上所有「異於常人」的人可能都會遭受波及。

第三帝國刑事警察局犯罪與科技機構（Criminal-Technical Institute of the Reich Criminal Police Office）親衛隊官員艾伯特・魏德曼（Albert Widmann）負責研發一氧化碳毒氣處決機制。他在布蘭登堡（Brandenburg）的舊市立監獄蓋了實驗場所。長五公尺、寬三公尺的密閉房間內貼滿磁磚，外觀看似浴室，讓裡面的人不會恐慌。牆上裝有毒氣管，將氣體灌入室內。門上裝有觀看用的小窗。

一九三九年底，第一場實驗正式展開。八名病患慘遭殺害，資深官員輪流透過小窗朝內觀看。實驗大獲成功。毒氣室於是開始常態運作，一九四〇年，好幾家精神病院也設立了毒氣室，還有廢棄醫院改造成毒氣站。

病患集體搭乘灰色巴士前往。進入院區後，工作人員會指示他們脫掉衣服，並在他們身上蓋上識別號碼，接著為他們拍照，再以一次十五到二十人為單位，分批帶他們進入毒氣室。工作人員會幫焦躁不安的病患注射鎮定劑。病患進入毒氣室後，門就會上鎖，由醫生釋放毒氣。約有八萬人的生命是用這種方式結束。

起初，戰時殺害猶太人的過程混亂無序，通常是地方接獲柏林領導階層的命令後執行。一開始只殺男性猶太人。例如在一九四一年夏天，立陶宛的維爾紐斯（Vilnius）就有至少五千到上萬人慘遭殺害。七月，拉脫維亞里加（Riga）的親衛隊派出保安處的三個大隊，在郊區的樹林中殺掉兩千名猶太人。他們假稱是要消滅「布爾什維克黨的猶太領導幹部」，但其實時常對全部男性趕盡殺絕。

接著，納粹德國的政策出現兩個重大變化。第一，連明顯未參與任何形式軍事抵抗行動的百姓也不放過。第二，女性和兒童也成了殺害對象。到了八月，親衛隊的槍隊早已有系統地射殺所有猶太人口。

這套政策轉向方針由希特勒拍板決定，再由希姆萊一而再地清楚表述，下達命令。直至一九四一年底，親衛隊下屬的保安特遣隊與其附屬軍隊和準軍事團體在整個東歐地區大肆殺害猶太人，死亡人數多達約五十萬人。

納粹在這階段的目標很明顯是要滅絕猶太人種族，但大規模射殺的效率不足以達成這個目的，而執行任務的人員在生心理方面也逐漸不堪負荷。「儘管目前已清除大概七萬五千名猶太人，但這並非解決猶太人問題的最終方法，這個事實日益清晰。」一份特遣隊報告指出。

T－4計畫提供了解決方案，並在波蘭實際推行。一九四一年十一月，納粹在貝烏熱茨（Belzec）興建營區，作為毒氣卡車的基地。海烏姆諾（Chelmno）也蓋了一座類似的執勤中心。

納粹士兵在所控制的猶太人居住區逮捕猶太人，將他們成批運往該中心，接著將他們送上毒氣卡車。海烏姆諾的卡車一次可容納五十人，從營區開到十六公里外的樹林，在路途中釋放毒氣殺害車上的猶太人。抵達後，屍體會被倒進猶太人囚犯所挖的溝渠中。有些母親利用衣物緊緊包覆懷中的嬰兒，成功保住小孩的生命。一旦發現這種情況，負責善後的士兵會將小孩的頭狠狠地往樹幹上甩。共有三十六萬人死於海烏姆諾。

在駐紮的營區興建毒氣設施提高了屠殺效率。貝烏熱茨在一九四二年二月完成第一座毒氣室。毒氣室完全密閉，附近車輛排放的廢氣經由管線導入室內。三月二十七日，第一批囚犯進入毒氣室，很快就失去生命徵象。

納粹從一九四二年三月開始在索比堡（Sobibor）興建第二座營區，並在夏季於特雷布林卡（Treblinka）蓋第三座。這三座集中營一共奪走一百七十萬人的性命。

既有的奧斯威辛集中營（Auschwitz）擁有良好的通訊設施，離主要的人口聚居地也遠，因此獲得青睞而增設毒氣站。相較於其他集中營以清洗波蘭的猶太人為主要目的，奧斯威辛集中營主要負責處理周圍各國的猶太人，包括從德國運送出去的猶太人也在那裡處決。

除了廢氣之外，營中營也使用化學殺蟲劑齊克隆B（Zyklon B）。一九四一年，納粹首次在蘇聯戰俘身上試驗這種化學物質。他們將戰俘押進密閉空間後，從天花板的孔洞撒下化學粉末，體溫會使這些藥劑產生致命毒氣。奧斯威辛集中營多了兩間毒氣室——地堡一號（Bunker I）和地堡二號（Bunker II）——並於一九四二年三月二十日首次採用這種方法。

囚犯抵達奧斯威辛集中營後，首先會面臨狗吠和鞭子伺候，而不得不下車排隊。親衛隊的軍醫逐一詢問簡單的問題，粗略地為囚犯體檢，選出適合勞動的人。未滿十六歲的青少年、帶著小孩的女性、病人、老人和身體虛弱的人往左邊移動，坐上卡車結束生命。身強體壯的囚犯則進入勞改營，每人身上都有一組編號刺青，以便造冊管理。這組人定期接受篩選，不再適合勞動的人便會被送進毒氣室。

第一批毒氣室的受害者是來自斯洛伐克和法國的猶太人，接著是波蘭、比利時和荷蘭的猶太人。一九四二年七月起，維也納的猶太人開始陸續被送到這裡，到了冬天，換成來自柏林、羅馬尼亞、克羅埃西亞、芬蘭、挪威、保加利亞、義大利、匈牙利、塞爾維亞、丹麥和希臘等地的猶太人受害。

奧斯威辛集中營運作期間，約有一百一十萬到一百五十萬人命喪於此，其中約九成是猶太人。約有四十萬人進入勞改營，當中至少半數最後死於營養不良、過勞、疾病或失溫。

二戰期間，總計約有三百萬名猶太人死於滅絕營，七十萬死於移動的毒氣卡車，一百三十萬慘遭射殺，更有多達百萬人餓死、病死或慘遭殺害。納粹政權與其盟友殺了大約六百萬名猶太人。

這是自由主義失靈造成的結果，是個體遭摧毀後發生的悲劇。

第7章　新世界秩序

戰爭結束後，各國所做的一切都緊扣著一個首要的道德目的：別再讓同樣的悲劇發生。納粹德國戰敗，蘇聯退到鐵幕之後，歐洲自此分為資本主義和共產主義兩大陣營。如今，西方必須證明自由主義可以浴火重生，防止過去的恐怖情節捲土重來。

這項計畫從經濟開始。

財產問題從一開始就將自由主義陣營一分為二，從艾爾頓在普特尼辯論會中與雷恩斯伯勒分庭抗禮，後來進一步演變，分裂成自由放任派（如康斯坦）和平等主義派（如泰勒和彌爾）。

這場論戰現在出現迫切的新議題。第一次世界大戰留下的經濟大亂使歐洲備受蹂躪，隨之而來的經濟大蕭條直接促成納粹黨崛起。如果自由主義想要存續下去，並防止極權主義再起，就不能再讓這類事件重演。

這個世界勢必得從新視角思考經濟問題。兩位自由主義者終其一生為此激烈拉扯：代表自由主義右派的弗里德里希・海耶克（Friedrich Hayek）和代表左派的約翰・梅納德・凱因斯（John

Maynard Keynes）。

從實務面來看，兩人最在意的重點不同。海耶克認為，經濟政策的主要目標在於降低通貨膨脹，亦即物價上漲的速度；對凱因斯而言，目的則是壓低失業率，亦即失業人口數。與其爭論自由的意涵，這兩項要素成了自由主義新內戰的主要戰場。

邁入二十世紀前的幾個月，海耶克誕生於奧地利的一個愛國家庭。第一次世界大戰後，奧地利飽受惡性通膨之苦。國家為了解決戰爭欠下的債務而宣告破產，而後還必須承擔該決策的後果以及戰勝國的殘酷懲罰，並忍受無所不在的國家恥辱。人民開始餓肚子。一罐啤酒要價十億馬克，人們用百萬面額的馬克紙鈔為爐灶起火，海耶克一家人的畢生積蓄價值所剩無幾。

海耶克體會到，一旦金錢失去所有價值，社會必將步向混亂，搖搖欲墜。社會提供不起真正的自由，只有毫無章法和秩序的混亂局勢。當時的處境他從未忘記。在他往後的人生中，防止通膨肆虐成了他的道德要務，這將會是他著作的中心思想。

他的學術生涯始於維也納大學（University of Vienna），接著到管理戰爭債務的政府機關服務，之後於一九三一年進入倫敦政治經濟學院（LSE）任職。他在這裡感到格格不入。他濃厚的奧地利口音讓他必須努力講出別人聽得懂的英文。他的經濟學想法大多源自奧地利學派，但在當時，英國幾乎沒有人讀過該學派的理論。

近來，經濟學界將海耶克定位為保守派，但這並不正確。他是自由主義者。他崇尚個人自由，無論在經濟或政治上，他的觀點都是以此為源頭。當他背棄自己的理念，例如老年時表明支持獨裁政體，等於背叛了身為自由主義者的自己，而非其自身的保守思想。

海耶克無疑是傑出超群的知識分子，但要與知識史上那位魅力、口條和成就都數一數二的人物較量，他嚴重處於劣勢。

約翰．梅納德．凱因斯是名符其實的自由主義者。後世很難以任一種框架來界定他。事實上，他的一生幾乎都在不斷地反抗既定框架。在社會大眾能夠接受同志，甚或同志的地位獲得法律認可之前，他老早就擁有活躍的性生活，而且對性向直言不諱。他在一九二五年娶了芭蕾舞者莉蒂亞．洛波卡娃（Lydia Lopokova），嚇壞了身邊的朋友。然而，他這麼做並非是要沽名釣譽。他寫給妻子的信中（他幾乎每天寫）洋溢著熱情和愛慾。

他是十足務實的人，但他最為人所知的反而是理論著作。他的生活充滿熱忱和情感，但在職涯成就上，他接觸到英國政壇的最高層級，並留下大量嚴肅正經的經濟學說。他熱愛藝術，但也進出市場交易股票、財產、商品和貨幣。他與英國首相共事，也與美國總統晤談，但身邊時常圍繞著同志和異性戀朋友，彼此間交織著錯綜複雜的戀愛關係，同時他們也積極推動社會變革。社會主義者稱他是保守派，保守派則認為他是社會主義者。

凱因斯與生俱來卓越的溝通能力，熟知介紹理論時的分寸拿捏，不管是在給社會大眾收聽的廣播節目、議會委員會的質詢，還是撰寫經濟學教科書，他都能掌握得恰到好處。他的著作思緒清晰、多采多姿、機智詼諧，而且提供生動的例子加以佐證。

認識他的人很難不驚嘆於他的智慧。就連用幾百頁符號邏輯論證一加一等於二的哲學家伯特蘭・羅素（Bertrand Russell）都說：「凱因斯擁有我見過最犀利的聰明才智、最清晰的思路脈絡。與他辯論的時候，我總覺得如履薄冰，而且往往狼狽收場，覺得自己像個笨蛋。」

海耶克和凱因斯的思想碰撞決定了未來的經濟學走向，雙方陣營的論戰充滿火藥味，不僅在他們的有生之年備受矚目，即便到現代還具有一定的份量。不過暫且不論你來我往的種種攻防，一切的核心其實建立在一段緊張的友情之上。

他們在一九二八年一場由倫敦政經學院和劍橋大學合辦的活動上認識。凱因斯那時四十幾歲，海耶克二十幾歲。短短幾秒內，他們就開始爭辯了起來。

「我們很快就在理論層面上爭鋒相對，那次大概是聊到調整利率的效果之類的話題。」海耶克後來回想，「即使在這類辯論中，凱因斯一開始會冷酷地試圖壓制對方的反對意見，他的氣勢甚至會有點嚇到較年輕的人，但這種情況下，如果有人仍勇敢表達自己的想法，就算他強烈反對那個人的觀點，他反而會展現相當友善的態度，樂於傾聽不同的看法。」

他們總是毫不留情面地批評對方的著作。雙方大多透過信件和學術雜誌的文章展開筆戰，內容挑釁不說，脾氣還很暴躁，與他們私下發現對方犯錯時的反應如出一轍。

「簡直胡扯一通。」一九三二年，凱因斯在拿到海耶克的論文〈資本消耗〉（Capital Consumption）後，潦草地寫下評語。看完海耶克的另一著作後，他的結論是：「如果想看毫無反省能力的邏輯學家一開始就犯了錯，導致最後落得精神錯亂的下場，這一定是出類拔萃的絕佳範例。」儘管他們公開和私下抨擊對方的砲火隆隆，而且兩人依然容易動怒，但慢慢地，他們的私交逐漸發展成真誠的友誼。

一九四〇年，當政經學院的教職員必須從倫敦撤離，以躲避德國的大轟炸（The Blitz），住在國王學院（King's College）的凱因斯便介入協調，確保他的死對頭能在自家附近平安落腳。「在歷史方面和經濟學以外的領域，我們有太多一樣的興趣。」海耶克回憶，「總的來說，我們見面時不再談論經濟學，因此我們私下成了相當好的朋友。」

納粹的轟炸行動終於還是延燒到劍橋，國王學院的教職員接獲指示，必須徹夜拿著鏟子坐在屋頂上，在燃燒彈掉到屋頂上引發火災之前將其剷除。一九四二年某天晚上，凱因斯和海耶克一起在屋頂上執勤，在天空中尋找德國戰機的蹤影，直到天亮。

兩人都知道那些飛機代表的意義：崇尚法西斯主義的敵人。他們齊心對抗暴政，當戰爭結束，他們一致認同不願再看到法西斯主義席捲全世界，這是必要採取行動的道德要務。不過，對於那些飛行員為何會駕駛納粹的戰機飛到英國上空，朝他們丟擲砲彈，他們並無共識。

海耶克發現核心事實：法西斯主義和共產主義系出同源。雖然可能看似相互對立，但兩者都反映出摧毀個人自由的類似主張。不過，他在乎的個人自由並非多元性或思想自由。在市場上的行為自由才是他在意的重點。

雙方同意交易的「價格點」（price point）是他的核心原則。他認為這是人們真正的意志，代表消費者願意買單、商家願意出售的金額。在無限複雜的世界中，價格點是真實有力、極富意義的事實。兩人合意達成協議，與稀缺性和需求有關的所有資訊盡在其中。這是象徵自由的神聖時刻，務必不能受到干涉。

若你相信價格點和買賣雙方合意的價值，就能從中洞悉不得了的真相；但要是你澈底視而不見，甚至利用不當手段加以影響，將會造成可怕的傷害。海耶克認為，即使國家稍微介入操控，就可能致使經濟崩潰，例如一九三〇年代的嚴重衰退。或許看起來是市場失控導致經濟崩壞，但事實上是國家干涉經濟運作所造成的結果。

問題出在調降利率，亦即借方還款給貸方的金額。利率由國家央行制定，這對國家的經濟表現具有無比強大的影響。

利率低時，借貸的成本較低廉，借方可以購買更多商品和服務，因此使消費增加。然而，當市場上有太多貨幣流通，銷售產品的企業就知道可以開始漲價，而這會引發通貨膨脹。

利率高時，借錢較為困難，而且把錢存在銀行帳戶相形之下更吸引人，因此人們減少消費，對商品的需求下降，最終迫使企業資遣員工，導致經濟衰退。在這兩種情況之間維持平衡，攸關國家的經濟表現。

在指導教授路德維希・馮・米塞斯（Ludwig von Mises）的著作基礎上，海耶克認為低利率促使銀行借出更多資金，超過經濟真實狀態所允許的合理總量。但由於借貸成本低廉，企業樂於借錢購買機械，以製造更多商品。

這些機器設備稱為資本財（capital goods），是消費者不會看見的「產品」。商家必須先採購這些產品來製作麵包，像是攪拌機、大烤箱和切片機，消費者才能到烘焙坊買麵包。這些都是資本財。

海耶克指出，採購資本財並未反映市場對企業產品的未來需求，企業購買資本財，單純只是因為可以輕易借得大量資金。這是中央銀行決策錯誤所觸發的不當投資（malinvestment）。一旦機器添購到位，但企業沒有足夠的顧客可以服務時，經濟發展就會放緩，此時央行就得面對問題了。如果利率持續維持於低檔，通貨膨脹會加劇；但要是提高利率，投資會暴跌，經濟就會反轉向下。

問題並非出在市場，而是制定利率的中央銀行。央行已然干涉經濟的真正運作，尤其是儲蓄和投資之間的關係。資本財理論解釋政府干預經濟如何引發反效果，不過其根據是一項哲學假定。海耶克認為，經濟茲事體大，錯綜複雜，無法澈底理解及操控。有人提出經濟學家可從至高的視野審視經濟情勢，如同城市規劃師靠著觀察等比例縮小的模型，就能理出頭緒，但海耶克反對這種看法。由於沒人可以透澈地理解經濟，試圖介入只會讓情況更糟。海耶克是康斯坦思想的最新翻版，同樣認為最好讓市場自由運作。

經濟學家唯一能仰賴的只有價格點。決定價格的個體並不完美，他們並非絕對瞭解現在或未來，但他們的決策能透露出實情。要是任其自主抉擇，價格點會回到能真實反映供給和需求的均衡狀態。

對海耶克來說，以上論述從來不是只與經濟學有關，更牽涉政治。任何中央政府只要干涉經濟，便違反長久以來主張政府權力應受限制的自由主義原則。

如果完全沒有約束，國家勢必侵犯財產權，像隻飢腸轆轆的野獸一樣予取予求，最終會像史達林控制俄羅斯一樣，成為唯一的支配力量。這澈底否決彌爾的想法，即國家／市場之間的拉扯不可能有「一體適用的解決方案」。海耶克指出，國家一旦干預，便走上通往暴政的不歸路。

「市場的自由運作一旦受到超過特定程度的阻礙，謀劃者勢必會不禁擴大控制力道，直到一切都在掌控之中為止。」他這麼說。

海耶克的著作大多涉及技術面，晦澀難讀，枯燥乏味。但在某本書中，他釋放自我，展露對極權主義的深沉恐懼。那本書叫《到奴役之路》（*The Road to Serfdom*）。

他以為只會有幾百人讀這本書，但沒料到美國的《讀者文摘》（*Reader's Digest*）收錄了簡略的刪節版，引發轟動迴響。銷售量多達上百萬本。《到奴役之路》成了英美右翼的必讀之作，海耶克從此備受尊崇。

凱因斯在一九四四年夏天跨越大西洋的旅途中讀了這本書。「航程期間，我有機會好好讀了你的著作。」他在抵達美國後寫信給海耶克，「我認為這是一部巨作。書中有關經濟學的內容，我大概無法全盤接納，但在道德和哲學層面，我幾乎全部贊同，不僅認同，更深深感動。」他們又一次並肩抵抗法西斯主義，就像那次在國王學院的屋頂上一樣。

但有個問題。海耶克在字裡行間偷渡特例，坦承他其實願意接受國家適度干預經濟，例如他認為國家應控制度量衡，而且「當競爭可能無法發揮應有的效果時」，國家就能介入。他甚至覺得，國家可以提供「全面的社會保險制度」。

凱因斯著眼於海耶克的妥協心態。「你在論述間不時坦承，底線要劃在哪裡是一大問題，你也同意終究勢必得確立底線，而且從極端的邏輯探討議題並非可行之道。不過對於底線必須設在哪裡，你並未給予任何指示。」

接著他一針見血地點出癥結。「一承認極端做法不可行，而且必須劃出底線，論述形同步入死局。」

此外，海耶克的理論也有實證上的缺陷。自從大蕭條以來，各國紛紛開始加大干預經濟的力道，很大一部分的原因來自凱因斯積極遊說。美國總統富蘭克林．羅斯福（Franklin Roosevelt）推行羅斯福新政（New Deal），由國家主導公共建設以刺激經濟。時過十年，美國仍未淪為法西斯主宰的反烏托邦。凱因斯以輕鬆的語調告訴海耶克，「你未來可能面臨的最大危機是，一旦在美國用相當極致的形式實踐你的理念，實務上很有可能失敗。」

對於從資本財探討經濟衰退的主張，凱因斯的支持者抱持鄙視的態度看待。海耶克在英國首次嘗試證明他的理論時，現場有個觀眾抬頭看著黑板上潦草的三角形和數學公式，心中斷定海耶克已處於「可憐的糊塗狀態」。當時已幾乎沒有任何經濟學家支持資本財理論。

儘管海耶克的推論複雜，他對市場的觀點同樣也是極為簡化。在他的設想中，市場是一股自然力量，但實際上，市場秩序由人決定。股份有限公司、中央銀行和智慧財產權都是人類實踐特定價值判斷而創造的觀念。僱用童工和蓄奴等行為遭禁，這些都會形成對市場的干預。

然而，海耶克最大的問題不是缺少實證，更不是他的理論站不住腳。最大的問題在政治。他最終幾乎並未提供太多解決方案，等於宣告不作為（inaction）的應對路線。經濟衰弱，甚至像經濟大蕭條時那樣，人們失業而必須到街上乞討時，海耶克未提出有效解方。

「我們可以期望的最佳狀況，是社會大眾可以取得越來越多資訊，這或許能讓中央銀行在景氣循環處於擴張階段時，謹慎地實行政策，並在隨之而來的衰退期緩解社會受到的衝擊。」他表示。

在國家落實普選之前，這方法在政治上尚且可行。那時飽受經濟衰退之苦的人民無法投票，右翼自由主義者很容易就能假借政府介入只會讓事情惡化為藉口，打發各界對政府採取因應措施的呼籲。但那樣的時代已經過去。如今西方世界幾乎已全面實行民主制度，受害者有權透過選票，要求政府有所作為。

自由主義者已見識到毫不干涉會有什麼下場。舊時代那套自由放任的經濟學思維造成局勢動亂，促使選民投入共產主義和法西斯主義的懷抱。那樣的情況不能再次發生。

凱因斯抬頭尋找納粹的飛機時，同時也在想著其他完全不相干的事。經濟大蕭條導致民怨四起，正是這波對政府不滿的浪潮，讓納粹政權得以趁勢而起，上台執政。他認為，經濟總需求熄火是造成大蕭條的主因。人們不再拿那麼多錢購買商品或投資，因此企業營收減少、獲利下降，經濟活動減緩，勞工失業。沒了工作後，口袋裡的錢更少了，因此消費減少，經濟雪上加霜，不斷衰退。「我們落入惡性循環。」凱因斯指出，「沒有錢，所以什麼事都做不了，但準確來說，正因為我們什麼都不做，所以沒錢。」

政府必須動用大量公帑，償還戰爭債務，才終於讓經濟大蕭條落幕。但要是國家可以透過政府支出刺激需求來還債，為何在承平時期不能做？

「迄今，戰爭始終是政府大規模借貸以因應支出的唯一目的，政府一向將舉債作戰視為值得崇敬的義舉。」凱因斯表示，「面對承平時期的所有議題，政府反而顯得膽怯、過度謹慎、不甚熱衷，毫無毅力或決心。」

承平時期，刺激市場需求有幾種不同的方法。凱因斯偏好的方法是透過財政政策，利用課稅和政府支出調和經濟狀況。

國家可透過兩種方式，利用財政政策刺激市場需求。第一種是減稅。國家少收稅，人民就有更多錢可以消費。不過，凱因斯主要利用第二種方法來帶動市場需求：公共建設。與其讓人們受困於失業的窘境，政府可僱用人民興建社會需要的大型工程，像是公路、住宅，甚至影城。

這方法有個風險：通貨膨脹，那是海耶克過去一心慎防的敵人。投資增加可能帶動需求，進而推升價格。如果公共建設計畫無法轉變成長期的聘僱需求，之後才失業的話，可能會比一開始的處境更糟，因為此時的商品和物資可能更貴。海耶克認為政府介入可能產生反效果，因此這種情況很有可能發生。

的確可能發生通貨膨脹。每當需求上揚，價格就有可能跟著攀升。但凱因斯不認同通膨是經濟的主要風險，也不認為就業情況無法保持下去。他指出，刺激方案不只透過公共建設計畫提供工作機會，還會創造更多工作。

因為會產生乘數效果（multiplier）。受僱參與公共建設的人會把領到的薪水拿去消費，例如政府聘來挖路的工人需要上餐館買午餐，或搭乘運輸工具到施工地點。他們消費的店家就會有更多收入，並進一步消費更多。因此，市場的整體需求上升，帶動商業信心提升。私部門的成長源自公部門的刺激。

至於推行公共建設，短期內會造成國家債務增加。政府支出增加會帶來更多就業，儘管政府能提高稅率來償還債務，但藉由公債的形式挹注資金能產生更大的效果。因此，凱因斯批評史密斯以降古典經濟學派的中心思想：平衡預算。

一味認為這麼做不負責任，或如同史密斯一樣將國家財政比喻為家庭財務狀況，並不正確。

事實上，國庫會收到更多稅收，失業救濟的支出會減少，長期下來更有利於償還債務。凱因斯指出，「提高就業和平衡預算無法兩全，因此不能採取太劇烈的手段，必須謹慎面對前者，以免傷害到後者，這是完全錯誤的觀念。現實完全相反。除非國家歲收增加，否則預算不可能達到平衡，而國家收入增加，大致上就等同於就業情況改善。」

凱因斯反對右翼自由主義的多項主張，這只是冰山一角。的確，有別於學界不干涉市場的共識，他的整個思想體系可說背道而馳。

「我的異教邪說於焉誕生。」他高興地說，「我引入國家的角色，拋棄自由放任的思維。」

由於政府毫不干涉的緣故，數百萬人一貧如洗，無比絕望，因而投奔大門敞開的極權主義陣營，促成史無前例的屠殺行動。更別說經濟衰退期間，市場從未找到平衡點，尤其是就業市場。

「很顯然，在毫無約束的情況下，個人主義至上的社會未能有效運作，甚至連基本的標準都達不到。」凱因斯表示，「時勢越艱難，自由放任體系的運作效果越差。」

他的目標不只是摧毀當時盛行的經濟主張，更要顛覆背後的基本假設：每個人都追求自利的話，必能改善整體狀況。

「人不一定秉持法定的『天賦自由』（natural liberty）從事經濟活動。」凱因斯說道，「沒有『契約』為擁有或取得該自由的人賦予永久權利。世界並非由上而下貫徹秩序，個人利益不一定與社會利益保持一致。依據經濟學原則推斷開明的利己主義（enlightened self-interest）一定會有利於公共利益，並不正確。」

這等同於向自由放任派宣戰，但此衝突並非來自法西斯主義或共產主義，而是源於自由主義陣營內部。凱因斯試圖解決平衡預算、不容挑戰的財產權，以及「看不見的手」等觀念隱含的缺陷，強化體制的其他面向。「如果能去除所有缺失和濫用情形，個人主義會是個人自由的最佳保護罩。」他指出。

凱因斯從彌爾的《政治經濟學原理》出發，梳理平等自由主義的演化脈絡。彌爾在書中抱持開放的態度認為，政府干預經濟可能有助於提升個人自由，而非限制。這象徵國家與市場的關係邁入下一階段，兩者達成妥協，歷史意義重大。

儘管有極少數例外，但海耶克對世界的想像極度拘謹而扁平。整體概念充斥著滑坡謬誤，即便是立意良善的介入都會演變成極權主義，使支持者將任何國家干預的例子一律視為與專制暴政無異。

凱因斯則在想像中試圖找到中間立場。自由市場會發揮其最大優勢，國家會在市場失去調節功用時介入。套用自由主義者的講法，審視市場和國家時，必須報以同樣程度的懷疑，不得偏袒任何一方。若能在合適的時機採取正確的方法，兩者都能發揮效益。不過，兩者也都可能對自由造成威脅，必須提防戒備。

他的觀點也具有哲學意涵。在凱因斯學派的世界中，個體不是有如與世隔絕的原子，在不受控制的競爭世界中汲汲營營，而是立足於社會。

在凱因斯的體系中，群體依然能從個體的利己行為中受益，不過他額外加入一個重要概念。

個體也能受惠於群體的蓬勃發展，獲致成功。

乘數效果之說指出，人們的命運緊緊繫在一起。每個人不是單獨存在於世界上，也不是全以個人利益為依歸。人與人之間相互倚賴。

凱因斯的思想集結於《就業、利息與貨幣的一般理論》（*The General Theory of Employment, Interest and Money*）一書，該書於一九三六年二月四日出版。

「這本書寫得很差，紊亂無序。」麻省理工學院（Massachusetts Institute of Technology）經濟學家保羅・薩繆森（Paul Samuelson）如此總結，「狂妄自大、語氣暴躁、喜好爭辯，而且在致謝時有些吝嗇。冗長的代數算式中不時可見精闢見解和直覺判斷。晦澀難懂的定義突然發展成令人難忘的精采詮釋。讀者終於讀懂這本書後，不難發現其分析明顯易懂，同時也富有新意。簡而言之，這是一本天才之作。」

起初，《就業、利息與貨幣的一般理論》比較像是一種叛逆象徵，經濟學領域的年輕學子熱衷在下課後研讀及討論。「白天學校依然教授舊的經濟學。」凱因斯學派的代表人物約翰・高伯瑞（John Galbraith）回憶，「但到了晚上，幾乎所有人都在聊凱因斯。」這本書很快就廣為流傳，吸引更多人認同凱因斯的主張。第二次世界大戰結束後，自由放任派的時代也隨之終結。

凱因斯主義後來證實具有極大的影響力，而這正是令人摸不著頭緒的地方之一。嚴格來講，該學派的宗旨在於透過促成充分就業，確保經濟衰退時期的市場需求。一旦動盪不穩的日子結束，一切就該恢復正常，用凱因斯的話來說，就是「從這裡開始，古典理論再次發揮應有的價值」。

只不過，凱因斯主義在政治上引發的效應遠遠更為廣泛。根據凱因斯的理論，市場不一定總能處於均衡狀態，個人的利己心態不一定能解決經濟問題。國家可以出手干涉。一旦有了這層認知，一切就不一樣了。

突然間，史密斯和彌爾在古典經濟學所提的所有告誡，例如對市場失靈及提供社會福利的必要性等方面的提點，獲得廣泛關注。從採礦、鐵路運輸到航空，產業國有化成為發展趨勢。世界上出現更慷慨、更全面的福利國家概念，協助人民克服艱難的生活條件。新手媽媽獲得育兒的財務津貼，身障人士享有社會安全福利，許多國家免費提供教育和醫療保健服務。

政府開始管制企業。各國不再認為市場全然理性，有能力可以自我矯正，因此有必要確保公司的運作能顧及社會大眾的經濟和社會福祉。新法規要求工廠必須對環境或瀕危物種有所貢獻，並且保障工人和消費者。個人權利優先於企業自由。

人們不再一味把政府視為威脅，或只是維護國家安全的守衛。政府現在扮演更積極的角色，關照的範疇更廣，擁有協助及保護人民的責任。

凱因斯堅持政府有義務維持充分就業，他的主張在全世界廣獲接受。澳洲總理約翰・科廷

（John Curtin）在一九四五年實施「澳洲充分就業」計畫。英國戰時聯合政府將充分就業和全面福利國家設為國家發展目標。英國在戰後成立國家健康醫療服務（National Health Service），隨時可免費幫人民治療任何健康狀況。這是英國政治史上極其大膽、激進的創舉，日後成為英國人民最珍視的制度。

新的社會福利制度其實提高了社會流動，澈底達成康斯坦理想藍圖中的財產轉移，不過並非放任市場自行運作，而是主動介入。政府課徵高稅率，提供更完善的服務，讓窮人、身障人士和有需要的百姓能夠獲得更好的生活條件。

截至一九五九年，凱因斯的經濟理論成效良好，認同凱因斯的英國首相哈羅德・麥克米倫（Harold Macmillan）甚至打著競選口號「從來沒有過上這麼好的生活」（You've never had it so good）贏得大選。

美國開創先河，率先在一九三〇年代試驗初始型態的凱因斯主義，那時羅斯福實施新政，試圖解決銀行倒閉和人民失業的問題。新政直接紓解失業困境、給予老年人退休金、提供就業保險，並推出公共建設計畫，從水壩到航空母艦、學校到橋樑，都是興建項目。數百萬人的薪資由政府發放。

銀行接受管制。許多銀行在華爾街股災後破產，但在一九三三年，國會通過《格拉斯—史蒂格爾法》（Glass-Steagall Act）。銀行萬一走投無路，可向形同最後一道防線的聯邦準備理事會（Federal Reserve）借貸，以免耗盡現金關門大吉。不過政策軟硬兼施，恩威並重。銀行不得從事高風險交易。商業銀行與投資銀行區分開來，前者供一般平民使用，後者通常與企業打交道。最先進的資本主義國家開始對銀行實施類似的限制。銀行危機大致上就此遠去，成為不堪回首的往日記憶。銀行業變成一種體面但有點無趣的行業。

經濟學家保羅．克魯曼（Paul Krugman）在二〇〇九年說道：「三十多年前，當我還在念經濟學研究所時，只有班上最沒野心的同學會到金融界工作。即使在那時，投資銀行的薪水都比教書或公職更好，但沒有差太多，總之，所有人都知道銀行業很無聊。」

一九四六年，也就是凱因斯逝世的那年，總統哈利．杜魯門（Harry Truman）頒行《就業法》（Employment Act），確立聯邦政府「促進最大就業」（promote maximum employment）的「責任」。

失業和社福支出本身就蘊含凱因斯的經濟理論，政府不必特地採取行動。當經濟衰退，這些支出自然會隨著人力閒置而上升。這完全實現凱因斯的理想：政府支出增加（通常是透過國債的形式），進而刺激需求。這些舉措稱為財政自動穩定因子（automatic fiscal stabiliser）。一九五〇年代，上述方針幫助總統德懷特．艾森豪（Dwight Eisenhower）帶領美國度過三段短暫的經濟衰退期，將國家所受的衝擊降到最低。

接著迎來一波繁榮的景氣，一般家庭首次擁有房子、汽車以及冰箱和洗衣機等現代家電。

一九五七年，俄羅斯將全球首顆人造衛星史普尼克（Sputnik）送上太空，開啟美國和蘇聯間長達半世紀的太空競賽。科幻般的凱因斯財政刺激方案應運而生。美國太空總署 NASA 獲得簡直有如天文數字的一百八十七億美元年度預算，火箭和衛星額外獲得兩百億美元的研發資金。

一九六〇年代，約翰．甘迺迪（John F. Kennedy）明確自認將實踐凱因斯的經濟理念，成了歷任總統的第一人。「我搬出凱因斯的那一套，他們聽了高興極了。」首次的國會演講後，他跟經濟顧問委員這麼說。

然而重要的是，甘迺迪並非仰賴公共建設實踐凱因斯的理念，而是主要透過其他財政機制來刺激需求：減稅。凱因斯本人對此方法抱持開放態度，但在一九六〇年代，這在他的追隨者中引發一陣爭論。高伯瑞幫甘迺迪撰寫競選演說中有關經濟的內容，將減稅稱為「反動」（reactionary）形式的凱因斯主義。

甘迺迪在一九六三年遇刺身亡，不過繼任的林登．詹森（Lyndon Johnson）接手推動計畫，刪減一般所得稅率，將最高稅率從九一％大幅調降到六五％。

減稅效果驚人。聯邦稅收增加四百億美元，經濟成長率從一九六四年的五．八％上升到一九六六年的六．六％，失業率從一九六四年的五．二％下降到一九六六年的二．九％。通膨率持續偏低。

一九六五年十二月，凱因斯榮登《時代》雜誌的年度風雲人物。「在他逝世二十幾年後的今日，他的理論仍深深影響全球的自由經濟體。」文中寫道，「現代資本主義經濟制度並非自然而然就能維持於高效率，不過經由政府干預及影響，有助於提升運作效率。」

除了減稅，詹森也全力落實政府支出政策。聯邦補助紓解貧窮問題，聯邦醫療保險

（Medicare）為年滿六十五歲的長者提供醫療保健服務，付不起保險的人則加入聯邦醫療補助計畫（Medicaid）。

這個時期的財富和物質生活呈現爆發式成長，人們開始擁有彩色電視、搭機跨國旅行、購買多輛汽車，繁榮景況在人類史上前所未見。

一九五〇年代到七〇年代期間，先進的資本主義經濟體受到高度管制，稅率也高，不過成長幅度不容小覷。西歐的人均所得每年平均增加四．一％，相當驚人。經濟發展穩定。幾乎沒什麼人失業。

不只經濟本身繁盛發展，文化也受到顯著影響。社會上首次出現休閒的觀念——不像康斯坦那時僅限特定階級的人享有這般特權，而是普遍現象。人們不再只忙著奮力工作，極力擺脫貧窮；相反地，普羅大眾擁有閒暇時間和財務餘裕，能夠投入自己喜歡的活動，例如運動、嗜好、家庭生活、流行文化。

物質充裕的生活創造出新的群體：青少年。在進入戰後時期之前，人只有小孩和大人之分，中間沒有其他分類。但隨著財富增加、接受較多教育的機會更多，加上汽車和大眾運輸讓人更容易逃離父母的掌控，情況有了改變。小孩走過時間的長廊進入成年的世界前，多了一個裝飾華麗的成長空間。

青少年時期提供一個有益於自我創造的空間，人們可以探索自己是誰、瞭解自己在脫離家庭之後的熱情所在，而此時青少年的智力和情緒掌控能力已有一定的發展，足以勝任認識自我的任務，同時又尚未僵化定型而感覺舉步維艱。這個人生時期成了孕育個體的搖籃，個人思想除了極易受外在因子影響，也於此時逐漸長成一個人獨有的模樣。

自由主義的另一項修復工作發生於國際關係。康斯坦和彌爾曾大力推崇國與國之間的自由貿易，認為貿易有利於防止戰爭，因此廣獲自由主義的左派和右派所認同，自由貿易也就逐漸盛行熱絡起來。不同的是，國際體系原本有如狗咬狗的混亂局面，後來蛻變為依規則運作的國際秩序。

兩次世界大戰之間的那幾年空檔，各國政府被迫採行以牙還牙式的貿易戰，紛紛調高關稅築起貿易壁壘，保護國內製造商。

如今必須在公平與合作的基礎上建立全球貿易制度。世界在一九四一年戰爭步入尾聲時跨出了第一步，那時有份相當了不起的文件，名為《大西洋憲章》（*Atlantic Charter*）。這是在風險極高的外交任務中產生的心血結晶。八月四日，英國首相溫斯頓．邱吉爾（Winston Churchill）和參謀長登上戰艦，在完全保密的情況下橫越大西洋。如果德國U型潛艇發現他們的行蹤，英國將會失去重要的政治和軍事指揮高層。

他們的目的地是加拿大紐芬蘭（Newfoundland）的普拉森西亞灣（Placentia Bay），羅斯福搭乘的重型巡洋艦奧古斯塔號（USS Augusta）也朝那裡前進。「我有預感大事就要發生。」邱吉爾在下船時說，「貨真價實的大事。」

經過幾天的協商，兩人帶著一頁文件現身，裡面列出的八大原則描繪他們的願景，旨在形塑「世界更美好的未來」。

《大西洋憲章》展現出極為驚人的遠見。前幾項原則處理戰爭造成的迫切問題，但到了第四項，聚焦的議題變了。自此，這份文件轉為描繪戰後國際貿易體系的雛形，體現兩位領導者高瞻遠矚的眼光。兩人一致認同，兩次世界大戰期間失序的金融和貿易，形同日後軍事衝突的預演。第四項原則許諾，英美兩國將會致力「延續世界各國的福祉，無論國家大小、戰勝或戰敗，都能在平等的前提下參與貿易及取得促進經濟繁榮所需的原物料」。

下一原則承諾「促成所有國家在經濟方面展開最充分的合作，以督促所有國家改善基本勞動條件、實現經濟進步及保障社會安全」。這是一種意向聲明。戰爭一結束，兩國便承諾建立國際貿易體系的秩序。

一九四七年的「關稅暨貿易總協定」（General Agreement on Tariffs and Trade, GATT）是此承諾促成的第一份重大國際條約。核心宗旨是要各國就每種商品的關稅上限達成共識，進而在多回合的協商中逐漸調降稅率，使稅率盡可能達到最低水準。

這個體系的核心是一種稱為「最惠國」（Most Favoured Nation）的規定，這能避免國家的貿易制度出現歧視現象。舉例來說，假設英國對日本威士忌課徵一〇％的關稅，必須同時對其他國家的威士忌徵收相同的稅率。

這是防範貿易戰的一種機制。過去，如果日本因故冒犯了英國（不管在經濟或政治上），英國大可提高日本重要出口商品的關稅，維持幾個星期。但在GATT的規範下，這種針對性的保護措施不再合法。

若要單方面調整與某一國家的關稅，只能有兩種情況：為更貧窮的國家提供貿易優惠待遇，或簽署自由貿易協定。在這種特定協議下，雙方貿易夥伴彼此調降關稅，以締結更緊密的經貿關係。背後的思維是希望能藉由這類實例，鼓勵其他國家個別達成協議，對等取得進入彼此市場的有利條件，進一步壓低關稅。

這些都不是簡單的任務。美國和英國的協商尤其險阻重重，前者想立即建立最惠國待遇關係，後者則希望大幅放慢腳步，循序漸進。凱因斯本人認為，英國礙於戰後的經濟條件，必須利用關稅保護國內產業。

「極其美好的一天。」美國談判代表溫思羅普·布朗（Winthrop Brown）在一九四七年九月三十日向國內回報時表示。「湖面無比湛藍，山景美得像明信片，唯一美中不足之處，是我整晚企求的協商目標未能與英國達成共識。」

英國起初還能如願，但情勢很快有了轉變。從一九四〇年代到一九九〇年代，GATT締約會員國展開一連串的多邊貿易談判，各國紛紛減少對國內產業的保護，最後工業產品的關稅大幅降低，不過一向較為敏感的農產品則維持高關稅。

一九九四年四月十五日，GATT 經歷現代化變革，規模擴張。一百二十三國簽署協議，將原協定化為新的國際機構：世界貿易組織（WTO）。如今共有一百六十四個會員國，所有主要貿易國皆已加入。

此演變的關鍵環節，是將原有的爭議處理制度轉型為更接近國際法庭的體制。原先處理 GATT 締約國的爭議時，貿易法的定位有點曖昧。兩個 GATT 會員國發生爭執時，可建請法律專家小組協助定奪，但前提是雙方必須同意遵守同一套法制，否則毫無實際效力。

WTO 確立了爭議解決機制。要是有任何會員國認為其他成員並未遵循規定，即有義務展開釐清程序、接受專家小組介入協助，並接納最後的裁決結果。如有異議，唯一的解決辦法是向新設立的上訴法院提起上訴。

與專家小組不同的是，上訴法院屬於常設組織，由指定成員組成常駐團隊，專家小組則只有在發生爭議時，才召集相關人員組成。判決具有法律效力。在裁決結果的基礎上，會員國可以在指定的限制內調高對他國的關稅，以回應不平等的貿易待遇。

沿革過程困難而辛苦，時常引發紛爭，而且需要很長的時間來達成，背後不僅歷經無數個持續到深夜的會議，各國疾呼不公的控訴也沒少過。但這些貿易談判成功促進全球經濟繁榮。戰後的二十五年，全球經濟以每年平均五％的速度成長，全球貿易量每年約增加八％。財富不僅增加，而且更多國家雨露均霑。自由民主國家的人均所得飛快增長。

透過制訂公平且無法動搖的貿易規則，自由主義制度為全球帶來更多財富，進而促進世人的自由。不過，這不只與貿易有關。這個制度顯示，世界各國其實可以並肩合作，依據一套強權和小國都須遵循的規則，共同消弭彼此間的差異。

在歐洲，跨國合作達到人類史上從未有過的程度。合作始於貿易，但核心是在最根本的層次上反對民族主義，具有超乎貿易，遠遠更為深刻的意義。

迄今歐洲已在戰爭中崩垮兩次，這兩次都把全世界拖下水，若是再發生第三次，歐洲很有可能將一無所有。因此，將所有國家緊緊地連結在一起成了道德上的因應之道，當國與國之間的緊密程度更甚以往，在經濟上就沒有正當理由足以支持其走向戰爭，各國在理性合邏輯的情況下便不會做出發動戰爭的決策。

這個概念來自邱吉爾一九四六年在瑞士的一場演說，當時他稱之為「歐羅巴合眾國」（United States of Europe）。「我今天想聊聊歐洲的悲劇。」他告訴現場的與會人士，「這個高貴的大陸擁有世界上最肥沃、開墾程度最高的地區，氣候溫和穩定，是西方世界所有偉大種族的家鄉。如果歐洲能在共同的歷史傳承上團結一致，人民所將享有的生活福祉、繁榮發展和光榮感必將沒有極限。」

合作計畫從煤礦和鋼鐵開始並非偶然，這兩樣正是打仗不可或缺的重要物資。如果各國的這些產業可以緊密關聯，各國就難有正當理由挑起軍事衝突。

一九五一年，六國簽署《巴黎條約》（Treaty of Paris），跨出決定性的一步。比利時、法國、義大利、盧森堡、荷蘭、西德組成歐洲煤鋼共同體（European Coal and Steel Community）。第一次世界大戰後，法國箝制德國的煤礦業，但這次兩國的煤礦業聯手合作，形成鮮明對比。

一九五七年，這六國更進一步組成歐洲經濟共同體（European Economic Community）。關稅同盟應運而生。關稅同盟執行兩項重要工作：對外將關稅維持於同一水準，對內澈底取消關稅。假設美國將一根香蕉出口到義大利，會面臨與出口到荷蘭一樣的關稅，但義大利出口香蕉到荷蘭，則完全沒有關稅。所有商品都免關稅。在加入關稅同盟的國家地區內，貨物能夠自由移動，不必經過海關查驗或繳納關稅。

這兩項措施實現了一件事，那就是建立初步的單一貿易實體。海關查驗是耗時費力的程序，拖慢國家之間的貿易速度，對需要將貨物運輸到其他國家的公司來說形同阻礙，而加入關稅同盟可讓這些麻煩事統統消失。

接下來幾十年間，歐洲經濟共同體的規模和複雜程度與日俱增。丹麥、愛爾蘭和英國在一九七三年加入。不久後，歐洲剩下的專制政體（希臘、西班牙和葡萄牙）也在恢復民主體制後陸續加入。二十世紀結束前，東歐國家也紛紛成為會員國。

最後，歐洲經濟共同體更名為歐洲聯盟（EU），共有二十八個會員國，代表五億人口和全球四分之一的 GDP。歐盟的組織架構是依據權力分立的概念規劃而成。理事會由所有會員國的領袖組成，有如歐盟的政府；執委會的角色類似公務部門；議會的職責就像立法機構，由各會員國選區選出的代表組成，也就是歐洲議會議員（MEP）；還有歐洲法院（European Court of Justice）專責處理司法事務。

歐盟的職務範疇已大幅擴充，不再是原本單純的煤礦和鋼鐵產業聯盟。這是截然不同的全新制度，一個將所有經濟體整合為一的國際民主組織。

組成單一市場是核心宗旨。

此計畫解決了國際貿易的常見問題：國內規定。世界各國時常制定法律規範國內商品，例如立法明定食品業的福祉標準，或建築業允許使用的化學物質。一旦法規到位，就會形成貿易阻礙，也就是說，要輸入國內的商品都必須通過檢查，確保符合國內規定。

歐盟可盡可能將所有地方的規定統一。

單一市場為跨境貿易消除了最後一道阻礙。歐盟內的邊境不再需要查驗商品。歐洲的產品可以運送經過多個國家，途中不必接受任何海關查驗。

許多服務及資金也一樣。此外，人民也同樣適用此一原則，構成戰後時期一項極其不凡的自由主義成就。

任何歐盟會員國的任何公民都能到其他會員國生活及工作。

以前從未發生過這種事情。二十世紀以前的人受制於金錢和科技而無法自由移動。長途旅行根本不可能，等到終於可以實現，反而負擔不起。一旦跨國移動不再是問題，人口便有可能大規模流動，因此富有國家很快就明訂規則，限制哪些人可以前來居住。

歐盟自由遷徙政策讓歐洲大陸的同類規定形同虛設，各國不再有權力拒絕歐盟公民入境或居住。個人首次享有在空間中任意移動的自由。雖然這樣的自由僅限於歐洲，但實現後，有些人便開始追求更遠大的目標。

沒人覺得這一切能輕鬆達成，但具有正確視野、合適性情的人至少現在已經可以想像得到這樣的願景。或許在不久的將來，其他洲也能依循歐盟模式統合各個經濟體，最終國家間彼此簽署貿易協定，將人民的遷徙自由納入保障範疇。在那樣的世界裡，每個人都能出於任何理由，自由前往世界上的任何地方，沒有時間限制，這樣的未來，突然也不再那麼難以想像了。

完全沒有國境是世界最理想的狀態。在那個世界中，國家阻礙、阻止及干預個人旅行自由的各種措施終於全面撤銷，國家無法阻擋人民行使居住權及遷徙權。目前這只是一個努力的目標，這樣的未來還很遙遠，但這個發展方向第一次清楚顯現。

以貿易終結民族主義的計畫一開始是為了全力防阻戰爭發生，現在更進一步逐漸往其他方向演變：實現真正的全球自由。

戰後最了不起、大概也最重要的最後一項重建工程是人權。法西斯主義者和共產主義者摧毀了保護個體的所有防線，而且凌遲、虐待及滅絕少數族群。

對此，自由主義提出的解決方案是個人權利。這個概念最早由奧佛頓在牢房中提出，之後經由法國大革命的《人權宣言》化為實際規範，再經過康斯坦、泰勒和彌爾等人充實內涵，在每個人周圍築起一圈保護力場，使其免受社會或國家侵犯。

但這些權利始終有個根本性的問題。或許所有人都擁有權利，但只有當國家願意保障，公民才能真正享有權利。權利必須由國家堅決守護才能延續，而國家正是權利可能面臨的最大威脅。

戰後的權利保障計畫是以全球為範疇來運作，並不相同。一九四六年，新成立的聯合國（United Nations，致力推動國際合作以解決全球問題的組織）指派委員會確立一套普世人權。

委員會找來一群出類拔萃的佼佼者，個別的專長不拘一格，包括一名黎巴嫩哲學家、一名法國公法專家、一名華人學者、一名智利法官。主席由愛蓮娜·羅斯福（Eleanor Roosevelt）擔任，身為美國前總統之妻的她相當積極提倡人權。委員會在紐約上州廢棄的陀螺儀工廠開會，並在歷經八十一場會議後，完成了《世界人權宣言》（*UN Declaration of Human Rights*）。

「人皆生而自由；在尊嚴及權利上均各平等。」第一條寫道，「人各賦有理性良知，誠應和睦相處，情同手足。」

第二條確認權利為普世價值，人人均應擁有，不分「種族、膚色、性別、語言、宗教、政見或他種主張、國籍或門第、財產、出生或他種身分」。第三條保障「人人有權享有生命、自由與人身安全」。

這是該文件搏動的心臟。

第四條到第二十條彙整幾個世紀以來自由主義思想曾提出的自由觀念：不受奴役、酷刑或違法拘禁；享有平等法律地位；無罪推定；保有隱私；在國內自由遷徙及出國；尋求庇護；結婚及成立家庭；擁有財產；依個人選擇的宗教行禮拜儀式；享思想、言論和集會自由。

第二十條和第二十一條保障核心民主價值，例如和平集會、選舉及參與政府的權利。接下來的內容更加激進。後面提到的權利反映戰後時期的新自由主義，包括滿足個人的基本經濟所需。

第二十二條保障每個人的「社會安全」和「個人尊嚴及人格自由發展所必需之經濟、社會及文化各種權利」。第二十三條保護在「公平優裕之工作條件」下工作的權利，以及重要的是，給予失業保障。工作環境不得存在歧視現象，並得提供「公平優裕之報酬，務使其本人及其家屬之生活足以維持人類尊嚴」。

第二十四條保障「休息及閒暇之權」，包括有薪休假。第二十五條提出人人享有「衣、食、住、醫藥」等特定生活水準，以及失業時享受財務安全的權利。第二十六條保障受教權。

一九四八年十二月十日，聯合國大會以四十八票贊成、零票反對、八票棄權和兩票未投的投票結果，正式採納宣言條文。自由主義歷經幾百年來的奮鬥，人人享有普世權利的概念終於首次有了不受國界限制的具體樣貌。

第一類權利（自由主義者最早提出的權利）後來又有第一代人權的稱呼，第二類權利（具有凱因斯色彩的新權利）稱為第二代人權。

戰爭留下的記憶令人難以忘懷，庇護權後來逐漸發展而另有一套架構。一九三九年，遠洋客輪聖路易斯號（St. Louis）載著九百名猶太人遠渡重洋，躲避納粹政權的追殺。他們首先停靠古巴，但沒人獲准下船。接著客輪開到美國邁阿密，船上乘客可以看見城市的燈火，但移民機關不同意他們登陸。他們後來轉往加拿大，但同樣吃了閉門羹。因此他們原船返回德國，三分之一乘客在日後的大屠殺中喪命。

戰爭結束後，這段悲慘的記憶久久無法抹滅。為回應該事件，各國於一九五一年簽署《難民地位公約》（Refugee Convention），並在一九六七年通過另一份議定書，擴大保障範圍。任何人基於國籍、政治、宗教或特定種族或族群成員等正當理由而畏懼遭受迫害，現在有權尋求及獲得他國保護。

如同戰後的所有安排，此公約傳達的訊息相當簡單：絕不再讓悲劇發生。

儘管為全世界帶來新的活力，《世界人權宣言》有個重大缺點：無法直接強制實施。畢竟民族國家依然各自立法及施行，但聯合國不行。

但此阻礙不像大家所想像的那樣難以跨越。所有自由民主國家都保障宣言所提的權利，而這些國家正好是經濟和政治強權。很快地，這些權利成了必備標準，國家必須予以保障，才能躋身現代文明國家之列，享有隨之而來的國際優勢。換言之，這些權利是自由主義新全球體制的道德基礎。

此外，國際法也慢慢採納了這些權利。日後在聯合國等國際機構的幫助下，一系列國際條約陸續制訂完成，規定世界各國均須履行的人權義務。國家政府簽署條約後，國內重要行為人（例如立法委員和法官）在制定國家法規時逐漸受條約內容影響。隨著時間過去，各種權利慢慢在法律上落實。

《歐洲人權公約》（European Convention on Human Rights, ECHR）誕生後，各國執行國際人權法的步調快速且直接了許多。一九五三年九月三日，在新成立歐洲理事會（Council of Europe）的協助下，第一代人權全面正式生效。該組織不隸屬於歐盟，但後來逐漸成為晉升會員國的跳板。任何國家想加入歐盟，都必須先簽署《歐洲人權公約》。

《歐洲人權公約》與《世界人權宣言》的重大差別在於，前者在史特拉斯堡（Strasbourg）設有法院。只要國家簽署了公約，人民就能向法院提起訴訟，將爭議交由法官審判。這在個人自由和權利分立的關係上，是極具開創性的時刻。有史以來第一次，國家不再握有完全的控制權。現在個人的權利高於國家，能直接越過政府尋求獨立法院審理，使個人權益獲得保障。

維護權利不再只能由國家負責，人民不再信任國家有辦法限制其自身的權力。如今有個超出國家管轄範圍的機構能夠保障個人的自由。

法院的實際運作相當複雜。法院無法強迫國家修改法律。如果法官認為個人勝訴，便會做出裁定，指明國家法律違背國際人權法，以此開啟國家與個人的對話。但這鮮少實際促成什麼改變。不過各國政府在政治壓力下，仍會遵守這些裁決，因此時常有國家修訂原有的法律，以符合人權法院的判決。很快地，歐洲人權律師開始將人權法院視為提出訴訟的關鍵場域。

到了二〇〇〇年，歐盟基本權利憲章（Charter of Fundamental Rights of the European Union）誕生，一切變得更有效率。違反歐盟法律的人權案件能引發立即效果。法院裁判訴訟的個人勝訴後，不僅會聲明法律違反人權精神，更會自動修改法律，而修正後的法律不只適用於當事人所屬的國家，也在整個歐陸實施。

這些變化全都限制了國家主權。

有了最惠國待遇條款後，國家很難操控關稅。歐盟地區實施一致的法規，會員國不再能自行訂定貨物和服務的相關規範。儘管國家透過民主方式決定境內人民享有的境遇，但還是受人權法嚴格限制。

這些決策皆出自民主原則，由民選政府制定，且隨時能由社會大眾選出的新政府推翻。不過，這些決策也對國家的民主構成限制，導致民選政府能推動的政策類型有限。

在某些情況下，這樣的妥協反映了幾個世紀來的自由主義理論。最早的自由主義試圖在個人權利和民主之間找到平衡點，國際人權法只是該過程的最新進展。即便政府能在大多數選民的支持下制定對個人的管制措施，基本上政府的權力還是受到限制。

不過其他方面的發展就史無前例了。自從英國內戰以來，自由主義始終在摸索如何分配權力，以防止專制統治。直到現代，權力只能透過法院之類的機關，在國內達成權力分立的狀態。如今出現真正重要的進展。權力經過劃分後，分配給各國獨立行使。

WTO、歐盟和歐洲理事會的會員國共享主權，同意無法再自行決策某些事務，改由全體共同決議。

在多數情況下，會員國的行為不再只影響其國內，影響力反而更大。但相對地，如同許多實例所示，會員國也必須遵從對它們不利的決定。

這是會員國付出的代價，回報則是物質和政治方面的安全、極大的貿易優勢、人民自由遷徙的權利，而且不再容易出現專制政府和戰爭。

這是一場權衡交易。戰後的那些年，當腥風血雨的日子仍歷歷在目，人們普遍覺得這是一場值得參與的交易。

第8章 歸屬感

新世界秩序代表自由主義的發展邁入新階段，國際合作、個人權利和市場控制等方面皆展開更進階的試驗。

不過，經濟只是共產主義和法西斯主義崛起的部分原因。如要澈底理解為何極權主義能夠扎根，我們必須更深入去挖掘人心，處理可能隱藏於其中的艱澀課題，而此時便無法迴避自由主義者一向認為棘手的議題：身分認同。

尚未經歷二十世紀的磨鍊之前，許多十九世紀自由主義者設想的社會發展路徑都是直線進行。他們的預設是，隨著生活更加自由，人民會放掉對群體的依附。共同體認同會在自由、理性和自主狀態的蓬勃發展下消退。

但他們預期的現象並未發生，實際上正好相反。人民失去與教會和所在地區的連結後，似乎渴望尋求新的社群意識，而最後，階級和國家滿足了他們的需求。共產主義和法西斯主義勝出，並非只是因為失業和銀行倒閉。文化才是重點，歸屬感才是關鍵。

對此，自由主義者幾乎未有任何著墨。從洛克的原子化經濟單位、康斯坦周遊世界的旅人形象，到泰勒和彌爾對自主權的強調，個人至上的模式不利於培養愛國主義。

自由主義的發展像是建構起一個裁判系統，個體在政治協商與市場交易中與他人建立關係。個體不曉得怎麼表達這種情感，不知道如何接受人需要歸屬於比個體更大的群體，正視那份渴望地方感（sense of place）的需求。

即使像財產議題那般棘手難解，自由主義者還有過往的傳統可以借鑑，加以處理。相形之下，文化問題則讓他們坐立難安。

後來，英國出現兩位男人試圖化解這個問題。一位是英國人，但他始終感覺格格不入；另一位來自外國，但適應得很好。兩人本質上都是局外人。他們分別是喬治．歐威爾（George Orwell）和以撒．柏林（Isaiah Berlin）。

歐威爾是固執的社會主義記者，骯髒的打字機和壕溝戰很能代表他給人的印象。柏林是在牛津大學制度中安頓下來並發光發熱的哲學家，彷彿就是為了高檔餐廳和迷人的晚宴派對而生。

不過儘管兩人看似來自不同世界，他們身上都有幾個重要特質。他們都討厭第三帝國，對蘇聯的厭惡也不相上下。他們堅決守護個體的概念，並認為政治思想的根基應該要能實際展現，兩人都醉心於探究歸屬感的議題。

他們在同一時期、同一國家完成的著作，儘管在文化層面天差地遠，但都開始描繪自由主義與身分認同的關係。

歐威爾過世後成了英國神話——富有遠見、坦承不諱的英雄，目光犀利，探查真相從不畏縮。神話本身沒錯。不過生命是由許多部分組成，並非神話所能全面涵蓋。在人際關係中，他也時常顯得羞澀、尷尬，感到沮喪。他總給人一股疏離感。

這樣的性格似乎早在一九一一年就已成形，那時八歲的他就讀寄宿學校，生活拮据。「我身無分文。」他日後說道，「我虛弱無力，不受歡迎。我長年咳嗽，膽小怯懦，身上散發一股臭味。」他離開時，體制的勢利觀念壓垮了他。「除了失敗還是失敗，過去一事無成，未來前途黯淡，這是至今我所背負最深刻的信念。」

他成功獲得伊頓公學（Eton）的獎學金，但那時的他對世事已經極度冷漠。「冷眼旁觀，永遠都在一旁默默看著一切發生。」一位同輩這麼形容他。畢業後，有別於同學大多繼續上大學，歐威爾動身前往大英帝國近期占領的緬甸，加入英屬印度帝國警察（Indian Imperial Police）單位服務。

在那裡，他的同事也發現他很冷淡和疏離。他大部分時間都獨自一人，通常在看書。與大部分新到職的員警不同，他花時間瞭解緬甸文化，包括當地的電影和民間傳說。他去克倫族的教會，學會怎麼流暢地講他們的語言，並效法鄉下的緬甸人在指關節處刺青，他們認為這樣可以防子彈和蛇吻。

政治方面，他同樣無法融入。他有點左翼傾向，但同時也有正規緬甸警察的專斷思想，例如他訂閱提倡進步價值的《艾德菲》（*Adelphi*）雜誌，但雜誌內容使他感到氣餒，因此他偶爾會把雜誌釘在樹幹上，當成射擊練習的靶。

後來發生一件事，這有助於我們定義他是怎樣的人。一頭工作象進入發情狀態而失控暴衝，出現狂暴的攻擊行為。歐威爾立即趕往現場處理，但當背著步槍的他找到大象，他突然轉心動念，心中浮現其他想法。

「一看到那頭大象，我就完全篤定不該射殺牠。」他寫道：「射殺工作象是很嚴重的事，有如摧毀要價不菲的大型機械。荷爾蒙使牠產生的衝動已經慢慢消退，而且我一點都不想殺掉牠。」

但這樣的個人判斷很快就與社會期待發生碰撞。「那時，我看了看周圍尾隨我一起到現場的群眾。人數眾多，至少兩千人起跳，而且人數每分每秒都在增加。我頓時意識到自己終究還是得殺那頭大象。人群對我有期待，我必須做。我可以感受到他們龐大的意志如海水般湧來，我無力抵擋。」

那天的群眾從未真正散去。在他寫下的字裡行間，乃至他的整個人生，都能發現群眾的力量——群體的需求提醒著他不能只為自己著想。

一九二七年，從警將近五年後，他休假回到英國，就在「吸入第一口英國的空氣」後，他決定辭掉警察的工作，開始寫作。

他大部分的著作都將自己形塑成永久局外人的角色，沉潛在二十世紀初的下層階級社會。他過了一陣子的流浪生活，將過程寫成《巴黎．倫敦流浪記》（*Down and Out in Paris and London*）。他體驗英國窮困礦工的生活，寫成《通往威根碼頭之路》（*The Road to Wigan Pier*）。

那是一九三〇年代。當時的世界即將經歷可怕動盪，山雨欲來的感覺已經浮現。歐威爾早已發現事情極度不對勁。他試著發出警訊，人們生活的中心是一片空洞，缺少著什麼，而危險的政治運動可能趁虛而入，填補這塊虛空。

他一度認為是宗教。人們曾在宗教儀式中感覺到強烈的慰藉，但如今宗教式微，那股情感沒有出口。他覺得人類失去了靈魂，但尚未找到可以替補的事物。「除了天主教徒，似乎很少人體悟到教會應該受到重視。」他說。

這段時期，他開始上教堂。他在精神層面的投入有限——他從來就不信上帝，事實上，他將他人對來世的信仰視為他們不誠實的證明。不過他喜歡參加儀式。儀式似乎可以帶給他安全感。他在海耶斯（Hayes）的聖公會教堂結識一名牧師，參與整個禮拜儀式，甚至主動提議幫忙彩繪教會聖像。

在他一九三五年出版的小說《牧師的女兒》（*A Clergyman's Daughter*）中，主角桃樂絲（Dorothy）反覆思索自己為何喪失了信仰。在書中，歐威爾試圖釐清她缺失了什麼。

「從另一個更深層的意義來看，教會的氛圍撫慰人心，是她無法捨棄的日常，因為她覺得教會中發生的一切，不管其目的有多荒謬和卑怯，都有一種外在世界不容易找到的東西，儘管這種東西很難定義，但不失正派，對精神層面有益。她似乎覺得，即便不再相信宗教，最好還是要上教會，與其在失根的自由中飄泊，不如跟眾人一起沿古老的道路而行。」他說。

歐威爾的人生轉捩點出現於西班牙內戰期間。就某方面而言，這也是大戰前整個時代的發展轉折。從那時開始，歐洲和俄羅斯種種令人警覺的發展（法西斯主義和共產主義的成長）突然多了具體的軍事面向，幾乎所有人開始明瞭，另一場世界大戰有可能將會開打。

內戰在一九三六年七月爆發，法蘭西斯科・佛朗哥將軍（General Francisco Franco）發動軍事反叛行動，目標是摧毀左派的人民陣線（Popular Front）政府。本來應該是場政變，但佛朗哥的遲疑，導致政府得以武裝工會民兵，進而引爆親政府的共和軍（Republicans）與支持佛朗哥的國民軍（Nationalists）之間的長期衝突。很快地，史達林和希特勒雙雙介入，分別支持前者和後者，使西班牙內戰儼然變成第二次世界大戰的前奏。

戰事引發全世界議論。上千名同情者透過共產黨掌控的國際縱隊（International Brigades）加入共和軍。歐威爾就是前去協助的自願者之一。「我曾立誓要殺掉一名法西斯主義者。」他說，「畢竟，要是每人都能解決一個，他們很快就會絕跡。」

但最終決定他命運的並非那些法西斯主義者。他們就像遠方山坡上的影子，幾乎未曾與他接觸。真正影響他命運的，是發生在他陣營內部的事。

歐威爾到了巴塞隆納後發現，民兵是由各路人馬集結而成，包括崇尚無政府主義的CNT❸，以及信奉馬克思主義但反對史達林的POUM❹。他加入後者並非刻意安排，很大程度只是偶然的發展。

初期在巴塞隆納的日子令人振奮不已。當時社會革命正如火如荼地展開，打破舊時代的階層結構。平等主義逐漸取代服從，權威由無政府主義組織取而代之。然而，當他在前線打了四個月的仗，再次回到這座城市與妻子聚首，局勢有了變化。

所有武裝部隊全面併入政府指揮的人民軍（Popular Army）。CNT和POUM極力抵抗，但最後被迫與蘇聯資助的正統左派陣營在巷戰中正面交鋒。民間各種反佛朗哥的反抗運動則在史達林的控制下開始失去原有的活力。

在一場衝突中，不同陣營的武裝人員在巴塞隆納建築物的屋頂對峙。歐威爾看到一名似乎是俄羅斯特務、外號叫查理・詹（Charlie Chan）的男人將逃跑的敵兵逼到無路可退，並告訴他們，這樣的局面全是拜無政府主義者的陰謀所賜。「那是我第一次看見職業騙徒。」他說。

❸編註：西班牙全國勞工聯合會（Confederación Nacional del Trabajo, CNT）。
❹編註：馬克思主義統一工人黨（Partido Obrero de Unificación Marxista, POUM）。

歐威爾離開那個令人沮喪的狀態，重新回到戰場，但這段日子卻相當短暫。一九三七年五月二十日清晨，當他準備與衛兵換崗，狙擊手朝他的喉嚨開了一槍。

「當時似乎聽到一聲響亮的槍聲，刺眼的閃光吞沒了我。」他說：「我猛然一驚，不痛，只有強烈的觸電感，就像觸碰到電極一樣；緊接而來的是澈底的虛弱感，感覺受到重擊一般，無能為力。」

子彈驚險地掠過主動脈，為他的戰場經歷劃下句點。他決定申請退役，返回英國重拾筆耕生活。

不過這個決定來得太晚。他已脫離不了與 POUM 的關係。在他申請退伍文件期間，史達林開始整肅該黨。POUM 成了違法組織，與其有關的建築物遭到占領，所有相關人員遭到監禁。

歐威爾拿著退伍文件回到巴塞隆納洲際飯店（Hotel Continental in Barcelona），在大廳遇到了妻子。她一派輕鬆地朝他走去，臉上帶著微笑，隨後伸手把他攬到懷裡，在他耳邊小聲說：「快走。」逮捕他的拘捕令已開出。

在接下來幾天的瘋狂日子裡，他們的生命危在旦夕。幸好他們受幸運之神眷顧，加上無比的勇氣和毅力，最後總算回到英國。

在回倫敦的火車上，他看著「平緩河面上的平底船、熟悉的街道、板球比賽和皇家婚禮的海報、戴著博勒帽的男人、特拉法加廣場（Trafalgar Square）的鴿子、紅色巴士、穿著藍制服的警察——萬物皆沉睡，那是已進入深沉夢鄉的英國。」

歐威爾從西班牙的經歷中體悟到，史達林主義和法西斯主義同等邪惡。「西班牙戰爭和一九三六年到一九三七年發生的其他事件扭轉了局勢，在那之後，我認清了自己的立場。」他說，「我從一九三六年開始寫的嚴肅作品中，每一行都直接或間接地反對極權主義，倡導民主社會主義。」

日後保守派試圖淡化歐威爾對社會主義的支持，以便將他塑造成冷戰時期典型的反蘇聯人士形象，但這麼做其實誤解了他。雖然他對個人自由的信仰從未動搖，但他確實是社會主義者。「我相信必得摧毀蘇聯神話，社會主義運動才有可能復甦。」他說。

然而，他並非只是注重自由的社會主義者，還有其他非比尋常的特點。他把自己分成兩半，一半是為社會主義而戰的平民，一半是基於職業義務而擁護自由主義的作家。

「幾乎可以肯定的是，我們即將進入極權專制的時代。」他在一九四〇年寫道：「思想自由一開始是致命的罪過，後來便會演變成無意義的抽象概念。擁有自主意識的個體將會遭到壓制，直至滅亡。從此以後，創造力豐沛的作家勢必得面對一個至關重要的事實，那就是現實對於作家並不友善。作家崇尚開放自由，但現實中發生的一切都在摧毀自由主義。」

這並非表示世上毫無忠誠（例如堅決擁護社會主義），或忠誠之心容易消逝，只顯示忠誠無法勝過個體對誠實寫作的迫切渴望。「對群體保持忠誠有其必要，但只要文學出自個體之手，這份忠心就會毒害文學。」他說。

一九四一年，英國受到轟炸。當炸彈落下，歐威爾支持社會主義的一面看見了革命的機會。

當革命真的發生，事實證明他的想法錯了，但他對革命可能性的思考，透露出自由主義能如何與愛國主義和諧共存。那是一本名為《獅子與獨角獸》（*The Lion and the Unicorn*）的評論集。

有一陣子，歐威爾以為教會是人們生活中缺失的那塊拼圖，但現在看來，顯然是更強大的東西。他寫道，愛國主義具有「難以抵擋的力量」，希特勒和墨索里尼都明瞭其重要地位，進而在崛起乃至掌握大權的過程中善加利用。反對愛國主義的人則未看見其價值，因此付出了代價。

歐威爾提出警告，直指人們對歸屬感的渴望永遠不會消逝。這個世界上，不是所有人都像康斯坦一樣樂於遠走他鄉，四海為家，自在遊走於世界各國。你可以選擇接受這個事實，將此納入政治理念加以正視，否則就任由法西斯主義滲透，最終壟斷世人的身分認同。

歐威爾選擇了前者。不過，他這麼做並非出於戰略謀劃。他是發自內心擁抱愛國精神。他的作品充滿大篇幅對英國鄉間的描繪，字裡行間流露出對家鄉的熱愛。他時常秉持適度的地方感，全心欣賞所在的地方，不管是去到緬甸、西班牙、威根或紹斯沃爾德（Southwold）都一樣。

儘管歐威爾具有愛國情操，但他不要求所有人必須跟他一樣。他的愛國主義不帶同質性的意味。那是出於個人的讚賞之情，唯有像他這樣未曾真正融入群體，在這種狀態下以個人眼光特別留意細節，才激發出這種情懷。他從微不足道的細節找到對國家的情感，例如「紮實的早餐和陰暗的週日、煙霧瀰漫的小鎮和蜿蜒的道路、翠綠田野和紅色郵筒」。但從這些細節之中，他開始利用籠統的特徵去描繪國家的圖像，縱使叛逆的氣質幽微，但顯見他的本性。

「真正道地的文化，儘管集體共有，但從不是官方所規定，例如酒吧、足球賽、後院、壁爐邊，以及『好茶』」。他寫道：「個人自由依然是公認的價值，幾乎如同十九世紀人的認知。但這與經濟自由無關，與利用他人來獲利的權利沒有關係，而是能自由擁有自己的家、在閒暇時從事喜歡的活動、選擇個人的休閒娛樂，而非由統治者強制律定。」

當然能抱持懷疑的態度看待這一切。對民族性格的探究從來就不是完全客觀準確，而是一種概括式的理解。但比起歐威爾的結論，他的思索過程更重要。在他的想像中，個人可以自由選擇涉入哪些國家文化，不是國家由上而下將所有人放入專有且一致的認同框架之中。

他的目標是要將愛國的心融入社會主義的政治理念，使工人階級可以備受啟發，進而挺身反抗。這個計畫最終以失敗收場，不過失敗中隱含的深刻體悟可供自由主義者借鑑。熱愛自由的同時，依然能保有對國家的深厚情感，愛國精神不會以任何形式阻礙個人發展。

一九四五年隨著戰爭結束，歐威爾開始琢磨此概念，將他長久以來對於客觀事實的堅持融入其中，寫成出色的〈論民族主義〉（Notes on Nationalism）一文。

民族主義是愛國主義的陰暗面。一旦任由那些不擁護個人價值的人壟斷愛國心，就會產生民族主義。歐威爾從兩個面向加以定義：統一性和缺乏獨立道德判斷。

「我所謂的『民族主義』，第一個特徵是習慣預設人類可以如昆蟲般分門別類，毫不遲疑地將數百萬、數千萬人貼上『好人』或『壞人』的標籤」。他這麼解釋：「但第二個特徵——這點遠遠更加重要——是習慣認同單一國家或其他單位，使其凌駕於好壞之上，且除了能促進其利益的義務之外，不承認其他義務。」

接著他進一步大膽引申此概念，饒富興味。他把所描述的民族主義本能延伸到其他許多不同類型的群體，諸如宗教、文化和政治。外在的形式可以是教會、階級、政黨，甚至綏靖主義，而就當時的英國來說，他認為主要是「古典的英國極端愛國主義」（old-fashioned British jingoism）。

一旦這種群體認同深植人心，人們的獨立思考能力便開始裂解。最後，講求證據的客觀世界和普世道德標準只會消失殆盡。英國托利黨（Tory）支持者在歐洲捍衛民族自決的權利，但場景換成印度，他們卻抱持反對立場。能否接受綁架人質或強迫勞動等暴行，取決於犯下暴行的是誰。

面對與其世界觀不符的事實，這類對群體忠心耿耿的人毫不在意，所以才會出現迎合其片面認知的報紙，只報導符合讀者偏見的面向，投其所好。這些人眼中的世界頓時與真實發生的情況完全脫節。政治與現實彷彿平行宇宙。

只要未警惕自己是否保有獨立判斷力，任何人最終都可能走上這條路。意思是，個體有義務分析自己的看法，不斷質疑自己是否緊抓著理性和證據，並時時自我警覺，以免受忠誠情操所蠱惑。「我確實相信，這個過程可能相當艱辛，而且勢必也得付出道德努力。」歐威爾指出，「激情無可避免，在政治行動上或許還是不可或缺的要素，但展現激情的同時也須接受現實。」

歐威爾在盡力尋找深邃的意涵。本質上，個體和群體彼此拉扯，但與之前的自由主義者不同的是，他並非一味摒棄群體，只為個體發聲。他承認這種碰撞是政治生活的基本事實，理論上永遠不會消失，且無法消除。兩者的關係讓他內心陷入掙扎。在接納對歸屬感的渴望時，也必須加以抑制。

他並未解決這煩人的問題，但做了件重要的事。他找到問題癥結，並提出可能解決問題的概略方向。目標是滿足人們的歸屬感，而自由和事實是他採取的方法。

將自由主義推向令人吃驚的全新方向後，歐威爾回溯自由主義的根源。他並非以哲學理論，或甚至新聞報導的形式呈現。他選擇透過科幻小說的方式為之，那本書是《一九八四》（*Nineteen Eighty-Four*）。

一九四七年，他在蘇格蘭吉拉島（Jura）開始動筆寫這本書。寫這本書本身就是一場折磨。過去三年間，他接連失去妻子、母親和胞姊。他飽受晚期結核病之苦，從寫作的地方必須搭計程車、兩班船，接著再轉公車和火車，才能抵達最近的醫院。

儘管如此，他在接下來兩年間全心筆耕——先是潦草地寫下內容，接著澈底修改一番，最後再打成書稿。他抱著打字機斜靠在床上，嘴裡叼著菸，以每天四千字的速度快速產出原稿，期間不時發燒及咳血。整本書在一九四八年十二月完成。一年後，他便撒手人寰。

他留給後世的，是一部極其發人深省、影響深遠的自由主義理論巨作。

截至一九七三年，英國的銷售量已超過一百萬冊，在美國至少賣出千萬本。有人把書偷偷帶進捷克斯洛伐克、匈牙利、波蘭和俄羅斯。《華盛頓郵報》（*Washington Post*）稱該書是「二十五年來最知名、最常被提及的書籍」。書中的詞彙——新語、老大哥、思想警察、一〇一號房、雙重思想——進入社會大眾的語言，即便到現在，幾乎每天都能在政治討論中聽到這些字詞。

歐威爾做了一件其他自由主義者辦不到的事：他把自由主義思想植入大眾文化之中。他筆下的世界生動逼真，帶來道德衝擊，深深烙印在世人對政治的預設認知裡。

在《一九八四》的未來世界中，區域強權之一的大洋國（Oceania）受名義上的社會主義政黨英社（Ingsoc）所統治，該黨的首領是老大哥（Big Brother），以史達林為原型刻劃出來的他時時凝視著每一個人。

主角溫斯頓．史密斯（Winston Smith）鄙視大洋國的政府，並發現在同一棟建築物工作的黨員茱莉亞（Julia）也有相同的叛逆魂。他們展開一段非法的性關係，後來遇見歐布萊恩（O'Brien），這位高階長官聲稱自己參與一樁推翻黨的密謀行動，但那是引誘他們的陷阱。史密斯和茱莉亞遭到逮捕而必須接受再教育。

大洋洲上演的壓迫、服從和再教育情節，幾乎完美映照出極權主義扳倒自由主義後的情景。歐威爾在書中創造了電傳螢幕（telescreen），這種雙向視訊通訊設備可方便黨監視每個人在家裡的情況。這種二十四小時監控行為的機制，與蘇聯人民相互監視的景況不謀而合。溫斯頓努力維持臉上的表情，使自己免於遭受嚴格審查，就像史達林統治期間的許多俄羅斯人與人接觸時彷彿戴著面具，掩蓋真正的感受。

歐威爾明瞭法西斯和共產政權想完全控制個體。當然，這是指人身控制，但更重要的是，這更牽涉到精神控制。溫斯頓寫日記已「犯下最根本的罪行，這種罪本身就包含其他所有的罪。思想罪。」

英社致力根除所有思想罪。一種稱為新語（Newspeak）的新語言誕生，使用這種語言的目的是要減少及重新定義詞彙，使個體沒辦法批判思考，甚至無法產生個人想法。

《一九八四》真正的核心衝突並非溫斯頓對體制的反抗，而是大腦在黨的高壓統治下，仍能維持個體狀態。「沒有任何東西是屬於你的。」溫斯頓暗自心想，「只有你頭殼內寥寥幾立方公分的空間例外。」

他一遭到逮捕，此想法就面臨滅絕的試煉。黨開始不斷地毒打、施以酷刑和凌辱，試圖逼迫他交出自主權並加以毀滅。歷經可能幾週或幾個月的身體和精神虐待後，刑求室中的溫斯頓只剩最後一種東西可以牢牢抓住：客觀現實。他理解了核心原則。「自由是能夠說二加二等於四的自由。如果能做到這點，其他一切就會跟著導出。」

客觀現實不會受到黨的控制。權威可能對你做任何事——綁架、湮滅過去的證據、持棍棒毆打直到你屈服、偽造你接收的所有資訊、脅迫你背叛朋友——但只要客觀現實還存在，就還有可以寄託心靈的對象。人依然可以獨立判斷。沒有客觀現實就沒有希望，黨就能完全控制。

在此主張的基礎上，歐威爾的自由主義越過泰勒和彌爾、洛克、奧佛頓和雷恩斯伯勒等其他現代思想家，直接與笛卡兒的思想遙相呼應。歐威爾發現對抗極權主義的方法，早在自由主義誕生之初就已存在：個體能針對周圍的世界建構假設的理性自我。

英社不容許這種情況發生。黨要澈底毀了溫斯頓。經過無數次的刑求，溫斯頓終於等到歐布萊恩本人前來審問。他告訴他，現實不存在於個體的大腦。「黨說是真相就是真相。」

在溫斯頓就要心灰意冷的關鍵時刻，歐布萊恩告訴他：「你不存在。」溫斯頓的理智逐漸屈服於令人喘不過氣的心理壓力，不顧一切地試圖抓住「我思故我在」。

「無助感再一次朝他襲來。」歐威爾寫道，「他知道——或者說他可以想像——證明他自己不存在的種種論證；但那些都是胡扯，只是文字遊戲。『你不存在』這種陳述，不就隱含了邏輯上的荒謬性嗎？」

但他處在絕望的深淵，很快就放手不再堅持。他完全臣服於黨。他放棄了「我思故我在」。自由主義在誕生之際就已夭折。

黨認為溫斯頓不足以形成威脅後，便將他釋放。小說到了尾聲，他坐在咖啡館，身心俱疲，用手指在桌面上的塵埃裡寫下「2+2=5」。

書中沒有光明，沒有任何希望的蹤跡。歐威爾寫出一個宛如地獄的未來世界，那裡沒有客觀事實，也沒有個體。許多評論家覺得這故事太沉重。黑暗太深沉，人類的脆弱太令人絕望。但他們都誤解了。

歐威爾不是要塑造一個毫無希望的世界。他寫這些文字的目的是要喚醒世人的抵抗意識。他想展示極權思想能帶來多大的威脅，並示範能如何擊敗這樣的思想。方法就是強力捍衛客觀現實。那是通往自由的唯一途徑，從「我思故我在」出現以來，始終都是如此。

回到現實中的英國，還有另一個人將要繼承衣缽，進一步追尋此一理想。他和歐威爾一樣，從實際經驗中看見二十世紀的現實狀況，深知人們亟需歸屬感，並試圖透過自由主義理論加以捕捉。他採取的方式會將自由主義推到極限，使其蛻變成令人驚異的新面貌。這個人是以撒・柏林。

柏林的身分認同具有三個部分：俄羅斯血統、猶太人傳統、英格蘭思維。

「我是在里加（Riga）出生的俄羅斯猶太人。」他說：「儘管後來我到英國生活，這個事實依然不會改變。我愛英國，我在這裡過得很好，我熱愛英國的許多事物，但我是俄羅斯猶太人。這是我生命的開端，也是我畢生的身分。」

不管到哪裡，他都維持這個外人的狀態，但與歐威爾不同的是，他從不待在外圍默默觀察。他總是成為關注的焦點。從小他就備受歡迎，長大後在英國學界擔任過幾個受人尊敬的職位。他在一九四六年榮獲大英帝國勳章（Most Excellent Order of the British Empire），一九五七年受封騎士，一九七一年獲頒功績勳章（Order of Merit）。他時常與全球極有權勢和影響力的人物一起吃飯及閒聊。

與本書其他所有思想家不同，他對生活滿意至極。曾有人問到他對人生的感想，他說：「希望可以無止境地這樣下去，何樂不為？」

他的智識之高令人驚豔。他精通英語、法語、德語、義大利語、希伯來語、拉丁文、俄語和古希臘語。引用亨利・哈代（Henry Hardy）的說法來形容，他向主編展現了「意想不到的龐大可能，堪稱人類潛能最高水準」。

他並非專職寫作。他的重要政治作品一開始都不是以書籍的形式面世，都是日後才集結成冊付梓出版。他也不是獨自窩在書桌前作研究。他藉由談話傳達思想，而且平心而論，世界上大概沒人比他厲害。他透過口授的方式闡述想法，因此沒有真正的書寫作品，是他人把他說的內容整理成逐字稿。

他講話有如機關槍射擊，以難以插話的速度丟出豐富的想法和相關概念。詩人艾略特（T.S. Eliot）形容那是「大雨滂沱似的口才」。他住在華盛頓的時候，有人告訴他，如果他希望美國人聽懂他說的話，他得放慢說話速度才行。「好，我知道，我懂。」他回答，「但若是這樣，我應該會變成相當不一樣的人，那就不是真正的我。」

熟識他的人最後都能聽懂他說的話。他的傳記作者葉禮廷（Michael Ignatieff）第一次與他交談時，只聽到源源不絕的字詞傾瀉而出，中間似乎毫無中斷。但訪問柏林超過十年後，他開始習慣他「精確但艱澀的」講話風格。

「即便從屬子句中插入括號，裡面含括的資訊彷彿沒有盡頭，但最後終究會結束，構成完整的思緒。」他歸結道：「每一句的主軸都承載著清晰的思路，各種附屬細節順著主題交錯纏繞。這種飛速躍進式的說話風格形同一種思考模式：說話時提出概要觀點，預先設想可能引發哪些反面意見，再適時補充細節，邊說邊將觀點和相關說明組織成同一個句子。」

進入晚年，他言談時再次悄悄浮現俄羅斯口音。從這裡可清楚得知一個事實：他在牛津呈現的知識分子腔調並非自然口音。那是一名來自里加的俄羅斯猶太人全心融入英國環境所佯裝出來的結果，顯見他在英國期間，對於真實歸屬感的意義經過一番深刻的思考。

柏林一九〇九年出生於拉脫維亞首都里加，那時里加還隸屬於俄羅斯帝國。當時的俄羅斯限制猶太人從事特定行業和職業，但里加不在管制範圍。

第一次世界大戰降臨。俄羅斯和德國劍拔弩張，他所在的區域住著許多講德語的俄羅斯公民，使情勢益發緊張。俄羅斯的高層指揮官譴責猶太人幫助敵軍，於是開始將他們驅逐到敵軍防線之後。柏林的父親帶全家搬到一小時車程外的小鎮安德烈亞波爾（Andreapol）。

他人生中第一位老師是一名年邁的拉比（rabbi，猶太教經師），教導他和其他學生希伯來文字母。「孩子們，你們長大後就能體會，為什麼這裡的每個字母都流著猶太人的血和淚。」他告訴他們。柏林確實領悟到了。幾十年後當他說起這段往事，他望著窗外，明顯情緒激動地說：「那是猶太人的歷史。」

柏林一家人在俄羅斯革命期間搬到聖彼得堡，正好見證當時的政權垮台。七歲半時，柏林目睹一群人將一名效忠沙皇的市政警察從他眼前匆匆拉走，大概就此消失人間。布爾什維克黨很快就開始審查報紙，武裝人員出現在公寓門口，命令他們組成住家委員會。

一九一九年，柏林全家嘗試搬回里加，但過程使人沮喪。他們被強迫下火車，並被告知他們必須洗一個禮拜的俄羅斯桑拿浴❺，去除身上的蝨子。最後，他們靠著賄賂才免除了這件事。搭上火車後，同一車廂的拉脫維亞人不斷表現出排斥猶太人的言行。他的母親出言反駁時，他們竟指控她是俄羅斯間諜，引來警察上車逮捕了她。又一次透過賄賂，她才得以獲釋。

那次的經驗是個臨界點。顯然沒有地方容得下他們，因此柏林一家人在一九二一年二月搬到英國。柏林剛到英國時一句英文都不會，但他在幾個月內就融入新環境。學校有男生叫他「骯髒德國人」，其他男生幫他出氣，把那傢伙揍了一頓。在他往後的人生中，他總能發揮絕佳的適應力，不管到哪都能很快就擄獲人心。

畢業後，他進入牛津大學基督聖體學院（Corpus Christi College in Oxford）就讀，取得古典學一等學位，並在哲學領域榮獲約翰洛克獎（John Locke Prize），接著在一九三二年考取萬靈學院（All Souls）。他是第一位獲得此榮譽的猶太人，這則故事還登上《猶太紀事報》（*Jewish Chronicle*）。首席拉比寫信向他道賀。才二十三歲的他已經聲名遠播，成為英國大名鼎鼎青英教育機構的一員。

幾年後，賽爾維亞政治哲學家約翰・普拉門那茲（John Plamenatz）獲選進入萬靈學院。他向柏林吐露，只要一個空間中有兩個英國人，他就不禁覺得他們之間正悄悄策劃什麼陰謀，使他感覺孤立。柏林不懂他的意思。他熱愛英國，認為這片土地孕育了自由主義的基本禮儀，這與歐威爾的觀點相符。

或許這就是他很容易就融入其中的原因。他向英國人表現的形象，正是他們本身擁有及喜歡的樣貌。或者，他也許只是效法歐威爾，挑選國家認同中他自己喜歡的部分。無論如何，這是他看待歸屬感的方式——歸屬感是一種選擇。有人曾問，他父親以身為哈西迪（Hassidic）猶太人為榮，他回以不以為然的神情。血統是探索的終點，並不重要。以血統為傲是一種對血統決定論的臣服。相較之下，他母親在開往里加的火車上對歧視者動怒，在他心中更具份量，那樣的時刻才能令人有所體悟，從中拼湊出自己的身分認同。

他和歐威爾一樣，對於宗教能為人們帶來歸屬感的現象極感興趣，但並不相信信仰本身。「我從沒理解過『上帝』一詞的意義。」他說，「我甚至無法聲稱自己是無神論者或不可知論者——用音樂來類比的話，我有點像是音痴。」

❺編註：俄羅斯桑拿除了高溫蒸汽浴之外，還會使用浸泡過熱水的樺樹枝大力鞭打身體，藉此促進血液循環與放鬆身心。

然而不管怎樣，柏林一輩子信守猶太人的節慶習俗。那是一種表達忠誠的方式，對他獨具意義。「堅定不移的無神論者不懂何謂人生信仰。」

一九三四年夏天，他首次出發前往巴勒斯坦，當時阿拉伯人、猶太人和管理該地區的英國殖民地警察正處於緊張的對峙狀態。火車駛過西奈半島的沙漠開往巴勒斯坦，穿著制服的猶太人列車長前來驗票。柏林驚訝地發現自己早已熱淚盈眶。那是他第一次看到猶太人擔任權威職位。

但一踏上巴勒斯坦的土地，不尋常的感受油然而生。他覺得渾身不自在。「當地的猶太人既古怪又迷人，不管是和他們相處，還是獨自一人，我都一樣感到不安，就像與三十年以上沒見面的親友久別重逢。」他寫道。

柏林是猶太復國主義者。他認為，以色列建國不僅會恢復猶太人的「個人自尊和身為人的地位，更至關重要的是，讓他們以個人的身分重獲選擇生活方式的權利」。然而，他混雜了同時身為英國人和猶太人的忠貞情感，即將受到嚴苛的考驗。

這要追溯到第二次世界大戰。這場戰爭有如赤裸裸的提醒，在某些方面，他終究無法獲准融入英國生活。

柏林在戰爭爆發後隨即自願前往戰地支援，但獲得的回應是，由於他出生於拉脫維亞，無法取得相關職位。他只能待在牛津，看著其他人貢獻一己之力，自己卻幫不上忙。

後來機會出現了。有個同事告訴他，他可以幫他找到英國駐莫斯科大使館負責媒體新聞的職位。柏林興致勃勃地接下了這份工作。成年後，他一直很想回俄羅斯，戰爭爆發後，他更是拼命地想要幫忙。

他打算過境美國前往俄羅斯，但在抵達美國時，原本的計畫告吹。不過他一如往常地幸運，馬上就獲得英國大使館在紐約的新聞職務。他從簡單的剪報工作做起，後來進展到彙編週報，提供給資訊部（Ministry of Information）掌握美國輿情。他的報告變得很有影響力，政府很快就將他調往華盛頓的英國大使館工作，負責為外交部彙整美國每週輿情摘要。

他充分施展交際手腕及閒聊的天賦，遊走於眾多午宴和晚宴，為國家貢獻長才。他結識四面八方的美國人脈，包括記者、編輯、國會議員、說客等所有重要人士，並運用自己的才能，從最靠近美國政府核心的人物口中套取資訊。

他每週的口述摘要彙整各方人士不慎透露的內情，妥善編輯後送交外交部，再從外交部轉送到其他部門，包括內閣辦公室（Cabinet Office）。不久之後，連邱吉爾本人都在讀他的報告，甚至好奇撰寫報告的人是何方神聖。外交部回覆：「作者是柏林先生，來自波羅的海地區的猶太哲學家。」首相認為他的報告令人印象深刻，但也覺得略嫌誇張。他告訴親信安東尼・艾登（Anthony Eden）：「摘要的確寫得很好，但我總覺得有些誇大其詞。」艾登回道：「我同意。或許可以說內容帶有太豐富的東方風情。」

即便柏林在美國擔任國家的重要職務，撰寫全政府機關都會閱覽的書面資料，無可避免地，大家還是察覺到他並非道地的英國人——異國色彩和猶太人的特色有點太突出。

猶太人身分開始把他推入微妙的處境。他扮演「雙面人」的角色，時而建議英國官員如何應對美國的猶太人遊說團體，時而教導猶太人遊說團體如何與英國官員互動。

到了一九四三年六月，他的角色權重失衡，往單一方向傾倒。英國擔心，要是阿拉伯國家相信戰勝後，猶太人就會在巴勒斯坦立國，他們可能會失去阿拉伯人的支持。美國大使也同樣憂心忡忡，因此力促邱吉爾和羅斯福發表聯合聲明，堅持該議題推延到同盟國戰勝後再議。

這讓柏林難以接受，所以他果斷做出行動。他將該計畫偷偷告知猶太人遊說團體的領導者。他們勃然大怒，要求總統取消聲明。他再告訴英方消息不知怎麼地已走漏，掩蓋他是洩密者的事實。他的策略成功了。美國國務院在八月八日通知英國，表明要撤回聲明。

英國外交部對此怒不可遏，命令柏林調查猶太人遊說團體是如何得知消息。他捏造有趣的故事，利用幽默的口吻隱瞞他應有的責任。這件事後來不了了之，他再次得逞，不過從這件事可看出他擁有雙重身分認同的立場。在關鍵時刻，他對猶太人身分的忠誠勝過對英國身分的認同。

一九四五年，隨著戰爭逐漸進入尾聲，他接獲的新任務將會觸動他的第三重身分認同。英國派他到莫斯科傳達重要訊息，揭示美國、俄羅斯和英國的戰後關係。他在那裡的所見所聞，令他回想起童年時光。長大後，他未曾在街上聽過自己的母語。「這些情感和表達方式都還存在，只是淡忘了。」他說。

他告訴父母，那是他人生中最充實的幾個禮拜。「踩過雪地的聲響、教堂的穹頂、乾冷的空氣、農民、絨毛帽、街上俄羅斯人講話的音色、從遠處傳來紅軍行進時的歌唱聲，需要我描述這些景象嗎？」

但在聖彼得堡（當時改名為列寧格勒〔Leningrad〕），他將遇見一位改變他一生的人。她的名字是安娜．阿赫瑪托娃（Anna Akhmatova），二十世紀極其重要的俄羅斯詩人。共產黨奪走她的一切。蘇聯祕密警察在一九二一年處決了她的第一任丈夫。在某次突襲知識分子的行動中，她慘遭極權政府殺害或監禁的友人不計其數。外界認定她追求的是自省式的「中產階級美學」（bourgeois aesthetic），使她慘遭政府詆毀，連原本支持她的群眾也加入醜化她的行列。她的作品在一九二五年成為禁書，往後二十年間沒有任何一本著作得以出版。海外的俄羅斯人大多以為她死了，但她的確還活著。

某天晚上，柏林來到她的住處拜訪，與她在同一空間面對面坐著，聊了好幾個小時，想到什麼就聊什麼，話題從個人經歷到抽象議題，無所不談。最後他起身親吻她的手，向她道別，離開後才發現時間已是早上十一點。

他們在那晚建立起來的關係延續了一輩子。幾十年來，她失去與歐洲友人的所有聯繫，他是第一位上門的歐洲訪客。歷經多年迫害，她仍留有一絲氣息、仍未倒下，是體現俄羅斯文化尊嚴的真人模範。她是道德和藝術堅持的縮影，承載著一個國家的精神，能在歷經長年思想打壓後仍堅毅不搖。

「他不會成為我心愛的丈夫。」她後來寫道，「但他和我共同成就之事，將會擾動二十世紀。」

柏林在一九四六年四月回國，三十七歲的他重新回到學術圈，並在往後的人生中將內心的拉扯投注於學術研究，深入探索二十世紀的自由主義理論，過程不僅極其令人震驚、具挑戰性，更引發不少爭議。

他所做的事情很難清楚定義。他不是很有系統的思想家，他總是懷疑怎麼有人可以建構起完整的思想體系，而且也無法真的清晰直白地述說自己的想法。在大部分作品中，他想像自己是歷史上的某位思想家，藉此洞悉前人未發現的元素和關聯。因此，解讀他的思想時，必須先將他從他扮演的角色抽離出來。

他的作品涵蓋各個哲學領域，從知識論、倫理學到政治學，都是他的研究範疇。有時內容直截明確，可以輕易摘述；有時龐雜難懂，無法簡單梳理成清楚的摘要。就這方面而言，他是十足的自由主義者。他抗拒受到定義。他無法歸類於任何一般的知識、道德或政治分類。他也反覆無常，經常語焉不明。他的作品亂中有序，像是黏土一樣，讀者能自行捏出無限種政治概念。

不過，他對個體自由的堅持從不退縮，始終如一，成了貫串他思想的核心理念。他的一生都為了這個原則而奮鬥。研究柏林的某些論述時，難免感覺峰迴路轉、險阻重重，此時別忘了這個至高價值。

從歸屬感開始說起。這並非如許多自由主義者所認為的，是個無關緊要的議題，也不是人越來越世故老練後就能輕易捨棄的東西。這是人之境況的核心特色。柏林和歐威爾一樣關注人在日常生活的實際行為，將經驗的自我（empirical self）置於抽象理論之上。

「拒絕相信人與人之間自然的情感聯繫看似高尚，但其實已誤入歧途。人在抱怨孤獨的時候，意思是沒人瞭解他們所說的話：想要互相理解，彼此間必須要有共同的過去、共同的情感和語言、共同的假設，以及親密溝通的可能——簡單來講，就是要有共同的生活形式。」他說。

語言在這方面尤其扮演重要的角色。歸屬感與獲得理解的經驗密切相關，理解後才能進一步產生認同。他指出，同胞「理解我，就像我理解他們，這份理解讓我覺得活在世上還有人在乎」。這種互相理解的情感主要在國家層次發展，時常經由愛國主義展現出來。

但歸屬感並非世上唯一的美好。歸屬感擁有罕見的強勁力量，是人類需求的根本面向，但還有其他面向也值得追尋。有些是普世皆同，有些僅存在於特定時代、特定文化。自由、平等、正義、寬恕、勇氣、勤奮、享樂、愛情、友誼、藝術、慈善，比比皆然。柏林並不只是推崇自由，更追求自由之下所能實現的各種美好，並從中吸取養分，孕育出他的哲學思想。這些是一切的根源，都很重要。

這種思維稱為多元主義（pluralism）。

這些美好價值並非總是和平共存，反而時常發生衝突。「有些很棒的事物無法共存。」他說：「這是概念上的真理。我們注定得要選擇，每個抉擇都可能會有無法挽回的失去。」對他來說，時常發生無可避免的道德悲劇，是這個世界的常態。這種現象不只存在於社會中，也發生在「每一個人的內心」。

美好價值間存在競爭關係，所有人一生中都會受此悲劇影響。舉例而言，單身者無法獲得成家立業可能帶來的滿足感和安心感；為人父母者失去單身時可能擁有的激情和活力；擁抱古希臘英雄美德（為國家而戰是光榮的高尚品德），則必須放棄「以德報怨」的基督徒價值觀。

柏林用戰時的實際案例說明這個概念。有位政府官員發現情報是從他的辦公室洩漏出去，如果情報繼續走漏，在前線與納粹德國奮戰的所有人都將承受龐大的風險。但他不知道究竟是誰在洩密，因此他把所有人都開除。所有人員日後都將無法進入政府工作，更糟的是，他們必須背負背叛的罪名度過餘生。可是洩密問題解決了，許多人因此得救。

柏林認為那官員做了正確的決定，但那不重要。他想表達的是，這件事沒有正確答案，只有道德上的悲劇。

最嚴重的是，這些悲劇起因於各種正面價值無法比較。這些價值時常是基礎價值，例如自由和平等、正義和寬恕、獨立自主和歸屬感，它們「同等重要」，沒有共同的衡量標準可以建立起固定的評判方法。

「如果像我所認為的一樣，人的志向千百種，原則上彼此之間不見得能相容，那麼發生衝突

（及悲劇）的機率便永遠無法從個人生活或社交生活徹底根除。」他指出。

不妨回頭想想邊沁不知變通的功利主義：你和母親以及一位可能在日後找到癌症療法的科學家一同搭船。船沉了，而你選擇救自己的母親。

柏林不質疑這個決定，但他希望大家瞭解這依然是悲劇。價值觀彼此碰撞（血緣關係和社會義務相互衝突），你挑選了其中一方。除了少數堅定的功利主義者，沒人會譴責你所做的抉擇，但悲劇終究還是發生了。

最後的結果相當赤裸殘酷，但一般人（尤其是政治熱衷者）會覺得無法承受：世事沒有圓滿結局。人類的問題永遠不會有消失的一天。衝突是人世間的基本特性，永無停歇之日。

對柏林而言，這是對人世再真實不過的描述，符合經驗中人類真正的行為模式，而非哲學家一廂情願的想像。

柏林回顧思想史的演進。在大部分情況下，各種思想並未呈現人生的真實樣貌。哲學家總是堅持有個神祕的真實自我存在，與人們真正的行為表現脫鉤。

盧梭和馬克思便是如此。他們憑空想像一個更高層次的集體自我，不管是以普遍意志或階級意識的型態存在，都與人們在真實生活中的行為毫無關聯。等到他們死後多年，他們的追隨者試圖脅迫人類變成他們想要的樣子，使人類付出嚴重代價。

然而，柏林並非只批評自由主義的典型敵人，他更將槍口轉向自由主義陣營內部。

更高層次的集體自我不是唯一的問題所在，任何將人區分成不同自我，乃至超越可證實之實際行為的所有概念，都會造成問題。

例如，泰勒和彌爾崇尚快樂的高級和低級之分，便暗示人有較高等級的自我（那個自我既理性又自主），凌駕於獸性或輕浮的自我之上。

一旦劃出界線，統治者便容易開始壓迫人民的實際活動，以解放其理應真實的自我。正是真實自我的概念（即便只是個體層級）開啟了通向專制暴政的大門。「這是整個人類思想史上極其強勁且危險的論述之一。」柏林堅信。

柏林的著作讓人覺得這是自由主義一直以來的發展方向。當自由主義全力擁抱經驗主義、個體和自由，上述情況確實發生了。不過柏林的作品也使人發覺，他做了極度危險的事。

他解開了所有束縛。幾個世代以來，自由主義者始終未輕易解開名為「歸屬感」的鏈條，因為只要有人這麼做，所有麻煩的結論就會接踵而來。

柏林的邏輯似乎是要杜絕任何對於統一政治思想系統的希望。這會讓自由主義的優勢地位受到挑戰。

他的多元主義理論似乎讓自由、理性和自主（自由主義的圖騰）與其他理念平起平坐。這些只不過是不同價值，和其他價值一樣，並未比榮譽、力量或美更偉大。

如果這個結論得到認同，事情就會朝非常糟糕的方向發展。道德相對主義（moral relativism）將會成為顯學，也就是認為世上沒有普世原則，也沒有主流的哲學思想。自由將不會比其他任何價值更令人推崇，到時面對人的行為或政府政策，將無法以自由為基礎加以評判。所有事情都能獲得諒解。納粹主義和史達林主義會和其他思想一樣合理。

柏林的思考過程似乎開啟了可怕的絕境。自由和經驗主義彷彿走入了死胡同。

對某些人而言，事實一直都是如此。一直以來，許多反對自由主義的人認同柏林的看法。他們認為，他揭示的真相遠比他所理解的實情更加危險。多元主義殺死了自由主義。

但那並非柏林的意圖，也不是他言論的意思。從他對自由主義的種種作為中，我們可以拼湊出他對各種疑問的回應，而那其實在修補自由主義的結構。

就從柏林描述的美好事物開始說起——那些人類生活中各式各樣的價值、渴望和理想。這些都很重要，占有一定的份量，反映人類真實生活的方方面面。正因如此，文明社會應抱持開放態度，盡可能接納各種價值，並確保人們能自由追求。

每個人選擇擁抱的價值觀會賦予人生不同樣貌：上前線作戰或留在家照顧父親、全心投入學術研究或致力推動政治變革、賺大錢或參與慈善工作幫助弱勢。如果社會想反映實際的人類行為，就必須允許所有人自由抉擇，拒絕任何可能形成限制的作為。「假如多元主義是正確觀點，自由的景況必然發生，容忍就無可避免。」柏林指出。

因此，人類經驗的核心焦點在於選擇。這是成就自我的必要元素。

這個觀點將自由從柏林多元主義的窒息壓力中解放出來。人必須要有自由才能選擇，所以自由可說是其他價值成立的先決條件，有自由才能探索各種價值。柏林指出，如果多元主義是對的，「人勢必得在不同明確主張之間做出抉擇，這是人類境況無可避免的特點。自由於是有了重要價值。」

但如何做出這些選擇？有時柏林似乎語帶暗示，指出人們通常只是隨意選擇——例如正義與寬恕，幾乎可說是隨機抉擇的結果。然而有時他也強調，面對無法客觀相比的正面價值時，人會秉持理性做出選擇。

關鍵在於下決定的背景脈絡。再次舉功利主義的船為例。在該案例中，當事人出於理性選擇拯救自己的母親，因為血緣關係在這種情況下比社會義務更重要。但在其他類型的案例裡，假設法官負責審理母親涉入的案子，或政府官員需決定公共契約的合作對象，當事人可能就會理性判斷，避免血緣關係凌駕社會義務之上。

在大部分牽扯法律的情境中，正義通常優先於寬恕，但也有情況不適用這個原則。南非在九〇年代中期廢除種族隔離體制（對不同種族採取差別對待的管理制度），當時政府採行「真相與和解程序」（Truth and Reconciliation），特赦過去曾從事不義之舉的罪犯。為促進國家團結，寬恕優先於正義。

在上述實例中，能夠衡量事情發生的背景脈絡可謂重要能力。縱使無法客觀地權衡各種抽象價值，但在特定案例中，往往都能公正地評判。「具體狀況幾乎是決定的關鍵。」柏林說道。

要在脈絡下評估各種價值，理性是不可或缺的要素。至於人該如何達到這樣的理性狀態，自由主義者各有一套說法，其中以泰勒和彌爾的版本最理想。他們將焦點放在自主能力（autonomy），亦即個體接受充分的教育後，懂得如何評估自己想要什麼，且能夠從情況中抽離、以批判的角度看待自己的渴望，不受社會或文化的高壓影響所左右。因此，人想做出攸關生活的各種選擇，理性是必要條件。

柏林展現的思維撼動了自由主義，瓦解了原有的自由主義思想，不過從一片頹圮破敗之中，我們仍能找回自由、理性和自主，重新奉為政治社會的至高準則。這些後設價值（meta-value）可用來評價人類生活中其他富有意義的事物，不過還需要另一項後設價值來充當指導原則，那就是節制（moderation）。

要是衝突和道德悲劇必然發生，治理人類生活的體制便必須廣泛正視人類的不完美和分歧想法。一切的基礎在於接納衝突，而非假裝衝突可以澈底排除。更進一步來說，就是要和善對待不同意見，溫柔地處理不一樣的觀點。

「即便無可避免，任何碰撞都能緩解。」柏林表示，「主張可以均衡調和，適度妥協。」考驗於焉誕生。柏林主張的自由主義鼓勵人們透過任何偏好的形式，無論是愛國主義、享樂主義、義務、愛情、公益等等，盡情擁抱所有生活型態。然而，一旦這些價值可能對自由、理性、自主或節制等原則形成挑戰，便應不再擁護。原因是，要是破壞這些根基，形同從源頭閹割人擁抱各種價值的能力。

澈底破壞之後還剩下什麼？自由主義似乎並未與以前的自由思想相差甚遠。自由、理性和自主重新拿回至高地位，在政治社會中扮演指導原則的角色，只是後來多了節制的概念。

但稍微更仔細去看，會發現新的自由主義展現出截然不同的細緻程度，回答了自由主義幾世紀以來始終都在迴避的問題，極富意義。

柏林將自由主義更緊密地扣住其根源：懷疑、複雜和經驗現實（empirical reality）。他的自由主義專注於人類的實際表現，不是哲學家心中設想的行為模式。這樣的自由主義更貼近事實、更包容異己、更有人味。

不過還有其他極其重要的改變，比上述事項更值得關注。柏林將各種價值視為思想的基礎，賦予自由主義人性的溫暖。

在柏林之前，自由主義時常給人有點冷淡的感覺。洛克發展理論的出發點是要解決財產爭議。就算連泰勒和彌爾理解且崇尚人類生活的多樣性，主要關心的課題還是人與人之間不彼此干涉的原則。

相形之下，柏林的理論並非建構於人類經驗中那些令人疑惑的快樂和痛苦。他的自由主義不僅止於管理社會上出現的爭端，也鼓勵人們盡可能追求各種美好價值。人類生活必須要由自由主義來守護，才能展現各種多元樣貌和複雜型態。

愛、榮耀、公正、迷戀、紀律、喜悅、斯多葛主義（stoicism）等等，都是自由主義捍衛的對象。人們選擇心之所向的權利受到保障，而抉擇的後果公開透明，人們不至於受到矇騙，且每種價值的基礎在於顧及個人自由。

最重要的是，柏林奮力追求的價值——歸屬感——也包含在內。歐威爾和柏林都是從接納現實開始。他們接受愛國主義對一般人很重要。或許不是所有人，也不是任何時候都是如此，但已足以讓愛國主義成為發展認同和定義自我的強大來源。接受事實後，歐威爾從政治和個人等面向切入，予以回應。政治上，他督促自由主義者正視愛國主義的力量，讓法西斯分子無法壟斷愛國情感。在個人層面，他認同歸屬感和融入群體的渴望都必須以事實和客觀為依歸。

柏林則是從哲學的角度回應。他指出，如果自由主義的基礎在於個體，那麼個體所在乎的所有事情都很重要。在本身具備的原則下，自由主義必然需要正視及賞識個人的志向。愛國主義的力量如此強大，是因為個體相當重視，一旦愛國主義對個體造成限制，便將不再重要。

由此，一種受自由調節的自由愛國主義應運而生。那是個體由內而外產生的情感，不是由外而內強行加諸的統一規定。開放、多元，從不定於一尊。

第9章 崩壞

一九四七年四月，海耶克的反革命在瑞士山頂展開。

凱因斯的思想蔚為主流之後，崇尚自由放任觀念的自由主義者處於一盤散沙的混亂狀態。「我去到哪裡，都有人說他完全同意我的論述，但卻不知道能向誰述說這樣的觀點，因此感到孤立無助。」他說，「這讓我萌發一個念頭，想把這些極為孤寂的人集合到同一地方。」

他邀請六十人入住佩爾蘭山（Mont Pèlerin）的杜帕克飯店（Hotel du Parc），最後三十七人如期赴約。這些人之中，有一位三十幾歲住在芝加哥的年輕經濟學家，他的名字是米爾頓·傅利曼（Milton Friedman）。「我這個來自海外、年紀輕輕的天真美國人，在那裡與全世界的人齊聚一堂。」傅利曼日後回憶道，「這些人全都信奉相同的自由原則，但在各自的國家找不到同道中人，其中有幾位學者，有些已在國際上享有盛名，有些則必將成為重要人物。」

即使在經濟圈，當時也幾乎沒人關注這場聚會。但那時參加這場年度峰會的出席者，最終將會反轉凱因斯的思想浪潮，尤其是傅利曼。

海耶克和傅利曼將此定調為自由主義與威權主義的對抗，但凱因斯主義與威權主義毫無關係，也並未獨占自由主義。其實，他們涉入的是自由主義陣營的內戰，也就是自由主義右派和左派的戰爭。

傅利曼在海耶克處於失意的低谷時出現。海耶克本身已一蹶不振，飽受重鬱症所苦，每隔一段時間就發作，最後只好回到奧地利休養。「他的想法並未成為主流。」他的兒子羅倫斯（Laurence）表示：「似乎沒人想聽他說話，沒人認同他的看法。他隻身獨行。」

傅利曼接替成了新的領導人物。他的經濟學思想其實和海耶克大相逕庭。他認為，我們可以理解經濟，而國家有限度地干預經濟運作——透過嚴格的貨幣調控，設下規則維持貨幣供應穩定慢速增加——是可接受的。

不過，他們在打擊通膨上有志一同，且都認為失業不是經濟政策所要改善的重要問題。政治方面，他們擁有更多相同理念。以貨幣調控之外的手段干涉市場會產生反效果，而且必須承受專制的風險。傅利曼認為，連醫生的執照核發流程和藥品管制措施都應廢除。彌爾堅信，國家和市場的關係中，沒有一體適用的方案可以解決所有經濟問題。傅利曼全然不認同這種看法。對他而言，市場就是解方。

一九七〇年代，通貨膨脹開始失控，使政治局勢發展成有利他們的局面。有好幾個原因。美國參與越戰看不到顯著的意義，加上戰事拖延，推升了軍事支出。態度強硬的工會爭取勞工權益，拉抬了薪資。最重要的是，產油國聯手反制，導致油價攀升。

接著，原本不可能發生的事情竟然成真了：通膨和失業率雙雙上揚。這現象稱為停滯性通貨膨脹（stagflation），是所有情況中最糟糕的一種。

一九七四年，海耶克榮獲諾貝爾經濟學獎。他彷彿一夕之間起死回生。諾貝爾委員會將那年的獎項同時頒給他和另一位凱因斯學派的經濟學家，企圖迴避外界對其政治偏袒的任何控訴，但那並不重要。諾貝爾獎的認同，讓海耶克與其追隨者獲得遲來三十年的知識地位。

他充分利用這次機會。在頒獎典禮上，他走上台，宣告凱因斯學派的時代已結束。「我認為這是傷及根本的嚴重錯誤，更何況還依此行事，造成的傷害極大，如同我們目前所經歷的遭遇。」他表示。

停滯性通膨為海耶克帶來一位新的英國追隨者：瑪格麗特・柴契爾（Margaret Thatcher）。面對保守黨在戰後所採取的經濟方針，她將完全改絃易轍。一九七五年接任黨魁後，她隨即邁步走進黨部的政策研討會議，拿出海耶克的《自由秩序原理》（*Constitution of Liberty*）摔在桌上，開宗明義地說：「這才是我們應該相信的理論。」

一九七〇年代後半期，帶領反對黨的她靜靜看著通膨和彷彿永無止境的罷工重挫工黨政府的聲望。一九七八年到一九七九年，英國爆發「不滿的冬天」（Winter of Discontent）行動，業界接連的抗爭幾乎使全國陷入癱瘓。

柴契爾夫人對工黨率領的政府發起不信任投票，隨後從選舉中勝出，成為首相。這場勝利發生於海耶克的生日前夕。「感謝您給了我最棒的八十歲生日禮物。」海耶克在信中寫道。她以傳教士般的熱忱回覆：「我很自豪，過去幾年間拜讀您的作品，讓我受益良多。我決心一定要成功。如果真能獲得最後的勝利，您的貢獻將會無比巨大。」

一九四七年在佩爾蘭山孤零零地展開的自由市場倡議，如今成為英國政府信奉的核心理念。

柴契爾夫人勝選後不久，海耶克思潮席捲美國。一九八〇年十一月，前好萊塢演員隆納・雷根（Ronald Reagan）靠著口號「擺脫政府的騷擾，政府別再打人民血汗錢的主意」（We can get government off our backs, out of our pockets）當選美國總統。這句口號完美呈現雷根的特色：將自由放任的經濟理念轉化成直白語言，展現樸實隨和的親民魅力。

「雷根私下與海耶克有交情。」右派美國政治人物紐特・金瑞契（Newt Gingrich）解釋：「他認識傅利曼。你大概永遠無法邀請海耶克上《今日秀》（*Today*），但你可以邀請雷根上節目，他會用更貼切的例子和更好懂的語言解說海耶克的核心思想。」

不過十多年，海耶克就從無人聞問的學者，一躍成為主流學派，其追隨者更執掌全球兩大經濟體。他自己也察覺全球經濟和政治現況突然轉向，堪稱歷史上的重大契機。

「我還年輕的時候，只有老一輩的人依然相信自由市場機制。」他說，「到了中年，我自己也跟所有人一樣拋棄了這個理念。現在，我很高興自己活得夠久，能夠親眼見證年輕人重拾對自由市場的信仰。」

風向丕變。在政治上，凱因斯學派無疑已步下世界的舞台，由擁護自由市場的經濟學家接棒。

美國消除通膨的手段可說毫不留情。民主黨吉米・卡特（Jimmy Carter）在總統任內就開始推行相關政策，但雷根採取的措施力道更大。聯準會主席保羅・伏克爾（Paul Volcker）決定調升利率，冒著經濟衰退更嚴重的風險，也要將通膨壓制下來。一九八一年雷根上任的那年，利率高達二一％。用德國總理赫爾穆特・施密特（Helmut Schmidt）的話來說，如此高的利率「從耶穌誕生以來」前所未見。

通貨膨脹正在勒死西方經濟，消除通膨勢在必行，但美國採取的手段絲毫不顧凱因斯學派試圖防止大量人民失業的原則。調高利率的同時也大幅刪減社會福利，並為富人減稅，政策似乎都是為了懲罰窮人、獎勵富人所設計。

利率高漲之際，西方製造業正好遭逢龐大競爭，尤其是東亞來勢洶洶，跨國公司在全球各地搜尋勞動成本最低、生產力最高的生產基地。不分左派或右派，自由主義一致支持全球自由貿易政策，使企業得以轉移製造廠房。儘管各種改變自然而然發生，不受任何限制，但那些未能跟上時勢腳步祭出相應對策的人，則幾乎沒有獲得太多幫助而淪為犧牲品。

在後來俗稱為鐵鏽帶（Rust Belt）的地區，許多工廠永久倒閉。從紐約州水牛城（Buffalo）一路延伸到印第安納州蓋瑞（Gary）的美國鋼鐵業重鎮沒落，由墨西哥、南韓、巴西和中國取而代之。美國北方的都會中心，例如製造過大量汽車、知名唱片公司摩城（Motown）總部所在地的底特律，步入衰敗命運，逐漸荒廢。美國失業率從一九八一年七月的七％，在一九八二年十二月攀升到將近十一％。從一九七九年到一九八三年期間，美國流失了兩百四十萬個製造業職缺。英國傳統的工業重鎮，例如曼徹斯特、利物浦和雪菲爾（Sheffield），乃至英格蘭和威爾斯的礦場陸續沒落及荒蕪。全國失業人數突破三百萬人，將近總勞動人口的十二％，直到一九八七年才減少到三百萬人以下。工廠、船塢、煤坑相繼關閉。許多地區未曾完全復甦。

讓數百萬個家庭躋身中產階級的高薪製造業工作消失，將社會流動的成果打回原形。沒有凱因斯學派的計畫僱用人民參與公共工程，人民只好持續失業。隨著失業的時間越久，產生的影響越嚴重。技術過時，失去自信，找到工作的機會更少。

失業成了延續數代的問題。當終於有工作時，卻是零售業或餐旅業的低薪職位，比起在資本主義大本營的華爾街、倫敦和矽谷（新科技產業的心臟）上班，這些舊工業城微薄的薪水有如滄海一粟。

國家的手從市場中抽離。政府刪減支出，尤其是教育、住房和大眾運輸方面的補助；工會受法規約束；實施減稅政策，尤其減少有錢人應繳的稅金；國營事業民營化，特別是鋼鐵、航空、天然氣、自來水和鐵路運輸等等；鬆綁產業管制。

在航空和卡車運輸等某些領域，這些改變帶來正面效益，促進業界競爭而使價格降低。反觀諸如電力等其他產業，私人電廠最終享有大規模壟斷的地位，有時更進一步濫用隨之而來的權力。不過事實上，政府不再針對各個案例，分別評估哪些要由國家介入，還是仰賴市場機制順其自然。自由放任變得更像是宗教信仰般的原則。

金融市場從大蕭條後政府施加的枷鎖中解放。柴契爾夫人大規模鬆綁法規，吸引國際資金大量湧入英國的金融業心臟倫敦。美國和英國的投資銀行開始繁榮發展。投資銀行和零售銀行間的高牆終於倒下。

美國「新政」期間對銀行設下重重管制，以防一九三〇年代的經濟慘況再次上演，這些措施在一九八〇年代逐漸鬆綁。一九八〇年通過的《存款機構管制解除與貨幣控制法》（Depository Institutions Deregulation and Monetary Control Act），讓投資銀行和零售銀行不再涇渭分明。一九八二年的《格恩聖喬曼法》（Garn-St. Germain Act）和聯準會於一九八七年放行的新規則，皆進一步放鬆管制。

然後發生了一件大事，宛如日蝕一般受人矚目，暗示歷史正朝向某種極富重大意義的方向進展，應和著上述的所有改變。蘇聯解體。

「我就說吧。」蘇共於一九九一年垮台時，海耶克如此表示。那是他親眼見證的最後一件政治大事。他在一年後逝世，享壽九十二歲。

對於蘇聯解體，各界普遍認為是自由放任模式的完全勝利。兩種對立的極端經濟型態——共產主義和不受約束的資本主義——長期僵持不下，而現在其中一方大獲全勝。美國政治經濟學家法蘭西斯．福山（Francis Fukuyama）認為，這可能象徵著「歷史的終結」（the end of history）。

此後多年，整個西方世界的政治人物和學者似乎都認定這是最終結局，彷彿人類事務中的所有經濟活動已無其他需考量的可能。等到中間偏左的政黨在一九九〇年代終於重新執政，美國有民主黨總統比爾．柯林頓（Bill Clinton），英國有新工黨首相東尼．布萊爾（Tony Blair），他們大致都已接受去管制化的發展方向。

如同某些人後來指出，這些領袖與保守派不同。他們編列預算推動社會計畫，投入的心力更甚以往。健康照護和社會服務由於缺乏補助而長期無法正常運作，如今重新恢復了生氣。不過世人普遍還是認同一項核心主張，相信任由市場自行運作效果最好。

柯林頓在一九九六年的國情咨文演說中簡潔地總結了這樣的執政方向。「我們知道大政府無法解決所有問題。」他指出，「大政府的時代已過去，但我們不能重回以前放任人民自力救濟的那段時光。」

各國持續積極解除金融管制。美國在一九九四年頒行《瑞格爾—尼爾跨州銀行與分行效率法案》（Riegle-Neal Interstate Banking and Branching Efficiency Act），移除銀行營業的地區限制，使銀行得以合併及擴張。光是一九九八年到二〇〇七年，美國銀行（Bank of America）、花旗集團（Citigroup）、摩根大通（JP Morgan）、美聯銀行（Wachovia）、富國銀行（Wells Fargo）等五大零售銀行的資產已成長到原本的三倍，而高盛（Goldman Sachs）、摩根士丹利（Morgan Stanley）、美林證券（Merrill Lynch）、雷曼兄弟（Lehman Brothers）、貝爾斯登（Bear Stearns）等五大投資銀行則達到四倍。

一九九六年施行的《經濟成長與法規文書作業精簡法案》（Economic Growth and Regulatory Paperwork Reduction Act）要求聯邦監管機關每十年檢討規定，徵詢相關人員法規是否「過時、沒必要、過分繁瑣」。這引發一陣刪減規範的熱潮，連監管機關本身也身體力行。美國聯邦存款保險公司（Federal Deposit Insurance Corporation）二〇〇三年的年報有張照片，照片裡的銀行業官員使用鏈鋸和園藝剪除去「紅緞帶」的束縛（red tape，亦有繁文縟節之意）。任何監管單位只要試圖控制金融業界，便得應付大量的業界遊說團體及法律訴訟。如同美國證券交易委員會（Securities and Exchange Commission）主席亞瑟．李維特（Arthur Levitt）所形容，那簡直有點像是「鬥牛之類的流血競技」（blood sport）。

最後在一九九九年十一月，柯林頓清除了格拉斯—史蒂格時期遺留下來的最後限制。《金融服務業現代化法》（Gramm-Leach-Bliley Act）允許銀行同時經營零售和投資業務，不受其原始登記的營業類型所限。

在布萊爾的領導下，英國銀行監管機制精簡化，整合成靈活的單一實體：金融行為監理總署

（Financial Services Authority, FSA）。「從成立之初，FSA的理念一向是：『許可成人的私人交易？那是他們自己的事情。』」首任署長這麼表示。

倫敦和華爾街的去管制化進程逐漸形成互為因果的循環，兩地的金融業者分別向本國政府遊說（且通常能成功）減少及限制對金融服務的規範，以利維持優於對方的競爭力。

這些措施深獲聯準會的新任主席艾倫．葛林斯潘（Alan Greenspan）支持。他一再提出論述，直指市場會依憑市場邏輯自行運作，政府沒必要嚴格管制。締約方只會簽署有利的協議，不會強加進行風險過大的操作。

這種從私人利益出發的管理方式遠比任何形式的國家管制更強勁。「這股穩定市場的民間約束力應逐漸取代許多繁瑣且日漸失效的政府架構。」葛林斯潘堅稱。

薪資飛漲。若計入通貨膨脹，金融產業高層主管的薪水在第二次世界大戰後三十年間每年成長〇．八%，但從一九七〇年代開始急遽增長，一九九五年到一九九九年間，年成長率達到一〇%。到了二〇〇五年，銀行高階主管的平均年薪達到三百四十萬美元。

銀行業不再是枯燥無聊的工作。職務內容不僅精采刺激，薪水更絕對是頂尖水準。部分傑出人才捨棄物理、數學和電腦科學領域，轉身投入金融業。二十一世紀初期，至少有四成的常春藤名校畢業生選擇進入銀行工作。

但在這一切的背後，有個嚴重問題正在醞釀。

接下來即將發生的事，追究其根本，就是將消費借貸轉變成投資商品，核心主要是一種稱為證券化（securitisation）的金融手法。

一切始於房屋抵押貸款。這是大多數人終其一生最大金額的貸款。這做法能讓受薪族分多年償還買房支出，而不至於財務狀況失控。

在凱因斯的年代，這在美國是相當簡單的程序。一九六〇年代，購屋者通常能申請到三十年的貸款，固定利率，頭期款五%。大部分家庭都能負擔得起。住宅自有率激增。

於是，政府資助企業（Government Sponsored Enterprise, GSE）應運而生，其中以聯邦國民抵押貸款協會（Federal National Mortgage Association）最為知名，簡稱「房利美」（Fannie Mae）。該組織的業務不太尋常。他們並不提供購屋貸款，而是向商業銀行收購債權。

房利美不是什麼債權都收。唯有債權符合聯邦住宅管理局（Federal Housing Administration）制定的政府擔保標準，達到優質水準，房利美才願意收購。可靠的高品質房貸債權市場就此形成，而房利美從銀行手中收購了這些債權之後，銀行就有餘裕向其他人提供更多貸款，使更多人擁有房子。

一九七〇年，其中一家 GSE「吉利美」（Ginnie Mae，即政府國民抵押貸款協會〔Government National Mortgage Association〕）發展出新的集資方式，稱為證券化。

吉利美將手上的多筆債權包裹成商品，接著將商品切割，將每一份額稱為證券。他們將這些證券賣給投資人，投資人則可從民眾繳的貸款中拿到利息。

一九七七年，民間組織決定投入這項創新商品，從中謀利。投資銀行所羅門兄弟（Salomon Brothers）將美國銀行（Bank of America）的房貸債權包裹成民間市場的第一檔房地產抵押貸款證券。這麼做看似皆大歡喜。銀行收到銷售證券化債權的現金，帳上不再有放款，也就是說，他們不必維持一定金額的資金來應付損失。此外，他們也有餘裕提供更多貸款，想買房子的購屋者因此受惠。投資銀行則從證券銷售中獲利。

投資人也嚐到甜頭。房地產是公認安全的獲利管道，而透過證券，投資人不必處理複雜的借貸事務，也不用費心釐清借貸方還不出錢的機率，只管輕鬆進出市場交易即可。況且這些證券是評價良好的商品，有大型金融機構擔保。

將貸款綑綁在一起可減少財務損失的風險。把錢借給某人買房子，對方可能無力償還。但要是將大量貸款集結起來再妥善分割，損失的機率就會下降。根據統計，只有少數貸款交易可能發生違約，但這些只是龐大金融商品的一小部分，無關痛癢。

不僅個人違約風險已經消除，金融業界還認為，整個體制已將風險摒除在外。房屋抵押貸款不再是銀行和個人的一對一交易，而是蛻變成資產的形態，讓投資人購買。因此，風險不再僅由借錢的銀行承擔，而是外放到整個經濟體中稀釋，由所有人承擔，發生意外的衝擊較小。

透過證券，發行機構可針對不同類型的投資人開發新商品，所憑藉的方法稱為分級（tranching）。證券會再經過分類，精心組成新的配置。不喜歡風險的投資人可購買評價較高、先償還的債權，藉此降低違約風險；而願意承受較多風險的人，則能購買等級較低的債權，暴露於較大的損失風險，但獲得較高的報酬。

這種較高風險的債權有時很難銷售，所以投資銀行開始將其重新包裝成債務抵押債券（collateralized debt obligation, CDO）。儘管其組成來自更高風險等級的證券，但基於匯集（pooling）有助於減少風險的原理，這些新的投資工具得以歸類為低風險標的。

此手法的邏輯相當誘人。即便是風險頗高的房貸，都能透過數學模型重新定位為低風險投資。

在此邏輯下，這種投資工具開始加速發展。CDO重新包裹成新CDO，接著再從中製造出二代CDO。沒有新商品時，便開發合成型CDO，其組成並非真正的房屋抵押債權，而是對其他房貸商品的押注。

這整個過程只受信用評等機構監督，像是穆迪（Moody's）、標準普爾（Standard & Poor's）、惠譽國際（Fitch）。這些組織的工作是針對商品的風險程度，提供評估報告。AAA是最高等級，表示投資機會最接近毫無風險的程度。

各種規範對評等機構幾乎沒有約束力。這類機構必須經過美國證券交易委員會（Securities and Exchange Commission）核准設立，但成立後，其行為幾乎不受任何監管。在二〇〇七年之前，他們甚至不必公開風險評估方法。

投資人倚重信用評等報告評估這些複雜的金融商品是否可靠。「評等機構是重要的輔助。」所羅門兄弟交易員吉姆．卡拉漢（Jim Callahan）表示，「因為我們銷售這些債券的對象，其實從未實際接觸過房屋抵押貸款業務。他們只好參考獨立機構的報告，判斷是否購買。」

然而，信用評等機構欠缺保持公正的動機，是一大盲點。事實上，評等機構並非真正獨立的第三方，本質上還是私人企業，向銀行收取費用，協助銀行評比各種金融商品。

報酬相當可觀，畢竟機構給出的評等級別是後續銷售的關鍵，例如穆迪是依每種商品的發行規模收費，「一般」CDO最高可收到五十萬美元，「複雜」CDO的評比費用則可高達八十五萬美元。

機構採取的評等方法極其薄弱。評估主要著重於兩件事：證券連結標的違約機率，以及這些債權的聯合或「關聯」程度，也就是美國各地的房地產同時大規模發生房貸違約的機率有多高？

但評等機構不仔細審查證券化背後原始的房貸品質，甚至鮮少試著去評估關聯程度。「缺少有效違約資料的情況下，不可能只透過觀察違約情形，就依經驗提出違約相關係數。」以穆迪其中一名CDO業務總裁蓋瑞．惠特（Gary Witt）的話來說，數據是他們「編造的」。

在這樣的體制下為客戶商品出具評比報告，明顯可能有失公允，政府顯然有必要廣泛監督信用評等機構，但實際上幾乎看不到政府的管制企圖。就像葛林斯潘所言，市場邏輯主宰一切。照此想法，如果評等機構隨意給出 AAA 評等，遲早會失去公信力而破產。市場會自我約束。

於是，評等機構在缺少監督的前提下照常運作。較低等級（大多獲得 BBB 或 A）的證券重新包裝成 CDO。約有八成很神奇地獲得 AAA 評價。日復一日，貸款不斷轉變成高度評價的投資標的，具有風險的借貸最後反而帶來財務收益，一切看似毫無缺點。

銀行開始參與證券化程序的每個階段。貝爾斯登和雷曼兄弟（Lehman Brothers）等投資銀行利用《格拉斯–史蒂格爾法》廢除後享有的自由，開始向消費者提供房屋抵押貸款服務。商業銀行則往反方向發展，從房貸承作轉往證券化、擔保和分級等業務。

銀行也利用證券來執行其他程序，而後來的發展證實，這種行為將會對日後發生的事件產生決定性的影響。證券成了向貨幣市場籌措資金的抵押品。

貨幣市場是很大的現金池，哪裡有好的投資標的就湧向哪裡。有些停留在共同基金，為富有的客戶創造比一般銀行儲蓄更亮眼的報酬率；有些存放於機構的現金池，超過十億個來自資產經理人、退休基金或超級有錢人的帳戶裝滿資金。機構現金池的理財經理身負重任，必須運用資金創造不錯的獲利。

其中一種主要操作方式是透過附買回協議（repurchase agreement，簡稱 repo）。雖然附買回協議是種銷售交易，但實際運作方式像是貸款。

想像現在有間當舖。某人遭逢變故，在拿到薪水之前亟需一筆資金應急，所以他帶著價值一百英鎊的手錶到當舖借出九十英鎊現金，隔天再設法回到當舖，以借貸金額加上一些手續費買回自己的手錶。技術上，這是一樁銷售交易，但事實上是抵押貸款。

這就是附買回協議的運作模式。投資銀行以定價賣出證券，日後再以此價格買回。過程中，他們可以取得比帳面價值稍少一些的資金，例如一億美元的證券可借到九千八百萬美元的資金，兩者的差額稱為估值折扣（haircut）。

投資銀行因此可以取得資金。這類交易設有回購利率（repo rate，基本上就是利息），這是購買證券方的報酬所在。只要雙方對回購利率達成共識，附買回協議即可「展期」，使這段交易關係延續下去。

上述流程成了許多投資銀行的主要融資來源。截至二〇〇〇年代，紐約附買回協議市場每天都有幾兆美元的交易規模。到了二〇〇七年，雷曼兄弟六千九百一十億美元的資產負債表規模中，多達一半的資金來自附買回協議；高盛、美林證券和摩根士丹利則有四〇%。

英國的去管制幅度有過之而無不及，附買回協議市場變得更加複雜。持有證券的「證券商」銀行紛紛投入抵押品再質押（rehypothecation），將抵押品進一步設為其他附買回協議交易的抵押標的。

美國規定，這種做法不得超過所持有抵押品價值的一四〇%，但英國毫無設限。因此，投資銀行（包含歐洲和美國銀行）利用倫敦較寬鬆的法規，使借貸額最高達到抵押品的四倍，額外取得總計四．五兆美元的資金。

還有另一種機制稱為資產擔保商業本票（asset-backed commercial paper）。銀行成立小型的合法子實體，名為結構型投資工具（structured investment vehicle），接著讓其大量買入證券。

小型的子實體接著會發行商業本票，這是具有法律效力的借據。貨幣市場很快就會全數買單。畢竟這些實體冠有大銀行的名稱，而且持有證券，看起來就很可靠。

結構型投資工具再把透過商業本票募集到的資金付給其購買證券的銀行。就這樣，銀行拿到了資金。商業本票與附買回協議一樣可以經常「展期」。

商業本票和附買回協議背後的流程並無不同，都是將長期消費者債務轉換成短期銀行資金。此體制使證券搖身變成日常流動性。

現金池經理將資金出借給擁有可觀資產、經營穩健的機構，獲取豐厚的報酬。華爾街的公司撮合一件又一件交易，從中賺取手續費。

連推動這個體系的人員（從證券業到理應負起監督之責的監管單位），都自認已將風險消除殆盡。他們相信風險已大幅分散到整個金融體系，稀釋到足以忽略不計的地步。

其實不然，整個過程的五個不同階段都潛藏著風險。

首先，承作貸款本身就有風險。戰後年間，放款機構一向避免承作有風險的貸款業務，以免借貸方違約而遭受牽連。但當證券化的風潮興起，甚至連放款單位是誰都不甚清楚。房屋抵押貸款本身已經過切割、切分、包裹及重新包裝，構成太多難懂的金融商品，已經沒人可對最底層的貸款業務負責。

第二是組成證券的大量房屋抵押貸款。基於同時不可能有眾多貸款人違約，因此這種做法據信能減少風險，但那些模型並不正確。某些地區的劣等房貸彼此嚴重關聯，的確可能會有大量借款人還不出錢。

第三是信評機構。這些組織理當公正評估投資風險，但事實上規範太過寬鬆，無法確實達到這個目標，而且這類機構往往為了滿足賺錢的私利而有討好客戶之嫌。

第四是風險在地化（localisation of risk）。證券業認為這類金融商品已將違約風險分散給不同投資人，因此違約的影響已減到最低。但事實完全不是這樣。大部分風險其實是由為數不多的大型金融公司所承擔，這些企業在更廣泛的經濟中占有重要地位，本身也從事證券化業務。他們擁有規模龐大的優級 CDO，不過為了不減少獲利，他們只保留極少資金以應付可能發生的損失。

第五是銀行仰賴證券從貨幣市場取得短期資金。銀行任由自己完全依賴附買回協議和商業本票來創造流動性，萬一證券突然貶值，整個體系就會崩塌。

最後一點正是實際發生的事。

新世紀的序幕才剛拉起，房屋抵押貸款市場繁榮發展，原因是發生了人類史上死傷最慘重的恐怖攻擊。

二〇〇一年九月十一日上午，十九名伊斯蘭恐怖團體蓋達組織（al-Qaeda）的劫機犯分別登上四架從美國東北部飛往加州的民航客機。他們利用防身噴霧和史丹利美工刀（Stanley knife）控制了飛機，並讓飛機轉向直衝他們預設的目標：紐約世貿中心和美國五角大廈。總共兩千九百七十七人喪命。

經濟最直接受到衝擊。股市直到九月十七日才恢復交易，一開盤，道瓊工業平均指數創下七・一％的歷史跌幅。在一片擔憂經濟衰退的市場氛圍中，聯準會將利率調降到一％。這麼做是希望百姓能將房貸重新貸款，亦即結清現有房貸，用更好的利率申請新的貸款。

政策發揮了功效。房貸總額從二〇〇一年的一兆美元躍升到二〇〇三年的三・八兆美元。證券業消化了大部分。到了二〇〇四年，這股漲勢已趨緩，但業界尚未飽和，需吸納更多房貸債權。

私人發行機構捨棄高標準的房貸債權，開始將「A級」（Alt-A）和「次級」（subprime）列為優先標的，這些等級的貸款者擁有低信用評分，可能陷入還不出錢的窘境。

房貸的頭期款通常是二〇％，更早之前，唯有貸款人申購保險以保障放款方，頭期款才有辦法減少。不過這項規定後來廢除，頭期款調降。申辦貸款所需檢附的資料也簡化了，有些申請人的收入浮動或難以評估（例如自僱者），還能採用「免附收入資料」的貸款方案。

收入極低的購屋者以偏低的頭期款申請到貸款，但幾年後要繳的費用大幅增加。有些人根本受騙上當，有些人樂觀以對，有些人一開始就知道會走到這一步。最終，所有人都落入差不多的下場。房貸放款機構總是略勝一籌，他們熟知背後的運作方式，並向無數人提供過這類貸款。借貸人只有這麼一次經驗。

許多人以為房貸仲介會幫他們，但其實不然。事實上，這些仲介是站在證券化業務那一邊。仲介從借方或貸方預先收取費用，或兩方都收。貸方常付給仲介的一筆費用為收益率溢價（yield spread premium），也就是貸款的利率越高，仲介能獲得的費用越多。於是，仲介有了引導借方簽下較高利率房貸合約的動機。

美國金融危機調查委員會（US Financial Crisis Inquiry Commission）從證券化交易分析中發現，借方平均付給仲介三千七百五十六美元，相當於貸款金額的一．八一%。除此之外，他們也經常收到收益率溢價，每件貸款申請平均兩千五百八十五美元。

大量的房貸廣告無不保證能為借方爭取一%利率、零頭期款，或不必檢附收入文件。另一端的華爾街則不斷發行證券、CDO和合成型CDO。

「證券化有如工廠產線。」前花旗集團執行長查爾斯．普林斯（Charles Prince）後來坦承：「隨著越來越多次級房貸成為證券化流程的原物料，現在回頭看，會有越來越多品質每況愈下的證券並不意外。證券化程序使用的原物料其實品質低劣，甚至有毒，最後生產出來的商品自然問題重重。」

截至二〇〇五年底，非傳統貸款占了全國金融公司（Countrywide）放款總額的五九％，在富國銀行占了五八％，並在國民城市銀行（National City）和華盛頓互惠銀行（Washington Mutual）分別占五一％和三一％。

要讓整個體系崩潰並非難事。

一切始於二〇〇五年。新聞開始報導房地產市場疲軟，到了二〇〇七年初，先前房價上漲的區域明顯下跌，許多家庭付不出房貸，尤其是申請次級房貸的屋主。

二〇〇七年到二〇〇八年期間，信評機構開始將房貸證券和CDO降級。投資人出現恐慌情緒，市價暴跌。一部分是因為擔心違約問題，但更重要的是，這股恐慌來自投資人害怕證券市場失靈。

關鍵時刻落在二〇〇七年八月九日。法國巴黎銀行（BNP Paribas）宣布凍結三檔基金。真正讓金融界感到震驚的並非該銀行的動作，而是背後的理由。銀行指出，「美國證券化市場某些業務的流動性完全蒸發，特定資產無論品質或信評等級如何，我們都無法再公正地衡量其價值。」

這相當於預告了某些獲利管道即將澈底終結。證券的價值無法評估，便無法作為抵押品使用。如果證券失去抵押作用，也就不能藉以取得資金。流動性全面凍結，擴及全球的銀行擠兌隨之而來。

二〇〇七年九月，英國北岩銀行（Northern Rock）倒閉。儲戶在分行外排隊，等著把錢提領出來。當時的情景彷彿經濟大蕭條重演，民眾對銀行失去信任使經濟嚴重受創。但其實，北岩銀行八成的資金來源與大排長龍的存款人無關，甚至並未特別暴露於次級房貸的風險之中。這家銀行的問題是仰賴貨幣市場融資，而這類融資管道正在失靈。

美國五大投資銀行中規模最小的貝爾斯登也受到波及。從放款、證券化到銷售，這家銀行在房貸業務的每個環節都有涉足。二〇〇七年底，貝爾斯登失去商業本票市場，所以轉而利用附買回協議填補資金空缺。但連這個管道也開始慢慢失守。利率快速攀升，須持有的抵押品隨之增加。銀行腹背受敵。於是在風風雨雨的一週內，現金終告見底。

二〇〇八年三月十三日星期四晚間，貝爾斯登通知美國證券交易委員會「週五無法正常營業」。聯準會借一百二十九億美元給該銀行，但只換來信心潰散的後果。

聯準會和美國財政部開始驚慌。如果貝爾斯登倒閉，規模達二．八兆美元的三方回購市場可能崩盤。短期借方最後可能會在市場拋售抵押品，壓垮資產價格。「有點像是朝黑洞前進。」聯準會主席班．柏南克（Ben Bernanke）總結。雙方倉促地尋找解決之道，由摩根大通收購貝爾斯登。

下一塊骨牌接連倒下。美國第四大投資銀行雷曼兄弟面臨相同處境，憑靠商業本票籌措七十八億美元，附買回協議則為其挹注一千九百七十億美元資金。二〇〇八年夏天結束之際，該銀行終將面臨資金短絀的命運。

這次華府不打算干涉太多。「我們需要談談。」財政部長幕僚長吉姆．威金森（Jim Wilkinson）在寫給財政部公共事務助卿米雪兒．戴維斯（Michele Davis）的電子郵件中說道，「我實在無法接受為雷曼紓困。」

美國政府決定不伸出援手。

九月十五日星期一凌晨一點四十五分，雷曼兄弟聲請破產。道瓊指數下跌超過五百點，退休計畫、政府退休基金和其他投資組合加總達七千億美元的價值憑空消失。

這對國際金融投下震撼彈，整個全球經濟一度貌似有可能因此崩潰。「人們開始從體質健全、運作穩定的銀行提領存款，那些銀行不僅距離華爾街相當遙遠，也不太受那裡發生的事情直接影響。」財政部長提摩西．蓋特納（Timothy Geithner）表示，「這就是初期恐慌的典型徵兆。」

聯準會主席柏南克有種凝視深淵的感覺，看不見危機的盡頭。「二〇〇八年九月到十月爆發的事件是全球史上最嚴重的金融危機，連經濟大蕭條都相形失色。」他表示，「美國最重要的金融機構約有十三家，其中十二家面臨一至兩週內就會倒閉的風險。」

截至目前，政府大抵抱持拒絕干涉的態度。儘管曾挹注現金，也試圖引介私人企業收購陷入麻煩的銀行，但從雷曼兄弟倒閉事件看來，政府仍傾向作壁上觀。只是，這樣的立場不再能繼續維持下去。

九月二十日星期六，財政部傳給國會一份三頁文件，打算賦予其新的龐大權力，以七千億美元收購金融機構的有毒資產。政府將扮演主導紓困的角色，負責收拾民間企業的爛攤子。國會在九月二十九日星期一投票。

美國的民選議員投票反對這項援助計畫。

市場澈底陷入恐慌。短短幾小時內，美國企業的市值蒸發一・二兆美元。道瓊指數下跌七百七十八點。全球銀行突然被迫面臨攸關生存的威脅，使銀行不再能為實體經濟提供貸款。房價驟跌、金融市場重挫，民眾的個人財富遭受莫大衝擊。

WTO 從蒐集的資料中發現，一百零四個國家受這場金融危機影響，進出口下滑。在向國際貨幣基金組織（International Monetary Fund，簡稱 IMF，負責因應會員國緊急收支平衡的國際組織）提供 GDP 資料的六十個國家中，五十二國的經濟進入收縮期。二〇〇八年第四季到二〇〇九年第一季期間，國際資本流動大減九成。

社會開始出現解僱潮，從高薪族群逐漸蔓延到低薪百姓。銀行人員首當其衝，不過很快地，低薪階級也開始失去工作，尤其弱勢族群、年輕人和沒有大學文憑者，受到的衝擊更大。全球多達幾千萬人被迫失業。

財政部倉促地重擬法案，重新送回國會審議。該法案「授權聯邦政府收購及擔保特定類型的問題資產，以穩定經濟並防止經濟遭到破壞」。

反對聲浪終於消退。幾乎沒人繼續盲目相信，「放任一切自由發展」的做法還行得通。自由放任的世界已然崩塌。十月三日星期五，眾議院以兩百六十三票對一百七十一票通過金融援助計畫。

國家將再度干預市場。

如此一百八十度的大轉變令人驚訝。在海耶克歌頌完全不干預經濟的三十年後，政治人物和銀行家一夕之間改變了看法。原本不斷高喊國家不能干涉其發展的產業，如今乞求政府給予協助。過去幾十年間，政府堅信國家介入市場終將拖垮運作效率，如今卻體會到，干預才是更廣泛保護經濟的唯一辦法。

美國、歐洲和英國祭出的緊急措施總計超過七兆美元。

英國工黨首相戈登・布朗（Gordon Brown）於十月八日率先推出第一個重大援助計畫。他認清現實，認為要避免銀行倒閉，必須由政府出面擔保，讓市場知道英國政府將全力提供支援。政府也將挹注資金，協助銀行處理掉賣不出去的資產。

銀行則必須調整資本結構，予以回應。這是為了確保銀行的資產負債表擁有充足的資金，以承受未來可能的損失，進而預防銀行倒閉，連帶拖垮國家經濟。這些資金可能來自私人企業，也可能由國家資助，後者基本上已與國有化相去不遠。駿懋銀行集團（Lloyds TSB）在政府協助下收購蘇格蘭哈里法克斯銀行（HBOS），蘇格蘭皇家銀行（RBS）也同樣接受政府資助，兩家銀行都成為半公營化實體。巴克萊銀行（Barclays）和滙豐銀行（HSBC）回絕政府支援，自行尋找海外資金。

五天後，美國金融監管機關主管與美國前幾大銀行的執行長會面，展開一場意義非凡的會議。政府要銀行做出明確的抉擇。銀行可選擇接受政府挹注的資金並獲政府擔保，或者也能靜待政府對其發出資本不足通知，進而退出信用市場。

這些銀行全都選擇接受政府協助。至此，美國金融資本主義的核心已由政府部分國有化。

二〇〇八年十一月，巴拉克．歐巴馬（Barack Obama）當選美國總統。這是美國深具意義的改變。這名擁有非裔血統的男人將要入主白宮，但在經濟方面，他大多延續前朝的政策。緊急應變措施受到民主黨投票支持，而歐巴馬身邊則圍繞著柯林頓時期推動市場去管制化的遺臣。

不過，歐巴馬行使了一項相當重要的人事任命。他讓經濟史學家克莉絲汀娜．蘿默（Christina Romer）擔任經濟顧問委員會（Council of Economic Advisers）主席，而她擁護凱因斯學派。

二〇〇八年十二月十六日，芝加哥下著大雪，歐巴馬在政權交接整備總部（transition headquarters）召集團隊開會。「嗯，總統先生。」薩默說道，「大事不妙，情況比我們想得還糟糕。」

預測結果顯示，二〇〇九年到二〇一〇年間的經濟預期表現與理想狀況之間存在兩兆美元的產出缺口。除非啟動經濟刺激方案，否則國家經濟可能完蛋。

基於凱因斯所述的乘數效果，每一元消費能創造多於一元的價值，因此刺激方案投入的資金總額不必補足產出缺口。話雖如此，還是需要明確決斷的政策，為整體經濟激發出最大動能。薩默默指出，如採用傳統模型，一・二兆美元以上的刺激方案便能看見成效。

現場的委員一陣驚愕。沒人質疑經濟學原理，但對政治攻防招架不住。國會不可能接受這項議案，尤其是在紓困了多家銀行之後，還要投入這麼大一筆資金。因此，他們把數字壓在一兆美元以下，希望透過政治人物在國會的辯護，能將總額再往上追加。

可惜並未如願。最終法案金額只有七千八百七十億美元，而且就算少於預期，還是勉強才通過。眾議院沒有任何共和黨議員投下贊成票，在參議院也只獲得三位同意。

法案缺乏支持，導致刺激力道有限，目標也就連帶受到侷限。一反歐巴馬偏好的綠能和網路頻寬相關大型公共建設計畫，最終兩千一百二十億美元用於減稅，兩千九百六十億用於推動聯邦醫療補助（Medicaid）和失業救濟之類的政府計畫，只剩兩千七百九十億可供自由裁量支出使用。

不過儘管金額不如預期，成效卻極佳。所有值得參考的經濟指標一致顯示，刺激計畫為經濟帶來正面效益。乘數大於一，換句話說，計畫激起額外的私部門活動，政府的經濟干預力道可以有所節制。一年創造約莫一百六十萬個工作，榮景持續四年。

眼見歐巴馬在國內推行刺激方案成效斐然，布朗想進一步推行到全世界。二〇〇九年春天，這位首相在倫敦舉辦全球最富有二十國（稱為G20）的高峰會。他有個計畫：以總額一兆美元的規模在全球實施經濟刺激計畫，跨國推行凱因斯式的經濟救濟。

那場會議中充斥著膨脹的自尊心和彼此矛盾的國內政治要求，氣氛緊張，但儘管如此，刺激計畫最終還是勉強通過了。全球各國紛紛效法美國，在國內實行財政刺激，包括阿根廷、巴西、印尼、南韓、俄羅斯、土耳其。

「從各方面來看，倫敦高峰會都極具歷史意義。」歐巴馬如此認定。德國總理安格拉・梅克爾（Angela Merkel）同意他的看法，「這次，世界各國的反應與三〇年代那時不同。這是全球合力促成的勝利。」

已開發國家同樣經歷了凱因斯式的經濟刺激，不過這些國家不必協商或刻意規劃刺激方案，而是透過內建於體系內的自動穩定因子達成目的。

經濟衰退時，失業補助和社會福利支出增加，政府收入減少，政府必須借更多資金，國家預算赤字加劇。

依據凱因斯學派的分析，這是體系應有的運作方式。之後經濟發展再次欣欣向榮時，赤字便會減少。但就當前而言，自動穩定因子可緩解痛苦，提振市場需求。

後來如同上述理論所指，政府主導的經濟刺激計畫落幕。

論及重回自由放任經濟發展模式時，有派論述勢必無可迴避，亦即國家必須維持預算平衡，而這可一路回溯到亞當・史密斯。

當政府舉債過多、預算赤字過於嚴重，相關言論就會出現，引發市場恐慌。市場開始認為，傳統上相當安全的政府公債（國家籌集資金所發行的IOU）並不牢靠。這會推升貸款利率，進而使赤字問題更加嚴重，讓國家深陷債務的泥沼。

卡門・萊因哈特（Carmen Reinhart）和肯尼斯・羅格夫（Kenneth Rogoff）這兩位前IMF經濟學家在二〇一〇年發表一份研究報告〈負債時代的經濟成長〉（Growth in a Time of Debt），使上述論點更具力量。該論文得到的研究結果令人擔憂。一旦公債超過GDP的九〇%，就會發生一件事：經濟成長趨緩。經濟無法擺脫國債的沉重壓力。政府收入減少，越來越多預算用於還債，還清債務的希望將會落空。於是國家開始沉淪。

然而這裡有個問題。縱使媒體熱愛報導上述九〇%的衡量指標，但其實該數據的計算有瑕疵。無庸置疑，每個國家的臨界點不盡相同，也就是市場在經歷某些時刻後，不再信任國家有能力繼續償還債務，因而進入死亡螺旋。但沒有證據可以證明，債務在達到某個固定的門檻之後，所有國家一定都會來到臨界點，觸發惡性循環。

事實上，對富有且穩定的西方國家而言，現實情況正好相反。當金融市場掀起驚濤駭浪，連AAA等級的私人投資都變得極度不可靠，安全成了投資人唯一的渴望。諸如德國、英國、美國等安全國家發行的主權債券，正好能滿足此需求。然而，要求刪減支出的呼聲蓋過了此一論點。

這就是撙節計畫。

透過巧妙的手法，該計畫將金融危機的代價從銀行轉移給社會大眾。金融機構搞砸才產生的危機，現在必須由接受社福協助的百姓和公共服務的使用者概括承受。銀行接受紓困，大眾則勒緊褲帶生活。

公共財政狀況是二〇一〇年英國大選的主軸。競選活動給人幾近超現實的感覺。當時英國正面臨好幾個問題，尤其是經濟仰賴的金融服務業規範不足，而事實也證明，金融服務極度不穩定。然而，競選辯論的主題聚焦於沒有證據足以支持的潛在問題，亦即需要減少預算赤字。

政府必須大幅刪減公共支出的理由相當薄弱。英國的信評等級依然維持一定水準，債券市場也還穩定。事實上，保守黨提出的撙節論述是以大眾對債券市場的信心未來可能下滑為根據，甚至與當時的金融情況無關。

然而幾週內，保守黨在與自由民主黨合組的聯合政府中主掌大權，新任財政大臣喬治·奧斯本（George Osborne）宣布的預算大肆刪減了政府支出。

有兩項支出他沒辦法砍：保守黨年老支持者賴以為生的退休金，以及在政治上神聖不可侵犯的國家健康醫療服務。因此，主要是地方議會的預算遭到刪減，地方的社區服務被迫犧牲。

學校、公園、公車、圖書館和其他無數項服務的預算金額大不如前。英國頓時失去原有的活力，變得更嚴酷、更淒冷、更荒涼。缺乏現金的地方議會無可奈何，只好把凱因斯革命（Keynesian revolution）帶給人民的眾多小自由一一砍除，原本市民還能讀到買不起的書、窮學生還能參加一日遊，但在當時都顯得奢侈。

一如既往，最底層的百姓最痛苦。經由加稅所省下來的預算微乎其微。使用公共服務或仰賴社福政策度日的人處境最為艱難，尤其是身障人士，他們需接受貶低自尊的測試，讓僱主評估其是否適任。北邊許多城市尚未從一九八〇年代去工業化的傷害中恢復，受到的衝擊最嚴重。比起南部城市的九%減幅，北邊城市的政府支出預算一口氣少了二〇%。

如同新首相大衛·卡麥隆（David Cameron）所澄清，刪減預算並非只是為了撙節目的，援引他的話來說，「具有更深刻的意義」。這些政策是為了實踐意識型態，旨在「永久」限縮國家扮演的角色。

美國的撙節政策遊說團體抓住機會，大加推廣英國正在試驗的緊縮政策。蘿默身為顧問委員會內唯一的凱因斯學派學者，逐漸受到冷落而退出決策核心。她的建議再次採用傳統模型和理智的經濟學計算，意在進一步刺激經濟。但政壇不可能接受這種做法，偏右派的經濟主張接手引導往後的施政走向。

十一月二日，共和黨在期中選舉贏得眾議院控制權。在共和黨掌控眾議院前，歐巴馬試圖讓國會通過另一個小型刺激方案，但國會終究只接受減稅，不同意額外的公共支出。這是歐巴馬任內最後一項重大經濟法案。從經濟面來看，歐巴馬的總統任期實際上在過了兩年之後就已宣告結束。

實行緊縮政策是華府的共識。剩下的唯一爭論點在於採行的手段。民主黨認為加稅和節流應雙管齊下，共和黨則主張只應減少開支。

儘管撙節政策為英國和美國帶來痛苦的下場，而且意義不明，但英美兩國還不是最糟糕的案例。提到這種自由市場思維造成的傷害，希臘才是最深受其害的國家。

金融危機很輕易地就撂倒希臘的實體經濟。出口衰弱，觀光客減少，稅收暴跌。自動穩定因子啟動，國債增加。不過希臘有一點與其他國家不同。突如其來的金融風暴，讓債務早就攀上歷史新高的希臘雪上加霜。要是其他各國必須正視債務是否達到臨界點的問題，希臘的狀況則是迫在眉睫。

後來當世人試著為接下來的發展尋找合理解釋，大家通常堅信不移地指稱，希臘在金融危機發生前就已大量舉債。這說法給人一種道德上的安心感。軟弱的希臘人只不過是得到應有的報應。

事實上，希臘的債務可回溯到七〇年代中期的那一段艱困時刻，那時希臘剛擺脫軍事獨裁，蛻變成民主政體。

邁入新世紀之際，希臘參與歐盟會員國進一步強化彼此關係的新計畫，成為歐元區（eurozone）的一員。會員國建立新的共同貨幣歐元，並成立歐洲中央銀行（European Central Bank, ECB）負責執行貨幣政策。希臘就是在此時鑄下滔天大錯。不是預算超支，而是大意疏忽。

德國擁有穩健的財政表現，債券利率低，希臘首度有機會以和德國相同的條件借貸資金。希臘大可利用這次絕佳機會整合債務，清償資產負債表上長久累積的債務，提振稅務體系的效率。希臘並未這麼做，反而摒棄這次機會。因此，當金融風暴來襲，希臘才發覺情勢危急。

很明顯，希臘的債務高達GDP的一一五%，永遠還不完。債務每年增加，希臘勢必得借更多錢。隨著情勢每況愈下，新發行的公債利率預料將會逐步走升，以反映提高的風險。

除非某些債務獲得豁免，否則希臘勢必得賣命填補錢坑，日漸欲振乏力。債務要能豁免，必須要有銀行願意損失某部分的貸款，此程序稱為債務重組。

但這過程並不順利。希臘總計兩千九百三十億歐元的公債中，約有九百億歐元來自歐陸銀行。這些銀行在歷經二〇〇八年的金融海嘯後未能成功調整資本結構，早已苟延殘喘。其實歐洲提供了數千億基金，供銀行調整資本結構，但重點就在於，銀行需要自主採取相關變革。在不強制調整的情況下，銀行選擇不動用援助資源，以免顯露敗跡。要是希臘無法償還貸款，這些銀行有可能就要倒閉，引發另一波金融風暴。

二〇一〇年春天，希臘總理喬治．巴本德里歐（George Papandreou）到巴黎會晤尼古拉．薩科吉（Nicolas Sarkozy），向其說明希臘面臨的險境。這位法國總統深富同情心。他希望歐洲國家共同設置紓困基金，但不支持希臘債務重組。法國銀行高度曝險，將會損失慘重。法國最大的法國巴黎銀行是希臘最大的海外債權人。分行主要在法國和比利時的德克夏銀行（Dexia）對希臘曝險金額只有三十億歐元，儘管債款遠遠較少，但處境一樣危險，可能沒辦法吸收損失。

此外，希臘進行債務重組也可能使整個歐洲銀行體系喪失信心。法國銀行持有愛爾蘭、西班牙、義大利和葡萄牙等國總計五千億歐元的國債和私債，而這些國家的經濟狀況同樣看似不甚樂觀。

德國總理梅克爾的看法完全相反。她支持債務重組，但高聲反對任何共籌歐洲紓困基金的措施。國內輿論強烈反對拿德國納稅人的血汗錢去資助他們眼中揮霍無度的地中海鄰居。

法國和德國各持己見，前者支持歐洲聯手紓困，後者則希望推動債務重組。雙方的溝通陷入僵局。因此，他們改而推舉簡單的因應對策：撙節。希臘不進行債務重組，歐洲各國也不合推紓困方案，但強制希臘刪減開支以平衡預算。

這是毫無意義的懲罰。實施撙節方案只會進一步拉低希臘還錢的可能。凱因斯幾十年前就曾扼要指出，這麼做會扼殺市場需求，而在政府收入減少的情況下，想要還清負債只會更難。歐盟聯合歐洲央行和國際貨幣基金組織，為希臘提供貸款，協助其還清債務。這筆資金並非透過共同的歐洲救濟計畫籌措，而是由個別國家自願捐獻。非但沒有任何優惠條件，希臘還需承受有如懲罰的高利率，並支付手續費。資金僅短暫停留於雅典，便流向希臘的歐洲債權國。

希臘被迫實行現代民主史上最嚴苛的撙節方案。國營事業即將私有化，公部門裁員，增值稅調升，退休年齡延後。在沒完沒了的悲慘景氣中，大罷工爆發，大眾運輸癱瘓，抗議民眾襲擊防暴警察的事件層出不窮。

隨著政府支出減少，市場需求隨之疲弱，促使經濟活動逐漸減少，向下循環的螺旋就此成形。青年失業率急遽上升。截至二〇一二年，半數希臘年輕人找不到工作，將近四分之一的人口失業。試圖降低債務在希臘 GDP 的占比可說徒勞無功，因為 GDP 本身不斷萎縮。從二〇〇九年到二〇一二年，希臘的 GDP 從兩千四百億歐元下降到一千九百一十億歐元。希臘簡直走到了窮途末路。

幾個月過去，更多歐元區會員國成為上述三大機構的紓困對象，撙節的政治干預勢在必行。首先是愛爾蘭，接著是葡萄牙，義大利彷彿搖搖欲墜，西班牙的經濟裹足不前。到二〇一二年夏天，五五%的西班牙年輕人沒有工作。

希臘進入紓困和撙節構成的循環。這些財政改善舉措是否獲得希臘國內政治圈和人民支持，很難得知。民主正當性（democratic legitimacy）的整個概念開始崩解。希臘議會宛如三大援助機構的橡皮圖章，聽從「上司」的指令遂行撙節措施。

在這齣金融危機大戲中，主角的行為開始引發更多危機。歐洲央行的保守派總裁尚—克勞德．特里謝（Jean-Claude Trichet）揚言對低信評國家發行的債券實行分階級的買回估值折扣，才促使希臘接受撙節方案。此舉會減損債券對銀行的吸引力，讓銀行更不可能購買希臘發行的公債。

接著，他更進一步干預其他國家。二〇一一年八月五日，特里謝寄了機密備忘錄給西班牙總理荷西．路易斯．薩巴德洛（José Luis Zapatero）和義大利總理西爾維奧．貝魯斯柯尼（Silvio Berlusconi），將債券購買保證與數項政策掛鉤，包括大幅刪減政府支出、加稅，以及修訂勞動法抑制工會影響力。義大利收到將國營事業民營化的指令。要是總理貝魯斯柯尼擔心引發政治反彈，特里謝建議他可動用義大利憲法第七十七條行使緊急權力。

有別於使用金融機制促使政策轉向，歐洲央行明指主權國家應實施哪些政治決策，並施壓政府利用不民主的手段達成，不管是否獲得大眾支持都不在乎。貝魯斯柯尼這樣自視甚高且不負責任的領導者通常容易情緒激動，但他卻完全理性地表示，那封信「讓我們看起來像是殖民政府一樣」。

在此同時，巴本德里歐看著希臘走向動盪。在塞薩洛尼基（Thessaloniki）的軍事遊行上，反對撙節的暴民攻占遊行路線，迫使總理緊急撤離。「所有人都在說政府背叛了人民。」他指出，「我意識到情勢正逐漸失控。」

他決定有所作為。他要舉辦公投，讓人民針對三大機構提出的下一項決議表達意見。這個決定惹惱了梅克爾和薩科吉。二〇一一年十一月，巴本德里歐依通知前往 G20 高峰會的舉辦地坎城。在那裡，歐洲執委會主席荷西・曼努爾・巴洛索（José Manuel Barroso）把幕僚集合到飯店房間，開始討論新任希臘總理人選。第一名人選是前歐洲央行副總裁盧卡斯・巴帕德莫斯（Lucas Papademos）。

抵達坎城後，巴本德里歐見了一組難對付的人馬。除了梅克爾、薩科吉和巴洛索，席間還有國際貨幣基金組織總裁克莉絲汀・拉加德（Christine Lagarde）、歐洲高峰會主席赫爾曼・范・宏畢（Herman Van Rompuy），以及各國財長所組成歐元集團（Eurogroup）的主席尚－克勞德・榮克（Jean-Claude Juncker）。

他們告訴巴本德里歐，他不能針對下一項紓困方案舉辦公投。如果他執意舉辦，公投內容必須更為廣泛：加入或退出歐元區。這是攸關生存的抉擇。薩科吉要他回國「做出決定」。但當希臘代表團離開之際，巴洛索低調地將希臘財政部長伊凡蓋洛斯・范尼塞洛斯（Evangelos Venizelos）叫到一旁，告訴他：「我們必須擋下這場公投。」

公投的想法不了了之，巴本德里歐下台。巴洛索最愛的巴帕德莫斯接手他的位子。

接下來，歐洲領袖將注意力轉到義大利。義大利一向是危機全面擴散的重要指標。該國的經濟一旦崩潰，難保不會將歐元區拖下水，因此必須守住。

拉加德提出八百億歐元的紓困計畫，其中包含監控機制。不過問題是，沒人信得過貝魯斯柯尼，因此梅克爾和薩科吉背地裡試圖把他拉下位。

「歐洲人其實靜靜地間接與我們接洽，表示：『基本上，我們希望你能和我們一起逼迫貝魯斯柯尼讓位。』」當時的美國財政部長提摩西・蓋特納說道。華府一度對此計畫感興趣，但最後決定反對。「我們不能就這樣動手除掉貝魯斯柯尼。」他這樣建議總統。

不過，不管美國是否支持，貝魯斯柯尼的命運皆已確定。幾天內，他便未能撐過議會的不信任投票，辭職下台。歐洲執委會的前委員馬立歐・蒙蒂（Mario Monti）獲選接任總理一職。他當時並無任何民選公職身分，因此必須由總統任命為「終身參議員」（life senator）。

兩種情況都有其道理。眼見整個歐元區計畫可能以失敗告終，包括梅克爾在內的歐洲領袖全都面臨無比艱難的處境。巴本德里歐有如在玩火，貝魯斯柯尼執政無能。要是他們在國內擁有高支持度，就不可能下台。

但就算如此，歐盟還是踰越了界線。歐洲領袖暗中企圖拔掉民主體制選出來的兩位會員國領導者，找來他們更中意的人選取而代之。基本的民主正當性本該是歐元區的基石，但此時已然開始鬆動，危機四伏。

最後，歐洲採取了較理性的政策模式。

經過漫長而艱辛的不作為，政治人物一廂情願認為希臘還有能力償還債務，但隨著希臘社會崩解，眾人終於開始面對現實，願意正視問題予以回應。可行的救援行動慢慢到位，形成基本架構。希臘展開債務重組，並取得紓困基金。債券市場獲得支撐，希臘的經濟終於走到轉折點。

但那四年的混亂局面造就嚴重的代價。歐元區計畫能否讓整個歐洲團結一致、體現人道理念，其成效備受質疑。從英國和美國到體質較虛弱的歐元區會員國，歷經不同模式撙節計畫的國家並未完全恢復原本的狀態。各國均深受重創，變得更貧窮、更淒冷，而且人民明顯意識到，不必負責任的菁英領導階級只顧著保護富人，而讓窮人背負沉重的代價。

第10章 身分認同戰爭

自由主義默許本身與清教徒式的自由市場理念建立關聯，因此當金融風暴來臨，撙節政策粉墨登場，自由主義便隨著金融圈淪為眾矢之的，聲譽一落千丈。然而，這還不是問題的全貌，還有另一項錯誤，自由主義者無法再視而不見。

自由主義有個為人詬病的祕密。每當談及個體，自由主義似乎只關照異性戀白種男人。自由主義的演變史背後有條隱藏的故事線。這從最早的普特尼辯論會就已開始，當時的平等派已確立自由主義初期的同意原則和個人自由，但幾乎就在展開研議之時，他們便剝奪了特定族群的這些權利。女性最快出局——顯然女性的權利根本不值得一提。接著，不同經濟階層的男性也逐漸被排除在外。

在自由主義的整個發展歷程中，這種模式不斷出現。不管哪個階段，自由陣營總是排除特定群體。

美國憲法起草當下，奴隸制度已內建其中。十九世紀南北戰爭結束後，儘管奴隸制度遭到廢除，但大部分英國自由主義者其實站在贊成蓄奴的南方那邊。他們不認為奴隸與個人權利有什麼關係，而是把這視為民族自決的體現。

彌爾是少數堅定支持北方的人之一。「無論對方是否與我相識，在這麼多人拋棄信仰的年代，我畢生都將基於某種特別的情感連結，而與堅守信仰的人站在一塊。」後來他說。但究竟是什麼原因讓人棄守應有的原則？除了直接殺人之外，沒有比奴役更明顯剝奪個人自由的行為了。然而，許多自由主義者似乎並未思考過這件事。原因很明顯，他們不認為黑人符合「個體」這個分類。在他們心中，黑人不屬於自由陣營的一分子。

彌爾對種族和性別的思考已比同時代的人進步好幾個世紀，但即便是他，都無法完全躲過批評。職業生涯中，他服務於洗劫資源的英國東印度公司。那段期間，他對所掌管的國家絲毫沒有半點興趣，也沒有前往當地好好認識那塊土地的想法。自由主義論及政府治理正當性的基本同意原則似乎沒有對他產生太多影響。為什麼？因為在他心中，印度人並未完全開化。他們也不完全算是個體。

這也適用於女性。儘管泰勒和彌爾不斷努力，但還是過了好幾年，大部分西方國家才給予女性投票權。即便有了投票權，大多數中產階級女性依然受困於家庭，無法行使教育和工作的權利，追求妻子和母親以外的身分。藍領階級女性受到的對待更是糟糕多了。

還有另一個祕密潛藏於維多利亞時期的倫敦，那時的自由主義者歌頌對自由的追求，但男同性戀者卻備受迫害。

一八九五年，英國最知名的劇作家奧斯卡・王爾德（Oscar Wilde）因嚴重的猥褻行為而接受審判，其實就是他的同性戀性向。法庭上，法官問他什麼是「不敢言說的愛」（the love that dare not speak its name），這是阿爾弗萊德・道格拉斯爵士（Lord Alfred Douglas）發明用來描述同性愛情的說法。

「這世紀的人都誤解了。」王爾德告訴庭上：「誤解之深，才會有『不敢言說的愛』這種說法，正因此緣故，我現在置身此處。美好而純淨，這是愛慕之情最高貴的型態。完全不違反常理。這是知性的，反覆存在於年紀較長和較年輕的男人之間。前者擁有智慧，後者在他面前展露所有的喜悅、希望和生命的迷人魅力。愛本該如此，世界並不瞭解。世界無情嘲笑，有些人為此戴上頸手枷。」

王爾德受到的對待，與英國國教徒對弱勢族群的仇恨並無不同，自由主義者理應予以關注。法院判處他兩年勞役。押送到雷丁監獄（Reading Gaol）途中，他被迫站在克拉珀姆交匯站（Clapham Junction）的月台上，戴著手銬、身穿囚服。

「在當場所有可能存在的物體中，我是最怪誕的那個。」他說：「路人看見我就笑。隨著一班班列車靠站，那裡越來越多人。他們看熱鬧的興致高昂，當然，這是在知道我的身分之前的反應。一知道我的罪行後，他們笑得更開懷了。在那灰濛濛的十一月陰雨天，我站在那裡半小時，身邊圍著嘲笑的人群。」

當王爾德終於獲准在牢房內寫作，對於理應自由但虛偽的社會，他心中滿滿的苦澀怨恨透過文字傾瀉而出。不過他並未因此放棄自由主義，這經歷反而促使他全心追求真切的表達方式，實際落實自由主義原則。

「有人曾說我太強調個人。」他寫道，「我必須比以前更全力擁抱個人價值。我會淪落至此，並非人生過度追求個人主義，而是做得太少。」

幾年後，英國小說家 E.M. 佛斯特（E.M. Forster）在一九一三年拜訪一對同志伴侶愛德華・卡本特（Edward Carpenter）和喬治・梅里爾（George Merrill），而那次在鄉間發生的事，給了他創作下一本書的靈感。

「喬治・梅里爾摸了我的下背。」他說，「輕輕地，就在臀部上方。我相信他這樣觸碰過不少人。那是很不尋常的感覺，至今我仍記得，就像我還記得早就掉了的那顆牙齒的位置。心理感受和肢體感覺一樣強烈。那感覺似乎從後腰直竄大腦，形成想法，而我還來不及思考。」

他隨即動筆創作下一本小說。《墨利斯的情人》（*Maurice*）講述一對同志的愛情故事，場景設定於愛德華時期的中上階層社會。佛斯特是自由主義的歌頌者。他經由文字知性地書寫自由主義思想，給人美好的想望，一如當時的所有英國人。但小說並不宣揚個體價值，而是兩個男人變成一對戀人在一起的概念。

有一次，《墨利斯的情人》的主角參加板球賽，他愛上的那個男人也在現場。他們身邊圍繞著社會上形形色色的人，他的朋友和夥伴要是知道他的性向，一定會排擠他。「他覺得他們在對抗整個世界。」佛斯特寫道：「他們打球是為了彼此，也為了他們脆弱的關係。如果其中一人倒下，另一個也會跟著倒下。他們無意傷害這個世界，然而只要世界發動攻擊，他們必定還以顏色；他們必須保持警惕，然後全力出擊；他們必須讓人看見，只要兩個人合力，多數派就沒有機會獲勝。」

有別於大多數自由主義者，佛斯特在城市裡並未感受到自由，反倒在鄉下才有自由的感覺。他把鄉間地區稱為綠林（greenwood），認為那是隱身在大自然中半神祕的地方，就像他友人的房子座落於鄉下，不僅遠離社會，也逃離社會的控制。

他察覺在國家的權力之外，還有一股更深沉的力量可能妨礙個體生活。那是普羅大眾試圖抑制異己的力量，那是歧視和偏見的力量，這股力量可見於基層，存在於譏諷和惡意的眼神之中，民眾向警察告發的每一個案件都是這股力量的展現。

對此，自由主義早已給出解方。答案就在泰勒和彌爾提出的傷害原則，以及他們對多數暴政的警戒。但這些抽象的思想鮮少落實於現實生活。想要實踐這些原則，有賴於平等對待同性戀者，但實際上，只有相對少數的自由主義者有勇氣挺身爭論。

自由主義不能永遠忽視這些聲音。情況終於在第二次世界大戰結束後開始改變。公民擁有完整的選舉權，免費教育幾乎普遍可見，原本在社會中遭到邊緣化的人民，終於有辦法表達理念。

法國、德國、荷蘭、義大利、比利時、盧森堡等國透過一九五七年的《羅馬條約》（Treaty of Rome）確立男女同酬的實務準則。美國在一九六三年通過《同工同酬法》（Equal Pay Act），明文規定男女薪資不同是違法政策。英國在一九七〇年實施類似法規。

公司行號被迫改變經營方式。民間企業不再能只靠口耳相傳招聘人力，內部的「男校友關係網」不再延續。如今企業必須公告每個職缺，雖然並非完全不可能，但歧視特定合格應徵人選的情況已較難發生。

女性取得對自己身體的主控權。一九六七年，英國大幅放寬合法墮胎的條件。六年後，美國兩件最高法院判決——羅訴韋德案（Roe vs Wade）和杜伊訴博爾頓案（Doe vs Bolton）——賦予美國女性相同的權利。截至一九八〇年代，有條件的墮胎在大部分西歐國家、紐西蘭、澳洲和加拿大均已合法化。

非裔美國人開始翻轉幾百年來的種族歧視現象。從一九五四年開始，最高法院歷經傾自由派的憲政改革，終於廢止強制種族隔離和禁止跨種族結婚的條文。

不顧警棍和催淚瓦斯的威脅，一場以靜坐和遊行為主的黑人抗議運動促使政府在一九六四年通過《民權法》（Civil Rights Act），因種族、膚色、宗教或血統而歧視任何人一律視為違法。隔年的《選舉權法》（Voting Rights Act）保障黑人的投票權。三年後，在住房供給過程中出現任何歧視行為就算違法。

英國議會於一九六七年投票通過，將同性性行為正式除罪化。兩年後，紐約警察突擊進入石牆酒吧（Stonewall Inn）搜查，引發男同志、女同志和跨性別者暴動。抗議活動後來演變成同志運動，一直到二十世紀末，同性戀者才開始爭取到同性婚姻權利，享有平等待遇。

這些改變並未在西方國家促成真正的平等。即使到現在，偏見和歧視依然持續存在——薪資、司法體系的對待方式、警察的殘忍行徑、街頭霸凌、政治升遷、媒體和企業，隨處可見。不過，改正的過程終於展開。這是奮鬥的開端，並非結束。

過去幾世紀以來，種族歧視、性別歧視和恐同剝奪了多少人的自由，永遠不可能量化。無數黑人因此慘遭殺害、奴役或受到殘暴對待；無數女性過著缺乏意義和自我的人生；無數女同志和男同志遭吐口水、毆打，或受困在模仿他人、無法展現真實自我的生活中。很多時候，自稱自由主義者的人是這些壓迫的來源，有時，他們則假裝沒看見，因為在他們的認知中，這些人並不重要。

但當這些備受歧視的群體在戰後挺身為自己發聲，他們並未否決自由主義的價值。他們沒有選擇性實踐，而是真心奉獻，全力追求。他們以個人權利、自由和理性為出發點，大力宣揚這些價值。

這些奮鬥的過程使人回想起關於歸屬感的疑問，針對自由主義與群體認同的關係提出問題，深入探究。

於是群體出現兩種定義。第一種的基礎是壓迫。奮力爭取平權所凸顯的事實，在德雷福斯事件發生的年代早就顯而易見。就算有人不把自己視為群體的一分子，其他人時常還是把他當成群體的一員來對待。不論一九〇六年法國的猶太人是否強烈認同自己的猶太人身分，其他人必定從他是猶太人的角度看待他；不管一九五〇年代阿拉巴馬州的黑人是否自認為黑人，其他人肯定覺得是。由此可知，群體的確存在。

有人說要為女性挺身而出，意思不是要推廣天生就有特定生物特徵的人類，而是協助某一群因為他人的眼光而備受壓迫的人。這些人面臨同樣的侷限，因此屬於「女性」群體的一分子。

此外，還有一種更積極正向的群體認同。受壓迫的群體通常對自己的身分感到驕傲。幾世紀以來，外界不斷用以污衊及貶低他們身分的分類，他們反而真心擁抱。

這現象呼應歐威爾和柏林對於歸屬感的論述，他們認為，群體可以具有形塑自我認同的正面意義。對他們兩人而言，這主要體現於國家認同，不過同樣的觀點也能適用於邊緣化群體的身分認同。

實際發生時，柏林本人對此想法並不特別有同感。「對，我知道。」他輕描淡寫地說，「黑人研究、波多黎各研究等等。」但事實上，尋求歸屬感是人類經驗的核心，正是他在著作中提出的概念。這概念沒理由只適用於國家認同。

柏林之後的自由主義者將他的遠見延伸到更遠的地方。他們依照性別、膚色、性向、宗教、語言、國籍等條件，開始將他的想法套用到不同群體。如此混雜的文化和身分沒有真正令人滿意的稱呼，「邊緣化族群」大概是最貼切的叫法。這些群體與社會主流文化顯著不同。他們通常是弱勢族群，但不一定都是如此。女性時常占大多數，但領導階層仍缺乏女性代表。

不管是透過社群意識、前人遺留的文物、共同的奮鬥史，還是音樂、服裝、飲食，人們能從這些群體找到意義。他們的人生因此更加充實。這或許只實踐於生活方式和自我認同，但也可能衍生政治面向，就像歐威爾從喝茶文化中找到熱愛英國的政治意義。許多邊緣化族群高喊口號「黑即是美」（black is beautiful）或發展酷兒文化，正是在實踐這個概念。

自由多元主義不只包容這種群體認同，更樂見生命能有不同的展現方式，且每個人都能擁有人生的主導權。

柏林提出多元主義理論後，尤其是從一九八〇年代開始，自由主義哲學家便開始理解這類群體認同的運作方式。這是需要謹慎處理的艱難任務：兩大極端政治哲學破天荒和解，獨具歷史意義。

一邊是純粹的普世主義（universalism）。該陣營認為人類經驗和行為充滿共通點。文化差異都是轉瞬即逝的短暫問題，猶如岩層表面的泥土碎屑，不值得關注。

歐威爾和柏林皆已指出這種觀點並不正確。世人的行為不是這樣。任何試圖如此主張的自由主義，都是受到誤導；而任何人只要嘗試脅迫人們朝向這樣的方向發展，往往淪為專制暴君。

另一邊則是文化相對主義（cultural relativism），其主張比謬誤更糟糕。在此派別中，一提起任何身分認同，就有如進入深淵，可怕的陰影隨之逼近，遮去大半藍天。

文化相對主義大概可追溯到古希臘時期，不過要到十八世紀的德國哲學家約翰·戈特弗里德·馮·赫爾德（Johann Gottfried von Herder）和二十世紀的人類學家露絲·班乃迪克（Ruth Benedict）等人，才有著作明確提出思想論述。到二十世紀末，左派行動主義者透過後現代主義——反對宏大敘事（grand narrative）的理論集合——為這套思想注入強勁的新生命。

相對主義認為文化內部是純淨的狀態。文化是由本質（固定的特質組合）相同的人群組成，只有一種聲音。其實文化像是零散的領土，彼此之間可能沒有共通的交流管道或共同價值。

在此論述下，文化間沒有優劣之分。所有文化都無法評判其他文化內的活動，因為沒有共通的價值能為此舉止提供根據。文化本身就是自己的道德權威。

如果文化相對主義為真，連最令人厭惡的行為都能找到合理根據，洗白成文化允許的適當作為。依此脈絡來看，最後得到的結論勢必極度傾向右派，絕對使捍衛這套思想的左派人士大感震驚。舉個例子，要是有文化真心認同帝國主義，我們能從什麼立場加以反對？為何要抵抗納粹？接受相對主義就是屈服於人類境況中極致的殘暴行為。

柏林曾有一兩次心志動搖而靠向文化相對主義，但後來還是選擇離開。他領悟到，認為各文化完整且獨立運作，彼此間聳立著無法翻越的高牆，是錯誤的觀念。這相當於將文化視為「無法穿透的氣泡」或「沒有開口的箱子」（windowless boxes）。

柏林體認到，相對主義不只在務實層面站不住腳，對於人類生活的描述，基本上也是謬誤重重。普遍性（universality）確實存在，不只在理論上，更是客觀事實。儘管表達方式不同，對各價值的重視程度不一，不同價值的適用群體也不盡相同，但所有文化都支持自由、平等、正義和歸屬感等重要價值。

同理心是共同價值之一，這是一種想像他人處境、異中求同的能力。要在名為文化的箱子上鑿開與外界交流的窗，必須仰賴同理心。

在相對主義的假設中，人也比實際上遠遠更為頑固，沒有彈性。但事實上，個體擁有多種身分，包括父母、小孩、配偶，以及所屬大陸、國家、城市的死忠支持者，諸如此類。每種身分各自受多種文化所薰陶。個體並非由單一文化定義。是多種文化造就了個體，個體並非單一文化所獨占。

於是自由主義者紛紛提出各種論述。探討這些議題的主要思想家有：威爾・金利卡（Will Kymlicka）闡釋具有自由主義色彩的多元文化主義（multiculturalism）理論；錢德蘭・庫卡薩斯（Chandran Kukathas）以自由放任理念為框架，反對相對主義；這兩種論點，布萊恩・貝瑞（Brian Barry）都不贊同；蘇珊・莫勒・歐金（Susan Moller Okin）從自由女性主義的角度切入，加以批評。

這些論述的主要差異之一，在於國家應主動介入到什麼程度，為邊緣化群體提供支援。

就舉積極差別待遇（positive discrimination）為例。這種做法引入不平等的對待方式，為處於劣勢的人改善處境，像是在企業界或政治圈保障女性擔任高階職位的名額。

有些自由主義者不苟同這種做法。訂立不平等的法律條文偏袒特定群體，反而矯枉過正。這麼做是依據當事人所屬的群體給予不同待遇，忽視其個體身分。

有人覺得，這方式有助於個體達到平等狀態。社會的初始狀態對邊緣化群體不友善。他們無法和其他人一樣順利受教育，而且不僅在物質條件上面臨更大的阻礙，更處處飽受歧視。積極差別待遇可以充當暫時的因應措施，在各種不公義的現況中重新找回平衡。

有人問到，因為女性身分而有幸擔任司法部助理部長（assistant attorney general）一職是什麼感覺，美國首位女性司法部助理部長芭芭拉．貝布考克（Barbara Babcock）給了最貼切的說法。她這麼回答：「比起礙於女性身分而無法獲得這份工作，這樣感覺好多了。」她真正的意思是，男性時常享有正向差別待遇，只是從來不承認而已。

另一個議題則有關法律能否為宗教信徒開特例。舉例來說，在立法規定騎機車須戴安全帽的國家，允許錫克教徒以纏頭巾替代安全帽是否正確？

有些自由主義者認為這樣不對。法規並未阻止錫克教徒騎車。他們之所以決定不騎車上路，是因為宗教的緣故。這是個人選擇，國家沒有義務在制定道路安全政策時迎合他們。

有些自由主義者認為正確。柏林建議應盡量消除不同價值之間的衝突，對此他們深表認同。他們希望減少個人身分帶來的種種挑戰，尤其是在宗教信仰和社會參與等方面。

但最激烈的辯論是關於保守宗教文化對信徒自由的限制。泰勒和彌爾在思索摩門教一夫多妻制的議題時，便遇到了這個問題。他們認為，自由主義者必須允許人們去過不自由的生活，不這麼做就是專制。他們建議採取的解決方案是同意／退出機制，也就是說，奉行自由主義的國家必須確保人們是自願進入這種關係，而且要賦予他們隨時能夠退出的權利。

邁入二十世紀後，各種文化繁榮發展，許多類似的例子隨處可見。舉例來說，耶和華見證人的教友認為輸血有違上帝的意志，因此有些人會試著避免讓小孩接受必要的醫療手術。美國的普布羅印第安人（Pueblo Indian）拒絕將住房補助發放給改信基督教的族人。舊制阿米什（Old Order Amish）族群不想過美國人的主流生活方式，因此爭取到小孩十四歲（而非一般大眾的十六歲）後就能停止受教育，以免太瞭解外頭的世界。

但宗教團體中對自由最常見、最有害的限制都是加諸於女性身上，例子包括女性割禮（也就是切除或切斷陰蒂，剝奪女性成年後的性愉悅）、一夫多妻制、強迫婚姻（包括性侵受害者被迫嫁給加害者），以及女性讓家族蒙羞所受的懲罰。

自由主義者出於直覺提出各種不同解決辦法。很明顯地，他們之間的爭辯如同不同經濟學派大相逕庭的主張，像是堅持自由放任原則的自由主義陣營不會認同希望國家更積極干預的派別。

前者認為，國家只應確保人民擁有離開不自由社群的正式權利即可，超過這程度的干涉就算踰越界線。大部分自由女性主義者則希望政府採取更廣泛的行動。他們指出，保守的宗教社群利用父親的社會權威角色，搭配年紀較長的女性從旁共謀，從小就開始灌輸女性卑躬屈膝的觀念。一旦造成傷害，小女孩就不可能長成自信、自主的女人，因而沒有能力脫離社群。女性主義者希望政府主動介入，確保年輕女性擁有所需的工具，能真正自由地做出抉擇。

對於限縮自由的文化機構，自由主義者提出的因應之道也不盡相同。舉個例子，天主教會拒絕任命女性神父，自由主義者該如何回應？教會有權力為所欲為？還是國家有義務強迫教會改革，或至少取消教會的稅務豁免資格？

這些問題都不容易回答，相關論辯並未提供簡單的答案。有時意見分歧相當激烈，但共同的價值將自由主義的兩方陣營凝聚起來。他們都接受一項核心道德事實：個體擁有最終的主權。這項重要原則讓各派人馬的努力有了清楚的脈絡。群體並非原本就具有份量；群體之所以重要，全因群體對個體重要。

由於大多數個體確實認為群體有其重要地位，因此群體應該受到尊重。然而，一旦群體企圖限制個體的自由，個體便會立即收回這份尊重。自由主義思想的至高價值凌駕於文化多元性和身分認同之上，也就是選擇自由、理性、自主權和節制。

然而隨著時間過去，自由主義的爭辯逐漸黯然失色。這或許是史上第一次，自由主義者發現對話的對象漸漸地只剩自家人，對學界以外的領域影響微乎其微。世界不再關注他們。

自由主義不再占據政治辯論的中心。取而代之的，是一種新型態的政治思想：身分政治（identity politics）。

這學派具有自己的思想傳承和行事作風，澈底否定自由主義對凸顯個體地位的努力。

身分政治的起源最早可回溯到一九六〇至七〇年代，當時的左派社會運動倡導者開始對自由主義提出一些疑問，深入探究。

究竟什麼是個體？自由主義者的回答很簡單。所有人都是個體。個體這個概念的重點，是要確立一套政治規則，以道德平等的原則對待所有人。個體即代表普羅大眾。

但要是這個定義成立，為何自由主義的實踐似乎都與此背道而馳？為何需要這麼久，女性才獲得話語權？為何黑人曾被排除在外？為何男女同志似乎總是不在討論範圍內？

或許個體根本不是指所有人。或許，自由主義者口中的「個體」其實是指異性戀白人男性。這些自由主義理論家究竟是誰？他們大多是異性戀白人男性。

社會運動倡導者開始逕自發展出一套論述。這並不難。最後得到一個幾乎無法避免的結論。自由主義談的不是自由，而是異性戀白人男性的自由。

上述批評稱為立場論（standpoint theory），是二十世紀政治論述中極其重要的概念之一。這觀點一出現，一切便有了改變。

立場論是認識論的其中一種型態，認為我們對世界的認知取決於我們獲得該認知時所處的社會背景。如果你是男性白人，擁有男性白人的生活經驗，你對自由的看法就會是男性白人的觀點。你會將言論自由視為優先訴求，或許也會強調財產權。你大概不會注重職場騷擾或工作合約中的種族歧視問題，也不會關注家暴議題。

立場論不只是政治論述，更直指人類理解現實的核心關鍵。此觀點暗示人的想像能力具有極限。理解世界時，人通常從自己的經驗出發並加以投射，將本身的經驗視為普世現象，但實則不然。個人經驗終究只是個人經驗。

瞭解自由主義的發展歷程後，這個理論似乎很有說服力。幾個世代以來，自由主義理論家總是談論看似放諸四海皆準的理想，但這些原則其實只適用於與他們相似的人群。

到了一九六〇年代，女性主義（主張男女平等）大致以附著於既有政治理論的形式展現，例如自由主義和馬克思主義。直到基進女性主義（radical feminism）才有完全原生的思想體系出現。該理論以立場論為基礎，對自由主義展開強力批判，殺傷力驚人。

基進女性主義認為，自由主義暗地裡容許大環境壓迫女性，整個過程可分為兩個階段：阻止表達意見和區隔內外。

從在學校內，整個環境就已開始阻止女性表達意見。美國女性主義的研究人士發現，不管什麼年齡層，從幼兒園到大學的男性和女性教師都較常在課堂上挑選男學生回答問題。佩吉・奧倫斯坦（Peggy Orenstein）指出，這種做法從女生年紀還小的時候，就降低她們的發言意願，而且這種習慣會延續到成年。從英國到日本，在各種文化中，社會都鼓勵女性展現文靜端莊的一面，這是成為淑女的先決條件。

在某種不言而喻的程度上，社會心知肚明，要是女性發聲，她們可能會提出自己對世界的解釋。唯有讓她們保持沉默，才能控制她們。如此一來，男性就能自由定義政治世界的種種規矩，使其看似普世皆然。

第二種做法是區隔內外。整個思想史將政治思想一分為二。其一是公眾世界（public world），也就是住家以外發生政治的地方；其二是私我世界（private world），也就是家中的一切，一個強調家庭忠誠和舒適生活的地方，地上擺放著室內拖鞋，小狗在火爐旁打盹，在定義上屬於非政治場域。

女性地位遭到貶抑，只能生活在第二個世界。因此，她們關注的所有事務（投票權、工作權、財產權，或不受家暴威脅）全都隔絕在政治辯論之外。

自由主義之所以花了這麼久的時間才正視女性遭遇的各種限制，對其中涉及的權力運作展開批判，原因在此。長久以來，女性根本就不在討論範疇內。於是，自由主義建構的政治體系表面上保障了所有人的自由，但其實只有男性的自由受到保護。

為了推倒男性主宰的體制，基進女性主義運動中的女性必須挺身發聲。她們提出的口號簡單直接，寓意震懾人心：個人即政治（the personal is political）。

以往歸類於「私領域」而受到忽視的一切事務，像是街上吹口哨調戲女性的舉動、妻子負責的各種家事，以及男性對性慾過於簡化的所有假設，現在都準備搬上檯面討論。以此為出發點，將以前普遍視為無足輕重的議題政治化，才能建立起兩性都適合生活的新世界。

但基進女性主義者不相信自由主義者能勝任這項任務。「曾仔細聽過學界女性主義者談過這件事的話，就會察覺她們語氣中難掩對自由主義的不滿。」作者珍妮佛・內德爾斯基（Jennifer Nedelsky）在一九八九年寫道。

重點不在於過往的狀況有多嚴重，概念謬誤才是問題癥結所在。基進女性主義者不覺得個體是有用的分析單位。

基進女性主義和自由主義的關係，像極了自由主義和馬克思主義的關係。馬克思主義者審視自由主義者所稱的交易（例如企業負責人聘請勞工），將交易重新詮釋為階級壓迫的實例。基進女性主義看待自由主義者所稱的人際關係，重新詮釋成性別壓迫體制的一部分。

這是以性別劃分的階級鬥爭，並非各種需要重新校正之個體權力關係的集合。如此分析之下，說好聽一些，自由主義太過天真，講難聽一點，自由主義就是共犯。

對自由主義的另一波批評是以種族為依據。如果立場論成立，自由主義宣稱其主張為普世事實不過只是一種民族中心主義（ethnocentrism），亦即根據某一文化的假設去評判其他文化。自由主義聲稱所形塑的常態可適用於所有人，但事實上只適合西方文化。

根據此觀點，帝國主義不僅僅是自由主義於十七世紀興起時碰巧出現的現象而已。兩者其實一體兩面。例如，洛克對財產取得的論述，為殖民主義提供了合法化基礎。他的說法似乎暗指歐洲的農業形式是栽種自然資源的正確手法，進而使西方國家將原住民視為處於自然狀態，沒有財產權的觀念，藉此將他們占據資源的行徑合理化。

假如自由主義的價值觀真能解決什麼問題，那也只適合特定時代的特定文化。比起其他看待世界的方式，自由主義並未提供更多道德力量。

許多社會運動倡導者一採納立場論，便認為自由主義不再重要。自由主義主要是異性戀白人男性的產物，因此只關照異性戀白人男性在乎的議題。

從這一刻起，自由主義即與社會正義運動分道揚鑣。

這對雙方陣營來說都是悲劇。令人難堪而幾乎沒人能接受的事實是：自由主義和立場論不能失去彼此。沒有彼此的幫助後，兩種主張都變得更貧乏、更狹隘。

嚴守立場論很危險。立場論與相對主義走得太近，而且似乎無視人類擁有同理心或情感想像能力。舉例來說，立場論無法解釋為何約翰・史都華・彌爾之類的人會關心女性，並努力為其打破禁錮。為何時常會有不同身分背景的人願意齊力奮鬥，立場論並未提供任何合理解釋。

不過，適度採納立場論有助於矯正自由主義以往的問題。如此可以正視人們帶著各自的社會背景進入政治，同時又不一廂情願地以為，人們會永遠受困於原有的社會背景。

因此，自由主義面對的道德課題相當簡單。生活經驗是寶貴資料。要是自由主義傾聽人們的話語，搜羅完整的人類經驗，便能發現及處理先前從未看見自由所受到的各種束縛。這必須要有一定程度的好奇和謙遜，可惜長久以來自由主義者欠缺這些特質。

參考其他思想流派的看法，也會為自由主義者帶來從未思考過的嶄新概念。

基進女性主義的核心主張之一是將性（sex）和性別（gender）分開看待。性是男性和女性先天的生理型態，性別是社會投射在他們身上的社會期待和限制。如此區別後，自由便昇華到全新境界。幾百年來，社會要求女性要溫順服從，展現淑女的一面，並避免從事危險工作或進入科學領域發展。男性則必須要堅強粗獷，熱衷運動，避免從事照護性質的工作。一旦打破對兩性的刻板印象，社會強加在每個人身上的緊身衣就會隨之消失，不管男性或女性都能獲得解放。

男性也能溫柔有愛心，並允許自己擁有更多感受，不必為了展現男子氣概而隱藏情緒。女性可以從事以前沒辦法涉足或從未考慮過的專業工作，可以在運動和工作中表現競爭的企圖心，決定是否要將事業成功設為優先於照顧小孩的人生目標。幾百年來，人類始終遵從男子氣概和女性特質這樣空洞無意義的劃分標準，個人發展備受囿限，如今所有人都能從此框架中解放。

酷兒理論也提供類似的機會。該理論破除異性戀和同性戀等詞彙以偏概全的本質，認為人類的情慾是流動狀態，會不斷變動。人們不必使用這些詞彙來界定自己，也不用不斷證明自己符合這些詞彙的定義。每個人都能以自己想要的樣貌活著。

經過這麼多個世紀，堅信人必定是百分之百的異性戀或百分之百的同性戀，造成人世間多少苦難？有多少人暗自忍受折磨，肩負著這種謬誤帶來的沉重壓力，害怕表露自己的情感？所幸，這樣的理論能為自由主義者提供解決之道。

這引領人類找到一塊全新的淨土，讓人類得以透過自由選擇繁榮發展，不受限於僵化且過度簡化的框架，受困於粗暴的舊有分類。這片新土地肥沃豐饒，但自由主義卻幾乎完全無視，不屑一顧。

自由主義不願深入思考這些想法，於是更加式微，論述更為狹隘。自由主義失去與整個左翼陣營的聯繫，更重要的是，自由主義理應爭取支持的對象，主動與自由主義劃清界線。這派政治哲學打著個體自由的大旗發跡，但到頭來，從中受惠最多的人，反而不認同自由主義。

不過，不是只有自由主義陣營單方面遭受損害，社會正義運動也因為與自由主義越走越遠而受到衝擊。隨著自由主義遠去，指出群體政治風險的工作後繼無人。

其實，立場論有個相當危險的地方。嚴格來說，立場論認為群體是同質性個體的集合。如果說個人看法是由當事人的社會背景所定義，立場論其實暗示著，該社會背景下的所有人都擁有相同想法——這無疑剝奪了人的個體性。

群體的外在邊界也有同樣的問題。狹義上的立場論認為，每個人理解資訊的方式依身分而異，否決人擁有同理他人的能力。意思是，群體由堅硬的外殼包覆，彼此獨立存在，界線分明。深淵的比喻在此同樣適用。這是不折不扣的相對主義：內部只有同性質的成員，對外毫無交流。歐威爾的民族主義，柏林沒有開口的箱子，都是這思想的體現。人類像一個個龐大但整齊劃一的區塊，彼此間無法溝通或理解。

大部分參與社會正義運動的學者和積極人士都發現了這個危機。史都華．霍爾（Stuart Hall）在〈文化認同和離散〉（Cultural Identity and Diaspora）一文中寫道：「文化認同的本質並非固定狀態，獨立於歷史和文化之外永恆不變。也不是某種普遍且超驗的精神本體，歷史未能留下任何深刻的印記。」不只一位作者感受到文化相對主義的威脅如影隨形。他們不斷強調身分認同勢必得依存於「主體間的相對關係之中」，人經由「談判」或「對話」的「對話關係」（dialogical relation）才會發展出身分認同。

但不管怎麼做，陰影都不會消散。原因在於，若不持續提醒個體在道德上具有至高的絕對地位，就無法妥善表達危險所在。

於是，群體中擁有權力的人開始假借弱勢族群的名義發言，右派和左派陣營都有這種現象。右派中，邊緣化群體由較年長的傳統代表人物控制；左派中，進步派學者和積極分子站上不容質疑的道德制高點，代替所有人發聲。

後續發展其實早在一八五一年就曾上演，那是在美國俄亥俄州阿克倫（Akron）舉辦的一場女權大會。一群男人打斷台上講者的發言，聲稱女人太過嬌弱，沒辦法勝任政治活動。

一位黑人女性從觀眾席起身，她是索傑納．特魯斯（Sojourner Truth）。她從一七九七年出生以來就是奴隸，年輕時遭受毆打及虐待，一八二七年逃跑後成為巡迴傳教士。

在場的男性不讓她發言。現場絕大多數為白人女性，她們的態度大概也是如此。當時許多女權倡導人士擔心，黑人女性參與活動可能會使她們爭取選舉權的心血白費。不過特魯斯還是發表了意見。她那天所說的內容，日後會為二十到二十一世紀的政治思想打下穩固基礎。

「那邊那位男士說，女性去到哪裡都必須靠人幫助才能上馬車、過溝渠，以及住在最舒適的房子。」她說：「沒人曾幫助我上馬車、過溝渠，或給我最好的房子住。我不是女性嗎？看看我，看看我的手臂。我犁田、栽種、將作物收入穀倉，沒一個男人可以比我厲害。我不是女性嗎？我的工作能力和食量——如果我有得吃的話——都不輸男人，而且還能忍受鞭打。我不是女性嗎？我生過十三個小孩，目睹大部分被賣作奴隸，當我哭著喊出身為母親的悲痛，只有耶穌聽見我的心聲。我不是女性嗎？」

即便到現在，這段話依然不顯得過時，充滿清晰有力的道德感。事實上，「我不是女性嗎？」是後來才加上的反覆回問，但就算如此，整段文字展現的力量並無絲毫減損。特魯斯運用她自身的人生經驗，打破一般大眾對女性的刻板印象。她這麼做是要回應男性對選舉權運動的批評，但其實女權主義者受到的衝擊最大。

從黑人女性的角度來看，女權主義者宣揚女性擁有工作權，可說是殘酷的笑話。黑人女性始終都在工作，始終都是慘遭奴役，被迫辛勤勞動。即便奴隸制度終結後，仍有極高比例的黑人女性可能繼續工作，時常是到一般家庭幫傭。社會普遍不認為黑人女性嬌弱溫柔，或是純潔善良。在大多數人眼裡，她們沒有守身如玉的觀念，時常滿足男人的慾望，這是從以前奴隸不斷受到侵犯而遺留下來的印象。當爭取選舉權的白人女性聲稱代表所有女性發聲，很明顯地，事實並非如此。

女性主義將女性在政治上的所有困境簡化成結構性的壓迫，反種族歧視運動則將黑人的所有政治處境歸咎於同樣的問題，無疑都忽視了那些與二元分類格格不入的個體。目的是為邊緣化族群發聲的社會運動，反而將這些人邊緣化。

種種央求大眾關注的呼聲，在一九七四年透過截然不同的現代型態出現於美國麻州。一群推動女權主義的黑人女同志協助成立全國黑人女性主義組織（National Black Feminist Organisation）的波士頓分部。但就算依種族和性別將特定群體劃分出來，還是不足以因應他們面對的偏見。分會成立後，他們發現組織內存在恐同現象。

於是她們停止原訂計畫，成立新的組織：康巴希河集體倡導組織（Combahee River Collective）。「我第一次感覺可以在同一個地方完完全全擁抱自己，康巴希真的很棒。」創始成員芭芭拉．史密斯（Barbara Smith）說道：「我不必隱藏女性主義思維，在保守的黑人政治環境中，我必須犧牲這一部分的自己才能獲得接納。我不必隱藏女同性戀身分。我不必隱藏自己的種族背景，如果是在全白人女性的場合，她們完全不會有興趣瞭解這部分的我。在這裡，我們可以完全做自己，獲得重視，康巴希就是一個這樣的地方。」

一九七〇年代末期，該團體定期在隱密地點舉辦聚會，邀黑人女同志女權主義者出席、辯論，最終形成自己的主張。一九七七年，她們發表康巴希河集體聲明。

核心是反對二元劃分。該聲明不是要提出政治主張，從女性的立場反抗性別壓迫、以黑人的身分反對種族壓迫，或甚至站在女同性戀者的角度批判恐同症。聲明的宗旨是要為上述所有身分的受害者發聲，齊力消除所有壓迫。

「我們體認到，唯一夠關心我們、願意持續協助我們從禁錮中解放的人，只有我們自己。」聲明指出：「我們秉持健全的愛對待自己、對待姊妹們、對待整個社群，如此匯聚而成的政治理念讓我們可以繼續奮鬥與努力。」

這凸顯一個該死的事實：沒人真正關心過像她們這樣的女性。在一九七〇年代，甚至只要有人說自己代表實踐女性主義的黑人女同志，就會引來大部分人的譏笑，直到現在，許多社會依然還是如此。主流的政治辯論從未關心過推崇女性主義的黑人女同志。自由主義從未關心，即便是挑戰種族歧視和性別歧視的社會運動，都未曾在乎過她們。

白人女性宣稱代表她們的女性身分，黑人男性自稱代表她們的黑人身分，但事實上都無法真正代表她們，而康巴希河集體聲明等於公開反抗這些人扮演的角色。這些人組織的團體已同質化，無法具體展現成員的個體經驗。

邊緣化群體中每一個體的自由或許能在這一刻深獲自由主義重視，但此現象並未發生。群體的權威人物依然是自由主義在實踐上唯一憑靠的對象。於是，群體轉而裂解成更小的單位，以確保內部維持一致的特質。身分政治就是在此時真正成形。

「我們認為，比起設法終結別人造成的壓迫，我們自己的身分才是最深刻、可能也是最根本的政治理念源頭。」聲明指出。

從康巴希河集體倡導組織內誕生之後，身分政治在美國的極左派社群中慢慢站上主導地位。各種組織紛紛成立，例如亞洲女性團結（Asian Women United）、原住民族女性（Women of All Red Nations）和全國黑人婦女健康計畫（National Black Women's Health Project），為邊緣化群體中各種備受忽視的小眾族群爭取權益。

類似的過程也出現在英國地方政府。最早發生於一九八一年倫敦南部的布里克斯頓（Brixton），當時經濟大幅衰退，那裡住著眾多非裔加勒比海人，失業和犯罪問題尤其嚴重。四月六日當天，警方展開「八十一號沼澤行動」（Operation Swamp 81），大量便衣警察進駐該區，開始攔下當地民眾並搜身，其中大部分是年輕黑人男性。

當地氛圍日漸緊張，幾天後便爆發警民衝突。潛在的導火線可能不只一條，但最終是因為年輕黑人麥可．貝力（Michael Bailey）遇刺，身上留有十公分長的刀傷，死因疑雲使衝突一觸即發。超過兩百名年輕人（黑人和白人都有，但以非裔加勒比海人為大宗）突襲警方。警方提高維安力道，現場很快就演變成大規模暴動。

暴動落幕後，數百輛汽車和廂型車（主要是警車）遭放火焚燒，且有多人受傷。動盪從布里克斯頓往外擴散到倫敦各地，佩卡姆（Peckham）、紹索爾（Southall）、伍德格林（Wood Green）、芬斯伯里公園（Finsbury Park）和諾丁丘（Notting Hill）等地相繼發生暴亂，而後更蔓延到英國的其他大城市。

柴契爾夫人領導的政府素以強力推行強硬政策聞名，但政府回應這起事件的方式卻出乎意料地務實。政府當局認為必須與少數種族社群接觸及溝通，尤其必須為其中的溫和派直接提供財務援助。「要是政府不釋出善意，人民會往激進路線靠攏。」英國首位種族關係行政首長喬治・楊（George Young）說道。

那年，一份內政事務專責委員會報告鼓勵地方政府「盡量與少數種族社群直接接觸」。連最溫和的少數種族政治領袖都對保守黨抱持懷疑態度，因此大部分的相關工作最後落到由工黨控制的地方議會頭上，其中以左派的大倫敦議會（Greater London Council）為主力。

在議會的帶領下，康巴希河集體倡導組織的身分政治，被轉化為地方政府的官方補貼計畫，開始發放補助。一九八三年到一九八四年間，少數族裔事務組（Ethnic Minority Unit）核發給兩百四十七個團體的補助金額超過兩百三十萬英鎊，五年後，總金額提高到六百二十萬英鎊，約有三百個團體受惠。此外，其他機構也提供更多資助，包括警察委員會、企業委員會以及藝術與娛樂委員會。

這些社群大多急需外界援助，但政府單位分配資金的方式不太尋常。補助是依據身分而非需求來發放。議會設立種族關係小組，並安排政府人員與「社群代表」會談。他們期許能從這些代表人物口中聽見其族裔或文化群體每位成員的觀點和願望。

在當時之前，「種族關係」（race relation）的核心理念一直是反種族歧視，只是換了新的名稱，但消滅種族歧視其實已不再是該計畫的宗旨之一。目標有了微妙的轉變。民間團體紹索爾黑人姊妹（Southall Black Sisters）的姬塔・薩加爾（Gita Sahgal）和妮拉・尤瓦爾—戴維斯（Nira Yuval-Davis）對眼前所見的情況感到擔憂，以她們的話來說，如今政策的目標是要「保存不同少數族裔的『傳統和文化』」。

最後，多個地方政府紛紛跟進，效法落實這樣的願景。一九八五年，伯明罕的漢斯沃茲（Handsworth）地區發生暴動，黑人、白人和亞洲年輕人與警方發生衝突。市議會仿效大倫敦議會的策略，依信仰和族裔設立九個「族群代表團體」，以代表不同社群並分配資源。這些團體包括非洲與加勒比海人運動（African and Caribbean People's Movement）、孟加拉伊斯蘭計畫諮詢委員會（Bangladeshi Islamic Projects Consultative Committee）、伯明罕華人協會（Birmingham Chinese Society）、黑人教會協會（Council of Black Led Churches）、印度教理事會（Hindu Council）、愛爾蘭論壇（Irish Forum）和越南協會（Vietnamese Association）。這些代表團體並非經由票選而來，也沒有獲得誰的授權而合法擔任領導角色，但他們以其理應代表之對象的名義，對外表達各種不同的觀點。

一旦開始採取這種對於身分的左派觀點，產生的結果便極其保守。各團體自行遴選出來的代表通常是社群中較為年長、保守的男性人士，且一般而言，他們在地方企業和宗教禮拜活動也都有一定程度的參與。

現在他們擁有龐大的權力。他們不僅成為政府和民間的溝通橋樑，更在地方議會核發補助給社群的過程中，擔任財務分配的重要角色。

地方政府直接採納了如此僵固的群體認同概念。這些權威人士告訴大家，不同群體之間基於傳統和習俗、膚色或信仰而有所差異，而群體內的成員彼此間並無不同。

後來這個訊息深植人心，促使群體發展出某種特定型態的自我認定。如果有人想凝聚新的社群，大肆強調社群成員的社會需求無濟於事。比較有效的做法是試著定位為亞洲人或非裔加勒比海人社群，成員很快就會開始對相關的群體需求產生共鳴。

布拉福德（Bradford）曾推動類似的計畫，從中即可觀察到這點極為顯著的差別。一九八一年，布拉福德市議會斷定自己「對亞洲人的需求和要求沒有第一手的認知」，因此採取大倫敦議會的方法，擬定十二點種族關係計畫，清楚指出市內的每一區都擁有「保留自己身分、文化、語言、宗教與習俗的平等權利」。

同一年，市議會成立布拉福德清真寺協會（Bradford Council for Mosques），六位創始成員各自代表不同的伊斯蘭教派和傳統。政府除了編列補助款供協會總部使用，也以清真寺為單位贊助不同社會專案，包括興建兩座老人服務中心以及穆斯林青年和社區中心。

該組織理應是要代表整個「穆斯林社群」，儘管這種稱呼多少強調了該體系的某種特質，凸顯了符合該特質最保守的一些元素。許多巴基斯坦人或孟加拉人並未對「穆斯林」一詞產生太強烈的共鳴。他們只是剛好擁有穆斯林身分，穆斯林並非他們平常定義自己的主要方式。有些人稱自己是巴基斯坦人、孟加拉人、喀什米爾人、亞洲人，或乾脆自稱英國人。但現在，清真寺變成整個社群的形象，社群內的個體透過清真寺這個意象與世界溝通。

如果是年輕的女同性戀亞洲青少女呢？在清真寺委員會的結構中，她是由年紀較長的保守男性所代表，其中許多人根本否認她的存在。那無神論者呢？許多穆斯林喜歡上清真寺禮拜，也會到夜店享受夜生活，這些人呢？他們名義上也是由虔誠的權威人士所代表。

「我們致力確保後代不會遺忘我們的文化或伊斯蘭教，希望協會能給予支持。我們擔憂小孩過於西方化，不再自認為穆斯林或實踐信仰。」地方商人與清真寺主席謝爾．阿扎姆（Sher Azam）後來告訴記者肯南．馬利克（Kenan Malik）。

這種做法很快就擴大到全國。一九九四年三月，保守黨內政大臣麥克．霍華德（Michael Howard）清楚指出，他希望能有個穆斯林的「代表單位」與中央政府溝通。一九九七年十一月，英國穆斯林協會（Muslim Council of Britain）正式成立。

協會並未真正代表任何人。二〇〇六年，就在協會運作了將近二十年後，政策交流委員會（Policy Exchange）智庫委託 NOP 做的民調結果顯示，只有六%英國穆斯林認為該協會能代表其政治觀點。「他們是誰選出來的？」一名受訪者詢問，「誰任用他們的？我甚至不清楚他們是誰。」

許多西方國家都曾歷經這個過程。例如在丹麥，自由派穆斯林議員奈瑟．卡德（Naser Khader）就抗議總理的行為不斷預設保守派的伊斯蘭人士能代表他所屬的社群。「沒人聽我的意見。」他說，「政府以為只要與看起來像穆斯林的人對話，就是在和真正的穆斯林族群溝通。我的外表不像他們心中認為的穆斯林那樣——我沒蓄鬍、我穿西裝、我喝酒——所以我不是真正的穆斯林。」

身分政治的所有抽象危機很快就成為現實。邊緣化群體中，個體的存在感越來越低。內部自行選出的領袖能以同質群體的代表人物自居，自稱是群體普遍意志的投射，但其實他們如此聲稱並沒有正當性。政治思想中最保守的要素足可定義一個社群。在這些要素的引導下，社群成員可能會自認與其他群體從根本上就形同陌路，甚至水火不容。

一九八〇年代，身分政治在學術圈已具有一定的地位，很大的助力來自於美國法律學者金柏莉・坎秀（Kimberlé Crenshaw）的著作。坎秀發現一個重要的現象：歧視會交織發展。不同形式的壓迫可能同時施加於同一人身上，形成獨特的劣勢型態。於是她開始檢視這些壓迫的互動情形，以及多種偏見型態交互重疊之處。

她發表兩篇對於這個新研究領域相當重要的學術論文：一九八九年的〈種族與性別交會的去邊緣化〉（Demarginalizing the Intersection of Race and Sex），以及一九九一年的〈描繪邊緣〉（Mapping the Margins）。

這兩篇文章內容嚴謹，擁有精密的理論框架，對歧視案例的相關法律瞭若指掌。文中質疑身分政治長久以來的簡化問題，為原本相當亂無章法的社運倡議注入令人肅然起敬的學術氣息。文章中使用的詞彙為「交織性」（intersectionality）。

「黑人女性遭遇的歧視與白人女性和黑人男性類似，但也有不同之處。」她寫道：「黑人女性有時受到與白人女性相似的歧視，有時際遇與黑人男性相去不遠。但很多時候，她們遭受的是雙重歧視——同時針對種族和性別的歧視。有時，她們遇到的歧視是針對黑人女性，不是種族和性別歧視的總和，而是專門針對黑人女性。」

坎秀在種族和性別議題原本的二元對立（白人／黑人與男性／女性）中加入令人樂見的複雜成分。所謂交織性，意指人的生活是由多軸度的社會分層所構成，彼此間相輔相成，同時也互相影響。這些軸度不只包括種族和性別，還有階級、性向、殘疾、族裔、國籍、宗教、年齡。

經由檢視反歧視法規，坎秀指出，旨在防範種族歧視和性別歧視的法律制度，並未正視黑人女性獨有的弱勢型態，黑人女性的處境反而受到忽視。她採取的方法讓群體身分認同的討論遠遠更加複雜，並確保群體內遭受邊緣化的個體能夠獲得關注。

但她並不是要否決身分政治，而是試圖讓討論更為細膩。就像之前的康巴希河集體倡導組織一樣，她認為從政治的角度切入探討身分認同有其價值所在。

她比較兩種陳述法：「我是剛好擁有黑皮膚的人」和「我是黑人」。前者含蓄強調普世人類身分的概念，無論身分為何，均應在道德平等的基礎上享有權利。該說法將個體擺在第一位，而後才是身分，呈現兩者間接無關的感覺。後面那種說法就不一樣。後者的語氣自豪，開門見山就表明身分。

「『我是黑人』不僅變成一種帶有抵抗意味的表達形式，更積極揭露自我身分認同，與『黑即是美』這類黑人民族主義者引以為傲的陳述緊密連結。」她說。

坎秀的結論是，就目前而言，這是對日後發展比較有效的方法。「現階段，弱勢群體最具批判力道的抵抗策略是占據及捍衛所處的社會政治地位，在此立足點上強力發聲，而不是空出位置並加以摧毀。」

這仍與自由主義對於群體認同的正面看法相容，但由於身分政治並非由個體的概念主導，因此產生的效果不同。在身分政治中，群體認同是至高無上的道德權威，且沒有抗衡力量足以保護群體內的個別成員。

在英國地方政府政策的案例中，保守勢力順勢成了領導者。但在學術研究和社運的脈絡中，左派的運動倡導者取得大權。

誰能代表這些身分群體？他們代表發言的權力從何而來？群體成員是否一定得具備特定身分（例如黑人、女人或男同性戀），或可以選擇丟棄身分？他們能否拒絕特定的定義框架？在追求解放的一般目的之外，身分認同的確切政治內涵為何？何謂解放，或是達成此目的的手段，是否在群體內取得共識？如何決定？要是有人與某身分有所關聯，但不同意群體標舉的論述結果，會怎麼樣？

這些問題的答案通常會是：這些問題需要經由對話來回答。但這又觸發另一個問題：該如何促成對話？事實上，幾乎在定義的時候就已知道，對話會在早已認同身分政治的人之間，透過他們已在使用的溝通管道發生。

運動倡導者成了群體的領導階級。

身分政治需面對的第一個問題是如何回應批評。許多倡導者開始將外界對其意見的質疑聲浪視為一種「暴力」。他們在大學、社運現場和報章雜誌上蒐集各方陳述，指稱那些引起身分政治爭端的異議分子（不管是親臨現場或相關投書）讓群體成員感覺不安全。

這是群體身分必將面臨的結果。假如個體是由群體所定義，那麼只要群體受到任何政治攻訐，等同於個體受到攻擊。兩者間的界線變得模糊。如果說個人即政治，這個概念現在有了令人沮喪的新詮釋，那就是表達政治言論形同使個人受害（personal victimisation）。

大多數時候，身分運動倡導者謹守泰勒和彌爾在《論自由》中採取的審查門檻，以防人們鼓吹動用暴力。只不過，該門檻的標準大幅降低，從實際的肢體暴力一路下調，變成批判論述本身就是一種攻擊。

如何應對群體內部出現的批判聲音，會是比較艱難的問題。對任何與身分認同有關的政治運動來說，這都是深刻的問題，因為縱使身分認同相同，難免還是會有不同看法，例如群體中就是會有人比較保守一些。列寧面對無產階級時，這正是他所遭遇的困難。現在，同樣的情形以顯著不同的形式再度浮現。

女權主義者很清楚必須正視這個問題，並以「調適偏好」（adaptive preference）一詞予以回應。根據該詞彙描述的情況，人們的選擇不多而懂得知足。為了滿足越來越狹窄的眼界，他們的抱負也越來越卑微。

有些女權主義者發現，女性日漸傾向選擇扮演照護的角色，不管在家庭中或職場上，都受限於大環境有限的機會，而發展出調適偏好。有人認為，部分女性選擇忍受性騷擾（例如街上陌生人的口哨聲），也是同樣的道理。這種傾向通常可見於年紀較大的女性，她們在成長過程中的選擇更有限，因此有時會學著接受，甚至盡力把握這些僅有的選項。

同樣地，邊緣化種族群體中有許多成員抱持極度保守的想法，立場反而一點也不激進。有兩種方式可以處理這個問題。第一種方式類似馬克思主義指控不服從的個體擁有虛假意識——放到邊緣化群體的例子中，就是這些偏保守的成員並不明白真正的集體身分認同。他們不是真正清楚或理解自己在說什麼，威權的力量扭曲了他們的想法。身分政治領袖必須為他們所在的身分群體發聲，告訴成員他們真實的社會自我（social self）是什麼想法。

第二種方式是將身分與人完全分離，宣稱他們並非真正的黑人、同性戀或女性，因為如果他們是，他們必定會抱持與其他人同樣的看法。這種方式表面上看似荒謬，但後來卻相當常見。出櫃的矽谷億萬富豪彼得．提爾（Peter Thiel）在二〇一六年公開表示支持共和黨，但很快就有人主張他無權擁有自己的性向認同。「根據同性戀解放運動的邏輯，提爾是與其他男性上床的男人，但不是男同性戀。」作者吉姆·唐斯（Jim Downs）在同志刊物《倡導》（*Advocate*）中寫道，「因為他不支持該社群為了擁抱其獨特身分認同所歷經的奮鬥。」

亞洲臉孔的薩吉德·賈維德（Sajid Javid）成為英國保守黨政府的內政大臣時，也曾引發類似的回應。左派社群媒體很快就開始質疑他的身分認同，他們時常使用帶有種族歧視意味的「椰子」一詞來形容，暗示他褐皮白骨。「我用椰子指稱薩吉德·賈維德，並非是要凸顯他的膚色。」喜劇演員沙齊亞·米爾扎（Shazia Mirza）在網站 Boundless 上表示，「我想說的是，他對身分背景相同的群體缺乏忠誠和強烈認同。」

賈維德將左派和極右派對他的攻擊相提並論。「包括許多亞洲人在內，極左派大肆批評我說：『他膚色不夠深。』右派人士也攻擊我，尤其是極右派，他們說：『他膚色太深了。』不管是極左派或極右派，他們都認為人是由膚色或其背景、信仰或個人特徵所定義，而不是性格涵養。」

定義上，群體的身分認同應該源於那些使其與眾不同的特性，而不是相同之處。依訴求黑人權力的朱利亞斯·李斯特（Julius Lester）所言，這牽涉到尋求「認同那些我們獨有且能讓我們與白人有所區別的事物」。

與其尋找人類共同點，更應朝完全相反的方向去努力。「我們要追求的並非在人類共同屬性的基礎上融入『普遍人類』成為其中的一員。」女性主義社會學家桑妮雅．克魯克斯（Sonia Kruks）總結，「也不是『在承認差異的前提下』給予尊重。相反地，是要尊重他人的差異。」

這不意外。身分政治讓群體得以占據道德權威地位，而非個體，差異變成人類社會重要屬性的事實，已然獲得鞏固。

區隔不同群體的牆日漸厚實。一種稱為文化挪用（cultural appropriation）的新概念出現，意指其他文化的成員未經許可便擅自取用某一文化的構想、傳統、符號、文物、儀式、技術、風格類型或智慧財產，包括料理、舞蹈、服裝、語言、音樂、傳統醫學和宗教符號。

自由主義思想中，人、文化和想法混合共存本來就是很好的事情，尤其康斯坦和彌爾更是如此認為。他們打從心底深信，不同想法融合在一起，就有可能發掘更偉大的真相。的確，若從文化層面探討文明，跨文化合作與異體繁衍（cross-fertilisation）無疑推動了所有美好事物的演進，從音樂到飲食皆然。

但在身分政治中，文化逐漸變成了戰場，與外界隔絕的群體無法彼此交流想法。二〇一七年五月，美國波特蘭（Portland）當地的網站刊登了一篇對兩位白人女性的採訪報導。她們到墨西哥度假時愛上墨西哥捲餅，回國後便用墨西哥捲餅餐車創業。「我用破爛到不行的西班牙文問每一個賣墨西哥捲餅的女士，每個人都跟我分享了一些她們的做法。」其中一人說道。

幾小時內，網站湧入一堆憤怒的留言。「這文章清楚示範了媒體如何打著『有趣』和『創新』的大旗，延續及強化種族歧視和白人優越主義。」一則留言寫道。網路上出現一份「白人經營的盜版餐廳」「地雷名單」，列出該地區由白人所開的六十家異國料理餐廳。當地報紙《波特蘭水星》（*Portland Mercury*）刊登該名單的連結，並稱之為「料理版白人優越主義名人錄」（who's who of culinary white supremacy）。四十八小時內，那兩位女老闆收到至少十次死亡威脅，因此決定讓餐車歇業。

從那之後，幾乎每天都有人以文化挪用為主軸展開辯論，爭論的事情通常是芝麻大的瑣事，但控訴的罪行卻是種族歧視這般大事。美國實境秀女星金・卡戴珊・威斯特（Kim Kardashian West）綁辮子頭而遭受批評。一名美國白人青少女發布自己穿著中國旗袍洋裝參加畢業舞會的照片，結果網路上出現上千則辱罵她的推文。

運動倡導者堅稱，他們只反對主流文化擅自盜用邊緣化文化的元素，但實際上，他們攻擊的事情遠遠更為廣泛。擁有猶太人、波多黎各和菲律賓血統的歌手「火星人」布魯諾（Bruno Mars）被控剽竊「黑人音樂」。出生於千里達及托巴哥（Trinidad and Tobago）的饒舌女歌手妮姬・米娜（Nicki Minaj）在美國節目《週六夜現場》（*Saturday Night Live*）演出《春麗》（Chun-Li）一曲後，遭控剽竊中國文化。

文化挪用論述只傳達了些許事實。文化混搭（cultural mixing）時常隱含不平等，且回顧歷史發展，此現象經常伴隨戰爭或殖民而來。即便在和平時期，種族歧視和不平等也容易對文化交流造成傷害。舉例來說，正因為種族歧視，使早期的搖滾黑人歌手受到忽視，白人貓王（Elvis Presley）成為主流代表。

但世人總是搞錯問題重點。在以上例子中，問題癥結在於種族歧視，不是文化元素共用。詩人阿米里・巴拉卡（Amiri Baraka）指出，「要是披頭四告訴我說，他們的音樂靈感全部來自盲眼威利（Blind Willie Johnson），我就想知道，為什麼盲眼威利還在密西西比州的傑克森（Jackson）當電梯操作人員。這就是問題所在。是這種不平等待遇在糟蹋人，不是實際上呈現出來的文化挪用現象，因為這再正常不過。」

文化挪用論把文化視為一種領土，上面的東西可能遭竊，這種思維隱含著幾種假設。第一，文化處於單一、固定的狀態，而非多元且持續演化。作者布魯斯・齊夫（Bruce Ziff）和普拉蒂瑪・拉歐（Pratima Rao）表示，挪用行為可能「侵蝕遭剝削文化的完整性」，因為「群體交織的文化認同可能出現裂痕」。這種文化可能受到危害的想法，暗示文化處於純淨且有約束力的自然狀態。

第二種假設回到領導者的問題。假如文化是一種領土，挪用是未取得許可擅自借用，那麼理應要有人擔任守門員的角色，由其判定文化是否遭到挪用。

立場論賦予守門員地位。裁定文化挪用的權力源自身分認同。然而，未解的問題再次浮現：人們不一定會因為擁有共同的身分認同，就同意某人的判斷。

二〇一四年，倫敦巴比肯藝術中心（Barbican Centre）嘗試演出一齣名為《黑展品》

（Exhibit B）的表演，文風不動的黑人表演者化身為文物展出。演出構想來自十九世紀的怪胎秀，意圖探討及正視蓄奴、殖民和現代種族歧視等議題。

抗議聲浪蜂擁而至，演出被迫結束。參與的演員發表聲明，表示「我們以身為這場表演中的黑人表演者自豪」，他們形容此身分是「對抗種族歧視的利器」，但他們的想法未獲重視。「演出內容是否獲得接受，黑人藝術家無權定義其中的分際。」社會學家凱欣德・安德魯斯（Kehinde Andrews）在與其中一位表演者辯論時說道。問題於是浮現：那究竟誰有權力？

事實上，守門員正是那些要求文化封閉的學者和倡議人士。「說到底，那些關於種族議題的紛紛擾擾，都是將文化視為種族代言人公會的獨有財產，訴求守住種族正統地位的界線。」賓州大學（University of Pennsylvania）政治科學教授阿道夫・里德（Adolph Reed）總結。

這些身分認同爭議中，倡議人士在政治上占主導地位，與身分政治在英國賦予保守派男性掌控權的做法不謀而合。過程雷同，目的都是為了強化群體中掌權者的地位。在此例子中，指的是受過充分教育者參與辯論，利用學術用語，有時更動用難以理解的術語，藉由這些深奧詞彙去實行特定的政治說服（political persuasion）。

這也會產生危害更大的後果。人類同理心開始遭到腐蝕。

在柏林的多元主義下，同理心和普世價值是跨文化溝通得以實現的基礎，但在文化挪用的論述中，這項能力不復存在。

二〇一七年，藝術家黛娜・舒茲的畫作《開棺》（*Open Casket*）在紐約惠特尼雙年展

（Whitney Biennial Exhibition）中展出。這幅畫是參照艾默特・提爾（Emmett Till）的遺體照片繪成，這名非裔美國人在一九五五年於密西西比州遭兩名白人殺害，時年僅十四歲。同一個展覽中還有藝術家亨利・泰勒（Henry Taylor）的畫作《這時代，改變來得不夠快！》（*THE TIMES THAY AINT A CHANGING, FAST ENOUGH!*）描繪二〇一六年非裔美國人費蘭多・卡斯帝爾（Philando Castile）在自己的車上遭警察開槍殺害的情景。

後面那幅畫並未引發議論，但《開棺》飽受爭議。原因是畫家舒茲是白人，而泰勒是黑人。展覽場外頭聚集了抗議人群。藝術家漢娜・布雷克（Hannah Black）寫了一封公開信給博物館策展人，要求銷毀舒茲的畫作。「那不是舒茲能大做文章的主題。」她寫道，「白人的言論自由和創作自由是建立在其他人的不自由上，並非自然權利。那幅畫必須消失。」

這番不滿的言論暗示，只有特定身分的人可以對其他身分的人感同身受。「起初設身處地對特定帝國主義文本類型提出後殖民批判，反而變成奇怪的正統觀念，基本上否決了任何人運用想像力與小圈圈外互動的任何可能。」小說家卡密拉・夏姆希（Kamila Shamsie）表示。

相較於文化挪用理論所施加的其他限制，同理心受到的攻擊更為嚴重，這是一種能在第一時間建立起人與人共鳴的特質。因此，小說自然成為反對這套理論的主要戰場，這種藝術形式或許最能讓來自不同文化的人想像彼此的境遇。逐漸地，作家必須將寫作題材限縮到與他們的身分認同——種族、性向、文化和國籍等方面——相同的對象。

面對這般攻訐，擁有英國和牙買加血統的作家查蒂・史密斯（Zadie Smith）在討論伊麗莎白・斯特勞特（Elizabeth Strout）的小說《生活是頭安靜的獸》（*Olive Kitteridge*）時提出最強而有力的辯護，書中的角色生活在美國克羅斯比（Crosby）的海濱小鎮，他們的人生經歷與她迥然不同。她已然超脫文學範疇，直指人類展現同理心的基本能力。

「我與奧麗芙・基特里奇（Olive Kitteridge）這位一輩子住在緬因州的老白人女性哪會有什麼共通點？」她寫道：「然而事實證明，她和我一樣對某些事情感到悲傷。不盡然全部一樣。書裡的情節並不完全符合我的狀況，沒有哪本書能完全對應我的人生。但奧麗芙感傷的某些事情，我能感同身受。我著迷於從讀者的角度擅自認為，許多各種類型的人與我的人生毫無交集，但透過小說架構出來的親密空間，他們在故事中可能揭露的悲傷，與我的悲痛並非全然不同。所以我閱讀。」

新左派身分政治所傳達的訊息，有一群人願意買單。那就是推崇身分政治的右派人士。

對新型態的民族主義者而言，身分政治論述勾勒出來的概略輪廓似乎毫無牽強之處。人被劃分為同質性的區塊，個別具有嚴謹的身分認同。這些群體的特性是彼此競爭，互不相容。民族主義者只是剛好屬於不同的群體——他們隸屬於主流群體。

金融危機爆發之際，右派的身分政治正在發展。經過整個二十世紀，其論述已有顯著改變。

這套理論的支持者學會表現得更體面，以吸引大眾關注。

他們擁護的不是法西斯主義，不是極權主義，也不尋求全面控制人類生活的所有面向。他們並未試圖阻擋選舉，言論幾乎未明確涉及種族歧視。他們將理論大幅推進，並效法所有成功的政治運動都免不了的做法：瞭解何時該適度妥協，何時該堅持立場。

右派的身分政治已大致放棄種族生物優越論，至少不再毫無遮掩地表達類似的概念。取而代之的是，大多數民族主義者採納法國準法西斯運動新右派（The New Right）在一九六〇年代到一九七〇年代提出的新觀念，稱為民族多元主義（ethnopluralism）。

該思想側重文化論述，而非從生物學的角度切入。該理論指出，族群不再有優劣上下之分，但彼此間存在顯著區別，一旦混合會對彼此造成傷害。

人類不適合與其他文化的成員共同生活，只有在同一族裔的社會中才能繁盛發展。因此，多元文化主義是有違人類境況的犯罪，多樣化是違逆自我的暴力。

事實上，種族歧視從未消聲匿跡。新右派未曾認真表示，其他文化能真正與他們的文化平起平坐，或在某一特定面向更為優異。他們形容移民的用語一樣負面，並著重於移民對國內人口造成的威脅。

但這種心態上的扭轉，讓民族主義者產生先入為主的認知，為自己的行為辯護。他們堅持移民是罪犯和強姦犯，但這並非因為移民的道德低下，而是因為他們身處於「不屬於他們的自然環境」中。

透過民族多元主義，民族主義者獲得將辯解的說詞去種族化的權利。這為他們贏得在主流辯論場上的地位，這是他們先前無法取得的成就。藉著此地位，他們得以追求民族主義者的典型立場：國家由同種族的人民組成，是純淨的集合，任何外來成員都是一種「感染」。種族成了區分犯罪的條件。當地人犯下的所有罪行受到忽視，但一有少數族群犯罪便轟動全國。多年後，犯罪彷彿經過重新定義，在一般人的認知中，幾乎所有犯罪活動都是弱勢族群或移民所為。

然而，這類新論述實際上與法西斯主義對弱勢族群的仇恨無異，卻已順利撕除法西斯主義的標籤，同時還呼應本土主義（nativism），亦即國家人口只允許由原生群體組成。

二〇〇一年九月十一日發生於美國的恐怖攻擊將此敘事推進到重要的轉折點。恐攻事件提供了明確的反派人物。本土主義的各種抽象概念，如今都能形塑成自殺炸彈客試圖奴役西方國家的形象。

二十一世紀的穆斯林承接了德雷福斯事件中猶太人的角色，體現於許多面向。在普遍的描述中，他們擅長密謀全球顛覆行動，同時也是熱愛犯罪的暴徒和強姦犯。

一如既往，這樣的概括論斷毫無邏輯可言。一群具備後面那些特質的人，要如何聰明到足以達成前面所提的任務？但一如往常，這並不重要，實際上還相當有用。換句話說，所有過錯都能推到伊斯蘭教徒身上，從街上的小奸小惡到全球等級的國恥，都能嫁禍給他們。

為強化論述，民族主義者必須將大眾對經濟的焦慮轉移到文化層面。從八〇年代的製造業沒落到二〇一〇年代的緊縮政策，他們使用本土主義的語言來談論自由放任經濟模式的影響。

這讓他們找到龐大的支持群眾。冷漠的市場拋棄了西方世界的一大塊區域，從英國北部舊工業革命時代的城鎮，到美國原以製造業維生的州所形成的鐵鏽帶，都已黯然失色。民族主義以救世主的姿態出現，為社會經濟問題提供社會文化角度的敘事。

舉例而言，移民議題極少以純本土主義的論點來包裝，而是刻意渲染對經濟層面的擔憂。移民準備偷走人民的工作或福利，或將耗盡住宅補貼或壓垮公共服務。移民完美象徵產業衰敗和就業不穩的窘境。移民可以與多種不同的複雜問題掛鉤，牽扯各種因果關係，如同德雷福斯醜聞發生的那陣子，猶太人可以是解釋法國各種困境的萬用理由。

對好幾百萬人來說，尤其是採礦或製造業等難以為繼或競爭力低的產業勞工，經濟衰退使他們頓失身分地位。失業不僅帶來經濟衝擊，也摧毀自我價值。

民族主義者向他們傳達一個簡單有力的訊息。儘管遭世界遺棄，還是保有身分地位。這種身分地位來自他們的國家、性別和種族——這些東西，誰都無法從他們身上奪走。少數族群和社會地位漸升的女性開始爭取公平待遇，瓦解自然社會秩序。該是反擊的時候了。

事實證明，這類論述相當有效。歐美宣揚民族主義的政治人物備受歡迎，支持度一飛沖天。

在某些國家，民族主義者主掌治國大權，例如法律正義黨（Law and Justice party）執政下的波蘭。在其他國家，民族主義者與主流大黨結盟，成為重要少數，像是自由黨（Freedom Party）執政下的奧地利和人民東正教陣線（Popular Orthodox Rally）當權的希臘。還有一些國家，例如自由黨（Party for Freedom）當家的荷蘭，民族主義政黨支持少數派政府，以換取政府在移民和其他議題的政策上讓步。

但即便在民族主義者未正式握有執政權的國家，他們似乎還是有不小的影響力。他們在媒體報導中占有龐大篇幅，並影響在野黨的政治議程。

除了政黨政治之外，民族主義也以無數種組織型態快速發展，從美國媒體熱愛報導的世代認同分類、另類右派（alt-right）網路社群，到各種街頭運動，例如英國的「英格蘭防衛同盟」（English Defence League）和德國的「歐洲愛國者反西方伊斯蘭化」（Patriotic Europeans Against the Islamisation of the Occident，簡稱為 Pegida），甚至還出現孤狼式恐怖分子，例如在挪威殺害七十七人的安德斯·布雷維克（Anders Breivik）。

諸如以上所提的團體和個人以往總是無法真正說服白人相信，他們與少數族群之間的文化戰爭已經開打。但現在，左翼身分政治似乎已能接受他們的敘事，並以其專屬的方式加以證實。「在倡導種族意識方面，左派一向最為活躍。」理查·史賓塞（Richard Spencer）在推崇白人至上主義的網站 Radix 寫道：「他們不只在校園裡成立非裔美國人學生會，也創辦亞洲學生會，換句話說，在種族意識抬頭的情況下，文化共通性幾乎蕩然無存。這類傳統主義者難以施力的意識型態運動，主要是左翼分子在推動。」

網際網路上到處可看見憤怒的年輕男子（主要集中於 Reddit 和 4chan 之類的熱門論壇），他們自詡能代表白人異性戀男性身分。

所謂的「男人場域」（manosphere）開始熱絡發展，裡面的成員異口同聲地將女性形容成「沒用的屄」（worthless cunt）和「博取關注的蕩婦」（attention whore）。YouTube 出現攻擊女性主義的影片，留言區通常充斥著各種不堪的言論，將女性塑造成無用、愚蠢、懶惰、膚淺的形象，認為她們遭受粗暴對待是咎由自取。分離主義團體 MGTOW（Men Going Their Own Way）呼籲男性避免與女性有任何接觸。

另類右派的大本營是一個名為布萊巴特（Breitbart）的網站。連政治評論家班・夏皮羅（Ben Shapiro）等同路人都形容它「將白人族群民族主義包裝成對政治正確的合理回應。」新型態的民族主義極度多元，具有多種面向。從空虛寂寞的網路使用者到總統，從恐怖分子到體面的政治人物，都不乏支持者。

但在各種偽裝之下，這些支持者都認同某些核心政治理念：人民擁有相同特質：始終處於與菁英對抗的狀態；移民活動必須停止；部族身分（tribal identity）是唯一真實的依歸。

文化戰爭就這樣爆發了。這是左派與右派陣營各種身分認同群體共同促成的結果，他們都不在意個體，且不接納共同價值。

二〇一七年，華盛頓長春州立大學（Evergreen State College）發生的事件似乎就在實踐這種新的政治思潮。該大學有項傳承了數十年的傳統：缺席日（Day of Absence）。在這一天，少數族裔學生不進校園，以凸顯他們對大學的貢獻。但在那年，主辦人決定翻轉傳統，要求白人學生和教職員不到學校。

對當時任教於該所大學的演化生物學家布雷特・溫斯坦（Bret Weinstein）而言，這玩得太過火。「某一群體或聯盟自主決定不現身在公共空間，以凸顯他們重要但不受重視的角色，與一個群體鼓勵另一群體離開，是兩回事。」他寫道：「前者是強制呼籲大眾提高對少數族群的意識，這當然能重挫壓迫行為者奉行的邏輯。後者則是權力的展現，本身就是一種壓迫。」

這封電子郵件廣為流傳。不久後，在校園內抗議的學生找到他上課的教室，與他正面交鋒，將他扣上種族歧視和白人至上主義的高帽。

他試圖與他們理性辯論。「我聽你們的意見，你們也聽聽我的想法。」他堅持，「我們就事論事。」一名學生回答：「我們不在乎你的看法。你不是重點。我們談論的不是白人特權。這不叫討論，你的出發點就已經錯了。」

抗議席捲整個校園，最後大學校長喬治・布里吉斯（George Bridges）與數百名學生公開會晤，場面盛大。好幾個學生指著校長高聲呼喊，表達抗議。理性批判的聲音被迫沉默。一名黑人學生在會議中試圖安撫其他學生，好讓布里吉斯發言。「我想聽聽他怎麼說。」她說道。但現場噓聲四起。「都是些執迷不悟的人。」另一個學生說，「錯誤的思想正在設法反撲，別浪費時間。」

不符合群體意志的人失去發言的機會。唯有事件落幕後，站在批判立場的學生才有辦法抒發自己的看法。「我不反對布雷特，我反對的是他們的做法和那些抗議行為。」一名混血學生表示：「結果我被貼上叛徒的標籤。他們的說法是，他們試圖讓沉默的族群有機會發聲。我覺得那非常諷刺。那些人告訴我，他們想讓少數族群有管道可以表達想法，但他們卻不聽我講話。這樣一來，全校學生只會不敢說話，最後只好閉上嘴巴，不予置評。」

接著，右翼身分政治的支持者開始反擊。溫斯坦出現在保守派電視頻道福斯新聞（Fox News），那段節目的標題打著「校園陷入瘋狂」（Campus Craziness）。美國和英國的右派新聞媒體開始大肆播報學生的自由言論，以此印證他們對年輕人所貼的「雪花世代」（generation snowflake）標籤。該頻道曲解了這起校園衝突事件，在跑馬燈指出缺席日活動要求「所有白人離開校園，否則後果自負」，散播錯誤訊息。

社會大眾的回應來得又快又猛。另類右派支持者撥出上百通電話並發送匿名簡訊、電子郵件、社群媒體黑函和死亡威脅，劍指長春大學的學生和教職員。「你們這些偏激的婊子真得管好自己的嘴。」一封電子郵件這麼寫道，「反白人男性的那些仇恨、不寬容和偏執態度，到此為止。」

不久後，一通匿名電話聲稱即將「進入校園殺光抓到的每一個學生」。校方為此將學生撤離校園三天。另類右派和白人優越主義論團體合流，以愛國祈禱者（Patriot Prayer）的名義上街表達訴求。

「過去二十五年來，我持續密切關注白人民族主義者的動態，而我可以毫無保留地說，那些指出極右派活動很危險的證據，都是千真萬確。」人權研究與教育機構（Institute for Research and Education on Human Rights）主席德文・布格哈特（Devin Burghart）表示。「旗幟、布條、帽子、上衣和其他集會道具，在在顯示白人民族主義者、另類右派人士和極右派準軍事組織正在結合。」

言論自由必將伴隨一定的後果，學生最大的恐懼反而獲得了證實。一名學生表示：「當我們因此失去生命，你們還坐在這裡一派輕鬆地說：『至少他們有展現言論自由的權利。』很抱歉，他們的言論自由不會比黑人、跨性別人士、女性主義者和這個學校學生的性命還重要。」

該所大學發生的事並非個別事件。這更像是政治辯論中的案例研究，社會的每個角落都能發現類似的情況，網路、報紙、晨間新聞、競選活動，甚至權力核心圈都無法倖免於難。

在雙邊陣營劍拔弩張的大規模衝突中，自由主義只能黯然退場。新的政治文化崛起，使自由主義的各項原則逐一相形失色。不能有所妥協。決策要一步到位，理性和客觀不再是必備條件。沒有個體，只有群體。

這種政治思想不再探討如何改變世界，而是著重於爭辯身分定位。而且，是一場零和遊戲。

第11章 反真相

個體和理性這對雙胞胎在笛卡兒的「我思故我在」中誕生。前者是分析單位，後者是溝通語言。但就在自由主義面臨多項威脅之時——民族主義再起、身分政治崛起，加上金融危機遺留不少後遺症——世人頓失理性思考能力。以往認為這世界有一套大家普遍接受的事實，有一套彼此都認同的看待事情的方式，這樣的概念遭遇強烈挑戰。

想要理解這之間發生的事，可回溯到過去一個奇特的時刻：一九五〇年代奧克拉荷馬州（Oklahoma）一處偏僻的營地，那裡住著一群科學家和好鬥的小男孩。

該營地的負責人是社會心理學領域的權威學者穆扎費·謝里夫（Muzafer Sherif）。他熱衷研究一個主題：人類會在多短的時間內臣服於部族意識，如果有辦法的話，又該如何讓人類從中脫身。

出於此念頭，他設計了一連串極不尋常的社會學實驗，由研究人員帶領小男孩展開夏令營活動。期間，他們刻意激起群體衝突，記錄小男孩的行為，接著嘗試不同方法，修補他們的關係。

一九五四年，研究團隊選定羅伯斯洞穴州立公園（Robbers Cave State Park）內一處兩百英畝大的營地。那裡遺世獨立，最近的城鎮麥卡萊斯特（McAlester）在六十幾公里之外。營地的樹林茂密，即便從附近的公路也無法看見營地的狀況。研究人員在周圍的柵欄釘上「禁止進入」和「非請勿入」的告示牌。

最重要的是，營地的地形可讓兩組小男孩看不見對方，讓他們以為營地沒有其他人。這是整個實驗的關鍵。在為期三週的實驗中，謝里夫希望兩組人馬能在第一週發展出自己的身分認同。他預測，當兩方終於發現彼此，這份認同能激發他們好鬥的性情，以此為基調與對方展開社交互動。

營地的規劃很容易就達成以上目的。營地內有兩間木屋，兩組人馬入住後無法看見或聽見彼此。兩邊的設施相同，能供男孩們游泳或從事其他露營活動。唯一需要共用的場地是用餐區，不過兩組的用餐時間可以錯開，以免他們發現還有其他人在同一營地。

場地沒問題了之後，謝里夫必須挑選參加者。他希望從奧克拉荷馬市的新教徒中產階級家庭找到二十二名十一到十二歲的男孩，且他們彼此互不認識。他們必須盡可能擁有類似的文化和社經背景，這點很重要。他也希望這些男孩之間沒有任何既存的社交關係，以免影響群體的行為。

謝里夫的研究人員站在當地學校的操場，觀察學生在熟悉的環境中玩耍。找到合適人選後，他們馬上查閱學生資料，並訪談教職員。他們為每個學生製作個人檔案，詳細記錄他們的智商、成績、人緣、社會態度和「隸屬的小團體」。

接著，他們拜訪學生家長。謝里夫告訴家長，他想帶給男孩們「健康的共同生活經驗，讓孩子未來能更順利地融入社會，在社群中擔任領導者的角色」。他們對實驗的真正目的隻字未提。經過三百小時的遴選作業，謝里夫將名單刪減到二十二名「實驗受試者」，再把他們分成兩組，每組各有十一人。

實驗計畫分成三個階段，每個階段持續一週。在第一階段，兩組分開活動，研究人員從旁觀察他們發展群體認同的情形。第一週結束前，他們會釋出線索，讓男孩們意識到還有其他人在同一營地生活。

第二週會舉辦一連串競爭性質的遊戲，兩組人馬比賽棒球、拔河，以及搭帳棚的速度。獲勝的隊伍可獲得獎品，落敗的隊伍則什麼都沒有。這些競賽的目的是要模擬真實世界中，各群體間爭奪資源和政治權力的情況。

後面兩週，兩組會共同生活，先是共用沒有任何競爭元素的起居空間，再一起面對看似自然發生的各種挑戰，兩組人馬必須攜手合作才能克服這些困難。

一九五四年六月十九日，巴士到各站接第一組的成員。謝里夫簡直不敢置信，在這短短的時間裡，巴士上的學生就已發展出群體認同。第一站有一名男孩遲到，這個小意外促使早在車上等候的四名男孩出現「結盟」的初期跡象。還沒抵達營地，他們就在詢問「我們南區幫」能不能一起行動，後來更選擇睡在鄰近的上下鋪。

第二組隔天才出發。剛開始的前幾天，兩批人馬分開生活，個別體驗划獨木舟和游泳等不同活動。但第一週進入尾聲時，「受試者就能清楚發現營地內還有另一群人」。

到了第六天，第一組的三名成員在他們的藏身處發現第二組成員的紙杯。一意識到有「外人」闖入，他們馬上流露出憤怒的神情。隔天，他們「獲准到可聽見另一組人馬的地方閒晃」，那時第二組正在打棒球。他們的立即反應是「趕走他們」和「挑戰他們」。其中一個人立刻哭了起來。

隔天早上，他們更動了棒球場的部分配置。「現在這是我們的內野。」其中一個人說。他們將營地的其他區域稱為領土。他們使用「我們的上營區」、「我們的石頭圍牆」等稱呼，帶有挑釁意味，並警告另一組「最好別進入我們的泳池」。

第二組想知道另一組是否取了隊名。偽裝成隊輔的研究人員不願透露，於是他們決定幫自己想個名稱：老鷹隊。他們打算製作隊旗，並將某成員在巴士上哼唱的歌曲當成隊歌。

第一組決定用響尾蛇當隊名，因為他們在營地遇到好幾次響尾蛇，並透過其他更深刻的方式發展群體認同。某天，隊上最有影響力的男孩腳趾受傷，但他並未主動提起，其他人到就寢時才發現。這形成「每個人都要堅強勇敢」的社會規範。經過該事件後，小男孩受傷後便不再哭哭啼啼，且經常繼續參與辛苦的活動。

此外，罵髒話在響尾蛇隊獲得強烈認可，這情形比另一組遠遠更為明顯。在老鷹隊，男孩彼此勉勵要保持「風度」，避免使用不恰當的語言。

第一週結束時，隊輔終於宣布營地內的確還有另一組學生。響尾蛇隊馬上要隊輔允許他們前去下戰帖。謝里夫的團隊設計了一連串有競爭意味的比賽，像是棒球、拔河、尋寶。獲勝的隊伍可獲得大家都想要的獎品，像是獎牌和刀子。雙方要求馬上比賽的聲浪讓謝里夫感到無法招架。「想延後執行第二階段越來越難。」他寫道。

響尾蛇隊在棒球場上製作自己的旗幟，並懸掛到擋球網背後，然後立起「禁止進入」告示牌。截至目前，兩組人馬對於自己的隊旗都已發展出近乎神聖的態度。一名老鷹隊員聲稱，旗幟「不能落地」。

隔天，兩隊來到棒球場準備展開第一場比賽，那是他們首度碰面。老鷹隊舉著綁在桿子上的隊旗來到現場，唱著隊歌。有那麼幾秒，雙方站著對望，然後一名老鷹隊的男孩稱呼響尾蛇隊「髒屎人」（dirty shit）。這是他們的第一次溝通。響尾蛇隊特別鎖定對方的一名隊員，叫他「胖子」。隨著比賽進展，連原本鼓勵隊友與對方維持良好關係的男孩，都開始用言語羞辱敵隊。

兩隊第一次一起在用餐區吃飯。雙方持續叫囂，並開始唱歪歌貶抑對方。好幾名老鷹隊的學生要求不要與響尾蛇隊同時用餐。晚餐過後，他們到外頭展開第二場比賽，這次比拔河，最後老鷹隊落敗。

響尾蛇隊繞場慶祝勝利，但忘了隊旗還在棒球場。老鷹隊領袖克雷格（Craig）把旗幟扯下。他們一度想把旗幟撕破，接著有人提議燒掉。一個男孩找來火柴。他們點火燒掉大半旗子，把殘餘的旗幟掛回原處。「燒旗舉動引發一連串事件，實驗人員不必再刻意營造什麼特別的情境，去破壞兩隊之間的關係。」謝里夫寫道。

隔天早上，響尾蛇隊發現旗幟遭人燒毀，一場揮拳互毆的劇碼隨即上演。實驗筆記未清楚記錄這場架打了多久，最後工作人員介入，才總算讓雙方停止打鬥，不過兩隊還是經常爆發口角。才短短接觸一天，現場的火藥味就已濃得化不開。

那天下午，響尾蛇隊密謀襲擊老鷹隊宿舍。隊上領袖人物米爾斯（Mills）決定在晚上十點半動手。他們模仿野戰部隊把臉和手塗黑，往營地的另一頭靠近，闖入宿舍將床鋪翻倒，並偷走衣物和漫畫。

回到自己的營地後，響尾蛇隊把偷來的一條牛仔褲改造成新的隊旗。他們將褲子綁在棍子上，在上面潦草寫著：「最後一隻老鷹。」

當晚，老鷹隊以突襲行動回敬，但研究人員看見他們將石頭裝進襪子裡，打算當作武器使用，於是出手阻止這場報復。他們等到隔天早上，趁響尾蛇隊在吃早餐時才展開行動。他們拿著棍棒闖入宿舍，把床撞翻、在房內地上倒滿泥土，並翻出個人物品到處亂丟。督導人員不得不再次介入，防止發生更嚴重的暴力衝突。

類似的復仇和突襲行為持續了幾天。謝里夫的第二階段自然而然走到了以下結局：雙方對彼此懷抱深仇大恨。兩隊都不想與對方有任何關聯。謝里夫注意到，「以詆毀的字詞形容外團體（out-group）已成為標準做法」。

研究人員現在要嘗試團結兩隊。首先，他們試著讓他們在沒有競爭意味的前提下一起活動，藉以減少敵意，但事實證明幾乎不可能。男孩們覺得「確確實實地受到侮辱」。

最終，謝里夫採取了他在假設中提出的解決方案，也就是在一系列實驗中刻意製造需要合作才能解決的問題。供應營地用水的大水槽堵塞，兩隊必須合力修復。貨車輪胎卡入水溝，所有男孩必須使用拔河繩將車拉上地面，讓車子能繼續行駛。

結果相當成功。露營結束時，響尾蛇隊和老鷹隊的群體認同依然存在，但謝里夫指出，男孩們已融入彼此的團隊，甚至最後到家下車時，有些人還友善地互道再見。

謝里夫的實驗旨在測試爭奪資源是否會引發群體衝突，但最後揭露了更廣泛的現象：人類性格中，有一股源自心理深處的驅動力。組成群體是我們與生俱來的傾向。此機制的力量強大，致使我們無中生有，對與事實不符的事情深信不疑。

一九五一年，社會心理學先驅所羅門・阿希（Solomon Asch）著手測試個體對群體觀點的遵從程度。他設計了一項無比簡單的研究。八名男大生應邀進入房間，實驗人員向他們出示兩張卡片。卡片一印著三條線，一條短、一條長度中等、一條長。卡片二只有一條線。研究人員詢問他們，卡片一的哪條線與卡片二的線段等長。這個過程會反覆十八回合。

實驗相當簡單。那些線段的長度相差甚遠。任何人都能一眼看出答案。在實驗正式開始前的控制測試中，答錯率低於百分之一。

八名學生進入房間。但事實上，裡面只有一個大學生，其他七人都是暗樁。除了最後一名暗樁之外，其餘暗樁都坐在受試者前面，受試者可以在回答問題前，看到其他人給出的答案。

這七名暗樁在事前拿到詳細指示，必須在實驗中聽命行事。前兩回合中，他們都會回答那個顯而易見的正確答案。到了第三回合，他們會給出相同的錯誤答案。在剩下的十五個回合中，他們會在十一個回合內重複執行上述指示。

研究目標在於確認這種同儕壓力是否讓房間內的誠實學生動搖。當房間內的所有人都在說著明顯錯誤的事情，人是會堅持已知真實的真相，還是為了合群而改變立場？需要怎麼做，才會使我們背離真相？

實驗結果令人吃驚。在超過三分之一的案例中（三六．八％），受試者的立場隨群體而改變。

結束後，實驗人員對受試者進行一系列訪談，並在過程中告知他們實驗的真正目的和做法。完成訪談後，阿希將選擇順從群體意見的受試者分成三類。

第一類感到自我懷疑，缺乏自信。阿希指出，這些人在實驗中經歷了「判斷失真」。第二類覺得群體的回答有錯，但仍採用他們的答案，以便讓自己顯得正常。照阿希的說法，這類人苦於「行為失真」。有趣的是，甚至許多獨立思考且堅守答案的受試者，後來也坦承感受到強烈的服從壓力。「我不否認，好幾次我都感覺不如隨波逐流，照其他人的意見回答就好。」一名受試者說。

第三類出現「感知失真」。他們甚至沒有意識到自己有錯，或發生什麼奇怪的事情。他們真的看見線段較長或較短，而線段長短取決於留在群體內需要回答哪個答案。為了順從同儕壓力，他們對世界的感知顯然已有所偏差。

二十世紀末，人類社會開發出新的科技型態，使群體間的互動變得更為激烈，預示了失控的危險。這一切始於一九八九年瑞士的 CERN 研究設施，那裡的物理學家正在想辦法與彼此分享實驗資訊。

英國電腦科學家提姆．伯納斯—李（Tim Berners-Lee）想到一個辦法，他稱之為「網路」（Mesh）。藉助超文本（hypertext）這種新技術，他將文件連結在一起，因此使用者只需選取反白的文字，就能前往另一份提供更多資訊的文件。文件能儲存於多個相互連線的伺服器，任何人隨時都能取得文件，讀取其中的內容。

「概念模糊但令人期待。」他的主管在提案上潦草寫下評語。一九九〇年，伯納斯—李開始為此構想寫程式。這次，他想出一個能夠準確傳達野心的名稱：全球資訊網（World Wide Web）。網路的成長速度相當驚人。一九九三年，全球只有一%的資訊在網路上流通，到二〇〇〇年，比例已達到五一%，七年後更高達九七%。論壇、部落格、電子郵件、即時訊息、網路購物風行全球。隨著網際網路不斷發展，在家與同事溝通變得更為輕鬆，購物也逐漸變得更加便利。

但直到二〇〇〇年代中期人們才清楚意識到，網路將會澈底改變政治。關鍵的發展被稱為「Web 2.0」。除了單純地閱讀，使用者也能自行產生內容。

社群網站 Facebook 在二〇〇四年上線。起初只開放在哈佛大學校園使用，當時創辦人馬克．祖克柏（Mark Zuckerberg）正在那裡就讀，但到了二〇〇六年，任何人只要滿十三歲即可使用。現在該平台的活躍使用者多達二十六億人。Facebook 旗下還有傳訊服務 WhatsApp 和 Facebook Messenger，分別擁有二十億和十三億名使用者；此外還有照片分享應用程式 Instagram，使用者超過十億人。

Twitter 在二〇〇六年正式上線，第一則推文「正在搞定我的推特」（just setting up my twttr）來自當時在紐約大學（New York University）大學部念書的傑克．多西（Jack Dorsey）。該平台的使用者能張貼一百四十個字元以內的簡短訊息，與追隨者互動。該平台以飛快的速度成長。二〇〇七年每季有四十萬則推文，到了二〇〇八年，單季推文數達到一億則。二〇一〇年二月，使用者每天發表五千萬則推文；二〇二〇年，每日已有將近五億則推文。

YouTube 在二〇〇五年二月上線，使用者可在平台觀看及上傳影片內容。同年十一月，Nike 廣告成了首支達到百萬觀看次數的影片。年底，平台每天的觀看次數已達八百萬。Google 很快就收購該平台。現在，使用者每秒上傳的影片總長達八小時，內容使用的語言多達七十六種。

就人際溝通方面，這些科技公司很快就擁有某種程度的權力和影響力，在人類史上可說前所未見。現在約有三十四億人口使用網際網路。北美家庭平均有十三部裝置連上網路。使用者每天查看手機一百五十次，觸碰超過兩千六百下。大部分美國人透過 Facebook 和 Twitter 掌握時事。

起初的發展的確讓人覺得，社群媒體或許能引領我們邁向新政治，個體擁有更多力量可以抗衡國家。

再搭配上智慧型手機（配備相機的網路瀏覽行動運算裝置），以往不可能實現的願景於焉成真：低成本的媒體素材製作和傳播技術。

在類比時代，不是每個人都買得起專業攝影機，或有機會受邀進入廣播錄音室，現在所有人拿起手機就能錄影、上傳到網際網路，讓上百萬人看見錄製內容。製作及推廣媒體的財務阻礙已經移除。同樣地，任何人都能打開手機，把想法打成文字，放上網路供人瀏覽。

這造成強大影響，尤其是對獨裁政體。專制者以往能嚴密控制資訊流動，但社群媒體帶來了直接威脅。在此之前，他們能確保從國家電視台播出的內容、以及報紙上印刷的資訊，都符合自身利益。但社群媒體澈底改變了這一切，它讓資訊民主化了。

二〇一〇年十二月十七日，突尼西亞攤商穆罕默德・布瓦吉吉（Mohamed Bouazizi）為了抗議警方刁難，憤而點火自焚。有人拿手機拍了下來，上傳到社群媒體，散播到全世界。大規模抗議隨即爆發。幾天內，總統宰因・阿比丁・本・阿里（Zine El Abidine Ben Ali）倒台。

影片持續流傳。埃及爆發反對獨裁總統胡斯尼・穆巴拉克（Hosni Mubarak）的政治示威。多達兩百萬人聚集在開羅的解放廣場（Tahrir Square）抗議，許多人是看見社群媒體的相關消息而來。人們在 Facebook 緬懷遭軍警武力殺害的抗議民眾，這些社群網頁後來更成為反抗暴政及組織動員的重要窗口。最後政府驚覺情勢不妙而試圖切斷全國網路，但為時已晚。穆巴拉克步上阿里後塵，政權遭到推翻。

「阿拉伯之春」的革命浪潮從一開始突尼西亞攤販點燃的火花不斷延燒，後來更傳到阿爾及利亞、巴林、伊拉克、約旦、科威特、黎巴嫩、利比亞、摩洛哥、阿曼、蘇丹、葉門等其他國家。

在那短暫期間，世界湧現一股樂觀情緒，認為這項新科技或許能澈底終結專制主義。但事實證明，這想法太過樂觀。利比亞的革命行動後來在混亂、虐待和絕望中收場。敘利亞獨裁者巴夏爾・阿塞德（Bashar al-Assad）獲得俄羅斯民族主義總統弗拉迪米爾・普丁（Vladimir Putin）的援助，殺害數十萬人民，勉強保下統治權。

阿拉伯之春的美夢落空，對於社群媒體的樂觀看法似乎也隨之消退。除了是反抗權力的工具，社群媒體開始展現之前未意料到的其他特性。社群媒體激化人類對群體認同的本能，並侵蝕人類的資訊處理能力。

泰勒和彌爾曾概略描述辯論在自由社會中應有的運作模式。人們必須為自己而思考，理性評判資訊，自信大膽地尋找與自身立場最水火不容的論述，並秉持謙遜的心態，找出自己可能有錯的地方。

人必須擁有自主權，這個「內在意識領域」能促成真正的「思想和情感自由」。人的內心必須要有一個可以沉思的空間，冷靜沉穩地抵擋外界的影響。

這永遠都是個難題。如同泰勒和彌爾提出的大多數理想，這曾是令人渴望的目標。但當社群媒體問世，這個理想便徹底模糊。之所以如此，原因相當簡單。這項科技產物的設計目的並非促進理性思考或獨立判斷，而是要讓人們持續使用，捨不得將視線從螢幕上移開。社群媒體倚重的運作方針師法自廣告業：時時抓住使用者的注意力，並針對人腦的情緒弱點給予潛意識刺激。

之所以會利用這種方式，原因之一在於我們以為的「科技公司」，其實許多都是仰賴廣告業務維生。Facebook 和 Google 約九成的營收都是來自廣告。

社群媒體網站和使用者簽署一份互惠協定。這份協議包含於冗長的文字敘述之中，裡面詳列使用條款和條件。網站免費提供服務，換取記錄使用者行為的資料。說白了，就是蒐集個人隱私的應用程式。網站蒐集使用者資訊，利用這些資訊來販賣廣告。

從彌爾逝世到第一次世界大戰爆發前的這段時期，廣告業在現代化的浪潮中逐漸發展。起初，廣告的功用僅止於宣傳促銷活動的內容和地點。但在二十世紀中，提供資訊越來越不是廣告的重點，形塑慾望反倒成了首要之務。廣告業開始扮演更積極的角色，影響著人們的渴望和抱負。

廣告商明瞭現代人忙著上班、照顧小孩、關心父母，時常沒有時間坐下來理性思考真正想要什麼，而是受潛意識觸發的慣性來行動。大腦傾向遵循某些特定的思考模式，於是廣告商利用這個特點，從中謀取商業利益。

正因如此，商品價格時常定在四．九九英鎊而不是整數五英鎊，或是七百九十九英鎊，不是八百英鎊。靜下心來理性思考一下，就能發現這樣的價差微不足道。但若任由大腦仰賴慣性倉促行事的作風牽制，便會將太多注意力擺在所看見的第一組數字。幾乎所有人都知道這個事實，但也幾乎所有人都無可奈何。

長久以來，這種廣告效果相對受到抑制。廣告只出現在一般人生活中有限的空間。報紙刊登廣告，但讀者可以快速翻過；電視節目中穿插廣告，所以觀眾會等廣告結束再回來收看節目；廣告張貼於看板上，但人們自顧自地走過。即便當人們選擇注意廣告，至少還能意識到，有人試圖透過某種方式影響他們。他們清楚知道自己在接收廣告內容。

反觀廣告商則無法確定廣告成效。當然，特定行銷活動可提高商品銷售量，這不可能是碰巧發生的結果，但個別廣告和消費者行為之間的關聯，鮮少有具體資訊能夠證實。

網際網路帶來了改變。網路提供龐大的資料量，將消費者行為的幾乎每個面向都攤在陽光下。資料可顯示消費者依什麼順序瀏覽了哪些頁面、在什麼時候搜尋了哪些字詞、喜歡哪些事物，以及在尋找與喜好相關的內容時，使用的是什麼裝置。從資料中可知消費者在網路上的活動歷程，從點擊廣告的那一刻、選擇某樣商品到輸入付款資訊，消費者在每個頁面的動態都能化為資料記錄下來，而且廣告商能依據競爭對手的表現來「衡量」這些資料。

強大的新型分析基礎設施不斷成長，廣告商利用 Google Analytics、Omniture 和 Coremetrics 等網站蒐集及評估使用者資料。他們有一套專門語彙來表達最珍貴的網路行為，也就是互動（engagement）。主要衡量項目包括點擊次數、頁面曝光數、網站停留時間和跳出率（使用者只瀏覽一個頁面便離開的比例）。

以上就是網路廣告的資訊與設計系統。不過隨著時間過去，這也漸漸成為非廣告領域的常態。

社群媒體公司只要將用戶的使用時間最大化，讓用戶離不開社群網站，就能靠廣告賺取更多金錢。要達成此目標，他們必須效法廣告商的做法。

企業聘請大量極度聰明的年輕人，設法找到能達到此目標的方法。他們向數百萬名用戶執行數千次測試，仔細微調使用體驗，從字型、圖片到色調，連最小的細節都不馬虎。這些努力都是為了一個核心目標：爭取用戶最多的時間和注意力。讓用戶持續點擊，不斷滑動畫面。一部影片結束，下一部便自動開始播放。有人對用戶發布的貼文按讚，螢幕上應用程式圖示的右上角就出現紅點通知。使用清晰可見的數字是一種重要手段，不管是加好友的請求、貼文和各種互動，一切都經過精心設計，目的是要讓用戶做出回應，促使他們一次又一次地回到網站，且一天好幾次。

Facebook 提供「讚」功能讓用戶表達對貼文的欣賞，首任總裁尚恩・帕克（Sean Parker）形容這是一種「社群認可回饋循環」。他表示，「像我這樣的駭客想出這種功能並不意外，我們就是要利用人類心理的弱點。」

變量獎勵（variable reward）是此過程中使用的重要工具之一。這是博奕產業吃角子老虎機所運用的基本心理操縱手段。當執行某個動作能不定時獲得獎勵，使用者就會更頻繁地做該動作。

Twitter 與 Facebook 的「動態牆」可以無止境地顯示內容，用戶往下一拉就能重新整理，就像吃角子老虎機一樣。畫面反覆跳出紅色通知，引誘用戶不斷返回網站，查看收到了誰的回應和回應內容。

吃角子老虎機的變量獎勵機制促使玩家掏出更多錢，社群媒體的變量獎勵機制則讓用戶甘願投入更多時間。用戶持續在社群媒體上耗費一定的時間，生活開始充斥大量資訊。拖曳、捲動、點擊，然後重複。無時無刻，在所有裝置上反覆這個過程。交友請求、按讚、Facebook 貼文、推文、轉推文、WhatsApp 訊息、部落格、短片、迷因、動圖、真新聞、假消息、音訊片段，資訊氾濫。用戶不斷回到永無止境的動態牆查看各種內容，一個小時就要打開好幾次，日復一日，隨時不忘上網。

投入更多時間。

人類與世界的基本關係，舉凡接收消息、討論政治、購物、社交、聽音樂、慶祝生日、與父母溝通及娛樂，突然都統合成了廣告模式，任由其利用所發現的所有心理操控手法，鼓勵所有人投入更多時間。

泰勒和彌爾堅持所有人都必須要有的內在空間開始萎縮。在廣告模式下，冷靜理性地深思熟慮是遙不可及的妄想。取而代之的是情緒自動化（emotional automaticity），順從慾望和獲取獎勵成了主要目的。

人們把需要用來思考、設定及追求目標、反思、記憶、推論的時間，雙手奉上交給社群媒體，換來如洪水般的大量資訊，順應人類本能取代了應有的理性決策。

促使人們持續在社群媒體上互動的特質之中，以兩項特質產生的力量最大：部族意識和情緒。

Facebook 比用戶本人更瞭解他們。在瀏覽網站的無數個小時中，用戶早就不小心將自己的一切透露給這家公司知道。他們幫粉絲專頁按讚的同時，等於一併洩漏了興趣、好友、工作、年齡和休閒活動等個人資訊。

該公司將這類資訊與 Acxiom 等資料仲介公司提供的資料結合，經過分析和交互參照，創造最大的廣告效率。資料仲介公司的資料蒐集自全球多達兩億名活躍的消費者，涵蓋性別、種族、體重、身高、健康狀況、婚姻狀態、政治傾向、學歷、購買項目和過節習慣等面向。

接著，Facebook 運用演算法（執行命令的一組指示）來預測及影響用戶行為。所有社群媒體網站和應用程式開始如法炮製。

這在人類歷史上前所未見。於是，用戶的生活開始受到演算法操控。聽的音樂、讀的新聞、買的商品，甚至是約會的對象，都是由演算法幫用戶挑選而來。

二〇一一年，劍橋大學心理學家米哈爾．科辛斯基（Michal Kosinski）提出此類資訊的重大發現。他和團隊設計了性格測驗，放上 Facebook 請用戶填寫。數百萬人完成了測驗。接著，他們比對用戶的測驗分數和在 Facebook 按讚的內容。

科辛斯基利用測驗結果開發出一套演算法，幫沒做測驗的 Facebook 用戶推斷性格。演算法參考用戶在 Facebook 表示喜歡的電視節目、書籍和雜誌，預測極度私人的資訊，諸如性向、族裔、政治立場、個性特徵、快樂程度、智商，甚至用戶的父母是否離異。預測結果驚人地準確。

「很明顯地，如果你在 Facebook 幫 Lady Gaga 按讚，我可以知道你喜歡 Lady Gaga。」科辛斯基告訴記者傑米．巴特利特（Jamie Bartlett），「這些演算法對世界造成最大的衝擊，是可以擷取你對音樂或書籍的喜好，從這類看似無關緊要的資訊中準確預測你的宗教信仰、領導潛力、政治立場、性格等等。」

對廣告商而言，這簡直是資料金礦。他們能據此重新打造使用者體驗的基礎架構，大幅提升使用者的互動。主要在網路上營運的公司則能為使用者打造一個最符合其喜好的線上世界。

許多人並未察覺這種改變。他們仍持續以為，網路世界跟真正的實體世界一樣，形形色色的人彼此共用公共空間。兩個擁有不同文化和政治觀點的人在街上擦肩而過，置身於同一個地方，眼前看到一樣的建築物，穿越相同的路口。

網路上的情況截然不同。不再有共同的客觀世界。每個人所在的網路世界都反映了個人的主觀自我。看見的新聞、推銷的商品、顯示的觀點、點擊的廣告，一切都是依照演算法對使用者身分的評判去量身訂做。

同樣的情形也適用於政治。人們在網路上活動，本來就容易依據一己的偏見選擇要追蹤的對象，但網路世界的架構將這樣的傾向進一步放大。共同人性（common humanity）、普世價值、國族論述或共同身分認同等認知開始變得模糊。取而代之的，是演算法根據身分類別打造而成的個人化體驗。這些分類與身分政治所賦予的道德權威正好不謀而合。

人們開始發覺這個趨勢後，為此現象取了個名稱：迴聲室效應（echo chamber），意思是在一個網路空間中，服膺於特定部族意識的人會日漸只與自己對話。實際上，這說法還太保守。回音會消退。這些新形成的「網路部落」更像落入回饋循環，回饋中蘊含的訊息不會消失，反而聲量漸強，越來越走向極端。於是，人們在權衡對政治議題的立場時，身分的重要性更勝以往，且隨著群體對內部原則的陳述益發激進，群體成員更得嚴格遵守。

這個演變過程在 YouTube 最明顯。在美國，YouTube 快速竄紅成為最受歡迎的社群網路平台，使用者人數遠遠勝過有線電視新聞的觀眾。演算法似乎抓住了使用者的政治立場，將他們推向同溫層內更偏激的內容。這主要得力於推薦引擎，該機制會在影片結束後提供不同選擇，讓觀看者挑選下一部想看的影片。

YouTube 演算法的理念並非確保使用者看見各種不同的觀點，以維護自由民主的健康環境，而是像其他社群媒體的運作方式一樣，完全以互動為訴求。起初，該網站注重「點擊觀看數」，但後來「觀看時間」成了最重視的衡量指標。不管內容為何，能讓使用者看得更久才重要。

政治的影響力可能相當深遠。假設使用者點擊左派立場的影片並看到最後，推薦引擎會提供更多左派人士的影片供他觀看。使用者可能從中挑選影片繼續觀看。一旦這麼做，之後的選擇就會再度縮減，因為演算法會認為使用者已主動選擇左派觀點的內容。更犀利或令人震驚的影片能引發更多情緒反應，刺激使用者投入更多時間觀看，因此系統可能優先推薦這類影片。

二〇一九年八月，一項學術研究計畫試圖評估以上技術的發展情況，是同類研究中第一個大規模量化稽核計畫。研究人員找到三個右派網路社群，立場一個比一個偏激。智慧暗網

（Intellectual Dark Web）討論的議題包括種族和智力之間的關係，但自稱願意正視有爭議的主題，但不一定認可其成員提出的觀點。另類溫和路線（The Alt-Lite）操著極右派的概念輕率譏諷，但否認公開贊成白人優越主義。另類右翼（The Alt-Right）則是徹頭徹尾地擁抱白人優越主義。

研究人員檢視使用者在這些社群間的流動趨勢。他們分析三百四十九個頻道發布的三十三萬九百二十五部影片，處理超過七千兩百萬則留言，並評估兩百萬筆以上的影片和頻道推薦紀錄。他們也研究未涉入右派文化戰爭相關內容的主流媒體頻道，將結果與上述研究的發現相互比較。三個右派網站的影片比主流媒體收到更多留言。影片內容越極端，獲得的迴響越熱烈。「智慧暗網」和「另類溫和路線」的內容較溫和，收到的留言比「另類右翼」的白人至上影片少，後者曾在二〇一八年達到每五次觀看就有一則留言的紀錄。留言幾乎清一色支持影片觀點。隨機抽樣的九百則留言中，只有五則的內容可視為批評。

從研究結果也能看出網友在這三個社群間的轉移趨勢，他們通常先從「智慧暗網」的影片入門，最終成為「另類右翼」的一員，觀看遠遠更偏激的白人優越主義內容。

從研究中發現的這些現象還不是完全證實的結論，因為很難證明其中的因果關係，但著實令人擔憂。「對於 YouTube 使用者激進化的現象，我們已找到有力的證據。」論文作者指出，「研究顯示管道效應的確存在，使用者也確實有系統地從較溫和的社群流向『另類右翼』。」

要是以上結論為真，並非只適用於右派陣營。整個政治光譜都有類似的趨勢。當人們接收到的資訊都已經過篩選，與他們原本對世界的認知早就相當契合，一旦接觸到與其世界觀相違背的資訊，他們自然報以驚訝和憤怒等反應。

這對社群媒體網站的發展相當有用，因為憤怒是促進互動的強效推力之一。除了部族意識之外，能否引發情緒反應，是預測使用者互動程度的一大指標。有份研究檢視 Facebook 上一百篇分享次數破百萬的內容，發現成效頂尖的標題都使用了「震驚！」、「嚇死人」和「惹哭一票網友」等聳動說法。

在 Twitter 之類的網站上，想要獲得強烈的情緒反應，通常必須仰賴其他使用者對爭議事件的回應。

二〇一三年，企業公關主管潔絲汀・賽珂（Justine Sacco）發布一則語帶嘲諷的推文，顯見西方白人對自身免於疾病與貧窮之苦的優越心態。「準備去非洲，希望我不會感染愛滋病。開玩笑的，我可是白人！」在希斯洛（Heathrow）機場打發時間時，她在網路上寫了這段話，公開給一百七十位粉絲瀏覽。

在她的飛機降落之前，她就已登上 Twitter 的全球熱門話題。上百萬名網友不認為她只是講了個尺度拿捏不當的笑話，而是大罵她種族歧視。她服務的公司清楚表示不會讓她繼續待在目前的職位。「這番話太超過，令人反感。」公司的官方帳號寫著，「這名備受爭議的員工還在國際航班上，目前聯繫不上。」

數千名網友密切留意她的航班動態，以便在她落地連上網路看到事情的後續發展時，可以馬上看到她的回應。他們在 Twitter 上使用主題標籤（方便追蹤特定主題相關訊息的標示字串）#HasJustineLandedYet，讓此事件獲得全球關注。

「老天，@JustineSacco 即將在落地後，經歷有史以來最痛苦的手機開機時刻。」一名網友說。有人答腔說道：「準備見證這個壞女人 @JustineSacco 丟掉飯碗。即時轉播。她甚至還不知道自己就要被炒魷魚。」

網友的預測沒錯。她不僅丟了工作，還把自己的人生毀了。那些她打算入住的飯店看到了消息，飯店人員揚言罷工。她的親戚家人與她切割，表示她的行為害他們臉上無光。沒人願意與她為伍。

二〇一五年七月，一位明尼蘇達州的牙醫到辛巴威打獵，射殺了明星獅子塞西爾（Cecil）。他先是射箭弄傷了那頭獅子，經過四十小時後，又拿步槍結束掉牠的生命。

社群媒體上一片譁然。名人公布他家地址，群眾聚集在他的診所前高喊「殺人犯」。有人在他家車庫噴上「獅子殺手」幾個大字。網友紛紛在網路上對他的診所留下一星評價。他的人生就此完蛋。

以上是社群媒體興起不久後的情況。有時，當事人的所作所為的確應受譴責，就像那個牙醫一樣。有時，當事人只是開了不該開的玩笑，例如賽珂。有時，當事人其實並未犯下什麼大錯。往後年間，網路羞辱天天在發生。如同人類名譽上的獻祭儀式一樣，每天都要有人在網際網路上身敗名裂。

許多案例的當事人要過上好幾年千夫所指的生活。他們遭公司解僱，而且只要在網路上發言，總是有其他網友舊事重提，翻出那則闖禍的推文。許多人因此活在某種形式的創傷中，無法康復。

社群媒體鎖定使用者的情緒和部族意識雙管齊下，道德憤怒就是最完美的政治表達。惱怒發火的衝動是產生互動的主要原因。光是屬於部族的一員，就能讓人產生優越感。

神聖往往是靠惡毒來展現。藉由詆毀眾人認定的種族歧視者、動物兇手、都市菁英，網友能更表現自己具有美德。在他們所處的身分認同部族內，這道理同樣適用，而且實際上效果更好。貶低他人能製造自己人品更優秀的假象。因此，當眾羞辱他人的門檻開始毫無節制地下修，導致最後每個人都有可能成為下一個受害者。

這種每日上演的道德憤怒形同泰勒和彌爾處境的現代翻版，他們懼怕多數暴力，稀奇古怪、非比尋常的小眾意見在多數決的大環境無情輾壓下，往往造成災難般的結果，也是他們擔憂的現象。道德憤怒強制灌輸劣質的政治思想，製造恐懼氛圍，使所有人害怕自己如果產生任何有關種族、性向、身分、政治等種種主題的想法，儘管圓融溫和且未得罪任何人，依然可能淪為下一個箭靶。

但儘管聲勢浩大，效果卻極不顯著。早期的社群媒體也體現了某種程度的道德憤怒，那些看到穆罕默德·布瓦吉吉自焚的人便是受到這股力量的驅使而採取行動。但新型態的道德憤怒目的並非促進政治組織形成，而是展現道德優越感。

泰勒與彌爾堅信必須尋找最強而有力的反方論述，但道德憤怒卻朝完全相反的方向操作——專挑最薄弱且極端的反駁論點下手，加以扭曲後，把自身立場偷渡進去。

事實上，很難想到任何政治辯論場域能更嚴重違背泰勒和彌爾提出的理想。Twitter 似乎不利於任何有建設性的討論。交流的資訊簡短不全，強調情緒渲染。出於高度公開的特性，該平台間接促使用戶以激起同仇敵愾氛圍的方式陳述想法，而非試著理解對立方。而且，過程採取去個人化方式進行，所有參與者都無法看見對方是誰，甚或一輩子都不會見到彼此，因此所有最基本的社交規矩和禮儀都能捨棄。

這造就了指控文化（call-out culture）。這是一種公開羞辱形式，發言「有問題」的人面臨排山倒海而來的辱罵和憤怒，直接慘遭「取消」（cancelled）。過程中，當事人遭到大量網友取消追蹤及抵制，從此失去話語權。

他們被迫消失。無論是在意見交流的過程中，他們的立場可能改變，還是他們對事情的看法有對有錯，抑或他們謬誤的想法中可能摻雜著部分真相，這些看法都不見容於網路輿論，沒人願意思考及理解。

歐威爾預想的民族主義發展趨勢（群體迴避質疑自身立場的資訊，讚頌能鞏固群體內部凝聚力的內容），如今一發不可收拾。主動懷疑的概念已不復在，取代的是狂熱的道德確定性（moral certainty）。

舉凡真相必須由眾人在紛亂的人為錯誤和雜音中尋找及搜索，以及真相越辯越明，這些概念已與老古板劃上等號，有如維多利亞時代的遺俗。

這現象並非外界強加的認知，而是在社群媒體的刺激下，人類心理演變到最後的結果。然而當國家介入，情況尤其變得更加險峻。

二〇一三年的烏克蘭就是最好的驗證，當時該國站在發展的分岔路口，必須從兩個截然不同的未來中抉擇。要是政府簽署法規協和與貿易聯合協定，有可能開啟未來加入歐盟的大門。不過，俄羅斯提出另一份關稅同盟協議，烏克蘭簽署後便會重回俄羅斯的勢力範圍。

普丁告知烏克蘭政府，與歐盟簽訂任何協議等同於「自殺」，俄羅斯將會祭出制裁措施予以反制。到了十一月二十一日，普丁加碼誘因。如果烏克蘭拒絕接受歐盟的協定，加入俄羅斯的關稅同盟，將可簽下俄羅斯的天然氣優惠合約，並取得一百五十億美元紓困資金。烏克蘭總統維克多·亞努科維奇（Viktor Yanukovych）簽下了協議。

社會輿論馬上激烈反彈。民眾開始聚集在首都基輔的獨立廣場（Independence Square）。起初只有幾百人，後來越來越多人加入。他們白天抗議，晚上就在廣場席地而睡。亞努科維奇命令抗暴警察強制驅離，但效果不大。接下來幾週，數十萬民眾來到廣告。革命就此展開。

法國、德國和波蘭居中調停，在對話中提議在該年底大選前保衛亞努科維奇的政權。但他相當緊張，想起利比亞強人格達費上校（Colonel Gaddafi）在三年前遭遇的野蠻對待，因此逃到莫斯科。政權垮台。臨時政府接掌大權，清楚表明烏克蘭將會與歐盟簽署協議。

眼見烏克蘭就要從指縫中溜走，所以普丁主動採取行動。他選擇的方式將會為他日後擾亂全球的假資訊戰術奠定基礎。

二〇一四年二月二十七日一大早，「小綠人」出現了。不知從何冒出來的他們齊聚在烏克蘭克里米亞半島首府辛費羅波（Simferopol）的地方議會外。他們戴著面罩，身穿綠色制服，神似俄羅斯軍人。但他們身上沒有任何識別徽章或標誌。沒辦法分辨他們究竟是誰，無從追查他們聽從誰指揮，也不知道該向誰追究責任。

隔天，他們奪下附近的辛費羅波機場。「無論怎樣，沒有軍隊，至少沒有俄羅斯軍隊的蹤影。」俄羅斯駐歐盟大使堅稱。接著，他們阻斷烏克蘭基地的聯外道路，將烏軍困在他們的基地內。「那些是當地的自衛隊。」普丁說。

沒人宣戰，沒有任何俄軍正式越過邊界。俄羅斯看似入侵克里米亞，但實際上沒有證據。三月十六日，克里米亞舉辦公投（國際社會多半不承認該次公投），超過九成六的人口投票贊成回歸俄羅斯。普丁就這樣併吞了克里米亞。

小綠人從那裡向外擴散，進入烏克蘭東部地區。親俄羅斯的分離主義者占領頓內次克（Donetsk）和盧甘斯克（Luhansk）等主要城市的政府機關建築物。

反真相（anti-truth）入侵烏克蘭的行動就此拉開序幕。從那時開始，烏克蘭便同時處於戰爭與和平時期，既與俄羅斯作戰，也與俄羅斯相安無事。一切都在我們對現實的正規理解之外。

反真相的三階段行動中，實體入侵是第一步。第二階段的主要「戰場」在電視。克里姆林宮利用俄羅斯第一頻道（Channel One Russia）、俄羅斯環球頻道（RTR Planeta）、俄羅斯２４（Russia 24）和報導（Vesti）等媒體，不間斷地向烏東地區人民放送政治宣傳。

傳遞的資訊中有幾個重要訊息，其中最惹人注目的，就是烏克蘭正由「法西斯軍政府」操控。俄羅斯電視幾乎只報導右區黨（Right Sector），這個新納粹團體早先曾參加親西方國家的示威活動。這的確不是和善的組織，但該黨領袖德米特羅・亞羅什（Dmytro Yarosh）從未任公職，在二〇一四年五月的總統大選只獲得〇・七％選票。他在革命行動中只是一顆小螺絲。俄羅斯的政治宣傳刻意將他的角色放大，將其形塑成革命的代表人物。

政治宣傳的其他重要訊息還有：基輔已遭美國控制、烏克蘭政府凡俄必反，以及烏克蘭已派兵進駐東部並禁止人民使用俄語。

這些都與事實相去甚遠，但效果卻出乎意料地好，超過莫斯科的預期。烏東地區許多烏克蘭人幾乎把這些內容背得滾瓜爛熟。

行動的第三階段完全聚焦於社群媒體。那天是七月十七日。烏東地區陷入激烈作戰期間，親俄羅斯勢力犯了一個要命的錯誤。他們將一架客機誤認成烏克蘭的飛機，並以地對空飛彈擊落。結果那是馬來西亞航空從阿姆斯特丹飛往吉隆坡的 MH17 班機，機上二百九十八人全數罹難。

國際社會群情激憤。事實很快就顯而易見：分離主義勢力唯一有可能部署防空飛彈的地方，只有俄羅斯。後續的資料分析報告和官方調查都證實了這點。眼見情勢緊急，於是普丁使出新的手段：網軍戰。

「網軍」是指刻意在網路上發表煽動性留言以分散群眾注意力的人，藉此破壞任何有意義的討論。有陣子俄羅斯積極發展網軍勢力，充分運用這項戰術。他們以酸民工廠（troll factory）為基地，裡面大批人馬全是國家付錢養來生產激起憤怒情緒的假消息素材，並在網路上大肆散播。

年輕的自由派記者維塔利．貝斯帕洛夫（Vitaly Bespalov）在失業期間渴求一份工作，於是加入網軍的行列。後來他絕望地辭職，向海外特派記者大衛．帕翠卡拉科斯（David Patrikarakos）形容他上班的地方。

那是一棟位於聖彼得堡沙烏什津娜街（Savushkina Street）的四層樓建築，外觀並不起眼。一樓是媒體操控部，約有六十名員工負責監控十來個俄羅斯網站和假烏克蘭網站。這些人主要以年輕人居多，年紀介於二十五到三十歲之間。他們不是清一色的灰衣人——他們各個都能像常見的數位媒體記者或社群媒體使用者一樣，在網路上到處掌握輿情，因而獲得這份職務。

網站上的大部分資訊都在試圖使烏克蘭軍隊名譽掃地，提振分離主義者的威望。不過，網軍不只散播攸關聲譽的政治宣傳，時常也負責否認所發生的特定事件。例如，假設烏克蘭政府控制了某個地區，網軍便撰寫文章堅決表示那是假消息。

二樓是社群媒體部，那裡的網軍負責製作迷因和卡通，在網路上散布。這些素材都很簡單，但效果絕佳，在社群媒體上的流傳速度飛快。有張歐巴馬表情生氣的照片，上頭寫著「我們不跟恐怖分子對談」，一旁面帶微笑的歐巴馬照片上，則寫著「我們直接贊助」。還有一張歐巴馬淚眼汪汪的相片，寫著：「我想打仗，但朋友都不想幫我。」

三樓是部落客專區，他們冒充烏東地區的居民撰寫假文章，內容描述他們看見或經歷過的事情，像是缺糧食或沒電。有時，他們也假冒美國人寫假部落格，在文章內抱怨歐巴馬。很多時候，一樓負責網站的網軍會報導三樓生產的部落格內容，當成證實烏克蘭現況的證據。四樓專攻留言區，那裡的工作人員會到 Facebook 和 YouTube 之類的網站發表友好莫斯科的言論。

MH17 墜落後幾小時內，網軍便火力全開。上千名親克里姆林宮的網軍開始上網留言，沖淡現實世界所發生的悲劇。其他自發為克里姆林宮辯解的「義勇軍」，不管是否身處俄羅斯境內，開始紛紛響應，到處宣傳網軍的論述。陰謀論四起，指責是烏克蘭政府或美國打下了飛機。網軍刻意丟出這類消息，在網路上四處散播。

上述資訊不太能有效說服俄羅斯或烏克蘭東部以外地區的人民，但這本來就不是目的所在。

其實這些親俄網軍有兩個目標。第一，幫莫斯科製造可廣為流傳的敘事，以維持俄羅斯的無辜形象。第二，混淆人們的認知。模糊實情，播下懷疑的種籽，盡可能大量生產假訊息，讓雜訊能掩蓋掉事實。

對普丁而言，對烏克蘭人的假訊息宣傳行動效果卓越，驗證這類攻擊形式確實有效。現在他把目標轉往西方國家。只要利用相同的手段，他就能嘗試在英國和美國等國家獲致類似成果。從二〇一四年底開始，相較於俄文，俄羅斯境內假帳號所發布的英文推文開始急遽增加。到了二〇一六年，來自俄羅斯的英文推文數量已大致與俄文推文相等。至此，網軍戰已全面蔓延到國際社會。

俄羅斯的網路輿論操控行動並非只鎖定 Twitter，更試圖推廣到各大平台，擴大影響範圍。莫斯科針對不同政治議題建立各種新聞品牌，意圖觸及不同網路族群，接著在 Twitter、Facebook、Instagram 和 YouTube 開設同名帳號，經營這些消息來源在各大平台的聲譽，藉此奠定評論的正當地位。此外，要是某個品牌的帳號遭平台停權，還能利用其他社群媒體加以撻伐。

成效顯著。二〇一五年到二〇一七年間，光是在 Instagram 和 Facebook，就有超過三千萬名網友分享俄羅斯的假消息。這些內容廣受歡迎，許多人留言及幫忙擴散。

這些內容並非千篇一律。為了能在社群媒體上打動不同身分認同群體，這些內容無不經過精心設計，量身打造。

部分政治宣傳工作便是仰賴廣告機制來推行。藉由 Facebook 對用戶的分類，俄羅斯得以依據種族、族群和身分挑選訊息要鎖定的受眾。曾查看黑人身分認同或監獄制度相關內容的非裔美國人會接收到特定的政治宣傳內容，而針對支持退休軍人、愛國主義和擁槍權的保守派選民，俄羅斯網軍則為他們送上另一套政治文宣。

搭配俄羅斯網軍所撰寫及發布於社群媒體的內容，這些廣告的宣傳效果十足，目的是要引導用戶查看他們所創新聞品牌的 Facebook 或 Instagram 專屬頁面。這類內容時常沒有太濃厚的政治意味。他們深入鎖定的社群挖掘盛行的論述，製成大部分的內容。支持退伍軍人的貼文主要鎖定保守派民眾，呼應「黑人驕傲」（black pride）理念的貼文則以非裔美國人為受眾。

二〇一五年到二〇一七年間，Facebook 上分享次數最多的俄羅斯假消息是一張《兔巴哥》（Bugs Bunny）反派火爆山姆的圖片，這個出自《樂一通》（Looney Tunes）卡通系列的角色雙手持槍，背景襯著美國邦聯旗。文字寫著：「我的暴力形象害我上不了電視。如果你小時候看過我演出的節目、家裡有槍，而且從未開槍或射殺任何人，請幫我按讚並分享出去。」這篇文章的受眾是保守派人士。

Instagram 上讚數最多的貼文是一張聚焦在八隻腿的照片，照片中的女性擁有不同膚色，從白皮膚到黑皮膚一字排開，並搭配以下貼文：「所有膚色都是與生俱來，你就接受吧。」隨文附

上 #blackandproud 和 #unapologeticallyblack 之類的主題標籤，主要鎖定非裔美國人。

這些內容和其他迷因都將用戶帶往假消息宣傳團隊建立的帳號頁面，那裡才是他們真正操控不同身分認知群體的地方。這些專頁主要具有兩種功能：試圖撕裂各種社群間的關係，並量身打造不同族群的宣傳內容，促使各國大選產生最有利於俄羅斯的結果。

這些社群帳號利用當前撕裂美國社會的各種議題，火上加油，推升人民的憤怒情緒。保守派會在網頁上看見移民和退伍軍人利益相互衝突的內容，或是反穆斯林或反歐巴馬的論述。

非裔美國人則會看見聚焦於警察暴力對待黑人的內容。舉個例子，俄羅斯建立的「黑命貴」（Black Matters）專頁自稱是「快速成長的網路社運團體」，傳遞以下核心訊息：「警察殺黑人小孩。你確定下一個不會是你兒子遭殃？」當 Facebook 終於發現並關閉該帳號後，其同名 Twitter 帳號便高聲控訴該公司「支持白人優越主義」。

現實中，這些帳號全由同一棟房子裡的人員經營。呈交給參議院情報委員會的分析報告提供俄羅斯操縱假消息的證據，指出這些訊息全來自同一組ＩＰ位址（將網路活動與確切實體地點對應起來的一組編號）。在某些案例中，那些相互對罵、激化不同族群衝突的帳號，根本是同一人在一部電腦上分飾多角。

二〇一六年五月二十一日，德州休士頓伊斯蘭達瓦中心（Islamic Da'wah Center）外上演兩場對立的示威抗議。一場是由德州之心（Heart of Texas）透過 Facebook 社團號召而來，訴求反對該機構；另一場則由美國穆斯林聯合會（United Muslims of America）籌辦，宗旨在於表達支持該機構。許多人看見貼文而到現場參加，雙方各有支持者。抗議活動最後演變成雙邊人馬對峙互罵，但其實兩場示威都是由俄羅斯的網軍所策劃。

不過，相較於受眾為其他族群的內容，鎖定美國保守派的內容有個重大差異，那就是鼓勵選民積極投票，對美國的民族主義運動推波助瀾。其他網路族群看見的內容則鼓吹放棄投票。

非裔美國人和其他少數族群接觸到的內容，則營造美國機構不可信任的氛圍，慫恿受眾抵制政治程序，並主張不參與投票。「**不投票**是我們行使權利的方式。」俄羅斯網軍成立的社群帳號 Blacktivist 在二〇一六年十一月三日發布這則貼文。

可以說，那些看似無害、引發群體共鳴的貼文，其實比明目張膽的分裂言論更具危害性。如果連那麼無害、甚至激勵人心的內容都可能出自俄羅斯網軍之手，其他資訊難保不是。社會大眾根本無從信賴任何資訊。

俄羅斯的目標並非達成確切的政治成果，而是要引發更廣泛的效應：讓全世界的人民相信，沒有什麼是真正值得倚靠，也沒有什麼可以保證真實無誤。

前網軍貝斯帕洛夫表示：「我的父母平時會上網。他們以前會閱讀這類留言和文章，看那些迷因和卡通，而且相信那些內容，就像其他許多人一樣。現在他們知道這些大概幾乎都是假消息。大家不再相信任何內容。」

歐威爾在《一九八四》中傳達事實有抵禦權力的作用，此作用正在急速衰弱。一切不再篤定，人們無從依靠。就算有什麼值得信任，許多人也會因為難以接受而選擇無視。笛卡兒的惡魔已然復活。

第12章　新民族主義

歷經金融危機爆發、身分認同戰爭肆虐，加上假消息與日俱增，自由主義早已孱弱無力。接著在二〇一六年，民族主義的發展在英國和美國出現重大進展，自由主義受到強大衝擊，更加無力招架。

許多人認為，這是民族主義橫行世界的開端，但其實這股勢力早已醞釀多年。匈牙利總理維克多．奧班（Viktor Orbán）打響第一槍。他示範了民族主義路線能如何建立分裂社會的敘事、獨攬行政大權，並且顛覆及操縱民主。

奧班的崛起始於十年前，當時一份錄音檔改變了匈牙利政治的演進方向。二〇〇六年，社會黨的總理費倫茨．久爾恰尼（Ferenc Gyurcsány）對黨員的談話內容被偷錄下來，公諸於世。

「我們搞砸了。」錄音裡可聽到久爾恰尼這麼說：「不是稍微出錯，是嚴重搞砸。過去一年半到兩年期間，我們顯然在撒謊。我們所說的話並非事實，這點清清楚楚。四年來，我們什麼都沒做。一事無成。這一年半來，我必須假裝一切都在掌控之中。實際上，我們早上說謊，中午說謊，晚上也在說謊。」

不管哪一國，記憶中很難找到其他任何政治談話能對現任領袖造成比這更嚴重的衝擊。久爾恰尼的個人聲望和社會黨的名譽一夕毀在他的手上。街頭爆發暴動，不過他仍在艱難的局勢中繼續當家掌權了好幾年。

金融海嘯來了。銀行體系崩潰為東歐帶來重擊。金融危機前，每季約有五百億元的投資流進該地區。二〇〇八年最後一季，千億資金反而從東歐流出。國內幣值急貶，支付國際貸款利息的重擔益發沉重。短短幾週內，許多匈牙利家庭的房貸或車貸漲幅高達二〇%。

匈牙利被迫向 IMF 和歐盟尋求緊急紓困。紓困方案的條件其實相對友善，但國內輿論把這視為恥辱。民族主義者將貸款的附帶條件稱為新殖民主義的實踐，並類比成第一次世界大戰後，害匈牙利喪失三分之二領土的《特利安農條約》（Treaty of Trianon）。

極右派青年民主黨（Fidesz）領袖奧班坐收漁翁之利。他在二〇一〇年席捲政壇，不僅奪下執政權，更贏得議會三分之二席次，絕對多數的優勢讓他幾乎可以為所欲為。而他想做的，就是摧毀匈牙利的自由主義思潮。

「我的立場是，目前我們已邁入一個時代的尾聲。」他在二〇一五年說道：「一個概念式、意識型態掛帥的時代即將結束。捨去矯揉造作的詞藻，我們不妨直接稱作自由派喧嘩時代。這個時代已經落幕，當前的情勢儘管潛藏著巨大風險，但也提供新的契機。」

在奧班的世界觀中，自由主義社會面臨了他們無法承受的威脅，而威脅指的是移民。「大量移民就像緩慢而穩定的海流，不斷地將海岸的泥沙帶走。」他說道，「披著人道的外衣，但真正的本質是占據領土。」

他表達的是相當典型的新右派敘事，其本身就是法西斯主義認為種族遭污染那套理論的稀釋版本。人民本該是純淨、同質性的群體，但已遭外來勢力玷污。主要威脅來自移民，尤其是穆斯林難民。

「人口沒有穩定的種族組成就無法形成文化認同。」奧班說道，「國家的種族組成一旦改變，國家的文化認同也就不同。」

他指稱，歐洲正在歷經陰謀論所指的「去基督教化」，全球菁英力求打造「全新、族群融合的伊斯蘭化」社會。此陰謀由兩股勢力精心策劃。一是歐盟，二是匈牙利裔猶太金融家喬治・索羅斯（George Soros），他的開放社會基金會（Open Society Foundation）為全球自由主義組織提供支援。與索羅斯有關的諷刺言論，令人聯想起世人對德雷福斯的妖魔化攻擊——猶太人、飄泊不定、密謀顛覆國家。

最致命的是，在發生上述各事件的同時，匈牙利仍保有歐盟會員國身分。歐洲意興闌珊地呼籲匈牙利克制，只換來匈牙利巧妙迴避，這凸顯了令人憂慮的事實。歐盟擅長在國家嘗試加入時，引導他們往自由派陣營靠攏，但眼見會員國朝威權主義邁進，卻無能為力。

就任後，奧班和青年民主黨的同事開始破壞匈牙利的民主。青年民主黨制定並通過一部新憲法，完全未徵詢人民或在野黨的意見。握有權力得以牽制奧班的憲法法庭遭到中立化。新憲法禁止法庭推翻議會投票通過的任何法案，而當時議會就是由青民黨完全掌控。法庭裁定某些政府規章違法，試圖反擊，但青民黨利用修正案，將新法直接入憲。

接著，執政黨改革議會，確保其永遠不會失去絕對多數的地位。他們大幅刪減議員人數，藉此鞏固青民黨對議會的掌控，即使獲得的普選票數減少，也不會受影響。四年後，該黨在二〇一四年的大選中，僅憑四四%的得票率便拿下議會一百九十九席中的一百三十三席。

選區重新劃定，以確保對執政黨有利。選區的地理分界經過重新調整，使支持執政黨的選民人數勝過自由派人士。例如，匈牙利市區第一區（District One）等選區就經過重劃，將城堡區納入，那裡住著較多保守派選民。現在，這些選區的議員席次全都落入青民黨手中。

奧班為住在鄰近羅馬尼亞、斯洛伐克、賽爾維亞和烏克蘭的僑民提供完整的投票權。在他口中，這是凝聚全國民心之舉，展現他對匈牙利民族的忠誠情懷。實際上，這是再簡單不過的選舉操作。住在西方國家的匈牙利人絕大多數反對青民黨，必須親自前往大使館和領事館投票。但在上述幾國生活的匈牙利人一面倒地支持青民黨，則能郵寄投票。

執政地位穩固之後，奧班三管齊下，大舉掌控行政權：任用親信、社會滲透、鼓吹民族主義。這些方法並非彼此迴異，反而相輔相成。每項政策至少都有雙重功能，利用體制的某一面向來強化其他方面。

從媒體到智庫，奧班在社會的不同層面推行具有平行權力結構的影子體系。麾下的機構從複雜來源取得資金，清楚傳達他反自由主義的意識型態，壯大規模後，最後關閉並取代原本的民間組織。透過此手段，他緩慢地吸收自由派組織，最終將其納入青民黨的控制之下。

青民黨試圖避免引發國際責難。他們不逮捕記者，不將法官關進監獄，允許所有人民保有言論自由，但法院、學界、出版業和民間社會卻逐漸失去活力。

青民黨早在很久之前就成功利用政治手段控制媒體。一九九〇年代中期，該黨開始透過奧班的兒時老友和重要盟友拉霍斯．西米奇卡（Lajos Simicska）收購新聞媒體。一九九四年，西米奇卡入主國營媒體公司 Mahir 和大型出版商 Hirlapkiadó，後者擁有一家規模不小的報社。他們利用租稅漏洞累積資金，成立青民黨的首份日報《匈牙利日報》（*Napi Magyarország*）。就是在那時，奧班和西米奇卡的政治宣傳策略首次成形。他們先買斷一家媒體，使其轉變成親奧班的評論立場，最後由他們掌控的其他商業實體在該媒體購買廣告，壯大其資本規模。

在擔任匈牙利總理的首任任期年間（一九九八年到二〇〇二年），奧班和西米奇卡安插自家人馬進入公營銀行 Postabank 的董事會。銀行接著買下匈牙利最大日報《民族報》（*Magyar Nemzet*）的出版權，奧班安排兩位親信負責經營。而後，國營企業紛紛湧入購買大量廣告，該報社初嚐甜頭。

奧班在二〇〇二年下台後，西米奇卡接管匈牙利首家電視新聞頻道 Hir TV，開始仿效《民族報》大肆播送支持青民黨的政治文宣。接著是廣播電台。奧班在二〇一〇年再次當上總理後，掐住 Neo 電台的廣告資金來源，迫使這家由社會黨掌控的廣播公司以破產退場，主要的大電台中，只剩下青民黨控制的 Class FM 足以盤據一方。

掌控了大型報紙、電視台和電台後，奧班進一步加大對媒體的控制力道。他的商業寡頭盟友紛紛出手買下媒體公司，從全國性報紙和地方報社、網站乃至電視台，都可見到他們的身影。他們買下這些媒體後，除了停止營運的公司，其他全都成了青民黨的傳聲筒。在政府的影響下，這些媒體日復一日不斷放送粗暴的反移民政治宣傳。《Lokál》等具有影響力的地方小報反覆刊登一張典型圖片，圖中外表亮眼的白人女性旁邊，有個像素化的深膚色男人才剛攻擊她。這類文宣想傳達的訊息從沒變過：對移民的仇恨、對歐盟的憎惡、對索羅斯的反感。

傳媒報導只占這類政治宣傳的一半，還有國家出資的廣告大力散播，而這些廣告也為親政府的商業寡頭帶來滿滿的鈔票。支持奧班的有力人士在國家廣告中位居要角，廣告預算也實質調升到原本的四倍，高達每年三億美元。

二〇一七年，政府啟動「國家諮詢」（national consultation）行動，以因應索羅斯推行的免費移民匈牙利計畫。該計畫從頭到尾都是子虛烏有，但奧班藉此得以將四千萬歐元分配給支持他的傳媒，由其大量散布反猶太人的理念，號召全國人民共同阻止這位國際猶太人金融家搞垮匈牙利。海報上的索羅斯面露微笑，一旁的文字寫著：「別讓索羅斯笑到最後。」有些海報遭不明人士塗鴉，寫上「惡臭的猶太人」等字眼。一名青民黨議員在 Facebook 張貼一頭外皮燒焦的死豬照片，搭配一行文字：「索羅斯的下場。」

同樣地，以上行動結合了多項目標。除了讓奧班的親信發大財、推動更多政治宣傳，也鞏固他對媒體的掌控，使任何剩餘的獨立報社失去生存空間。青民黨控制的傳媒公司收到大量廣告合約，不向執政黨低頭的媒體，則苦無廣告收入。這些媒體不是倒閉，就是財務狀況淒慘，最後屈服於寡頭統治集團而遭到收購。親信政治和民族主義思想有如魚幫水，水幫魚，形成堅固的利益結構。

但隨著奧班權力一把抓，他的親信終究得拱手讓出不屬於他們的特權。二〇一八年，在奧班連續第三屆拿下議會三分之二席次後不過幾天，他果斷地與西米奇卡分道揚鑣，瓦解了他的媒體帝國。接著，效忠奧班的寡頭集團做出連在民主國家都顯得非比尋常的慈善行為，將四百七十六家媒體捐贈給由政府管理的新組織：中歐新聞與媒體基金會（Central European Press and Media Foundation）。如今，匈牙利絕大部分的主要媒體企業，都由奧班直接掌控，從有線新聞台、網站、地方小報到運動報章雜誌、地區媒體，乃至生活雜誌和廣播電台，都歸他掌管。

幾家獨立媒體存活了下來，但他們僅剩的記者被冠上人民公敵的名號。他們的存在提供了似是而非的推諉藉口。只要有人質疑奧班，他便直指匈牙利還有言論自由，任何人都能自由發表內心的想法。這麼說的確沒錯，但同時也毫無意義，因為資訊流動正是由他控制。他找到了平息異議的方法——不是透過法律，是利用錢的力量。

奧班同時也與其他制約政府權力的制度全面開戰。他開除堅持獨立思考的法官。青民黨另起爐灶，成立全國司法辦公室（National Judicial Office），賦予其更大的司法人事任命權，並讓效忠奧班的人馬掌權。司法體系中任何可能挺身對抗奧班的人，全都遭到汰除。年紀較長、備受敬重的法官可能擁有反對政府的底氣，所以首先遭殃。新規定強迫所有年滿六十二歲的法官退休，一舉除去最資深的法官。空缺由執政黨的支持者替補。

歐盟罕見地出手干預，在歐洲法院（European Court of Justice）對匈牙利提起訴訟。歐盟並未控告奧班走上獨裁的回頭路，而是不苟同法官受到年齡歧視。奧班敗訴，但事實證明，他是既精明且知法玩法的對手。他很熟練地制定巧妙的規定，一來避免違法，二來還能如期達成他的最終目的。

他規定法官新的退休年齡為六十五歲，政策的過渡期為十年，給予失去工作的法官復職機會或補償。表面上看似讓步，但其實總理和他的支持者大獲全勝。青民黨指稱，辭退為填補空缺而任命的新司法人員違反聘用合約規定，因此政府明知被迫辭退的法官不可能接受，仍提供他們（大部分是高等法院法官）省級的低職等職位。二〇一五年，國際律師協會人權研究所（International Bar Association's Human Rights Institute）的報告指出，這些法官不接受政府的提議。他們同意退休，奧班的計畫順利達成。

接著他把目標轉向科學家。匈牙利科學院（Hungarian Academy of Sciences）擁有從一八二五年以來值得驕傲的研究成果，接受國家大量的科學研究補助。然而，獨立科學研究對奧班的政治敘事形成威脅。舉例來說，任何客觀評估匈牙利種族組成的研究，都發現匈牙利社會其實相當多元，因此科學院開始受到國家控制。

相同的遭遇也降臨在歷史學家身上。奧班檢視 1956 Institute 所做的研究，發現這間備受尊崇的獨立研究機構提出與他單一文化論述相斥的觀點，於是將其併入政府掌管的維利塔斯歷史研究機構與檔案館（Veritas Historical Research Institute and Archive）。

其他非政府組織（NGO）則直接消失。奧班創了一個荒謬至極的民間組織類型，取名為「政府 NGO」，此系統的規模不斷擴張，最後占了全業界的三分之二。這些組織大量產出立論基礎薄弱的研究，提出能支持奧班重要政策的研究成果，例如有必要提高匈牙利人的生育率，以免日後經濟發展必須倚賴移民。

教育方面，匈牙利政府成立卡布斯格維護中心（Klebelsberg Institution Maintenance Centre），賦予其掌管小學和中學的權力。這樣可以確保每所學校的校長都與青民黨站在同一陣線。不支持青民黨的小學校長被拔除職務，由聽話的黨員接任。學校課程更動，以反映奧班的民族主義觀點。引用某課本的說法，從八年級開始，學校便教導學生，「不同文化共存可能衍生問題」。

政府將指派的人員安插到歌劇院擔任主管，並負責管理文學博物館，甚至連烹飪雜誌的編輯職位都要保留給支持青民黨的人選。

奧班未試圖控制個人行為。人們依然能自由發言及擁有自己的想法。不過，他倒是掌控了國家制度和社會結構的所有層面，使匈牙利籠罩在詭異的靜默氛圍之中。沒有任何獨立運作的組織可以牽制或挑戰國家威信。很少有提供批判論述的出版刊物，抗議活動也寥寥可數。奧班扼殺了所有可能對他造成威脅的人事物。

奧班稱匈牙利是「不自由的民主國家」。歐洲議會中間偏左的社會與民主進步聯盟（Progressive Alliance of Socialists and Democrats）形容匈牙利是「歐盟內的第一個獨裁政體」。青民黨的勝利拉起民族主義在全球攻城掠地的序幕，只是其他國家的狀況沒有匈牙利這麼極端。他國政府未採取同樣程度的操弄和控制手段，而且很多時候，追求民族主義的領導者還會刻意與奧班保持距離。即便如此，他採用的方法提供了敘事主軸，諸如製造人民與菁英階級的對立，將移民抹黑成對國家的威脅，貶低以全球規定為基礎而形成的秩序，以及顛覆國內制度，企圖破壞權力分立的現況，而這些思維將於西方世界廣為流傳

在英國，執政黨吸收了民族主義思想，才使民族主義進入中央政府。與匈牙利不同的是，這個過程並非起因於意識型態或結構化接管，而是英國典型的務實思維、偶然意外和政治機會主義

等因素匯聚而成的結果。

一切要從奈傑・法拉吉（Nigel Farage）說起。他是相當標準的保守派政治人物，能夠精明地判斷輿論風向，多年來率領英國獨立黨（UK Independence Party，UKIP）訴求英國退出歐盟及緊縮移民政策，在政壇闖出一片天。

法拉吉曾經是令人震驚的成功代表，也曾一敗塗地。他七度參選國會議員，其中五次是英國大選，兩次補選，但沒一次成功。儘管進不了國會，他卻能對保守黨產生不成比例的影響力，在右翼陣營占有一席之地。對峙的局面形成，保守黨黨員不得不走上更強硬的路線，以削減法拉吉對其基本盤的吸引力。競爭在二〇一三年達到顛峰，來自保守黨的首相大衛・卡麥隆承諾，只要保守黨在接下來的大選中單獨過半，便將舉辦公投決定英國是否續留歐盟。

這是短期算計，主要目的在於試圖減少英國獨立黨在那年地方選舉中瓜分的選票，但後續效應名留青史。這對國際組織體制投下震撼彈，長久以來，國際社會始終認為英國的政治攻防沉穩節制，如今這個假設應聲瓦解。

歷經不甚尋常的政治潛移默化，在隨後的公投宣傳中，英國獨立黨的民族主義政治理念直接滲透進入主流的保守黨。

起初，普遍認為保守黨會設下底線，不至於跟著蹚這灘渾水。脫歐行動分成兩股勢力，一邊是以法拉吉為首的「退出歐盟」（Leave.EU）陣營，一邊是官方公投推動組織「投票脫歐」（Vote Leave）。

「投票脫歐」傳達喪失國家主權的傳統意識，高舉歐盟懷疑論，預期會較受重視。組織首腦多明尼克．康明茲（Dominic Cummings）曾在保守黨執政期間任職於教育部，看似是相當典型的政治人物。但實際上，他是與其他人截然不同的一號人物。康明茲打算挑戰政治圈的所有不成文規定和原則。他的想法一點也不保守。相較於保留傳統結構，他似乎意圖摧毀現有制度，大破大立。他的世界觀與身分認同戰爭不謀而合。在他的觀念中，反移民、反歐洲才是人民真正的心聲；歡迎移民、親歐洲只是菁英階級的高尚主張，背後藏著阻撓人民意志的陰謀論。

康明茲成功說服兩位重量級右派人物前來領導「投票脫歐」。第一位是保守黨的鮑瑞斯．強生（Boris Johnson），曾擔任倫敦市長的他為人和善，保護私利。強生沒有值得一提的意識型態，除了以自己的仕途為重，沒有什麼非得堅守的信念。他並非出於意識型態全心推動脫歐或實踐民族主義。如果風向改變（例如他擔任倫敦市長時的社會風氣），他就會倒向親歐洲的陣營，主張留歐。但當時的輿論氛圍並非如此。

第二位是麥可．戈夫（Michael Gove），他在擔任教育大臣期間提拔了康明茲。戈夫聰穎睿智，野心宏遠，彰顯在外的是謙遜有禮的紳士形象，掩飾追名逐利的內在性情。

在他們加入之前，脫歐派的宣傳活動大多是由邊緣的歐盟懷疑論者主導，但強生和戈夫翻轉了局勢。他們為活動賦予體面、莊重的形象，一反原本鬆散且毫無章法的活動風格。

相形之下，「退出歐盟」善用反移民的煽動性言語，從種族的角度切入談論遷徙自由，以引發死忠支持者的共鳴。他們認為，這樣能為官方的「投票脫歐」創造巨大優勢。英國獨立黨領袖能鞏固總人口約四分之一左右、反移民政策的極右派選票。如此一來，康明茲的「投票脫歐」就不必涉險走向極端，反而能提供更專業的主流觀點，由強生和戈夫出面爭取中間和中間偏右的選民。

法拉吉的角色發揮了符合預期的作用。二〇一六年六月十六日，距離投票只剩幾天，他公開一張寫著斗大「引爆點」（Breaking Point）字樣的海報，背景是數百位深膚色的難民。文字區塊正好蓋住人群中一個白人的臉。表達的意思很清楚：儘管人民只能在歐盟地區自由移動，而且與庇護政策毫無關係，但投票贊成留在歐盟，將會讓國門大開，迎接大批深膚色的難民。這是青民黨典型的政治宣傳方式。事實上，奧班在兩年後使用了同一張圖。

然而，儘管許多人對此感覺到不安，但這樣的行為至少還在意料之內。「投票脫歐」陣營接下來所做的事，則跌破了所有人的眼鏡。與其低調處理移民議題，官方宣傳開始危言聳聽，大肆警告英國人民將會有大批土耳其移民湧入。他們利用 Facebook 的身分劃分機制發送廣告，說服許多選民相信土耳其即將加入歐盟，七千六百萬土耳其人將能取得遷徙自由和搬到英國的權利。廣告散播標準的民族主義思維，強調「政府將無法阻止土耳其罪犯進入英國」，將移民與犯罪劃上等號。

另一則廣告甚至牽扯到全世界。廣告顯示一幅歐洲地圖，一側是土耳其，另一側是英國，中間的大箭頭將兩邊串連起來，指出移民方向。顯眼的文字標出敘利亞和伊拉克，暗示兩國也會透過某種方式保障人民的遷徙自由，促使眾多穆斯林難民湧入英國。

隨著公投宣傳持續進行，人們發現宣傳出現了變化，但難以指出究竟哪裡不一樣。不是謊言滿天飛這麼簡單，畢竟政治人物總是說著誤導人的評論。在辯論的過程中，真相為何似乎已經不再重要。

在那之前，文化素養還能約束政治人物，使其不至於刻意嚴重誤導社會大眾。他們認為，假若記者和獨立組織指出自己的言論有誤，尤其遭到多次糾正後，政治生涯恐怕就要受到重創。這一切必須仰賴羞恥心使人有所自律。大多數人認為，羞恥心是推動文明政治社會不斷前進的根基。大家卻從未想過，要是沒了羞恥心，情況會變怎樣。

康明茲真正意識到，以往強調傳達事實的慣例不再適用。九一一攻擊發生後的幾年間，英國和美國政府基於一連串謊言在伊拉克發動戰爭，已然摧毀人們對政府政令的信賴。金融危機奪走了他們對金融機構、企業領導者，甚至經濟公平意識的信仰。二〇〇九年的國會議員津貼濫報醜聞，重創了民選代表的聲譽。二〇一一年爆發記者竊聽電話事件，同樣也嚴重影響人民對媒體的觀感。直到舉辦公投之時，在社會大眾心中，英國制度的公信力已大打折扣。

於是，人們將政策研究機構、經濟學家、貿易組織、政府機關統計單位和記者視為大都會菁英集團的成員，無論在地理位置或文化上，都與老百姓真正的生活相距甚遠。因此，這些菁英所做的事實查核沒人在意，社會大眾不再關注他們說了什麼。事實查核對政治人物的影響大不如前，而且實際情況更為失控。誤導資訊狡猾地寄生於事實查核之中，事實查核則產生類似廣播系統的作用，有效散布原應駁斥的謬誤消息。

例如，與土耳其移民有關的說詞就是不折不扣的謊言。土耳其自己就選出一位民族主義領導者雷傑普・塔伊普・艾爾段（Recep Tayyip Erdogan），加入歐盟的路從未如此漫長。即便走到獲准加入的階段，英國還是握有否決權。國防大臣佩妮・莫丹特（Penny Mordaunt）在宣傳「投票脫歐」期間接受電視台訪問時，主持人對她提出質疑，而她雲淡風輕地回答：「不是這樣的，我們沒辦法置喙。」此謠言很快就遭到反駁，但那些駁斥意見並未終止坊間有關土耳其即將加入歐盟的論述，反而將此議題擴散，使更多人接觸到相關消息。

接著，康明茲開始拋出另一個謊言，為宣傳活動定調：「英國每週捐給歐盟三・五億英鎊，這筆錢不如拿來補助健保。」這組數字並不正確。前幾屆英國政府協商出來的退款並未計入（因此英國對歐盟預算的貢獻沒有那麼多），而且也尚未考量從歐洲流回英國的資金。英國國家統計局表示，該數據「會造成誤解，破壞人民對官方統計資料的信任」。但那不重要。事實查核不受重視，卻讓更多人注意到謬誤說法。「有時我們說『英國捐三・五億英鎊給歐盟』是為了搧風點火。」康明茲寫道，「這做法的效果遠遠超過我的預期。」

這兩個著眼於土耳其移民和贊助歐盟的謊言在「脫歐」宣傳中扮演至關重要的角色。康明茲發現，三・五億英鎊的說法對他的目標選民產生了決定性的影響。那「顯然是最有效的論述，不僅左右了重要的中間選民，在幾乎所有年齡層，都產生了一定的作用。」他說，「即便是英國獨立黨的支持者也一樣，這與移民議題的效果不分軒輊。」

接下來，公投宣傳對事實查核發起第二波進攻。不僅利用事實查核為錯誤百出的資訊製造再次曝光的機會，還能將其試圖釐清真相的努力，重新塑造成菁英對人民的攻擊。

二〇一六年六月三日，戈夫現身天空新聞台（Sky News）受訪。主持人談到，英格蘭銀行（Bank of England）、財政研究所（Institute for Fiscal Studies）、IMF、英國產業協會（Confederation of British Industry）和大部分工會領導者都認為，英國退出歐盟只會使自身狀況更糟，為何大家應相信他的說法，而不是採納這些相關產業人士的意見？

「我不是要社會大眾信任我。」他回答，「我要他們信任自己。我要英國人民拿回對自身命運的掌控權，別再將未來託付給那些遠離民意、不負責任、未把人民利益擺在第一位的菁英組織。」

那是決定性的一刻。戈夫一如往常地客氣禮貌。他的言行舉止就是標準的英國保守政治人物，溫文儒雅，人畜無害，但他言論背後的邏輯，完全就是奧班那一套。他不是抓著證據與人爭辯。他在否決獨立經濟分析的存在可能，並把引用分析結果的人形塑成人民公敵。「這個國家的人民受夠了專家，那些字母縮寫所代表的組織總是說，他們知道什麼才是最好的做法，卻一再搞砸。」他補充說道。

在其他地方，「投票脫歐」完全迴避了主流辯論的紛紛擾擾。社群媒體的出現，讓政治宣傳得以透過一種使用者多半無法確認資訊真偽的媒介，準確鎖定宣傳對象。Facebook 的分眾宣傳功能可達成主流辯論一直以來避免的做法：針對不同投票族群量身打造完全迎合其喜好的資訊生態系。劍橋分析（Cambridge Analytica）之類的公司聲稱其行為演算法能預測每個美國成人的人格類型，脫歐陣營便運用此技術加大宣傳力道。宣傳文案經過廣泛A／B測試，試驗不同說法和圖片的效果，接著精準鎖定目標選民加以投放。

自從二十世紀下半葉選舉權興盛發展以來，英國的選舉政治便以廣泛的選舉呼籲為基礎，盡可能凝聚廣大選民向心力。在此原則下，政治人物會避免使用可能引發分歧的煽動性言語，改以團結社會大眾為目標。但在社群媒體上針對各選民族群推送廣告，需採取截然不同的方式：讓那些全憑特定族群本能瀏覽資訊的選民感覺有所回饋。討論政策不一定是最好的做法，訴諸情感（主要透過加深對文化價值的認同）更有效。

換句話說，選民在選舉宣傳期間接收到的訊息不再一樣。事實上，大家甚至不知道其他人收到了哪些資訊。以往基於共同接受的事實展開政治辯論，這種選戰概念開始消散。

隨著身分認同戰爭越演越烈，政治辯論的水準每況愈下，而在辯論期間，不難發現上述宣傳技術的斧鑿痕跡。公投宣傳活動的核心從來不是歐盟或比較該組織的優缺點，其本質與德雷福斯事件為當事人硬扣罪名相去不遠。公投象徵一場文化戰爭，過程中，每個人處理資訊的依據，在於內容是否呼應其身分認同群體所重視的價值。

六月十六日，就在法拉吉公布「引爆點」海報後幾小時，情勢逐漸往悲劇的方向發展。中午十二點五十三分，西約克郡（West Yorkshire）一場選民聚會即將開始之際，支持留歐的工黨國會議員喬・柯克斯（Jo Cox）遭遇一名極右派恐怖分子攻擊，除了身中三槍，身上也有多處刀傷。行凶時，他大聲喊道：「這是為了英國。英國永遠是優先考量。」

英國脫歐派擔憂這起刺殺事件將會嚇跑支持者，但正好相反。一週後，公投結果出爐，英國確定要退出歐盟。

公投後的英國瀰漫著失落感。所有人都明白，英國不再能維持現狀。政治菁英的威信重挫。發起公投並主張留歐的卡麥隆在結果揭曉的那天早上黯然辭職。幾乎所有主流政黨——保守黨、工黨、自由民主黨（Liberal Democrats）、蘇格蘭民族黨（Scottish National Party）、威爾斯黨（Plaid Cymru）、綠黨——都支持留歐，全數遭到挫敗。六百五十位國會議員之中，只有一百五十九人支持脫歐。

後續幾個月，國會陷入混亂局面。政黨領袖的角逐大戰中，新的保守黨領導者誕生，她是德蕾莎・梅伊（Theresa May）。乍看之下，她在新的局勢中顯得格格不入。過往，她已擔任內部大臣長達六年。儘管不是極度熱衷，但她支持留歐。不過，她有一項特質相當適合遭逢巨變後的英國政治圈：她公開反對移民。

梅伊（當然還有英國）面臨的問題是，當初為宣傳公投而不顧實情大放厥詞的種種話術，如今必須轉化為客觀現實中推行的政策。退出歐盟是件錯綜複雜的大工程，不管在政治原則或經濟表現（或兩方面），勢必都得付出嚴重代價。

在加入將近半世紀之後，英國的法律和貿易早就與歐洲密不可分。人民和商品在不同國家之間自由遷徙及流通。三百萬歐洲人住在英國，超過一百萬英國人居住於歐盟地區。英國企業早已習慣與歐洲往來的便利安排，包括汽車、化工、製藥、太空工程、金融服務、食品加工等許多產業均倚賴及時生產流程，因為後續的貿易程序理應都將順暢無礙。

脫歐陣營信誓旦旦英國將重新掌握主權，從歐洲手中拿回決策權力，並堅稱英國脫歐後將會變成更富有的國家。這是脫歐派的核心謬誤之一。事實上，英國享有的貿易協定奠基於歐洲關稅同盟和單一市場，與其他會員國共享主權。

英國可選擇留在單一市場和關稅同盟中，但退出歐盟，不過仍須遵守貿易相關規定。英國必須做出抉擇：保全主權並承受經濟上的衝擊，或放棄完全掌控主權的目標，維持經濟發展。

二〇一六年十月，梅伊走上保守黨大會的講台。她告訴黨代表：「我們離開歐盟，是為了再次恢復對移民的管制；我們離開歐盟，是為了退出歐洲法院的司法管轄。」開放自由遷徙是加入單一市場的條件，且關稅同盟受歐洲法院監督。透過以上兩句話，梅伊確認英國即將採行英國現代政治史上最激進的經濟政策：英國很明顯要從兩者全面退出。

就在此刻，民族主義已然滲入保守黨的血脈。這不是意識型態的問題而已，而是要付諸實行。在看到公投結果後，保守黨認為這是最明智的一條路。無論動機為何，政策傳達的意涵已千真萬確。現在，減少移民人數已優先其他任何政策，必須率先落實。為阻止更多外國人前來，英國首相不惜犧牲國家的貿易優勢。

民族主義的文化架構支撐起這樣的政策核心議程。在民族主義者眼中，脫歐行動的勝利不僅僅確認英國有必要退出歐盟，更代表新的政治共識，具有更廣泛的意義。人民與菁英分子的抗衡成了政府與民間溝通的預設基調。

梅伊清楚表達了不可迴避的事實：「若你自認是世界公民，那你其實不屬於任何一個國家。你不懂『公民身分』真正的意思。」她在抨擊避稅手段時講了這段話，但激起的迴響遠遠不僅止於此。保守黨執政的英國即將進入身分認同戰爭。

如同以往的歷史演進，人民與菁英分子對立的論述框架為實務工作提供很大的自由空間。藉由此框架，英國政府得以否決任何反對其立場的論述，反駁政府背叛人民意志的各種攻訐，同時這也提供一種修辭載體，讓政府可以打壓異議聲浪。

從英國內戰和光榮革命以來，議會始終是國家主權的象徵。政府統治權的根基源於議會的支持，並受法院制衡。但如今，誠如公投結果所彰顯，新的授權來源位居更優先的地位，那就是人民意志。

英國政府嘗試依歐盟條約第五十條啟動脫歐的法定程序時，爆發了第一起爭議。梅伊試圖不徵詢議會意見便單方面啟動這項程序。蓋亞那裔的英國女商人吉娜・米勒（Gina Miller）向最高法院提出異議，指出憲法規定，該行動必須獲得議會同意。法院裁定政府敗訴。那是自由主義制度在面對公投結果時，首度堅持立場。

輿論反應來得又猛又急。《每日郵報》（*Daily Mail*）刊出三位審理此案的法官照片，上方的標題寫著：「與人民作對。」定位為服務高檔市場的《每日電訊報》（*Daily Telegraph*）頭條則是：「法官與人民之戰。」理應捍衛法院獨立地位的大法官莉茲．特拉斯（Liz Truss）不願指責這些新聞報導。

死亡威脅開始湧現。聖戴維斯（St. Davids）第四子爵羅德里．菲利普斯（Rhodri Philipps）提供五千英鎊，誠徵有志之士開車輾過米勒。「如果移民會為我們帶來這些麻煩，就該把他們送回惡臭的叢林。」他說。

依循歐盟條約第五十條展開協商後，梅伊試圖阻擋議會對脫歐協議的細節做出任何有意義的貢獻。她只給議員兩個選擇：支持協議，或靜待第五十條的兩年談判期結束，在毫無協議的狀況下「硬脫歐」。

事實上，議員毫無選擇餘地。如果硬脫歐，所有既存關係將會在一夕之間斷絕。公民權利、貿易法規、安全合作、航空業航權，甚至是癌症治療所需的放射性核種進口，都會頓時煙消雲散。但自由主義制度再一次堅守立場。議會上演一連串拖延戰，贊成與反對修正案的言論在議場如子彈般呼嘯來去，下議院總算爭取到機會，得以對梅伊的協議方案進行有意義的表決。

方案終於開始出現進展，但也反映英國即將脫歐的曲折現實。實際上，英國將會退出關稅同盟和單一市場，但同時想與歐洲盡量保持最緊密的關係。

協議方案的出現是英國脫歐公開辯論的重要時刻。公投宣傳的種種話術首次遭遇現實衝擊。與現實碰撞後，一切開始分崩離析。保守黨議員對自家人執政的政府不滿。下議院連三次否決脫歐方案，局面難堪。二〇一九年五月，梅伊情緒激動地站在唐寧街，證實將辭去首相一職。

梅伊的挫敗使英國更往現實的反方向走去。在隨後的保守黨魁競選中，正視脫歐艱難處境的候選人受到冷落，拒絕正視現實者則備受歡迎。強生最後脫穎而出，入住唐寧街。他對脫歐的態度可濃縮成一句日後數個月反覆出現的口號：搞定英國脫歐（Get Brexit Done）。

強生的民族主義色彩不比梅伊強烈，但無論在政治、文化和方法上，採納康明茲的主張都是不得不的權宜之計。因此，與其像梅伊一味履行「投票脫歐」提議的辦法，強生採取更大膽的手段。他將脫歐計畫內化到政府人事核心，不僅找來康明茲擔任重要幕僚，使其成為脫歐行動的重要舵手，更任命戈夫推動無協議脫歐。內閣成員完全以執行脫歐任務的意願和效忠強生與康明茲的合作關係為標準來遴選。保守黨內僅剩的溫和派——無法說服自己同意無協議脫歐的黨員——頓時失勢。幾乎一夕之間，英國幾個極受尊敬、從政資歷豐富中間偏右派的政治人物，便從議會黨團的名單中消失。

暫停議會是「投票脫歐」政府率先採取的行動之一。二〇一九年八月二十八日上午，距離第五十條的脫歐期限只剩兩個月，首相強行關閉議會。

下議院議長約翰・貝爾考（John Bercow）直指此舉「毀憲亂政」，但他無力阻止。九月十日一早，議會在非自願的情況下休會，創下英國現代政治的首例。

自由主義體制再次反擊。米勒再次向最高法院提出上訴，期間收到更多死亡威脅，遭受更嚴重的種族歧視。法院裁定休會違法。議會復會。儘管承受龐大壓力，但英國制度堅守底線，有別於匈牙利當時的發展。

強生接手協商脫歐協議。協議期間，他在一項議題上做出令人意想不到的讓步，亦即接受在英國本土和北愛爾蘭間設立海關邊界。英國政壇一向認為，這麼做等於分割英國領土，在政治上不可能實行。梅伊曾堅稱，「沒有任何英國首相會同意」。強生本人則曾表示，「只要保守黨執政，就不會、也不應簽署任何這類協議」。但如今，他卻贊成這項自己曾大力撻伐的策略。

與其為自己辯解，他採取另一種方式。他斷然否認。強生一再堅稱，愛爾蘭海（Irish Sea）不會有海關檢查，不僅與專家決議不符，也與所有證據呈現的事實不同，甚至與他黨內脫歐政府官員的發言相互矛盾。對許多英國選民而言，這是極少數相關人員才懂的政治事務。然而，這可說是英國政治論述發展上極為重要的一刻。英國脫歐協議將會決定英國一整個世代的經濟和政治狀態，但現在卻同時存在兩種現實，一種是白紙黑字的法律文件，一種是政府與社會大眾的溝通策略。政府的說詞已然棄事實於不顧。

如同梅伊的做法，「投票脫歐」政府利用人民與菁英對抗的敘事框架，在遭受嚴格檢視時為自己辯駁。除了唐寧街以外，所有可能具有獨立權力來源的機關都成了攻擊目標。在大眾眼中，議會和法院是反對勢力的大本營。公務員體系淪為大力改革的對象。親康明茲人士被安插到政府部門工作。當財政大臣薩吉德・賈維德（Sajid Javid）拒絕接受這類人事安排，他隨即遭到開除。

「投票脫歐」政府直接與媒體槓上。唐寧街回絕第四頻道（Channel 4）對所有內閣大臣的訪談邀約。越來越多政府認為不友善的記者進入黑名單，包括BBC和天空新聞台（Sky）的資深記者，以及兩個頗受歡迎的晨間時事評論節目，也就是ITV的《早安英國》（*Good Morning Britain*）和Radio 4的《今日》（*Today*）。

二〇一九年十二月十二日，保守黨以超過在野黨總席次八十席的耀眼成績贏得大選。隨後，強生自詡將領導「人民的政府」，並提出各項計畫，意欲削減BBC的影響力、約束法院職權、限制個人透過司法審查挑戰國家威信的權利，以及退出《歐洲人權公約》（European Convention on Human Rights）。

一個多月後的二〇二〇年一月三十一日，英國退出歐盟。

那晚在歐洲議會，隨著英國脫歐的時間越來越近，歐洲各國的政治人物彼此握手（許多人甚至流淚），合唱蘇格蘭民謠《友誼地久天長》（Auld Lang Syne）。在較高層的座位席上，法拉吉以歐洲議會議員的身分列席，揮舞著手上的塑膠製英國小國旗。

英國公投脫歐後，民族主義的熱潮延燒到大西洋彼岸。

白宮是反映世界變化的指標。即使國力已相對衰弱，但美國依然是全球最強大、最具影響力的國家。美國是國際體系規則的主要制定者。在所有實踐自由主義的國家中，美國的發展基礎無疑是由移民所奠定。如果連美國都倒向民族主義，就表示世界即將進入嶄新時代。

接著出現了一位正好能象徵新時代的男人：唐納．川普（Donald Trump）。

許多人將川普和強生相提並論。他們兩人都搭上民族主義浪潮成為國家領袖，也都不斷撒謊，說詞反覆不一。他們本人似乎認定，兩人的計畫互為補充，相輔相成。但事實上，其中的差別隱晦不明、違反直覺，而且至關重要。與強生不同的是，川普始終堅定擁護民族主義。

從一九八〇年代的日本到二〇一〇年代的墨西哥，他不滿的對象有所改變。不過基調始終如一，亦即要求凡是要以美國利益為首要考量，以猜疑、怨恨的心態看待外國人。他不像強生那麼睿智，無法將這些處事立場整合成有條理的意識型態框架，但他的本質一向充滿種族歧視、仇外心理、侵略傾向，如同易怒暴躁的刺蝟。

川普的政治手腕是從電視實境秀培養出來。他擔綱主持《誰是接班人》（*The Apprentice*），參賽者必須從一連串的競爭中勝出，才能獲得他房地產公司的聘約。他擅長觀察哪些舉止容易吸引拍攝團隊注意，認定這些亮點能博得觀眾歡迎，因此在稍後的集數中不斷反覆或強調。

思索是否競選總統時，他就是發揮了這項本能。他在全國各地演講期間，發現反移民的話題效果奇佳，使用的語言越是簡單粗暴，成效越好。

二〇一三年，川普在華盛頓的保守派政治行動會議（Conservative Political Action Conference）向共和黨員演講，過程中，他概述的幾項主題將會成為他日後競選的主軸，包括中國崛起帶來威脅、一千一百萬「非法移民」可能將能投票，以及製造業衰弱。「你們都是這場自殺任務的一員。」他告訴在場的政黨代表，「我們的國家亂成一團，一片混亂，我們需要英明的領導者。」

觀眾席中坐著史蒂夫·班農（Steve Bannon），他是白人民族主義網站布萊巴特新聞網的執行董事。班農喜歡川普展現的特質，尤其是他有辦法讓許多選民對他產生堅定不移的景仰心理。他將那場演講的情況回報給兩個人，川普日後得以推動政見，這兩號人物可說至關重要。第一位是阿拉巴馬州共和黨參議員傑夫·塞申斯（Jeff Sessions），他已在移民政策上努力了好多年；第二位是塞申斯的得力助手史蒂芬·米勒（Stephen Miller）。

米勒是來自南加州的年輕人，家境優渥。他的曾祖父在一九〇三年為躲避白俄羅斯的反猶太人屠殺行動而逃亡到美國，但他長大後反倒極度仇恨多元價值和移民。甚至在就讀聖塔莫尼卡中學（Santa Monica High School）期間，仍在青少年時期的他，便已憤恨不平地抱怨校方為了三成的西班牙裔學生，而必須以英文和西班牙文宣布事項。

他反移民的政治立場不像川普一樣，只是出於本能胡亂拼湊主張，而是富有使命感，渾身散發狂熱氣息。幫塞申斯工作時，他有一半的時間都在撰寫反對歐巴馬移民政策的講稿，另一半時間則擔當布萊巴特新聞網的消息來源，為該網站持續提供資訊，再由網站寫成報導。米勒和班農都是陰謀論者。他們認為，權力分立的背後其實是「深層政府」（deep state）在運作，意圖壓制人民意志。

這對組合能將川普出於一時的想法塑造成類似基於意識型態所形成的政治主張，比英國脫歐的遊說團體更為雄心勃勃，具有更強烈的意識型態。「投票脫歐」政治宣傳行動帶有絲毫種族主義色彩，但梅伊和強生都並非種族主義的信徒。他們打算充分利用民族主義的力量達成既定目的，以主權和移民議題為主軸（尤其後者主要著眼於東歐白人），基本上仍極力避免種族主義所影射的種種負面意涵。

相對之下，川普團隊從一開始就主動選擇種族主義式言論，試圖利用美國歷史上最遠可追溯至蓄奴制度的種族仇恨情緒。種族主義滲入競選活動的每個面向。川普的競選口號「讓美國再次偉大」（Make America Great Again）讓人不禁留意「再次」兩個字。這使人聯想起以前的時光——那時黑人尚未入主白宮，甚至一九六〇年代的平權運動尚未風起雲湧。這個口號可號召想重回一九五〇年代、年紀較大的感性選民，以及網路上充滿憤怒的年輕民族主義支持者。

班農、米勒和塞申斯為川普擘劃的藍圖是以政策為導向。他們希望利用川普在美國建立擁抱民族主義的政府，接著推廣到全世界，以一貫的政治理念為基礎，支撐川普既已成形的偏見和情緒化的渲染力。

就算上述計畫失敗，川普競選總統也能在更廣泛的文化層面上大有斬獲。川普的形象離客氣或體面甚遠。以往的政治世代中，政治人物總是試著廣泛吸引不同群眾的支持，但川普不走這路線。他是Facebook世代的政治人物，仰賴從身分認同群體的角度切入，吸引選票。他的競選活動打算挑起民族對立，鎖定目標族群想聽的內容精準灌輸觀點。

圍牆一開始是圍籬。二〇一五年一月，川普在愛荷華州的自由峰會（Freedom Summit）首次提出這項證見。「我們必須蓋圍籬。」川普告訴在場群眾：「一定會很壯觀。誰能比川普更會蓋圍籬？我會蓋。讓我來蓋，我會蓋出很棒的圍籬。蓋圍籬很簡單，相信我。」

這番言論收到熱烈迴響，所以在四個月後「德州愛國者」（Texas Patriots）主辦的活動上，他升級了先前的想法。他語氣堅定地說，邊境外有支滿懷敵意的大軍虎視眈眈，而自由主義者太軟弱，無力招架。「這些都是平民百姓，裡面肯定有些人很良善，這點我確定，但裡面必定也會有殺人兇手、強暴犯、藥頭。這些人都會進來。我要跟大家說，我很會蓋東西。我要興建史上規模最大的牆。」群眾喜歡他的提議。川普也喜歡看到這樣的反應。於是，這成了他當總統的核心理念。

圍牆成為川普的代名詞。這提供一個簡單易懂、象徵控制的意象，可以毫不受限制地阻擋移民。這呼應川普對貿易和製造業的主張。國內產業可以備受保護，不怕競爭；製造業衰退而失去工作的人可以免受經濟折磨。這堵牆濃縮人們對多元和自由放任經濟模式的焦慮，構成切合現實的單一象徵。

圍牆還傳達了更廣泛的訊息：暗示複雜問題能有簡單的解決辦法。只需要憑藉常識和意志力就能解決問題，現實將會恢復應有的秩序。

這種依戀簡單解方的心態，使深層政府的概念更加根深柢固。一旦你接受世界萬物的本質都很簡單的前提，自然就會認為，只要執行解決方案時遭遇阻礙，並非因為問題本身錯綜複雜，而是因為內部陰謀的關係，一切都是菁英組織密謀削弱人民意志所造成。

二〇一五年六月十六日，當川普在插滿國旗的台上宣布競選總統，圍牆便成為他的競選宣傳主軸。「美國已彷彿變成垃圾場，所有人都把問題往我們這裡丟。」他說，「墨西哥把人送過來，但他們都不是最優秀的人才，而是有許多問題。這些人帶來毒品，帶來犯罪。他們是強姦犯。我想其中還是有些好人。」

班農馬上知道他為何選擇這麼說。「那是會讓人朗朗上口的內容。」他說。這不僅是推動政策變革的契機，也能趁此機會鬆動政治對話中反種族主義的基本標準。「舊標準將會全面崩解。」他說，「以前沒人這麼說話。一般人不會這樣，有些話不能明說。這是讓人快速理解實情的方式。」

他說的沒錯。起初，全世界還是以過去的方式回應。美國企業對川普退避三舍；NBC和Univision等電視台終止與川普《美國小姐》（*Miss USA*）和《環球小姐》（*Miss Universe*）等節目的轉播合作。梅西百貨（Macy's）取消與川普聯名男裝系列。

但這並無大礙。或應該說，即便有影響，也不是毫無助益。部分民調顯示，在那場演講之前，川普在共和黨內的排名第八。幾週內，他已攀上首位。

在造勢場合，川普煽動群眾的憤怒情緒，危言聳聽指出媒體正與民主黨聯手遂行「全球陰謀」。任何與他本人行為有關的報導，例如他在錄音檔中承認自己侵犯過女人，都是「腐敗媒體利用自身權力亟欲阻止這場行動發生」。一萬五千人包圍二十名記者組成的媒體採訪團，將他們困在建築物大廳，並對他們高喊不堪入耳的辱罵言詞。許多記者擔心自己的人身安全。

不久後，川普成了美國總統。

從入主白宮的那一刻開始，川普便利用人民與菁英對立的敘事，效法民族主義者的經典手法，將人們遭逢金融風暴時展現出來的經濟焦慮，轉變成富有本土主義色彩的政治行動。以壯觀的美國國會大廈為背景，他在二〇一七年一月二十日的就職演說中說道：「這麼久的時間以來，國家首都的一小群人享受著執政帶來的獎勵，代價卻由人民承擔。華府欣欣向榮，但人民並未共享財富。政治人物平步青雲，但工作少了，工廠關閉。體制自我保護，但國家的人民並未擁有同樣的保障。」順著這樣的邏輯只能得到一個結論。「我們的計畫，是要以美國為優先。美國主義才是我們的信條，不是全球主義。」

謊言立即上演。就職典禮前幾天，川普吹噓當天「觀禮人數會多到不可置信，或許還能寫下紀錄。」最後證明雷聲大雨點小，遠比八年前歐巴馬就職典禮的出席人數更少，遊行路線沿途還有不少區域冷清無人。

隔天早上，總統本人下令國家公園管理局（National Park Service）製作空拍照。政府攝影官接獲要求對影像動手腳，將空曠的地方裁掉。白宮發言人尚恩．史派瑟（Sean Spicer）向媒體簡報就職典禮人數時堅稱，這屆是「觀禮人數最多的一次，無庸置疑」，並控訴媒體刻意低報數字，以「減損人民的熱情」。官方對出席人數的說法隨即遭到反駁，使川普的發言人凱莉安．康威（Kellyanne Conway）必須出面打圓場，表示史派瑟只不過提供了「另類事實」（alternative fact）。

這是多麼荒謬可笑、幾乎以自我為中心的謊言，但這麼做有個目的。川普政府利用欺騙手法擾亂視聽，閃避大眾對政策的檢視。川普不斷釋出錯誤訊息，使媒體專注探究單一報導的能力嚴重受到干擾。新聞層出不窮，誤導的說法不斷湧現，充斥媒體版面，最後導致重要事務得不到應有的關注。「民主黨人不重要。」班農說，「真正的在野黨是媒體，而對付他們的方法，就是用一堆狗屁倒灶的事壓垮他們，讓他們喘不過氣。」

截至二〇二〇年夏天，川普已脫口而出超過一萬八千條錯誤或有誤導疑慮的資訊。二〇一八年，他一天平均說錯十五件事。

大小事他都能說謊。他對有損名譽的事情說謊，像是他的律師表示，他授權付給謠傳與他有染的女性一筆封口費。但面對可能對他有利的情況，他也未能據實以告，使人摸不著頭緒。例如在佛州坦帕（Tampa）一場人數可觀的造勢活動上，他宣稱「數千人」進不去會場，只能在外圍透過「巨大投影幕」觀看。現場的確來了很多人，他的造勢活動一向吸引大批民眾參加，但人數沒有那麼多，而且從頭到尾沒有投影幕。

和墨西哥之間也沒有築起圍牆。如同「投票脫歐」在試圖兌現當初開出的支票時遭遇重重困難，川普則面臨客觀現實的考驗，導致事與願違。上任後，由於他不斷挑撥族群對立，使民主黨政治人物不願與其合作，甚至連基層共和黨員都不願意支持他的政見，最終無法取得蓋牆的資金。

他起初堅持圍牆必須以混凝土興建。官員花了好幾個月試圖改變他的想法。水泥圍牆相當容易破壞，邊境巡邏單位也無法看見對面的情況。於是他決定改用鋼柱。

「但鋼柱必須緊緊相連。」他說，「全部只使用鋼柱。」鋼柱頂端要布滿尖刺，以防有人翻牆而過。他希望尖刺漆成黑色，在陽光下曬得發燙。

他不斷說著圍牆會有多漂亮，對美的品味展露無遺。一座阻擋外來移民的建築物，一旦有人強行翻越，皮膚就會慘遭刺破、撕裂、切割，或遭高溫灼傷。

人民與菁英的對立局勢底定，加上有滿天飛的謊言助勢之後，川普便與國內制度開戰。對川普的支持者而言，不利於川普的法院判決一概視為深層政府發起的攻擊，除了行政機關本身，還有媒體圈的側翼聯手。在白宮與總統餐敘的福斯新聞（Fox News）節目主持人尚恩．漢尼提（Sean Hannity）就說：「這些都是因為深層政府在背後操弄。現在深層政府採取更加粗暴的手段，與美國人民勢不兩立。」

川普與奧班一樣不只將矛頭指向法院。他也與科學界爭執不下，尤其是在氣候變遷議題上，他堅定認為，氣候變遷是中國設下的騙局，「意圖讓美國製造業失去競爭力」。川普新任命的環境保護署（Environmental Protection Agency）首長否認氣候變遷與二氧化碳有所關聯。另一個氣候變遷陰謀論者吉姆．布萊登斯坦（Jim Bridenstine）接任 NASA 署長，掌管全世界最重要的太空組織。

獨立運作的國會預算局（Congressional Budget Office）負責針對政策的經濟影響彙整資料量龐大的評估報告，就連這個由共和黨員擔任首長的機關，都被視為深層政府的一部分。預算局在二〇一七年針對川普曇花一現的健保提案提出成本與影響評估報告，白宮稱之為「跟假消息沒兩樣」。金瑞契說：「預算局在深層政府的指示下暗算共和黨參議員。」

FBI 特別檢察官鮑伯．慕勒（Bob Mueller）受命調查俄羅斯如何利用假資訊介選，被視為「深層政府之矛」（deep state spear）的尖端。漢尼提在推特大肆斥責，指出司法調查證明了深層政府是「這個國家和你顯然正面臨的危險」，川普後來更轉發這則推文。

攻擊制度的情況也發生在國際上。二〇一七年十一月，WTO的核心公約《關稅及貿易總協定》（GATT）邁入七十週年，川普拒絕出席相關慶祝活動。取而代之，他前往福斯新聞台，話鋒尖銳地批評：「WTO成立是為了增進所有人的福祉，唯獨除了我們之外。他們如何占盡這個國家的便宜，你絕對不敢相信。」

川普重新利用美國人長久以來對WTO的埋怨，以此試圖中傷該組織。他採取相當簡單但可能破壞力十足的程序：美國對上訴機構的人事任命行使否決權。該機構理應常設七位法官，一有法官任期結束，則提名新法官補上。

歐巴馬執政期間，美國積極參與人事任命，包括拉下一名判決不利美國的南韓法官。但川普大幅提高干涉力道。他不針對個別法官，意在癱瘓整個機制。對於所有新任命或重新任命的人事案，他全面杯葛到底。

最低門檻是三位。上訴機構必須要有三位法官，才能對爭端做出判決。隨著川普不斷否決人事案，越來越多法官屆滿任期，空缺未補的情況下，法官人數遞減。他等於是在逐漸掐死上訴機制。

他的盤算很簡單。一旦上訴機構停擺，會員國就必須自行處理紛爭。到時上訴程序早就崩解，別無他法之下，世界就會基於組織運作的現實面，回到原本的非正式調解模式，大國將更容易達成想要的目的。

二〇一九年十二月十日，剩下的三位法官中，其中兩位的任期終於結束。上訴機構再也無法正常運作。

與此同時，川普開闢了第二戰線。他製造貿易戰，影響世界的規模之大，可說自一九二〇年代的報復式貿易衝突後首見。他對WTO毫無顧忌，所作所為不受約束，反而凸顯了以自由主義為根基的國際組織在面臨不受拘束的經濟民族主義時，有多麼無能為力。

貿易戰的主要目標是中國。一九八〇年代，中國和日本在汽車產業的表現日益搶眼，從那時開始，川普便萌生對抗中國的念頭。

這股敵意的核心源自一個基本到近乎幼稚的錯誤認知。他以為貿易是場零和遊戲。他無法理解，兩人在談判桌上可以創造皆大歡喜的結果。合作夥伴可以經由互動成就雙方都能受惠的局面，他毫無這方面的概念。

在他的觀念中，貿易順差（對合作夥伴的出口金額大於進口金額）是國家的勝利，逆差則是奇恥大辱。中國外銷到美國的貨物多過美國賣到中國的商品，使川普對中國甚感不滿。即便如此，現實情況還是沒有改變。美國人平均比中國人富有許多，容易取得貸款，喜歡消費。貿易逆差本身並不構成問題，單純只意味著一個國家想購買更多商品而已。

川普對進口自中國的零件額外課徵三%的關稅。企業將大部分成本轉嫁到消費者身上，但一般消費者很難察覺差異。於是進入第二階段。消費品開始受到衝擊，也就是大多數美國人所購買的商品類型，包括玩具、服飾、鞋子、智慧型手機、電玩遊戲、消費電子產品。截至二〇一九年底，美國向中國購買的幾乎每一件商品都在關稅名單中，價值達美國進口總額的二〇%。中國回以相同手段，使美國大豆無法賣到中國，予以報復。川普以數十億美元稅金補貼農民，但那只是短期策略——當消費者看到商品價格因關稅戰而上漲，川普無法只靠補助平息民怨。接著，中國對幾乎所有美國商品課徵報復性關稅，以牙還牙。兩國的關係逐日惡化。

此外，川普也將手伸進貿易協議。他宣布退出《北美自由貿易協議》（North American Free Trade Agreement, NAFTA）的計畫，這項美國、加拿大和墨西哥共同制定的美洲貿易系統將三國緊密連結在一起。三天後，他宣布退出《跨太平洋夥伴協定》（Trans-Pacific Partnership, TPP）。歐盟與美國談判多年的《跨大西洋貿易及投資夥伴協議》（Transatlantic Trade and Investment Partnership, TTIP）胎死腹中。

《北美自由貿易協議》勉強還有一線生機，《跨太平洋夥伴協定》則在沒有美國的情況下繼續。但情勢很清楚。美國數十年來經營的多邊貿易關係大開倒車。自由主義大力經營貿易環境，以此防止戰爭發生，但此現況如今面臨危急存亡之秋。

美國戰後擁抱開明的利己思維（enlightened self-interest），認為以規則維護秩序的全球自由貿易將為自己帶來物質上的利益。這樣的想法已然逝去。取而代之的是彷彿狗咬狗的殘酷世界，川普在心中盤算，他要以美國的貿易規模為籌碼，強逼其他國家屈服。

美國假裝自己仍遵守 WTO 規定，聲稱加徵關稅（明顯違反最惠國待遇原則）符合 GATT 第二十一條，亦即牽涉國家安全得免於遵從條款規定。問題就在於：關稅與國家安全毫無關係。

WTO 形同跛腳的爭議解決機制倉皇啟動，但緩不濟急，接連好幾年無法保證問題能夠順利解決。許多 WTO 官員認為，事情如此發展，或許可算是兩害相權取其輕，因為要是真的解決爭議，他們實在不曉得該怎麼面對後續發展。如果 WTO 作出有利美國的裁決，所有國家就能隨時利用國家安全作為豁免理由，使整個體制失去意義。然而，要是判決不利美國，川普有可能翻臉退出，WTO 便將失去這個全球極為重要的貿易大國。無論情況如何發展，都可能嚴重弱化該組織的體質，或許還會造成致命一擊。

就某種意義上而言，這一點也不重要。川普早已表明不在乎國際規則。他對其他所有民族主義者傳達一個訊息，也就是他們可以為所欲為。他正在建立他想要的世界，而演戲是他的手段。從貿易和政治的影響力來看，美國光憑規模就足以讓各項舉措變成全球的新常態。

以自由主義構築而成的世界秩序正在崩壞。奧班從內部削弱歐盟力量；英國退出歐盟，使其遭受龐大打擊；川普則貶抑 WTO 的地位。數十年精心建構的成果正在裂解。

這些國家中，同樣的情況也在破壞制度基石，鬆綁對行政權的制約。國會、司法體系、公民社會、媒體，無不持續遭逢各種攻擊。

在這一切的核心，真正的工作正在逐漸落實，為其他所有計畫鋪陳發展的前奏。對客觀事實的認知正在滅絕。個體概念正一點一滴吸納到廣義的人民之中。

第13章 異己

二〇一一年七月的某個早晨，彼耶特羅・巴特羅（Pietro Bartolo）目睹了本該不應看見的情景。

他是義大利拉姆培杜薩島（Lampedusa）的醫生，時常有滿載著移民的船隻被海浪沖上岸。那些移民來自突尼西亞、撒哈拉沙漠以南的非洲地區、利比亞等國家，逃亡的原因包括戰亂、暴動或經濟和社會崩潰。

過去這些年，他看過無數艘彷彿就要解體的船隻，幫助了船上無數個移民，但這次情況不一樣。船上的乘客不像以前的移民那樣，只是一臉疲累、身體脫水，而是受到創傷。「貨艙出事了。」他們步履闌珊地走上陸地時，有人對他說。只不過那不是貨艙，那是放漁獲的冷凍櫃。

船上擠了太多人。當船看似有可能翻覆，人口販子便命令船上的人進入冷凍櫃，以維持船身穩定。剩下的人則被迫坐在冰櫃的門上，阻止底下的人出來。於是在下方的一片漆黑中，乘客窒息而死。

「裡面宛如地獄。」巴特羅說道，「貨艙地上全是屍體，腳下踩的也都是。年輕人的屍體多到數不清。他們身上沒穿衣服，一具一具屍體疊成一座小山，有些人的四肢交纏在一起。牆上滿是抓痕，殘留著鮮血。許多死去的年輕人沒有指甲。」

這只是開端。幾年過去，奮不顧身想逃到歐洲的人數劇增。阿拉伯之春在利比亞和敘利亞奪走許多人的生命。伊拉克深陷戰事之中，局勢依然不穩。在非洲，氣候變遷及社會經濟失序，上千人不得不遠走他鄉，尋找安全的容身之所。

截至二〇一五年，每年有十五萬人從利比亞搭船越過地中海，逃到義大利。每天約有兩千三百人選擇愛琴海的另一條路線，從土耳其前往希臘。那年，一百三十萬個難民在歐盟地區申請庇護。

數千人死亡。二〇一四年，約有三千兩百六十一個移民在從地中海前往歐洲途中喪命；二〇一五年，三千兩百八十五人死於地中海，八百零六人命喪愛琴海。

悲劇層出不窮，死亡的警鐘響徹歐陸。二〇一三年十月，一艘船在拉姆培杜薩島外海沉沒，帶走三百六十條性命。二〇一五年八月，奧地利警方發現一輛卡車棄置路旁，車上載著七十一名男人、女人和小孩，他們早已窒息身亡，屍體嚴重腐敗。

二〇一五年九月二日，三歲小男孩艾倫．庫迪（Alan Kurdi）與母親和哥哥從土耳其的博德魯姆（Bodrum）搭船渡海到希臘的科斯島（Kos）。一張他的照片引發全球關注，照片中，他的軀體被海浪沖上沙灘，臉朝下俯臥在海水中。這張照片登上全球各大媒體，證明這場人類悲劇的規模之大，令人喟嘆。

起初人們感到心碎。從二〇一三年到二〇一四年，義大利中間偏左的民主黨政府發起名為「我們的海」（Mare Nostrum）的搜救行動，在海上拯救超過十五萬條寶貴生命。以慈善基金成立的小型 NGO 搜救船隊在汪洋大海中搜尋，尋找需幫助的難民，因而獲得「海上天使」（angels of the sea）的稱號。

悲傷情緒席捲全球，歐洲的民族主義頓失鎂光燈。二〇一五年九月二十一日，就在庫迪屍體曝光幾天之後，匈牙利的奧班明確表態。「現在移民不只前來敲門，簡直要把門都拆了。」他告訴匈牙利議會，「不只幾百或幾千人，而是數十萬、甚至上百萬移民在圍攻匈牙利和歐洲的邊境。這叫侵略。我們的國家正在遭受入侵。」

他像是偏離軌道的特殊存在。歐洲各國領袖紛紛與他保持距離，但其實，奧班贏得了勝利。他的立場堅定不移，歐洲輿情後來反而朝他靠攏。

這表示民族主義已獲得更廣泛的成功。各國陸續緊縮移民政策，這些國家中，有些已由民族主義者執政，有些國家的主流政治人物擔心失去選票而不得不正視這個議題。隨著民族主義蔚為潮流，移民成了主要受害者。

有些移民是難民，如同那些溺斃於地中海的人；有些是經濟移民，出國尋求更好的生活；有些只是愛上了其他國度的另一半，為愛遠走他鄉。無論是哪種情況，在本國人的眼中，移民彷彿成了社會的污染源，敗壞民俗風情。在各國豎起高牆的時代，他們有如異類。他們的權利受到傷害，自由遭到剝奪。移民只是一組統計數字。

以德國和瑞典政治人物為首的歐洲國際主義者認為，移民危機必須靠自由主義的核心價值來化解：體認共同人性、落實戰後的《難民地位公約》、致力推動人權，以及歐洲各國共同分攤責任。

「德國憲法與歐洲價值要求保護人格尊嚴。」梅克爾表示，「換句話說，不只是維護德國人的尊嚴，全球各國的人格尊嚴，我們都要能夠感同身受。」她打開德國邊境，接收了數十萬名難民。

歐洲民族主義者敦促歐盟走向另一端。捷克、波蘭、匈牙利和斯洛伐克共組的維謝格拉德集團（Visegrád Group）開始關閉國境，諷刺的是，這些國家都是歐盟東擴的受惠者。面對這項人道危機，他們改以捍衛國家安全為由，為自己辯護。

平心而論，接收難民的相關規定有其瑕疵。根據歐盟《都柏林公約》（Dublin Convention），尋求庇護者必須在抵達的第一個國家中請難民身分，但這無法回應地理事實造就的實際情況。難民搭乘的船隻並非平均駛向歐洲各國。大部分難民從義大利和希臘上岸，這兩國因難民大量湧入而承受龐大壓力，應接不暇。

這議題直接挑戰歐盟核心價值。這是歐債危機以來，歐盟價值首次面臨挑戰，考驗著歐洲國家能否團結一致，攜手共創多贏局面。難民數量龐大，但在擁有超過五億人口的歐洲，這個數量理應不成問題。前提是，所有國家必須共同挑起這個重擔。

然而，民族主義者斷然拒絕。維謝格拉德集團一口回絕難民分配機制，不願讓自己的國家接收難民。

歐洲領袖公開譴責奧班，但回到國內，民族主義高漲的政治現實讓他們目瞪口呆，於是他們紛紛向奧班的立場靠攏。他們放棄分擔責任的使命，轉而竭力阻止難民從他們的國家進入歐洲。

難民問題的源頭在敘利亞內戰。敘利亞人民想盡辦法逃往海外。阿薩德（Assad）和普丁在敘利亞國內聯手殺戮數十萬平民。許多人付錢給人口販子，只求能橫越國土，躲過政府和民兵的注意，抵達土耳其邊境。單單二〇一七年十二月到二〇一八年一月期間，就有二十四萬七千名敘利亞人試圖前往國境。也有敘利亞人逃往鄰近黎巴嫩和約旦的大型難民營，有能力的人再從那裡搭機飛往伊斯坦堡，接著轉搭船隻進入希臘。

因此，歐盟認為阻斷從土耳其進入歐洲的逃亡路徑，是處理難民問題的關鍵。對此，歐盟在二〇一六年三月與土耳其總統艾爾段達成協議。歐洲將非法入境的移民遣送回土耳其，由土國接手後續處理。交換條件是，歐洲放寬對土耳其的簽證政策，並給予六十億歐元資金，協助建立完善的難民設施。不過事實上，艾爾段從中得到另一項更寶貴的收穫：影響力。自從簽署聯合行動計畫，土耳其就有能力脅迫歐洲，每當歐盟抱怨土耳其的人權紀錄不佳，土耳其就威脅要釋放一批難民，還以顏色。

艾爾段迅速採取行動。他將千里迢迢來到土耳其的三十一萬五千名敘利亞人遣返回國，取消從黎巴嫩和約旦飛往土耳其的簽證，並在土耳其與敘利亞接壤的邊境興建圍牆，阻擋亟欲逃離戰亂的人民。邊境守衛無差別對待冒險靠近的難民，不管男人、女人或小孩，都難逃葬身於槍口下的命運。

協議的效果不凡。歐盟與土耳其一簽訂協議，強渡愛琴海進入歐洲的難民人數就大幅下降。雙方聯手祭出的因應措施，使難民無法再搭上渡海的船隻。

接著，歐洲將注意力轉向海上的難民船。歐盟的搜救行動逐漸進入尾聲。「我們的海」降級為特里頓行動（Operation Triton），這項新任務由歐盟邊境管理局（Frontex）執行，效率遠遠不如以往。之後又改制為忒彌斯行動（Operation Themis），效率依然不見起色。

從二〇一五年到二〇一八年，難民渡海的死亡率提升幅度超過九倍，從每千人渡海四人喪命增加到三十七人。整體難民人數下降，但在過程中死亡的機率大幅攀升。

理想情況下，歐盟理應希望將難民船遣返回利比亞，但有個問題。《難民地位公約》禁止各國將難民送回不安全的國家，因此歐盟轉換方式，改採效果如同「換船旗」的因應做法。歐盟向利比亞海岸警衛隊提供大量資金，協助其巡邏海域。只要是他們發現懸掛利比亞國旗的難民船，就能名正言順地將船遣返回國，同時又不違反國際法規定。接著，歐盟協助利比亞確認搜救區範圍，藉此移除歐盟在地中海該海域的法律責任。

這項計畫同樣很成功。二〇一六年到二〇一九年期間，海岸警衛隊在海上攔截並送回利比亞的人數就有五萬人。

歐洲各國對後來發生的事視而不見。

縱使各國多麼希望情況正好相反，但利比亞早已失去正常國家的功能。利比亞境內有兩個相互對立的政府：位於首都黎波里（Tripoli）並獲歐盟認可的全國團結政府（Government of National Accord），以及掌控貝達市（Al-Bayda）、托布魯克（Tobruk）和班加西（Benghazi）等東部大城的臨時政府。兩方都必須仰賴零散的民兵組織支持，才能勉強控制所在地區。

利比亞沒有難民法規和庇護體系。國內衝突持續不斷，致使經濟徹底崩盤。走私活動（包括人口販賣）興盛，換句話說，利比亞海岸警衛隊的工作其實並非搜救，比較像是追捕。

二〇一八年六月，來自喀麥隆的移民喬安娜（Joanna）搭上一艘載著一百七十人的船舶，後來利比亞海岸警衛隊發現了他們。「利比亞的大船上有人丟下繩索，要我們綁到船身上，起初我們拒絕照做。」她說，「那些利比亞人對空鳴槍，威脅說道：『看是要綁還是吃子彈。』」

滿船的移民被遣送回利比亞後，被迫進入收容機構。收容時間無限期，而且沒有任何法律規定可循。根據格達費（Gadaffi）時期制定的法律，只要未取得利比亞入境授權，任何年齡的外國人都可能依非法居留的罪名入獄。試圖逃跑還會慘遭凌虐。一名遭關押的移民告訴參訪收容中心的人權研究人員：「大概是上星期四的樣子，一個來自獅子山共和國的男性試圖逃獄，但他們抓到了他。他們把他打到不省人事。」

拘留者遭受毆打、鞭笞和電擊。研究人員在收容中心看見一個男性屈膝坐在走廊，一動也不動，眼神空洞地注視著前方。「他們兩個月前電擊他。」一名拘留者解釋，「之後他就那樣坐在地上了。他以前還能正常講話，現在只能盯著前方看。他們帶他去醫院，但回來狀況還是一樣。還有其他三個和他一樣。」

出了收容所，移民面對的是利比亞混亂失序的恐怖社會，尤其是猖獗的人口販運。來自索馬利亞年僅二十三歲的卡密拉（Kameela）落入人口販子手中，二〇一七年到二〇一八年間遭軟禁在利比亞南部長達三個月。「那裡有個很高大的人，一個利比亞男人，他強暴我。」她說，「我丈夫阻擋不了他，他們拿槍抵著他的頭。他每天晚上都這麼對我。要是我說『別碰我』，他就打我。」當他們終於逃出來，她已懷上強姦犯的小孩。

人口販子抓到衣索比亞的十七歲小女孩妮雅拉（Nyala）時，她身邊沒有大人陪伴，他們將她關在利比亞中部的機棚。「他們拿槍指著我的頭，打電話給我父母。」她說：「他們把電話放到我耳朵旁邊，命令我叫父母付錢救我。他們第一次付了四千，第二次付了五千五百元。我想我大概懷有四個月身孕。我被強暴了兩三次。」

歐盟將難民處理的責任「外包」出去，導致數萬人落入這地獄般的處境。截至二〇一八年，約有一萬人在利比亞收容機構，離開的日子遙遙無期，還有六十八萬人流落在收容機構外。有多少人被人口販子和民兵關在倉庫和非官方收容中心，沒人知道。用聯合國人權事務高級專員（UN High Commissioner for Human Rights）扎伊德・拉阿德・海珊（Zeid Ra'ad Al Hussein）的話來說，這實在「泯滅人類良知」。

歐盟明白實際發生的情況。「有些移民在利比亞遭到監禁，那些令人震驚和有辱人格的情況，我們全都知道。」歐盟移民事務執行委員迪米特里・阿夫拉莫普洛斯（Dimitris Avramopoulos）在二〇一七年十一月表示。歐盟提供部分資金協助改善情況，但原有政策繼續執行。不管政治人物口頭上表達多麼遺憾，現實情況簡單明瞭。歐盟利用利比亞充當戰俘集中營，防止難民湧入歐洲。上述的悲劇就是結果。

歐洲有個國家甚至不對利比亞的情況表達關切，反而無視事實，認為那就是最理想的狀態。那個國家是義大利。

義大利感到憤恨不平有其道理。其他歐洲國家並未分攤難民帶來的重擔，像奧班這樣的民粹主義者早就拒絕接收難民。完全不令人意外的是，即便各國的民族主義者都明瞭實際發生的情況，但他們之間無法通力合作，一起解決問題。

民族主義者馬提歐・薩爾維尼（Matteo Salvini）來勢洶洶，義大利中間偏左的政府面臨嚴峻挑戰。他是當時北方聯盟（Northern League）的領袖，該地區性政黨將所有社會和經濟問題全怪罪到中央政府頭上。

薩爾維尼在二〇一三年十二月接任聯盟主席，一切有了改變。該黨不再屈就於扮演地方勢力，更尋求在全國發揮影響力。歐盟取代中央政府成了他們指責的對象。薩爾維尼不斷高舉右翼身分政治的大旗，將義大利的所有問題一概歸咎於移民和布魯塞爾。

薩爾維尼在二〇一七年推行「大規模逐街掃蕩」，驅逐義大利各城市中的移民。他認同民族主義者對穆斯林的常見攻擊，指出伊斯蘭教「與我們的價值觀不相容」，並喊出「義大利人優先」的口號。班農曾表示，「川普和薩爾維尼是同一個模子刻出來的。」

實際上，中間偏左的執政黨試圖採取薩爾維尼的政策方針，極力滅他的威風。義大利將難民處理工作「外包」給利比亞，藉此減少難民數量。這方法發揮了成效。橫渡地中海的船隻數量銳減，二〇一六年到二〇一八年期間於義大利上岸的移民人數大減九〇％。然而，國內政治情勢依然沒有改變。採納民族主義的敘事，只是創造了將薩爾維尼推上浪頭的條件而已。於是政治輿論產生了明確的風向，促使選民直接把票投給真正的、而非弱化版的民族主義者。

二〇一八年三月，民主黨在全國選舉中大敗。薩爾維尼的北方聯盟改名為聯盟黨（League Party），與崇尚民粹主義的五星運動（Five Star Movement）共組聯合政府。五星運動專注推行經濟計畫，由薩爾維尼全權處理內政事務。他在部長任內利用社群媒體培養基層實力，要是撇除實際頭銜的話，他幾乎可說是義大利的總理。

在他鞏固政治權力後，難民問題已無轉圜餘地。前屆政府與歐盟早已屈服於他的理念，不僅阻擋了大部分的難民船，也停止官方救援行動。最後只剩一項富有同情心的措施需要取消：

NGO救援船。

二〇一八年六月十日，薩爾維尼宣布，義大利港口不開放在海上拯救移民的NGO救援船停靠。海上移民不再有安全的港口可以上岸。

地中海救援組織水瓶座號（SOS Méditerranée Aquarius）載著從利比亞外海拯救的六百二十九人（其中包含一百個小孩），在海上不知何去何從，禁令發布後即無法駛入義大利的港口。西班牙最後同意讓船靠岸。接著，新的紛爭幾乎馬上出現。同樣面對港口關閉，德國慈善組織「任務生命線」（Mission Lifeline）的船載著兩百五十九名從海上救援的移民，無處可去。救援船在海上漂流一週，遲遲無法在義大利靠岸，最後馬爾他（Malta）基於對難民的憐憫，發出入港許可。

二〇一九年夏天，就在地中海發生翻船事件奪走多達一百五十條人命前幾天，薩爾維尼發布新的行政命令，賦予自己阻止船隻停靠義大利的完整法律權力。行政命令第二條規定，任何無視禁令的船長得處十五萬到一百萬歐元罰鍰，且義大利有權沒收及可能破壞船隻。這對NGO救援船無疑是法律上的全面襲擊，造成空前的財務損失。

薩爾維尼開始起訴船長，速度約是一個月起訴一人。海洋觀察三號（Sea-Watch 3）船長卡蘿拉・拉奎特（Carola Rackete）試圖在義大利放四十個難民下船，因而遭到軟禁。薩爾維尼直指她是「國家安全危險分子」。

要是依法論法，這項政策並不成功。案件大多未審判就簽結。有些案件遲遲未結案，但預計不會再有進展。然而從實務面來看，該做法成效斐然。薩爾維尼的計畫不是真的要把上千名慈善工作者關進大牢，而是藉此產生嚇阻效果，使他們面對天文數字般的鉅額罰鍰，而無法繼續履行職務。

許多 NGO 紛紛結束搜救行動，停止在地中海的巡邏作業。二〇一六年，地中海還有至少十來艘民間救援船，二〇一九年僅剩六艘在運作，其中一艘遭到扣押，兩艘只執行監看任務。「他們禁止我們提供協助。」為慈善組織工作的船長達瑞許・貝吉（Dariush Beigui）表示，「沒有比這更惡質的行為了。要說『有人溺水了，但我不想伸出援手』是一回事，阻擋其他人幫助又是另一回事。」

但是，「援助移民非法化」正是實際發生的情況，而且不只在海上，也發生於陸地上。二〇一四年到二〇一九年間，歐洲有兩百五十人因為與移民共事而遭到逮捕、指控或調查。

德國的萊茵蘭－普法茲邦（Rhineland-Palatinate）民族主義色彩濃厚的另類選擇黨（Alternative für Deutschland）民調表現強勢，五名新教牧師允許蘇丹難民睡在教會建築內，因而手機、法律通訊文件和教會紀錄遭到扣留。

瑞士福音教會牧師諾伯特・瓦雷（Norbert Valley）在禮拜進行間遭到逮捕，原因是他協助一名庇護申請遭駁回的多哥籍男子。在丹麥，七十歲的麗絲・蘭絲洛（Lise Ramslog）允許讓移民家庭搭順風車，因而被判有罪。

法國七十二歲的退休講師克萊兒・馬爾索（Claire Marsol）載一名男孩和年輕女性去火車

站，後來因協助非法移民而遭定罪。警方搜索她的住處、幫她戴上手銬、扣押她的私人物品，並將她拘留。法國登山嚮導班瓦・杜克洛（Benoit Duclos）被控援助及唆使非法移民，理由是他在雪地幫助一名懷孕的奈及利亞女性跨越邊界。

放任移民死亡或受困於利比亞的刑求室，還是在敘利亞慘遭屠宰，都還不夠。在民族主義渲染的恐懼下，歐洲各國更進一步，將展現憐憫之心的本國公民貶為罪犯。

英國也出現類似的文化轉向。老早在二〇一〇年梅伊職掌內政部時就已開始，那時脫歐行動尚未啟動。接下來六年間，她將內政部變成個人領地。這個公認一向冷漠看待政策實際影響的政府部會，變得更加不近人情。

二〇一三年夏季，梅伊提出一份意向聲明，內部代號為「警戒行動」（Operation Vaken）。內政部派出宣傳車，來回行駛於移民比例高的倫敦區域。「回國，否則準備入獄。」看板上寫著。文字一旁是一副手銬的圖片，以及當地已逮捕的移民人數。

表面上，派車上路宣傳的做法看似黯然結束。政府並未因此逮捕許多移民，而且宣傳車很快就不再上街。但逮捕人數不是內政部真正在意的重點，最重要的是，政府希望社會能看見他們的立場，而他們的確成功吸引了各界注意。傳統媒體和社群平台大量報導，數百萬人民在街頭看見了嚴肅的宣傳口號。政府不只想向非法移民傳遞訊息，任何以為自己可能在英國獲得接納的移民，都是政府鎖定的宣傳對象。宣傳看板傳遞的理念日後更化為內政部政策，最後成為英國政府的核心理念。英國不歡迎移民。

二〇一四年，《移民法》（Immigration Act）擴大內政部的監視、強制和控制系統，相關規範不再侷限於政府部門，而是落實到民間社會。醫生、老師、房東和慈善工作者化身為外包的邊境管制人員，肩負起發現及檢舉非法移民的責任，以將移民驅逐出境。

這種新方法稱為「嚴峻環境政策」（Hostile Environment.）。光看到這名稱，就不難理解其真正的意圖。政府計畫大多採用委婉的正式名稱，試圖淡化其真實目的，例如「量化寬鬆」或「空房補助」。但這次不一樣。政策使用「嚴峻環境」一詞，就是要吸引所有人的注意，帶有恫嚇的意味。

英國的國家健康醫療服務（NHS）接獲命令分享患者資料，以協助「尋找違法移民的蹤跡」。醫生收到指示，必須協助詢問病患的移民狀態。移民使用NHS必須付費。這筆費用表面上是要彌補醫療旅遊造成的資源缺口，但其實特地到英國使用免費醫療保健服務的外國人並不多。英國皇家全科醫師學會（Royal College of General Practitioners）預估，醫療旅遊僅占國家健康醫療服務整年預算的〇・〇一％。當歐洲執委會請英國提出證明，官員卻回答：「這些問題太強調量化證據。」

民眾為此政策付出極大代價。一名醫生回想起，有個男性患者已診斷出肺癌初期症狀，但他沒有適當的身分證件。他被移送到收容中心好幾個月。當他終於可以接受治療，腫瘤已經惡化到無法治癒。

這股文化滲入警界，招致災難般的結果。二〇一七年三月，一名女性走進倫敦的警局報警，指稱她遭到綁架及強暴。警察先將她轉介給性侵慈善機構，然後馬上逮捕她，訊問她的移民身分是否合法。

要求移民出示文件和身分證明的風氣擴散到每個角落。房東與租客洽談時，必須查驗他們的移民身分。雇主必須先檢查應徵者的身分證件，才能提供工作。銀行必須對想開戶的移民調查身分背景。甚至連駕照核發與否，都與移民的身分狀態息息相關。

移民團體試圖告誡內政部，指出此策略不只會影響非法移民，也會影響有權合法居住於英國的其他人。

許多合法在英國生活的人沒有相關佐證文件。疾風世代（Windrush generation）就是這樣的一群人。他們在二戰後回應英國當時的呼籲，搭乘同名船艦從加勒比海來到英國，協助英國重建家園。他們當時是以英國公民的身分入境，沒有身分證明的硬性規定。政府在二〇一〇年銷毀了他們的入境卡資料，因此也沒有任何官方紀錄可以證明他們的入境時間或身分狀態。

如今，嚴峻環境政策衝擊到英國自己的公民，開始摧毀他們的生活。倫敦一名英國男子在一九五〇年代離開安地卡（Antigua），自小離鄉的他接獲公文，才得知自己將要被驅逐出境。牙買加裔的男子接受癌症治療，政府要他支付五萬八千英鎊。六十三名疾風世代的家屬被遣送回早已離開幾十年的國家。還有人出國旅遊，回國時才發現自己進不了英國國門。數千人無法使用醫療服務。許多人被迫住進英國的移民收容機構。

對大半輩子住在英國、把英國視為家鄉的人來說，這是多麼沉痛的時刻。政府官員的表述方式，彷彿這只是政策的小瑕疵，但實則不然。政策本身就是問題所在。政策的設計是為了盡可能撒下最大張的網，盡量將許多在國外出生的公民一網打盡，絲毫不顧會有什麼後果。

嚴峻環境政策以想得到與老百姓最切身相關的方式，刁難著英國公民。二〇一二年，梅伊針對想將非歐洲地區的另一半帶到英國共同生活的公民，設下收入門檻。在此之前，配偶簽證沒有任何財務規定，但如今，英國公民必須出示六個月的財力證明，年收入若未達到一萬八千六百英鎊，就無法將伴侶接到英國一起生活。

二〇一四年，三十歲住在里茲（Leeds）的蕾貝卡（Rebecca）在鄉下教書時認識了來自中國的丈夫，那時他跟著樂團在她光顧的酒吧演奏，下台後前去向她搭訕。他們在一年內閃電結婚，準備迎接小孩誕生。

小孩出生後幾年，她很快就發覺兒子的口語表達有點問題，並開始懷疑孩子患有自閉症。這對夫妻認為回英國生活能給小孩更完善的醫療照護，於是她帶著兒子回到里茲，她的先生則留在中國存錢，積蓄夠買機票後再飛到英國一家團圓。

「六個月後，我以為先生終於可以過來。」她說，「或許我有點天真，但我以為制度應該會支持而不是拆散家庭。」她只能找到教學助理的工作，收入未達簽證標準。

她設法帶兒子到醫院檢查，並讓他上好學校，希望能對他的狀況有所幫助。「我知道這是正確的做法。」她說，「我兒子更快樂了，在學校的表現很好，各方面都能獲得所需的支持。我盡了身為家長的義務，但同時，我犧牲了理應與丈夫在一起的兩年時光。基本上，我和單親媽媽沒什麼兩樣。我見不到丈夫，職場上也沒辦法升遷。」

隨著時間過去，其他方面也受到影響。國家政策的餘波傳入她最私人、最私密的生活面向，打亂了她的人生。「日子過得異常寂寞，彷彿又重新經歷一次青春期。一般大家不會聊到這些。我已經兩年沒性生活了，說不想是騙人的。與另一個人的肢體碰觸，表達的感情，那些兩人間的對話。」

不久後，遠距離的親子關係對她兒子造成了影響。「他的分離焦慮相當嚴重，尤其是我要出門買東西的時候。他害怕我不回來。」她說。

***

二〇一六年之前，至少有群移民不受嚴峻環境政策影響，那就是歐洲公民。遷徙自由讓他們免受英國內政部的移民政策約束。但當脫歐成真，就連這點權利都要遭到剝奪。住在英國的三百萬歐洲人頓時暴露於風險之中。

許多人是在歐盟於二〇〇四年東擴後搬到英國，也有人是在英國與歐陸建立緊密關係的四十一年間抵達英國展開新生活。他們與英國公民比鄰而居，把小孩送到英國的學校就讀，同樣履行繳稅義務，在職場上與英國人共事。他們的存在已深入英國人的日常生活，如同其他移民族群一樣。

公投後幾週至幾個月間，歐洲家庭不斷向政府詢問移民身分的相關問題，急迫感更甚以往，然而只得到沉默的回應。政府官員拒絕給予任何形式的保證。後來，貿易大臣連恩．福克斯（Liam Fox）說溜了嘴。他表示，承諾讓歐洲人長居於英國，等於是在與布魯塞爾的協商中「主動交出王牌」。一切突然豁然開朗。數百萬名住在英國的歐陸人民即將成為談判籌碼。

驅逐出境的威脅懸而未決，前後持續了一年半。那段期間，歐洲人得不到身分保障，也無從確認自己的權利是否失效。一直到二〇一七年十二月，梅伊終於拍板確認，他們可以安心留在英國。「英國法律將會保障你們的權利。」這句話講得輕描淡寫。不過歐洲人明白，他們被迫提心吊膽地生活，是因為政府能從中獲取政治利益。

擁有多重身分認同的歐洲人反而感到震驚。關於移民議題，一切爭論的前提在於是要當英國人或歐洲人，不能同時保有兩種身分。雅各布（Jakub）坦言，「我第一件事在想，我究竟是誰？」他在波蘭出生，二〇〇四年隨父母搬到英國，那時他才十四歲。「我始終覺得自己身上流著不同文化的血液，然後突然有個人說：『不，你沒有。證明給我看。』」

政府指示歐盟公民完成登記，以保住移民身分。申請者必須透過手機應用程式繳交文件，證明已在英國生活五年。出示證明文件者，可取得「定居身分」（settled status）；未待滿五年者，則獲得「準居留身分」（pre-settled status）。許多人早在英國生活幾十年，卻發現自己只拿到準居留身分，儘管他們已提供住在英國多年的證明資料。許多人選擇不質疑審核結果，認定只要再過五年，就能取得定居身分。

然而，制度仍有風險存在：身分不會自動轉換。若當事人未在五年後申請定居身分，可能會失去應有的合法身分。此外，申請流程也有時間限制，最晚須於二〇二一年七月完成。逾時申請者將無法獲得定居身分，除非主管機關願意網開一面，給予歐盟為移民極力爭取的些許彈性。太晚申請也會變成沒有合法身分的移民。

種種現象看似小事，卻可能產生龐大的影響。在英國的三百萬歐盟公民中，只需有百分之一的人面臨艱難處境，就表示有上萬人受到衝擊。

最弱勢的人風險最大，包括已在英國生活數十年但不知道要申請的年長者、來自東歐的農場工人、遊民、心理健康狀態不佳者，以及不懂英文的人。人人都有可能名列受害者名單。不過政府絲毫不讓步，堅決推行原訂的時間規定和管制政策。這麼一來，成千上萬的歐洲人有可能和之前的疾風世代一樣落入「嚴峻環境」而未能留在英國。

大西洋的另一頭，新的美國總統正在履行激進的政見，其激進程度使歐洲推行的各種計畫相形見絀。

川普一上任便著手推動反移民計畫。他打算要雷厲風行地執行，有如機關槍般祭出嚴厲政策，速度之快令人措手不及。

塞申斯的法律總顧問傑恩．韓密爾頓（Gene Hamilton）受命成立工作小組，裡面的成員清一色極度反對移民。工作小組籌劃了豐富的執行計畫，其中包括多項行政命令：興建美墨圍牆、禁止穆斯林入境美國、驅逐在美國住了大半輩子的非美籍公民。

工作小組不打算逐一開闢這些戰場，而是必須多箭齊發，同時發布大量政令，形成紛亂局面。他們希望讓川普一天簽署五項行政命令，實踐班農「用一堆狗屁倒灶的事壓垮他們」的策略，到時，網路和傳媒將會充滿憤怒情緒，媒體將無法針對單一政策深入檢討，政府官僚也會來不及反應而未能擋下任何事情。「震驚和畏懼」占據整個社會，使各界無暇仔細審查政策內容。

川普首先鎖定穆斯林。川普在競選活動中早已強烈主張「澈底禁止穆斯林進入美國」。上任後，他接受資深共和黨員遊說，將該主張調整為「嚴格審查」，使明顯違憲的歧視本質較難在法庭上獲得證明。川普簽發行政命令，禁止伊朗、伊拉克、利比亞、索馬利亞、蘇丹、敘利亞和葉門公民進入美國，禁令為期九十天。

從國家安全的角度來看，這禁令毫無道理可言。美國國土安全部（Department of Homeland Security）情報單位發現，國籍是辨別恐怖威脅的「非可靠指標」。敘利亞在二〇一一年爆發內戰以來，美國以恐怖主義罪名將八十二人定罪，其中約半數是在美國出生，其他人則來自二十六個不同國家，大部分不受川普的禁令影響，包括古巴、孟加拉、衣索比亞、巴基斯坦和烏茲別克。然而，只要有人指出禁令不會有效，往往引來支持者辯解，直稱那是因為深層政府從中作梗所致。二〇一七年一月二十七日，行政命令生效，並隨即引發社會慌亂。

上千名抵達美國的旅客遭到拘留。機場員工不曉得該怎麼處理，領事官員急著尋找相關的官方指引，白宮職員收到記者的各種提問，但他們只能參照網路上公告的命令內容照本宣科。

隔天晚上，聯邦法官下令凍結入境禁令。川普在移民議題上的主要顧問米勒還為此上電視節目反擊。「我們的司法機構擁有太多權力，很多時候根本凌駕於政府之上。」他說，「我們的對手——也就是媒體——以及全世界很快就會看到，當我們開始採取更多措施，總統保護國家的力量將會非常有感，而且無庸置疑。」

川普的團隊必須修正並提出新的行政命令，這讓他暴跳如雷。「這太扯了。」他破口大罵，「我他媽不想要一個閹割版本。」但他還是簽了。後來行政命令修正到第三版，禁令適用對象擴張到非穆斯林國家，像是北韓和委內瑞拉，但這幾乎只有象徵意義，美國幾乎沒有移民是從這兩國遠道而來。最高法院最後接受了第三版。

伊朗、葉門、利比亞、敘利亞和索馬利亞等國人民禁止入境美國，幾乎所有簽證都拿不到，即便他們的配偶或家人已在美國生活，也是如此。上千名在美國開創了新生活的移民（絕大多數來自中東）進退維谷。他們只要一回家鄉，就無法再返回美國；如果不回家鄉，就從此無法再與親友見面。

接著，川普將目標轉移到「追夢人」（Dreamers）。這群年輕人在小時候跟著父母移民美國，主要來自墨西哥。他們上美國學校、到美國教會作禮拜、加入美軍。他們效法前人追尋美國夢（川普執政前的美國夢），人人享有同等機會。根據反移民遊說團體的說法，這些人也是非法移民。

儘管歐巴馬總統試圖透過立法保護外來移民，但遭共和黨控制的參議院封殺，因此改為推動「童年抵美者暫緩遣返計畫」（Deferred Action for Childhood Arrivals, DACA）。該政策備忘錄旨在給予未犯下重罪的非法移民兩年寬限期（可展延），使其可以免於遭到驅逐，並能申請工作許可。當時約有八十萬人登記。

這是許多年輕人首次不必擔心移民官哪天突然出現在家門前。「我不用對任何穿制服的人保持戒心，可以自在地呼吸。」五歲就從墨西哥搬到美國的杜爾西（Dulce）說道。

競選期間，川普直呼 DACA 是「違法的特赦政策」，承諾上任「第一天」就要將其廢除，但事實上，一直要到二〇一七年九月五日，時任司法部長的塞申斯才宣布廢除該計畫，且國會必須在六個月內提出替代方案。

司法機關再度挺身回應，裁決政府廢止 DACA 實屬違法，因此下令暫緩執行，但以該計畫入美的移民深知，他們的處境如履薄冰。法院隨時可能判決 DACA 正式終止，那時他們就得被迫離境。

下一個目標是臨時保護身分（Temporary Protected Status）。具有此身分的人往往是為了逃離戰爭或天災而去到美國，領有暫時居留證，但後續沒有周全制度能讓他們取得永久居留證或成為公民。此身分只能讓外國人合法住在美國，如果當事人沒有犯罪紀錄，則能取得工作許可。

美國在之前幾十年間給予最需協助的外國人這個身分，包括躲避內戰的薩爾瓦多人、一九九八年米契颶風（Hurricane Mitch）來襲而離鄉避難的尼加拉瓜人和宏都拉斯人、二〇一〇年強震襲擊後湧入美國的海地人。有些國家在情勢改善後便從援助名單上移除，有些國家則從未消失。這些國家欠缺有效的政府維持法律和秩序，也無法提供基礎設施，因而遲遲無力擺脫困境，所以人民開始尋找其他國家定居。截至二〇一六年，共有十九萬五千名薩爾瓦多人、五萬七千名海地人、四萬六千名宏都拉斯人及五千三百名尼加拉瓜人取得此身分。

川普試圖關閉這個入境管道。最終，政府計畫大規模驅逐八十萬人，這是美國歷史上規模數一數二的強制遣返行動。

儘管官員各自評估國內情勢後可能不支持上述計畫，但無疑承受著簽發計畫的龐大壓力，於是他們陸續選擇了屈服。從尼加拉瓜、海地、薩爾瓦多，最後是宏都拉斯，這些國家人民的在美臨時身分一一終止。

國家制度再次堅守陣線。多人向法院提起訴訟。二〇一八年，聯邦法院法官提出禁制令，下令暫緩實施身分終止計畫。國家的把關與制衡機制再度奏效。同樣地，受影響的平民百姓彷彿命懸一線，隨時可能有人切斷原本接住他們的安全網。

川普面對的主要問題，在於數萬名中美洲人穿越墨西哥抵達邊境。他們鋌而走險，想盡辦法要入境美國。許多中美洲國家已徹底崩潰失能。貧窮已成常態，政治暴力司空見慣。瓜地馬拉、薩爾瓦多等國家出現幫派火拼，國內某些地區天天發生強暴、綁架、襲擊和殺人等犯罪活動，變成人人避之唯恐不及的禁地。

現實對瓜地馬拉常見的原住民馬雅人尤其殘酷。他們過著貧窮困苦的生活，住在鐵皮、泥土地的房子裡。自從一九八〇年代極右派軍政府展開種族滅絕行動，他們便面臨來自其他人口撲天蓋地的歧視，飽受種族歧視之苦。

前往美國的路途險惡，充滿危險。走上這條路的人通常來自社會最底層。沒人關心他們的死活，從國內政府、途經國家的政府，乃至目的地的中央政府，無一例外。他們的人身安全毫無保障，只要有心人士鎖定他們，就能對他們為所欲為。

一路上，綁架和勒索稀鬆平常，綁匪拿槍抵著移民的頭，命令他們通知家人付錢贖人。女人慘遭強暴，但強姦犯始終逍遙法外。孩童時常遭受性侵和虐待。美國調查人員在其中一處拘留營中，發現一名女孩遭囚禁長達數月，期間備受凌遲、侵犯，最後懷了孕。另一名兒童在試圖從瓜地馬拉進入墨西哥的途中遭到幫派綁架，他們將他軟禁在建築物中，勒索贖金。他親眼目睹幫派分子處決另一個受害者，而幫助他逃跑的女人，則在他眼前活生生慘遭射殺。

有人在途中就不幸身亡。川普拉高邊境管制的強度，但這對抑制非法移民的人數毫無助益，移民為了進入美國，不得不走入更危險的地區，試圖越過邊界。

二〇一九年六月，媒體上出現二十五歲薩爾瓦多男子奧斯卡・艾爾貝托・馬丁內茲・拉米瑞茲（Óscar Alberto Martínez Ramírez）和二十三個月大女兒安姬・瓦萊莉雅（Angie Valeria）的照片。兩人俯臥於泥水中，早已溺斃，河水將他們的身軀連同啤酒罐和垃圾一併沖上格蘭德河（Rio Grande）岸邊。小女孩的手垂放在父親脖子上。他的上衣撐開，蓋住了兩人的身體。她吸滿了水的尿布在紅色長褲底下顯得腫脹。經過四年後，即便場景轉換到地球的另一側，情況並無任何改變。這張照片與希臘海灘上小男孩庫迪的照片幾乎一樣。

川普不在乎這些死亡事件，只一心想著如何阻止非法移民跨越邊境。「我們的邊境管制越來越嚴格。」他堅稱，「不能讓他們進來。我們不知道他們的身分、職業、國籍，不曉得他們是不是兇手，是不是殺人犯。」

他的團隊反覆研議所有可能的策略。他們提議與墨西哥打貿易戰，逼迫對方抑制越境人數；違抗法官命令，不讓非法移民家庭在美國停留更久的時間；終止對兒童的保護，觸發驅逐程序；派軍隊駐守邊界。最後，他們決定將小孩子與他們的家人拆散，向移民傳遞以下訊息：你進來的話，我們會帶走你的小孩。這或許能發揮恫嚇作用，使他們卻步。

二〇一七年七月，司法部和邊境巡邏隊官員在艾爾帕索段（El Paso）祕密推行為期五個月的先導計畫，適用範圍涵蓋新墨西哥州到德州西部一帶。在此之前，海關暨邊境保護局（Customs and Border Protection）給予帶著小孩的家庭刑事豁免權，除非成人與小孩無血緣關係，或有其他犯罪嫌疑，則不適用。如今政策翻轉，有小孩的家庭反而面臨刑事訴訟，也就是說，小孩必須被迫與家人分開。

幾個月後，非法跨越該段邊界的家庭數減少了六四％。白宮盛讚計畫成功。

政府開始著手擬定計畫。一份提出邊境「政策選項」的文件在國土安全部流傳，打算告發非法移民家庭。「政府會依非法入境（輕罪）或非法入境（重罪）對父母提起刑事訴訟，並將與他們同行的未成年小孩移送到衛生及公共服務部（Department of Health & Human Services）安置。」計畫指稱，「訴訟案件數經由媒體報導，將會產生可觀的嚇阻效應。」

二〇一八年五月，「拆散家庭」成為美國政府的正式政策。政府從非法跨越邊境的家庭強行帶走小孩，並在提起訴訟前先將其餘家人送進監牢。小孩以無伴未成年人的身分，由政府移送到收容單位。

「我們要向全世界傳達一則訊息。」塞申斯在某段邊境圍籬旁意氣風發地宣布：「我們不會放任國家被壓垮。國土安全部會將非法跨越西南方邊境的無證移民全數交由司法部提起刑事訴訟。如果你將小孩偷帶進來，我們會將你告上法院，並依法將小孩帶走。」

「拆散家庭」政策上路五天後，來自宏都拉斯的馬可．安東尼歐．穆諾茲（Marco Antonio Muñoz）與妻子和三歲兒子遭到拘禁。他們被送到附近的移民事務處理中心，並在抵達後表示想申請庇護。邊境巡邏隊告知他，小孩不能與他們待在一起。「他整個人失控。」一名中心人員描述，「他們強行把孩子從他手中抱走。」巡邏隊把他送往格蘭德河市（Rio Grande City）的史塔郡監獄（Starr County Jail），關進裝有防撞軟墊的隔離牢房。當天晚上，他就自我了結了生命。

整個美國有上千個家庭遭到拆散。來自瓜地馬拉的艾芙琳（Evelyn）為逃離家暴，帶著女兒遠赴美國。她進入拘留中心。「小姐，妳知道接下來的流程嗎？」中心人員告訴她，「我們要帶走妳的小孩。」

同樣的遭遇也發生在安潔莉卡（Angelica）和她七歲的小孩身上。「他們要我簽同意書，好讓他們可以帶走我的女兒，但有沒有簽名並不重要，他們終究還是會把她帶走。」她說，「有個人員問我：『瓜地馬拉會慶祝母親節嗎？』我回答會之後，他說：『那祝妳母親節快樂。』」

即便是長期處理庇護事務的資深人員，也對所見所聞大感震驚。宗教組織聖母領報之家（Annunciation House）法務專員泰勒．列薇（Taylor Levy）負責在邊境幫助移民，在美國移民和收容領域擁有九年資歷。「我看過無數個強暴、虐待和殺人的個案。」她說，「儘管如此，這陣子幫這些為人父母的移民處理事務，我的心情仍會受到影響，情緒從未這麼劇烈波動。」

民主黨馬里蘭州眾議院議員杜奇．魯珀斯伯格（Dutch Ruppersberger）參訪格倫伯尼（Glen Burnie）的拘留所，瞭解兩名被拘留者對於與小孩分離的感想。「兩位男士述說來到美國後遭遇的創傷，明顯很難保持鎮靜，最後還是忍不住流淚。」他說，「我們的口譯人員覺得聽到的經歷太過悲痛，也不禁跟著落淚。」

與小孩分離的女性移民進入拘留所，監禁生活和心理創傷造成多人集體出現幻覺現象。拘留所人員告訴研究團隊，多名被拘留者發誓說，他們在監獄內可以聽到孩子的哭聲。

男性移民則入住擁擠不堪的牢房。國土安全部的內部調查團隊拍下現場照片，照片內的他們擠在一起，許多人打著赤膊，因擁擠而貼在玻璃隔間牆上。其中一名男性舉起一張小紙條，上面潦草的字跡寫著「救命」。

小孩住進不同的收容機構，收容量能很快就消耗殆盡。他們身上蓋著緊急保暖毯，睡在鐵絲網柵欄後方。民主黨參議員傑夫．默克利（Jeff Merkley）訪視德州一座邊境收容所。「裡面盡是鐵絲網和柵欄柱圍成的空間，看起來就像籠子，跟狗籠相去不遠。」他說。

成群的小孩（有些還在學走路）擠在狹小的空間內，身上清楚可見乾掉的塵土、眼淚和鼻涕，沒有肥皂、尿布，無法洗澡，也沒有熱食可吃。守衛稱呼他們是「動物」。

一名收容中心訪客在看見現場情況後感到十分憂傷，因而偷偷錄音，記錄下周遭發生的事情。事後他將錄音檔交給人權律師，再由律師提供給獨立新聞網站 ProPublica。音檔中只能聽見嚎啕大哭的聲音，十名中美洲孩童不斷哭泣。哭喊聲持續不斷，未曾停歇。有些小孩哭得太過傷心，幾乎喘不過氣。他們一次又一次地喊著「媽媽」和「爸爸」。「這裡有支交響樂團，就缺指揮了。」一邊境巡邏隊成員說。

衛生及公共服務部監察主任發現，那些父母不在身邊的孩童出現嚴重創傷。許多小孩以為自己遭遺棄，有些孩子則因為與家人分離而產生創傷後壓力症候群。急性悲傷導致他們傷心欲絕。

在某次訪談中，米勒不僅對這項政策毫不後悔，反而念出移民犯下的一連串罪行。「一名非法入境的外國人對未成年孩童做出猥褻、淫穢的舉動，所以遭到逮捕。」他說，「我們逮捕了一名有殺人和兒童照顧疏失前科的非法移民。過失殺人、偷車、賣淫、敲詐、性侵。」

但民間的憤怒不斷增長。超過七百個地方出現示威遊行，數十萬人參與。教宗稱政策「不道德」；聯合國人權事務高層官員認為政策「泯滅良心」；甚至川普的妻子梅蘭妮亞（Melania）和女兒伊凡卡（Ivanka）都表示擔憂。

在國會山莊的眾議院會議中，民主黨員劉雲平（Ted Lieu）站上講台，從口袋拿出錄音裝置，按下播放鍵。他播放的是 ProPublica 揭露的錄音檔。小孩的哭聲在會議廳中迴盪。

「議員請停止。」議長指示，但他拒絕服從。「議事規則第十七條禁止使用電子裝置在會議廳製造聲響。」議長告知他。「收容機構現有兩千三百名嬰兒和孩童被迫與他們的父母分離。」劉雲平回答，「我認為美國人民需要聽一下這些聲音。」

事實上，人數應該更多。政策生效後，約有兩千五百名孩童與父母分離。當政府在檯面下偷偷展開前導計畫，還有數千個孩子受害。

最後川普終於受不了。「啼哭的嬰兒在政治上觀感不佳。」他下了結論。他簽發行政命令終止了這項政策。

儘管孩童最後回到父母身邊，但傷害已經造成。「與兒子團圓後，我發現兒子不太一樣了。」與一歲兒子分開三個月的奧莉薇亞（Olivia）表示，「我原本以為他年紀還小，這次的經驗不會對他造成陰影，但他後來分離焦慮相當嚴重。沒看見我就哭。他用哭泣表達自己害怕獨自一人。」

川普施加於移民身上的傷害太深，以致於他不得不修改政策。不過，他也只修正了這項命令，其他政策照常推行。

展望

民族主義在全球大行其道。一旦站穩腳步，便開始大肆散播由一連串謊言構成的論述。

這些謊言反映的是嚴峻的現實，從移民政策來看最為顯著。所謂的菁英從未入住收容機構，銀行執行長或財務大臣從未被迫與自己的孩子分離，這些遭遇全都發生在最弱勢的人身上，亦即那些無依無靠的邊緣族群。

民族主義聲稱自由主義代表最有權有勢的少數人，但事實上，自由主義像是一面盾牌，保護力量最小的群體。對時局變遷毫無招架之力的人而言，自由主義是最後的保障，一旦失靈，這群弱勢族群便一無所有。過去曾發生這種情況，現在歷史再次重演。

不同社會容易在不同時期透過不同手段打擊不同弱勢族群。就目前而論，全球社會鎖定的目標是外國移民，從巴西到美國、從匈牙利到義大利，無一例外。在地中海是這樣，在美國的嚴峻環境政策亦是如此。川普執政下的收容機構中，孩童的哭聲此起彼落。移民所遭遇的苦難，無論是民族主義政府或非民族主義政府所為，都是自由主義衰弱的結果。

隨著這些事件發生，有些人改以宿命論看待政治。他們開始認為，政治環境惡化無可避免，儘管政治版圖歷經劇烈變動，但我們只能束手無策，無法阻止現實情況改變。

這種看法誇大了現實情況的挫敗。許多社會擊退了民族主義浪潮，許多制度和個人成功守住立場。儘管許多人恨之入骨，但自由主義並未澈底滅亡，不過無疑也已走到亟需搶救的階段。

日後的發展尚未確定，取決於自由主義者的作為。

自由主義者的回應必須以兩件事為基礎：信心和謙遜。我們必須展現挺身捍衛價值觀的自信，並謙卑地理解哪裡出了錯，以便能著手解決。

這並非第一次發生。自由主義發展史上的許多重大時刻，都是始於世人認知到自由的脆弱。戰後自由主義復甦，該過程並非只是基於對道德的深刻體認，更是因為大家在自由主義走到窮途末路之後受到波及，才促使自由主義死灰復燃。

現在情況不如以前糟糕。但要是自由主義繼續畏縮不前，不重新拿回對事件的掌控力，狀況將無窮盡地惡化下去。

我們必須重新發揚自由主義價值，這些價值是歷經幾個世紀才建構而成的結果，立基於一個概念，一個改變世界的美好想法，那就是個人自由。

笛卡兒在不經意間證明了個人存在的真理，迎來科學時代的曙光，並以理性包裝，形成論述的語彙。初期英國的激進主義以平等派和洛克為代表，他們開始將笛卡兒的概念形塑成宗教和政治思想。徵得個人同意是政府合法執政的基礎，政府的行為受個人權利制約。

美國革命更進一步約束國家權力，設法將國家權力分散於不同機關。這麼做的重要性在法國大革命中展露無遺，那場革命以前所未見的激進主義和細膩的政治主張拉開序幕，但當同意原則變成人民意志，權力分立結構瓦解，個人權利也就被迫陪葬，社會從此淪為上演殘暴行為的舞台。

康斯坦從這場災難中體悟出正確的道理。他認為，恐怖時期並非起因於人民太過自由，事實正好相反。於是他以個人自由為基礎，重新琢磨自由主義思想，認為個人自由受到的威脅並非全來自國家，還有社會本身。無形之中，社會試圖以絕大多數人共有的特質來形塑個人。社會鎖定的目標不一定是同一群少數人，但不管是誰，只要體制能與個人站在一起，就能形成保護機制。

泰勒和彌爾進一步精煉康斯坦的思想，提出以「傷害原則」測試個人主權是否遭到侵犯。他們建立片面事實的概念，指出政治辯論中的正確資訊零散破碎，以此驗證保障言論自由勢在必行，同時反駁單一解決方案能化解所有問題的想法。最重要的是，他們解釋理性得以繁盛發展的前提是自主，亦即個人必須擔任決策的主人，擺脫傳統的沉重枷鎖，選擇自己的生活方式。

多年後，柏林在確立的原則中增加了最後一項準則。他的作品探討自由所實現的各種價值，體認價值之間時常相互衝突。因此，在實行政府權責和政治實務時，有必要遵循「節制原則」，盡可能紓緩這些衝突。

幾世紀以來，漫長的發展歷程建構起各種自由主義價值：個人自由、理性、對政府的同意權、個人權利、權力分立、保護少數、自主和節制。

本能上，自由主義者尋求折衷。思想體系基於管理互斥的利益和個人權利，從中取得某種形式的平衡——這裡讓步一些，那裡妥協一點，以共存共榮為追求目標。但是，這樣的妥協不適用於基礎原則，撐起自由主義的重要支柱不容任何人侵犯。破壞根基不會促進自由，反而是在摧毀自由。

至今多年過去，自由主義者未能為我們奉守的價值好好發聲。我們低聲道歉，或因為堅持這些價值而顯得難為情，或甚至乾脆避而不談。

儘管不太情願，但公務體系和商界都曾對移民表達支持立場，可惜未得到社會大眾太多關注，相對之下，支持的聲音未曾出現於工會會議、市政廳或新聞節目上。法庭上聽得到捍衛人權的辯護，但沒人在茶水間談論這類議題。多國共享主權的論述響徹歐盟和世界貿易組織的長廊，但街頭上和酒吧內聽不到有人談起。

有那麼一陣子，自滿是造成此困境的原因。維多利亞時代晚期，歷史必然朝開放自由的方向前進成了普遍認知，蘇聯解體後，這股風潮再度席捲而來，自由主義彷彿站在歷史發展的風口上，情勢大好。支持者不必再為原則辯護，取而代之的是透過政策和訴訟案件，低調修補漏洞，離公共辯論越來越遠。

然而，政治辯論並非獨立發生。政治辯論總在某個「框架」內展開，這個框架包含了一套潛在前提，決定了辯論如何進行。

民族主義不是隨著政黨在選舉中獲勝而趁勢崛起。一切的開端是民族主義者言之鑿鑿的論述框架，他們的假設和擁護的價值慢慢成為主流談話的預設立場。移民是問題，我們必須設法解決。國際組織沒有功用，而且不民主，所以我們要想辦法處理。

這奠定了民族主義最終獲勝的基礎。重點不在討論本身，而是民族主義價值已改變政治辯論的基調。

多年來，自由主義者自問為何支持者不斷流失，但無視己方陣營早已甘願退讓的事實。他們主動讓出話語權，看見對手的論述催生令人絕望的陰謀論，卻又深感不解。

歷經英國脫歐和川普上台後，自由主義者的意氣風發早已演變成恐懼：害怕外界幫自己貼上菁英主義的標籤，擔憂自己成為網軍的進攻對象，懼怕自己與國家的真實情況脫節。志得意滿讓自由主義陳腐僵化，恐懼則使其脆弱，不堪一擊。於是民族主義得以輕鬆碾壓，勝利手到擒來。

研讀自由主義的發展史不僅有助於深入瞭解其價值，從中也能發現自由主義在我們所處的時代鑄下了哪些錯誤。理解該過程，我們才能著手修正日後前進的方向。

從一開始，自由主義內部就存在緊張關係。自由主義首見於普特尼辯論會和洛克的作品，最終分裂為兩個支派：一派主張自由放任，另一派形成平等主義（egalitarianism），前者主張任由一切自然發展，後者追求改變現狀。

自由主義原先主要應用於經濟學領域，但隨著時間過去，自由主義者更加明白，其思想所展現的世界觀能適用於更廣泛的範疇。自由主義者要滿足於確保社會擁有自由，抑或要將自由視為理想，積極改造社會？

康斯坦率先堅定其自由放任的立場，以亞當・史密斯的經濟學為思想基礎。他反對國家對市場設下任何限制，不僅是因為這會影響個人財產權，也因為財產能為整體社會創造更多物質利益。海耶克承襲他的主張，認為國家的任何干預都將加速政府朝專制統治的方向走去。

彌爾採取不同看法。市場機制不適用、逐利動機無法發揮作用，或發展出私人壟斷的種種情況，才是他特別關注的面向。他堅信，國家和市場對立的問題無法只靠單一方法就能化解，而是應針對各案例個別處置，並評估情況是否對大部分人有所改善。國家與市場都可能激發進步的動力，也都可能成為危害自由的源頭。各自的優點必須受到肯定，缺點則必須加以避免。

時序邁入二十世紀，凱因斯接手這項棘手難題，指出國家僱用人民參與公共工程有助於度過陣痛期、讓百姓保有工作，並刺激萎縮的經濟。他和彌爾一樣，對於國家干預並非一概而論，主張只在市場機制無能為力時，國家才介入。

一九七〇年代末期，自由放任派掌權。他們做了一些討喜的事。在某些領域，市場比國家提供更好的服務，有時市場也樂見一定程度的去管制化。然而，當權者並未適可而止，對於審慎評估各種情況，其實沒有多大的興趣。該派別的理念與宗教使命無異，深信不疑市場永遠是最好的選擇，有如共產主義的反面：在所有方面狂熱地信仰市場機制，認為市場是所有問題的唯一解方。只是這樣的主張過度簡化，最終造成災難般的結果。

緊接而來的金融海嘯和撙節措施引導人們走入民族主義的時代。局勢變化讓老百姓更窮、更沒安全感，無論是對工作、收入，或能使用的公共服務，都有類似的感受。世人開始覺得金融菁英遙不可及，這些人不受自己所作所為的後果影響，但一般平民卻要受苦。社會大眾懷疑所謂專家的看法，直指政壇和商業圈的自滿心態，使其無法意識到自己早與現實世界徹底脫節。

然而，任由一切自由發展的原則並非只落實於經濟。綜觀歷史，政府不干涉社會的做法時常演變成對社會壓迫視而不見。正是因為這樣，蓄奴制度得以存在；正是因為這樣，無產階級遭社會排除於民主之外；正是因為這樣，女性成為家庭勞役的受害者；正是因為這樣，人們忽視少數族裔、男同志和女同志不斷遭受詆毀的事實。

自由放任派黯然退場。他們的失敗並非毫無道理，包括未顧及人民生活、未提供人民保護、未實現真正的自由，因為人民面臨的困境，包括遭受歧視、工作朝不保夕、教育資源不均、在社會上不受尊重、無人代表發聲等等，並未獲得改善，甚或沒有受到正視。冷漠、疏遠，成效不彰。這種形態的自由主義令人無言。

自由放任派對經濟問題採取的措施，形同任由生活困難的族群自生自滅；對社會的治理方針，則讓邊緣族群受困於備受壓迫的狀態，無法掙脫。

許多人認為，這種形態的自由主義放棄了他們，於是他們拋棄自由主義——不僅棄自由放任派而去，更不再認同自由主義的整體價值。其他聲音填補了自由主義留下的空缺，人們透過真實的集體意識，在淵遠流長的敘事中找到意義，而採取的方法是把群體認同擺在個體之前。

這種想法最早可見於盧梭，他的普遍意志論述發揮了壓抑及消除個體地位的作用。這股思想後來由馬克思接棒發揚，並由共產主義和法西斯主義賦予完整的實務型態。如今，這也體現於右派的民族主義和左派的身分政治。

有時，強調群體的概念是經由立意良善的人表達出來，有時則是由充滿惡意的人提起，但最終結果並無不同。群體取得權威地位，個體不再重要。群體成員同質化，個體性遭到剝奪。群體遭遇的不幸一概歸咎於外來勢力，不是內部遭到污染，就是敵對陣營的陰謀所害。只要自稱代表群體發聲，縱使與群體的關聯再怎麼牽強，都能站上領導者的位子。

無論是不受自由放任派眷顧，抑或在他人歧視下遭受壓迫，這些弱勢族群面臨的窘境往往相當類似。例如，許多少數族裔與白人勞動階級擁有相同的經濟困境，許多白人勞工因為口音不同或學歷不佳而備受歧視。這些人屬於不同群體，但實際處境並無不同。

但在斷然劃分身分所形成的殘酷新世界中，群體之間不得不互相殘殺。這場戰爭每天上演，而且是毫無解套辦法的零和遊戲，唯有其中一方永久征服另一方，戰爭才會落幕。十之八九，獲勝方會憑藉人數優勢，成為代表所有人、掌控主導權的文化群體。而在選舉上，的確就是發生了這樣的情況，英國脫歐和川普上台都是例證。

身分認同戰爭並未提供任何答案。這是一種區隔你我、以怨恨取代互利共榮和理性辯論的政治型態。在這種政治型態中，除了自行加冕的領袖和趁勢崛起的評論人員，沒人真正受惠；除了其製造的問題之外，沒有任何問題獲得解決；除了讓人類持續陷在充滿對立的泥淖中，改善世界的理念付之闕如；儘管宣稱代表某些群體，但其實是最惡毒的叛徒；對人類生活和政治社會的描述更是大錯特錯。

幾年後的現在，與自由主義為敵的左派和右派陣營宣稱我們不再有影響力，認為我們是久遠之前管理主義（managerialism）盛行時殘留下來的遺民，就要成為歷史的灰燼。

這是虛構的幻想。事實上，自由主義還有另一種型態，在自由主義的發展歷程中，始終大聲疾呼公平正義：以改變現狀為主要訴求的平等自由主義。

此自由主義流派反對在共產主義和自由放任之間任性抉擇，以免鑄下錯誤。是這種型態的自由主義在資本主義的物質世界中落實國家保障，為社會進步帶來部分重大成果，從英國的國家健康醫療服務到美國緊縮的金融監管制度，均為實例。

這種自由主義竭力揭發歧視和壓迫的事實；鼓勵女性起身反抗奴役；在與種族歧視和恐同情緒的艱辛奮戰中提供對抗工具；認可人類需要團體認同感，同時為群體中的個體提供保護。這種自由主義不消極接受生活現狀，而是自問，如果能積極貫徹個人自由的邏輯思維，能為人類創造怎樣的生活。

這會是自由主義未來的樣貌。對自由主義而言，放任一切自由發展的時代已經過去。自由主義者不再手握大權，位居要津。日後，自由主義的任務不是維護世界秩序，而是要動手改變。自由主義必須告訴那些受到民族主義和身分政治鎖定的人民，還有另一種更理想的處事方式。我們不向同質性的族群拉幫結派，也不對意見相左的陣營挑釁對立。

新的自由主義勢必得走強硬路線，否則將會消逝於歷史洪流之中。

現在有許多人認為自由主義打了敗仗。理性已澈底輸給激情和部族意識，個體已完全臣服於群體。

但他們錯了。這不是分析，而是一種宣傳操作，目的是要抽乾那些渴望推動社會進步的有志之士的信心和使命感。

如果你能暫且無視雜音，不去在意外界不斷強制灌輸給你的絕望感，還是能從身邊找到希望的徵兆。

自由主義陣營不再志得意滿。如今，自由主義正在重新發掘自己的價值。恐懼也必須立即結束。這種情緒無法拯救移民的性命、無法保護開放的社會，也無法延續節制的美德。

全球各地已開始挺身對抗民族主義。這波反撲正在我們的周圍發生。美國出現反對川普政策的抗議活動;英國脫歐公投期間,國內湧現留在歐盟的聲浪;儘管受到騷擾和霸凌,勇敢的匈牙利記者仍持續製作獨立報導;歐洲各地的選民踴躍出門投票,表達反對民族主義政黨的立場。

在逆境中堅持的例子隨處可見。在法庭上、議會中、報紙的字裡行間,在政黨和競選團隊的言行舉止中,在街上的抗議活動、辦公室的交談,乃至餐桌上的爭辯。無論付出的心力有多小,或當下感到多麼沮喪,這些努力都很重要。從更大格局的論戰角度來看,這些場合都是小小的戰場,但卻足以展現我們仍在力挽狂瀾。只要還有人願意為其奮鬥,我們重視的價值就能發揚光大。

有些戰鬥會失敗,有些會獲勝。無論如何,我們持續奮戰,我們組織動員,我們悉心規劃,我們勇敢發聲。當別人轉身離去,我們更要堅持不懈。

這些碰撞的過程傳達一個核心形象:自由主義者為了奉守的原則發聲及堅持。不管處境多麼艱難,或將招致多少異樣眼光,自由主義者拒絕隨波逐流。自由主義者承受得住傳統慣例的壓力,抵抗得了瞬息萬變的輿論,致力守護四百年前,以及現在仍將解放人類的重要原則。

這種艱辛的處境可能發生於任何時候,降臨在任何人身上。現在既然已發生在我們身上,我們必須扛起責任。

這是個重擔,但若能正確理解,這也是種榮幸。我們會為自由主義發展史寫下新的一頁。一切就從個人做起。

致歉與致謝

先道歉，後感謝。首先，我要先對書中沒提到的自由主義前輩說聲抱歉。當然，您多半已不在人世，不可能有所怨言，但我真的為此內疚了許久。

自由主義是個體系龐大、百家爭鳴又難理清脈絡的主題。本書未全面介紹其所有學派和趨勢，而是集中探討我所接納的自由主義並說明箇中原因。任何人都能很輕易地寫本書，將我未提及的人物集結成冊，大力闡述不同觀點，或甚至呼應我所強調的重點，但收錄另一群人物。儘管如此，有些遺珠之憾還是讓我覺得特別可惜，包括 Ronald Dworkin、T.H. Green、François Guizot、Leonard Hobhouse、Wilhelm von Humboldt、Immanuel Kant、Robert Nozick、Martha Nussbaum、Karl Popper、John Rawls、Friedrich Schiller 和 Alexis de Tocqueville 等人。此外，我也想向自己道歉。寫書期間，我花了大把時間研究其中至少兩位代表人物，但動筆寫了之後才發現與整體敘事方向不符，最後只好捨棄。把那些時間拿來上酒吧小酌，想必會更開心一些，或做任何事情都好。

簡單談一下引述。Christopher Hitchens 曾說：「如果我在文章內引用某人的說法，但基於篇幅考量而使用了刪節號，就像這樣（……），我發誓絕不遺漏任何可能大幅改變原意的內容。」他的目的是要建立作者和讀者間的信任關係。我採用與他相同的做法，不過省略了刪節號。刪節號會影響閱讀節奏，而且學術味太重，放在這種寫作風格的書裡面，難免會讓內容顯得枯燥乏味。如果原文是古英文，也會先轉譯成現代英文才放入書中。但不管怎麼做，原則都一樣：引用內容時不得以任何方式扭曲或改變原意。陳述中的細節儘管未對論述有所幫助，我還是予以保留，以免產生誤導之嫌。

另外，本書如有錯誤之處，尚請包涵。如果你發現錯誤，或論述含有邏輯、哲學、政治或事實層面的問題，歡迎寄信到 howtobealiberalinfo@gmail.com，或在 Twitter 聯絡我的帳號 @iandunt 或標記 #howtobealiberal。如有任何重大的反對意見或錯誤，我會在部落格（iandunt.com）回應或勘誤。由於本書定位為適合大眾讀者的讀物，因此我避免在書中使用註腳，但部落格沒有篇幅限制，如果讀者有興趣，我能詳細說明當時寫書時的各項決定。

接著我要感謝不少人。首先要謝謝拿起這本書的你，讓我有機會占用你的時間。希望這段閱讀時光沒有白浪費。如果日後你願意付諸行動及發聲，協助遏止並反轉民族主義浪潮，在此也先向你表達感激之意。

許多人抽出寶貴時間閱讀各個章節，有時反覆讀上數次，確認我沒有犯下愚蠢錯誤。他們平時都很忙碌，貴為不同領域的專家，而且除了我的感謝之外，並未獲得任何實質回報。他們之所以這麼做，起因於「有人」詢問某些內容是否正確，而他們單純希望能確保內容正確無誤，因此秉持熱忱伸手相助。他們名列於此，不代表他們同意我的看法，無論是牽涉到他們個人專業的篇幅，抑或一般論述，他們皆有權保有個人立場。所有錯誤均由我概括承受。

這些善心人士包括：Ruth Abbey、Anne Applebaum、Charles Arthur、Angus Armstrong、Roger Backhouse、Jamie Bartlett、David Blanchflower、Michael Braddick、Toby Buckle、Tom Chivers、Ed Conway、Robert Cook、Roger Crisp、George Crowder、Richard Davies、Richard Disney、William Doyle、John Dunn、Richard J. Evans、Alison Finch、James Forder、Iain Gadd、Zoe Gardner、Conor Gearty、Chris Giles、Ilka Gleibs、Craig Grannell、Dmitry Grozoubinski、Ruth Harris、Timothy Harris、Kilian Huber、Robert Jackson、Heather Jones、Patrick Kingsley、Brian Klaas、David Leopold、Marisa Linton、Dorian Lynskey、Paul McNamara、Anand Menon、Michael Molcher、Cas Muddie、Ben Myring、Colm O'Cinneide、Stuart Ormy、Brian Parkinson、Pal Daniel Rényi、Emma Rothschild、Valeria Rueda Viktória Serdült、Catriona Seth、Frank Sharry、John Skorupski、Kurt Smith、David Stevenson、Ronald Grigor Suny、Jim Tomlinson、Peter Ungphakorn、Edward Vallance、Shahin Vallee、Natacha Postel-Vinay、Jo Wolff、Colin Yeo。

我也想感謝與我促膝長談的那些人，有時在電話中或某處的咖啡廳，有時（我自招！）是在酒吧由我請客，一聊就是好幾小時，為我提供寶貴意見。我的工作是聽專家解說，努力理解他們的想法，然後將他們的專業知識轉變成淺顯易讀的文字，希望當你在公車上煩惱下一場會議是否遲到，還是能從我的文字中有所收穫。老實說，看到他們熱切地分享知識，我不由得對他們肅然起敬。

他們分別是：David Aaronovitch、Madeline Abbas、Angus Armstrong、Timothy Garton Ash、Alex Barber、Jamie Bartlett、Meghan Benton、Christopher Bertram、Julie Bindel、Chad Bown、Guillaume Chaslot、Tom Chivers、Chris Cook、Frances Coppola、George Crowder、Karen Douglas、Daniel Drezner、Robin Dunbar、Martin Marix Evans、Mónica Moreno Figueroa、Marc Fisher、Rob Ford、Ian Fraser、Ian Gadd、David Galloway、Julia Gelatt、Ilka Gleibs、A.C. Grayling、Dmitry Grozoubinski、Tim Naor Hilton、Ian Harris、Keith Kahn-Harris、Jonathan Healey、Stephen Hodkinson、Valerie Hopkins、Kevin Hylton、Robert Jackson、Nina Jankowicz、Schona Jolly、Sunder Katwala、Daniel Kelemen、Patrick Kingsley、Sarah L. de Lange、David Leopold、Marisa Linton、Steve Lukes、George Magnus、Kenan Malik、Richard Mash、Paul McNamara、Cas Mudde、Maria Norris、Anne Phillips、Jonathan Portas、John Rees、Pal Daniel Rényi、Alasdair Richmond、Jay Rosen、Alan Ryan、Cliff Schecter、Viktória Serdült、Jo Shah、Punit Shah、Alasdair Smith、David Sneath、Nikos Sotirakopoulos、Margaret Sullivan、Kurt Sylvan、Robert Tombs、Peter Ungphakorn、Shahin Vallee、Matteo Villa、Natacha Postel-Vinay、Jo Wolff。

我也要感謝難民行動（Refugee Action）、JCWI、the3million、移民政策研究所（Migration

Policy Institute）、移工之聲（Migrant Voice）、家庭團聚（Reunite Families），以及在我撰寫移民篇章時提供幫助（包括協助我找到移民體系中的相關人員分享真人故事）的 Satbir Singh 和 Sonia L.。此外也要感謝大英圖書館（British Library），要不是館方超群的豐富資源，讓我在幾小時前通知便能免費借閱世界歷史的相關書籍，我不可能順利寫出這本書。

我想感謝幫我出版的 Martin Hickman 讓我有機會寫這本書，並在寫作期間給予我支持，而且只要哪些地方寫得很爛應該重寫，他總是直截了當地給我意見，從不拐彎抹角。我的人生中有兩次，Martin 只說了一句話，就為我指明作品的方向。第一次，他說出我第一本書的書名；第二次，則是我第二本書的書名。經他提點後，我腦中的繁雜思緒開始浮現脈絡，隨即找到貫串論述的主軸，整本書才得以順利進展。如果你身邊有個人能幫你釐清思緒，協助你將想做的事看得更加清晰透澈，請把握機會好好與他合作。

我也要感謝 Alice Marwick，是她幫這本書設計了這麼棒的封面；感謝 Paula Clarke Bain 協助校稿、查證及編列索引；感謝 Sarah Anderson、Kate Woodruff 和英國 Simon & Schuster 的銷售團隊，以及美國 Casemate 與澳洲 Booktopia 銷售業務的負責團隊。

我還要感謝我在 Coombs Moylett Maclean 的經紀人 Lisa Moylett，以及 Zoe Apostolides，初版書稿有勞她們幫忙試讀。出版業是個奇特的世界，老實說，我對從業人員並不熟悉。Lisa 始終為我加油打氣、在背後支持我、督促我、提供睿智建議，總之就像啦啦隊一樣，一路上給我寫作的動力。要不是有她在，整個過程將會無比可怕，恐不是三言兩語就能輕易形容。

感謝我在 Politics.co.uk 的總監 Nathan Coyne，謝謝他能體諒寫書的酸甜苦辣，並在有必要時給予工作上的彈性，毫無怨言，因為他在面對幾乎所有事情時，都能處變不驚，展現堅決意志。我也要感謝 Remainiacs 和 Bunker 的團隊，除了謝謝他們聽我傾訴，也感激他們在必要的時候幫忙調動工作安排，平時則和善地對待我，讓我能保持心情愉快。特別感謝 Dorian Lynskey 那些日子陪我在蘇活區（Soho）散步談心。寫書是孤獨的旅程，能有一個同業的夥伴可以聊聊，何其幸運。

感謝所有好友和家人，在那幾年看似沒有盡頭、煎熬折騰的寫作日子裡，他們總是不忘關心我的寫書近況，在我開始滔滔不絕地聊起書的內容時，也幾乎沒人聽到睡著。我明白自己需要什麼。身邊有一群隨時願意陪喝一杯的朋友，我才能動力滿載地追逐夢想。想在學識和道德方面有所成就，這是我的先決條件。所以，我要謝謝你們的陪伴，這一切才有可能發生。

最後我想謝謝 Menissa Saleem。她自始至終陪在我身邊，每天逗我笑，在我情緒潰堤時聽我訴說，並輕柔地提供建議，同時她也督促我精益求精，當我需要有人告訴我一切都會順利時，是她給我所需的支持。沒有她的陪伴，肯定不會有今天的美好成果，就算我真的做到了，一切都將失去意義。

延伸閱讀

愛德蒙・佛賽特（Edmund Fawcett）的《自由主義：從理念到實踐》（*Liberalism: The Life of an Idea*）可說是最全面的自由主義概論書籍。很少有一本書能談論完整的自由主義發展史和各流派的演進過程，但這本提供精簡易讀的導覽介紹，多少能填補這份缺憾。

Stanford Encyclopedia of Philosophy 能在網路上免費參閱，內容透徹完整、值得信賴，幾乎想得到的所有哲學課題，裡面都有相關條目，堪稱非凡的學習資源。只要你有想瞭解的主題，都能從中找到更多能進一步研讀的資料，可說是最棒的進修跳板。

Toby Buckle 的 *Political Philosophy* 網路廣播（podcast）是談論自由主義議題的傑出節目，值得抽空收聽。主持人知識淵博、辯才無礙，更重要的是，他仁慈善良，慷慨大方。

本章節提到的許多學術文章都能從 jstor.org 取得。學術圈外的讀者每個月能免費閱讀特定篇數。

笛卡兒的作品引人入勝，可以直接閱讀，尤其是《談談方法》（*The Discourse*）和《沉思錄》（*The Meditations*）。儘管並非相當親民易懂，但讀起來比預期中愉快許多。每個人都需要好好讀一下《談談方法》、《沉思錄》和《哲學原理》（*Principles of Philosophy*）。

如要完整瞭解笛卡兒的人生並從中獲得啟發，可閱讀 Desmond Clarke 的 *Descartes: A Biography*。若要更透徹地理解哲學家本人的思想，不妨參閱 Stephen Gaukroger 的 *Descartes: An Intellectual Biography*。Joseph Almog 的 *Cogito? Descartes and Thinking the World* 與 *What Am I? Descartes and the Mind-Body Problem* 延伸探討「我思故我在」，前者聚焦於「我思」，後者集中討論「我在」。John Cottingham 主編的 *Cambridge Companion to Descartes* 以更廣闊的視野綜觀笛卡兒一生的著作。

Alice Browne 在 *Journal of the Warburg and Courtauld Institutes* 第四十卷的投稿文章〈Descartes's Dreams〉詳細探討笛卡兒的夢境。要是你比較想瞭解這些夢對笛卡兒論著的影響，不妨參閱 Michael Keevak 在 *Journal of the History of Ideas* 第五十三卷第三期中的〈Descartes's Dreams and Their Address for Philosophy〉。

最扣人心弦的英國內戰史首推 Michael Braddick 的 *God's Fury, England's Fire*，書中的細節描述和敘事手法讓人感覺歷歷在目，一讀就停不下來。Blair Worden 的 *The English Civil Wars: 1640–1660* 帶領你走過英國內戰，回到復辟時期。Diane Purkiss 廣獲讚譽的 *The English Civil War: A People's History* 以戰時的個人故事為引線，重現直至查理一世遭處決前的歷史。

Christopher Hill 的 *The World Turned Upside Down: Radical Ideas During the English Revolution*

探討內戰時期的激進主義，不僅敘及平等派，還談到掘地派（Diggers）、喧囂派（Ranters）、馬格爾頓派（Muggletonian）和早期的貴格會。John Rees 的 *The Leveller Revolution* 只探討平等派，相當容易閱讀。Andy Wood 的 *Riots, Rebellion and Popular Politics in Early Modern England* 描繪英國社會與政治的多元組成，內容實用但知識密度高，並且延伸分析「中間階層」（middling sort）一詞。

彌爾頓的 *Areopagitica* 可以直接閱讀，不必參照其他輔助資料，值得一讀。網站 Online Library of Liberty 正在執行一項厲害的計畫，彙整平等派的相關文章放上網路，包括普特尼辯論會的逐字稿。該計畫的網頁為 https://oll.libertyfund.org/pages/leveller-tracts-summary。

在 *Historical Journal* 第四十一卷第三期的〈Licensing, Censorship, and Religious Orthodoxy in Early Stuart England〉一文中，Anthony Milton 全面探索當時英國的印刷業，精采萬分。David R. Como 刊登於 *Past & Present* 第一百九十六卷第一期的〈Secret Printing, the Crisis of 1640, and the Origins of Civil War Radicalism〉論述黑市印刷文化，是極為出色的研究。他的專書 *Radical Parliamentarians and the English Civil War* 要價不菲，但堪稱權威，可信度高。

John Miller 的 *The Glorious Revolution* 可說是光榮革命的制式介紹。若要找較熱門、較容易閱讀的資料，以該時期為主題最推薦的三本書分別是：Edward Vallance 的 *The Glorious Revolution: 1688, Britain's Fight for Liberty*、Tim Harris 的 *Revolution: The Great Crisis of the British Monarchy, 1685-1720* 以及 Steve Pincus 的 *1688: The First Modern Revolution*。

如要瞭解美國革命的完整始末，可試試 Gordon S. Wood 的 *The Creation of the American Republic, 1776–1787*。要是你希望篇幅短一些，則可選擇他的 *The American Revolution: A History*，不過就歷史書籍而言，我還是覺得篇幅越長越容易讀。此外，Robert Middlekauff 的 *The Glorious Cause: The American Revolution, 1763-1789* 與 Benson Bobrick 的 *Angel in the Whirlwind: The Triumph of the American Revolution* 也都擁有極高評價。David J. Bodenhamer 的 *The U.S. Constitution: A Very Short Introduction* 精簡扼要地介紹美國憲法，以及日後幾百年間引發的論戰，算是能有效率掌握相關議題的理想選擇。

如需法國大革命的相關資料，William Doyle 的 *The Oxford History of the French Revolution* 提供豐富資訊，同時保有適當的敘事節奏，引人入勝。我在撰寫相關章節時十分倚重該書。Simon Schama 的 *Citizens: A Chronicle of the French Revolution* 備受爭議，不過內容精采有趣。Ian Davidson 的 *The French Revolution: From Enlightenment to Tyranny* 獲得的褒貶不一，但敘述節奏輕快，對於指券經濟的觀察尤其敏銳。

洛克的《政府論》（*Two Treatises on Government*）和 *A Letter Concerning Toleration* 都可以單獨閱讀，雖然我在本文中沒有時間探討後者，但該書具有極高價值。如同此時期的所有哲學家，以及稍微晚期的代表人物，他們的著作原文可能不容易讀，但如果你能堅持一下，幾頁後就能適應。就像首次觀看電影《發條橘子》（*A Clockwork Orange*）一樣，很快就能懂得箇中滋味。這些著作是促成個人和政治解放的重要關鍵，如果你打算閱讀這些作品——的確每個人都應好好拜讀——最好選擇原作。

關於這位哲學家的一生與其所屬的時代，Roger Woolhouse 的 *Locke: A Biography* 是最新的相關著作，不過 Maurice Cranston 較早出版的 *John Locke, A Biography* 一樣可以參考。如要全面瞭解他的思想，包括一覽他的非政治論著，可參閱 Vere Chappell 主編的 *Cambridge Companion to Locke*。如果能取得，Ruth W. Grant 的 *John Locke's Liberalism* 與 A. John Simmons 的 *The Lockean Theory of Rights* 也是不錯的選擇。

盧梭的《社會契約論》（*The Social Contract*）可以直接閱讀，而且其實饒富趣味。他的思想或許不正確，且確實為日後幾百年間的暴政和血腥殺戮奠定了基礎，但他的說法很有意思。

Leo Damrosch 在 *Jean-Jacques Rousseau: Restless Genius* 對於盧梭不凡人生的論述，堪稱頂尖之選。Nicholas Dent 的 *Rousseau* 鉅細靡遺地介紹了他的思想。勢必要從整體的角度審視盧梭的作品，才能掌握他思想的精髓，尤其是關於教育的章節，甚至他看待自然的方式，我認為這有助於瞭解普遍意志神祕轉換流程的浪漫面向。

Patrick Riley 編輯的 *The Cambridge Companion to Rousseau* 完整闡述盧梭的整體哲學及政治思想。出自 Bryan Garsten 之手的 *Rousseau, the Age of Enlightenment, and Their Legacies* 彙整 Robert Wokler 的多篇論文，他是二十世紀專門研究盧梭的權威學者。若想尋找毫不留情批判盧梭的作品，可閱讀伯特蘭・羅素（Bertrand Russell）在《西方哲學史》（*History of Western Philosophy*）中談論盧梭的簡短篇章。該章內容精簡扼要，但令人捧腹大笑，保證精采，絕對別錯過。

康斯坦很容易吸引到最糟糕的傳記作者。以他為主角的作品通常是以二十世紀中典型的傲慢風格寫成，不過這類形式的著作還是具有一種奇特的趣味，自成一格。Harold Nicolson 寫的 *Benjamin Constant* 就是一例。在企鵝出版集團（Penguin）出的 *Adolphe* 一書中，Leonard Tancock 執筆的前言也是這種風格，但該版小說仍是挺不錯的版本。William W. Holdheim 在 *Benjamin Constant* 一書中探討康斯坦的一生和著作，並妥善討論了他的思想，遠遠更為出色。Dennis Wood 的 *Benjamin Constant: A Biography* 是目前最棒的康斯坦傳記，儘管作者不斷突然提及佛洛依德的精神分析，不免令人困惑，但仍瑕不掩瑜。Renee Winegarten 的 *Germaine de Stael and Benjamin Constant: A Dual Biography* 又更新一些，而且評價不俗。康斯坦的 *Principles of Politics Applicable to All Governments* 經由 Dennis O'Keeffe 翻譯，品質不差，容易閱讀。他的譯本也能在 Online Library of Liberty 找到，網址為 https://oll.libertyfund.org/titles/constant-principles-of-politics-applicableto-all-governments。

史密斯的《國富論》（*The Wealth of Nations*）和《道德情操論》（*The Theory of Moral Sentiments*）值得一讀。Jerry Muller 的 *Adam Smith in His Time and Ours* 是瞭解他一生與著作的絕佳途徑。Lionel Robbins 在 *A History of Economic Thought: The LSE Lectures* 中探討史密斯的篇章，同樣是很棒的參考資料，值得參閱。Robbins 是海耶克在倫敦政治經濟學院的好友和盟友，但後來轉為支持凱因斯學派。他可說是學術界的完美標竿。他的課程風趣詼諧、生動活潑，教授豐富紮實的知識，令人大呼過癮。

此外，Ha-Joon Chang 在 *Economics: The User's Guide* 對史密斯和古典經濟學的介紹也是很不錯的參考。他用深入淺出的寫法解釋古典經濟學和新古典經濟學的差異，其他你能想到的經濟學主題無一遺漏。同樣地，Roger Backhouse 的 *The Penguin History of Economics* 介紹各種經濟思想，相當精采。若要推薦給非經濟專業領域出身的讀者，不少經濟學家都會推薦這本。Joyce Appleby 的 *The Relentless Revolution: A History of Capitalism* 著眼於自由市場發展歷程，介紹發展過程中的各種思想和事件。

如同我在書中所述，泰勒沒有任何傳記。我們想多瞭解她，必須仰賴珍貴的 *Complete Works of Harriet Taylor Mill*，這是 Jo Ellen Jacobs 費盡千辛萬苦才彙編而成的心血結晶。她的著作 *The Voice of Harriet Taylor Mill* 融合眾多歷史證據，模擬其研究對象的敘事風格，以偽第一人稱日記的形式呈現。幸虧有海耶克，我們才能看到相關的歷史文件，以公允的立場瞭解泰勒在思想史上的重要地位，而他的 *John Stuart Mill and Harriet Taylor: Their Correspondence and Subsequent Marriage* 也是必讀之作。

Richard Reeves 的 *John Stuart Mill: Victorian Firebrand* 全面回顧彌爾的一生，內容極具權威，令人信服。Nicholas Capaldi 的 *John Stuart Mill: A Biography* 也值得參考。如要更廣泛地探討他的著作，不妨考慮 John Skorupski 編輯的 *The Cambridge Companion to Mill*。

彌爾的 *Autobiography* 不容易讀，但如果你決定試試（儘管我不建議），Oxford World

Classics 的版本收錄 Mark Philp 寫的前言，能在情感面提供充足的脈絡，讀者應能獲益匪淺。Alice S. Rossi 編撰的 *Essays on Sex Equality* 以一篇相當出色的論文作為導言，書中彙整泰勒與彌爾關於女權的主要著作，包括 *Enfranchisement of Women* 與 *The Subjection of Women*，尤其後者堪稱提出論述的典範，不容錯過。

建議你閱讀《論自由》（*On Liberty*）。我必須承認，這本書不是每一章節都容易懂，但從書中獲得的寶貴收穫，已非筆墨足以形容。如果你只打算讀一本自由主義哲學著作，請務必選擇這本。

歷史學家 Eric Hobsbawm 一生信奉馬克思主義，他世界史系列中的 *Age of Empire: 1875–1914* 堪稱傑作，可說是探討彌爾過世到第一次世界大戰爆發這段時期最傑出的論著。漢娜・鄂蘭（Hannah Arendt）的《極權主義的起源》（*Origins of Totalitarianism*）依然是探討後續時局的主要著作之一。她的觀點相當震撼人心，有時甚至讓人難以忘懷，但畢竟是非比尋常的主題，她對某些事務的判斷難免令人不快。書中述及德雷福斯事件，而在 Robert Rapley 的 *Witch Hunts: From Salem to Guantanamo Bay* 中，對於該事件的闡述則饒富興味，值得參照。*The Dreyfus Affair: J'Accuse and Other Writings* 一書集結左拉在該時期的文章、書信和訪談。若需要更全面的研究成果，Ruth Harris 的 *Dreyfus: Politics, Emotion, and the Scandal of the Century* 是探討該事件最優異的專著。在 *The Anti-Semitic Moment: A Tour of France in 1898* 一書中，Pierre Birnbaum 整理當時的新聞報導、警方報告和地方政府文件，描繪一時撼動全國的反猶情緒。

馬克思的《共產黨宣言》（*Communist Manifesto*）可以單獨閱讀，不需其他參考資料輔助。該著作依然是極度易讀，時常還意外有趣的政治宣傳讀物。他在 *Critique of the Gotha Programme* 談及個人權利，該書也最能看出他理想中認為資本主義該如何過渡到共產主義，內容同樣簡短易懂。至於社會主義對選舉的要求，如要看到馬克思較正面的個人評論（儘管並非明確的定論），可參閱 *The Civil War in France*。網站 marxists.org 整理了他的所有作品，是很棒的線上資源。Mikhail Bakunin 的《Statism and Anarchy》對馬克思的作品提出精闢到位的見解，可說是與馬克思同時期最傑出的思想評論，尤其作者與馬克思同為重要人物，使該書更具影響力。最棒的馬克思傳記有四本，分別是 David McLellan 的 *Karl Marx: A Biography*、Jonathan Sperber 的 *Karl Marx: A Nineteenth-Century Life*、Francis Wheen 的 *Karl Marx*，以及 Sven-Eric Liedman 的 *A World to Win: The Life and Thought of Karl Marx*。

如欲一窺烏克蘭饑荒的全貌，可參閱 Anne Applebaum 的 *Red Famine: Stalin's War on Ukraine*，我在書中相關篇幅的內容大多以此為根據。她的文字展現深刻的倫理關懷，是本研究嚴謹的佳作。她對蘇維埃集中營制度的研究論著 *Gulag: A History* 也是在該主題名列前茅的著作之一。此外，Aleksandr Solzhenitsyn 的 *Gulag Archipelago* 提供大量未經加工的驚悚史料、駭人聽聞的事件，以及一些貨真價實的黑色幽默，也很值得一讀。Orlando Figes 在 *The Whisperers: Private Life in Stalin's Russia* 中精采刻劃平凡百姓在蘇維埃政權底下的真實生活，不僅扣人心弦，研究的完整程度也令人驚豔，我在書中的許多案例取自該書。

Robert O Paxton 的 *The Anatomy of Fascism* 對墨索里尼與希特勒的統治方式給予精湛無比的評價，如要將某概念定義為有如法西斯主義般狡猾與愚昧，作者在書中給了絕佳示範。Robert Gellately 在 *Backing Hitler: Consent and Coercion in Nazi Germany* 完整探討納粹德國時期的社會從眾行為與默許政府為所欲為的情況。但書中談及納粹德國的篇幅，主要的最終依據還是以 Richard J Evans 的第三帝國三部曲 *The Coming of the Third Reich*、*The Third Reich in Power* 和 *The Third Reich at War* 為主，其內容面面俱到，堪稱曠世巨作。

尼可拉斯．瓦普夏（Nicholas Wapshott）的《凱因斯對戰海耶克》（*Keynes/Hayek*）闡述兩人之間的友情與不同的主張。該書淺顯易懂，引人入勝，不過沒有基本背景知識的話，部分經濟學篇章可能不好理解。Robert Skidelsky 撰寫的凱因斯傳記分為《*Keynes: Hopes Betrayed*》、《*The Economist as Saviour*》、《*Fighting for Britain*》三冊，澈底回顧凱因斯的一生；如果時間不夠，可以選擇單冊精華版 *John Maynard Keynes 1883-1946*，這本書同樣極受推崇。企鵝出版集團的經典叢書 *Essential Keynes* 也是由 Robert Skidelsky 主編，以單冊篇幅收錄凱因斯在經濟、哲學和社會政策等領域的作品。若要找與海耶克有關的書籍，可考慮 Eamonn Butler 的 *Hayek: His Contribution to the Political and Economic Thought of Our Time* 或 Alan Ebenstein 的 *Friedrich Hayek: A Biography*。如要直接閱讀海耶克本人的著作，可選擇 *The Constitution of Liberty* 和《到奴役之路》（*The Road to Serfdom*）。

關於世界貿易體系的建立，本書礙於篇幅未能完整呈現，實際上的協商歷程比書中所述承受遠遠更大的壓力，破局的機率也遠遠更高。WTO 本身的資源很有幫助，網址為：https://www.wto.org/english/thewto_e/history_e/history_e.htm。論述《大西洋憲章》的文章，以及關稅與關稅議題專家 Roy Santana 的部落格，尤其值得用心閱讀。WTO 委由 Craig VanGrasstek 主筆的 *The History and Future of the World Trade Organization* 全面介紹該組織的一切，另外也有網路資源可供參考：https://www.wto.org/english/thewto_e/whatis_e/tif_e/tif_e.htm。關於 WTO 的運作方式與沿革過程，Peter Ungphakorn 的 *Trade Beta* 部落格提供冷靜清晰的脈絡與解釋，無疑是相當實用的參考資源，網址為 https://tradebetablog.wordpress.com/。

至於歐盟的運作方式，請參閱 Chris Bickerton 的 *The European Union: A Citizen's Guide*、John McCormick 的 *Understanding the European Union: A Concise Introduction*，或 Erik Jones、Anand Menon 與 Stephen Weatherill 合編的 *The Oxford Handbook of the European Union*。

適合普羅大眾的人權專著不多，不過有三本足以作為代表：James Griffin 的 *On Human Rights*、Conor Gearty 的 *On Fantasy Island: Britain, Europe, and Human Rights*、Jack Donnelly 的 *Universal Human Rights in Theory and Practice*。

形容企鵝出版集團是寶庫一點都不為過，歐威爾對各種主題的想法，許多都可見於他們出版的 *Essays*。Penguin Modern Classics 版的《一九八四》（*Nineteen Eighty-Four*）依然是必讀之作，讀完後可接續閱讀 Dorian Lynskey 的 *The Ministry of Truth*，進一步解析。D.J. Taylor 寫的 *Orwell: The Life* 是相當出色的人物傳記。

《*Liberty*》一書集結了許多柏林以自由為題的作品。*The Crooked Timber of Humanity: Chapters in the History of Ideas*、*The Power of Ideas* 和 *Three Critics of the Enlightenment: Vico, Hamann, Herder* 等書也都值得一讀。邁克・伊格納悌夫（Michael Ignatieff）寫的《以撒・柏林傳》（*Isaiah Berlin: A Life*）是最傑出的柏林傳記，無庸置疑。該書是相當優美的著作，簡直讓傳記成為一種藝術形式。

至於論述柏林的哲學思想，George Crowder 的精湛之作 *Isaiah Berlin: Liberty and Pluralism* 絕對是首選。若要參考另一種觀點，可讀讀 John Gray 的 *Isaiah Berlin: An Interpretation of his Thoughts*，雖然該書的影響力龐大，但我認為作者的闡釋並不正確。

若要認識傅利曼，Paul Krugman 發表於 *New York Review of Books* 第五十四卷第二期的〈Who Was Milton Friedman?〉是很不錯的參考。如要瞭解本書與其相關議題的延伸討論，可參閱 Warren J Samuels、Jeff E Biddle 和 John B Davis 合編的 *A Companion to the History of Economic Thought*，第二十六章和第二十七章尤其優秀，不過該書討論史密斯和凱因斯的部分也很推薦一讀。如要改從更批判的角度檢視傅利曼對後世的影響，包括他在通膨方面的知名論述，請參閱 James Forder 的 *Macroeconomics and the Phillips Curve Myth*。

探討二〇〇八年金融海嘯與歐債危機的著作當中，Adam Tooze 的《*Crashed: How a Decade of Financial Crises Changed the World*》遠勝其他競爭對手。人們通常對官方調查報告敬而遠之，但金融危機調查委員會發表的 *Final Report of the National Commission on the Causes of the*

Financial and Economic Crisis in the United States 實屬佳作，不僅與所有熱門的經濟學書籍一樣淺顯易懂，還能在網路上免費閱讀（https://www.govinfo.gov/content/pkg/GPO-FCIC/pdf/GPO-FCIC.pdf）。本書論及金融海嘯的篇幅主要是根據這兩項資訊來源。如要瞭解那些不利於巴本德里歐和貝魯斯柯尼的決策，請參閱《金融時報》令人大開眼界的報導〈How the Euro Was Saved〉，網址為 https://www.ft.com/content/f6f4d6b4-ca2e-11e3-ac05-00144feabdc0。

E.M. 佛斯特的《墨利斯的情人》是極其優美的早期同志文學作品，相當值得翻閱。不管怎樣，千萬別看電影。佛斯特對政治和文化的觀點盡在 *Two Cheers for Democracy* 一書，這本難懂到令人生氣，但很值得花點時間研讀。

Estelle B. Freedman 的 *No Turning Back: The History of Feminism and the Future of Women* 介紹女性主義史並概述女性主義的原則，全書滿溢熱忱，但並未獲得應有的肯定。James Tully 為 Terence Ball 主編的 *The Cambridge History of Twentieth-Century Political Thought* 寫了很棒的身分政治導言。Mary Bernstein 發表於 *Annual Review of Sociology* 第三十一卷的〈Identity Politics〉一文也能提供不少幫助。霍爾於 *Framework* 第三十六期發表〈Cultural Identity and Diaspora〉一文，透過探討電影鏡頭下的非裔加勒比海人，設法釐清身分認同議題，同時也觸類旁通，不僅指出人們如何面對這些議題，並提出原因。康巴希河集體倡導組織的聲明：https://americanstudies.yale.edu/sites/default/files/files/Keyword%20Coalition_Readings.pdf。如要參閱坎秀的〈Mapping the Margins〉，請前往 https://pdfs.semanticscholar.org/734f/8b582b7d7bb375415d2975cb783c839e

5e3c.pdf?_ga=2.35438689.1124182733.1592412974-645344686.1592412974，〈Demarginalizing the Intersection of Race and Sex〉也可在網路上取得，網址為 https://chicagounbound.uchicago.edu/cgi/viewcontent.cgi?article=1052&context=uclf。她最棒的幾篇作品收錄於 *On Intersectionality: The Essential Writings of Kimberle Crenshaw*。Patricia Hill Collins 與 Sirma Bilge 合著的 *Intersectionality* 大概是探討「交織性」最棒的集大全指南。Iris Marion Young 的經典 *Justice and the Politics of Difference* 也相當值得拜讀。

Richard A Rogers 於 *Communication Theory* 第十六卷第四期發表〈From Cultural Exchange to Transculturation: A Review and Reconceptualization of Cultural Appropriation〉一文，堪稱探討文化挪用的學術著作中，水準和完整度皆數一數二的上乘之作。Zadie Smith 發表於 *New York Review of Books* 第六十六卷第十六期的〈Fascinated to Presume: In Defense of Fiction〉深入探討該文對文壇的影響，是對該文章的最佳評論。

Cas Mudde 於 *The Far Right Today* 探討新民族主義運動與其形成的風潮，論述精采絕倫。在 *The People* 中，民粹主義基礎理論學家之一的 Margaret Canovan 透過廣闊視角討論「人民」的概念。Jan-Werner Müller 的 *What is Populism?* 進一步探究相關思想，協助讀者釐清認知。John B. Judis 的 *The Populist Explosion: How the Great Recession Transformed American and European Politic*》討論二〇一六年民粹主義的風起雲湧，對該主題提供很不錯的介紹，不過將一切歸咎於經濟，則有過度簡化之嫌。

Angela Nagle 的 *Kill All Normies* 是認識網路上左派和右派文化戰爭的快速途徑，儘管內容有趣，但讀完不免充滿負面能量。Douglas Murray 在 *The Madness of Crowds* 一書中提供左翼身分政治在網路和校園的實際案例，有助於理解此議題，不過他完全未探討右派的類似行為，是該書的致命缺陷。

Kenan Malik 的 *From Fatwa to Jihad* 對身分政治和自由主義的論述相當精采，出版當時可謂超越時代之作。本書談到英國地方政府施政的內容，大多以該書為依據。關於多元文化主義和群體權利的自由主義辯論，可參考 Charles Taylor 的〈Politics of Recognition〉一文，該文收錄於 Amy Gutmann 主編的 *Multiculturalism*。如要瞭解後續議論的來龍去脈，可先參閱 Will Kymlicka 的 *Liberalism, Community, and Culture* 和 *Multicultural Citizenship: A Liberal Theory of Minority Rights*。貝瑞的觀點可參閱 *Culture and Equality* 及〈Second Thoughts – and Some First Thoughts Revived〉，後者收錄於 Paul Kelly 主編的 *Multiculturalism Reconsidered: Culture and Equality and its Critics*。Ronald Dworkin 的觀點可見 *Taking Rights Seriously*。庫卡薩斯的看法在 *Liberal Archipelago* 一書。至於歐金的觀點，則可參閱 J. Cohen、M. Howard 和 M. Nussbaum 合編的 *Is Multiculturalism Bad for Women?*，以及 *Ethics* 第一百一十二卷第二期的〈Mistresses of Their Own Destiny: Group Rights, Gender, and Realistic Rights of Exit〉一文。若需較容易閱讀的資料，可參閱 George Crowder 在 *Theories of Multiculturalism: An Introduction* 提供的出色摘述，以及他提出的解決之道，掌握論戰的精華。

如需羅伯斯洞穴實驗的詳細資訊，請參閱 Muzafer Sherif 和 O.J. Harvey 等人合著的 *The Robbers Cave Experiment: Intergroup Conflict and Cooperation*。非競爭情況下群體認同與偏見的其他論述，則可參閱 Henri Tajfel 收錄於 *Scientific American* 第二百二十三卷第五期的〈Experiments in Intergroup Discrimination〉，或是 *European Journal of Social Psychology* 第一卷第二期中，由 Henri Tajfel、M.G. Billig、R.P. Bundy 和 Claude Flament 等人合著的〈Social Categorisation and Intergroup Behaviour〉。若要瞭解這些研究在現代的整體評價，可參考 Joanne R. Smith 和 S. Alexander Haslam 合編的 *Social Psychology: Revisiting the Classic Studies*。

若要瞭解新科技的潛能和危機（多半是危機），可參閱傑米・巴特利特（Jamie Bartlett）的《人類的明日之戰》（*The People Vs Tech*），作者提出的說法極具說服力，而且精闢明智；另外也能參考 James Williams 的 *Stand Out of Our Light*，這除了是對注意力經濟最棒的論述，也述說科技對人類生活水準的影響，散發詩意與憂鬱情懷。Manoel Horta Ribeiro、Raphael Ottoni、Robert West、Virgilio A.F. Almeida 與 Wagner Meira Jr. 等人合著的〈Auditing Radicalization Pathways on YouTube〉探討 YouTube 推薦功能和極端主義之間的關係。

Philip N. Howard、Bharath Ganesh、Dimitra Liotsiou、John Kelly 和 Camille Francois 合著的〈The IRA, Social Media and Political Polarization in the United States, 2012-2018〉根據社群媒體公司提供給美國參議院情報委員會（Senate Select Committee on Intelligence）的資料，分析俄羅斯對美國的假消息攻擊，是第一個鑽研此議題的重要研究。Samantha Bradshaw 與 Philip

N. Howard 的〈The Global Disinformation Order: 2019 Global Inventory of Organised Social Media Manipulation〉則說明這些技術如今在全球各地廣泛運用的情況。

如需數位時代假消息的相關論述，請參見 David Patrikarakos 的 *War in 140 Characters: How Social Media is Reshaping Conflict in the 21st Century*，我在書中對於俄羅斯假消息大本營的描述，便是取自這本描繪生動的重要著作；另外也能參閱 Nina Jankowicz 的 *How to Lose the Information War: Russia, Fake News, and the Future of Conflict*。

如要瞭解匈牙利的現況，實用的參考書籍包括 Paul Lendvai 的 *Orbán: Hungary's Strongman*，以及較偏學術的 *The Rise of Hungarian Populism: State Autocracy and the Orbán Regime*，作者是 Attila Antal。

關於英國脫歐，若不趁機提一下本人的拙作 *Brexit: What the Hell Happens Now?*，就是我身為作者怠慢疏忽，況且老實說，這本書其實寫得還不錯。Tim Shipman 的 *All Out War: The Full Story of How Brexit Sank Britain's Political Class* 提供脫歐行動的概要說明。Fintan O'Toole 在 *Heroic Failure: Brexit and the Politics of Pain* 一書中解析英國脫歐在心理與政治層面的失敗之處。Ivan Rogers 在 *Nine Lessons in Brexit* 闡述這場政治行動涉及的危險和不足，值得信任。

Brian Klaas 的 *The Despot's Apprentice* 以輕快節奏概述川普的獨裁傾向，論述脈絡清晰，並謹守應有的原則。若要瞭解川普的移民政策，Julie Hirschfeld Davis 和 Michael D. Shear 合著的 *Border Wars: Inside Trump's Assault on Immigration* 應是最佳首選，兩位作者謹慎考究，提供充分

細節。我從中引用了許多資訊。

關於英國過去幾十年的移民政策，最優異的兩本著作是 Maya Goodfellow 的 *Hostile Environment: How Immigrants Became Scapegoats*，以及 Russell Hargrave 的 *Drawbridge Britain: Love and Hostility in Immigration Policy from Windrush to the Present*；前者的目的明確、細節豐富，且作者的學識淵博，後者則採取對話般的輕鬆筆調，流露人道關懷的溫度，並相當清楚且深入地分析道德層面的各種考量。

國家圖書館出版品預行編目(CIP)資料

做個真正的自由主義者：回望關鍵歷史現場與思想脈絡，重拾自由的真義與初心 / 伊恩．丹特 (Ian Dunt) 著；張簡守展譯．-- 初版．-- 新北市：日出出版：大雁出版基地發行，2025.04

552 面；17X23 公分

譯自：How to be a liberal : the story of freedom and the fight for its survival.

ISBN 978-626-7568-99-6(平裝)

1.CST: 自由主義 2.CST: 政治思想

570.112　　114004379

做個真正的自由主義者

回望關鍵歷史現場與思想脈絡，重拾自由的真義與初心

作　　者　伊恩・丹特（Ian Dunt）
譯　　者　張簡守展
責任編輯　李明瑾
封面設計　張　巖
內頁排版　陳佩君
發 行 人　蘇拾平
總 編 輯　蘇拾平
副總編輯　王辰元
資深主編　夏于翔
主　　編　李明瑾
行　　銷　廖倚萱
業　　務　王綬晨、邱紹溢、劉文雅
出　　版　日出出版
發　　行　大雁文化事業股份有限公司
　　　　　地址：新北市新店區北新路三段 207-3 號 5 樓
　　　　　電話：（02）8913-1005　傳真：（02）8913-1056
　　　　　劃撥帳號：19983379 戶名：大雁文化事業股份有限公司
初版一刷　2025 年 4 月
定　　價　1000 元

ISBN 978-626-7568-99-6